創見文化，智慧的銳眼
www.book4u.com.tw   www.silkbook.com

1000億美元
帝國的秘密

股神巴菲特的投資智慧 & 傳奇人生

亞洲八大名師首席 **王晴天** —— 著

知識文化的傳播者

　　2008 年我有幸與王晴天博士認識於馬來西亞。結緣初始於吉隆坡的年度盛會「亞洲八大名師致富大會」，因拜讀《王道：未來 3.0》而對王晴天博士甚為仰慕，便以 V–VIP 會員的身分遠渡重洋，以取經於幾位大師並一睹風采。當天中午，藉著中午的用餐時光，得以向大師們請教交流，更是至此，確信王博士是值得我費心思交往一生的對象。

　　在演講過程中，即被他的字字珠璣攫去了心神，話語如水流，時而涓涓，時而大江淘淘，不曾間斷，內容可以從一推敲到一百，再從一百預測到一千，還可以峰迴路轉、條理分明地連結到大會主題，在氣質上更是表現出大家風範，溫而厲，威而不猛。我原以為王博士如此專精於成功之道、又充滿抱負的人，必有一些「名人」難以相近的氣息，卻在共進午餐之時，驚訝地發現這樣一位精采絕倫的人物，其實私底下謙和有禮、十分好相處。同時在天南地北的開放式談話中，感受到其所擁有的知識層面甚廣，涵蓋了科技、管理、行銷、微型創業、圖文傳播和內容（IPC）產業等範疇。他說，他所擁有的任何一點成功，絕不來自於他的社會地位或是金錢財富，而是因為能確立目標，並且認真實踐。能靠著自身的力量，在二十年內從無到有，創辦輻射全球的華文內容產業集團與全球華文聯合出版平台，卻始終從容洗練，虛懷若谷，這便是王博士剔透迷人的地方。

幾年下來持續地和王博士保持聯絡，才知道他在圖文傳播事業的湍流中，致力於將華文網發展成兩岸最大的簡繁體出版與培訓平台，遇到許多艱難，仍以堅如頑石的意志力一一克服，因為他從不曾忘卻付出與貢獻的初衷，而終能激起美麗的浪花。「結廬在人境，而無車馬喧」正是他的寫照，投身文化創意產業於這人聲雜沓的世界，依然保有最初對知識文化悸動的本心，認真的用自己成就別人，而這也是他耀眼的成就。

今年初，甫一聽聞王博士有意為巴菲特作傳時，我立即大聲讚了聲「好」！王博士所賦有之瞬思力、即戰力，正如同巴菲特至今持續成功的特質之一；亦同巴菲特置身慈善事業，他積極投入各項公益活動，為了推廣知識文化傳播，和出版社力爭書本大量免費致贈弱勢與公益團體。如此，能將巴菲特寫得傳神動容的人，捨王晴天其誰呢？

王博士期望能藉由巴菲特的生平事蹟，向大眾訴說當代金融的發展軌跡，並分享成功的方法和秘訣。以其所固有之文采及專業能力，和平常廣泛多元的閱讀所培養的犀利眼光，還有最重要的傳播知識文化之熱情，使《1000 億美元帝國的秘密：巴菲特雪球投資全紀錄》的出世，是大鵬展翅挾帶之風。本人於此，誠心將此書推薦給有心於世的人們，因為此書確實內涵著活得精采的捷徑，盼喜愛閱讀與對自己有所期待的朋友們，可以藉由此書獲得助益。

東馬華商總會執行長　李耀氏

夢想航道上的強勁暴風

　　巴菲特之名如雷貫耳，當得知王晴天博士要將多年鑽研巴菲特的心得發表成書時，第一時間浮上腦袋的，是「股神」、「白手起家」、「名列世界富豪榜」等典型又刻板的巴菲特印象。

　　人們稱他「股神」、「投資之神」，令我好奇的是，「神」在人們心中是一個崇高至極、無可動搖乃至叩頭膜拜的形象，究竟是什麼樣的人在賺進大把鈔票的同時（而且還不是靠著發明解決核廢料這類令人驚駭的新技術，也不是用盡心計泯滅良心內線交易取財），還能引發偶像效應、讓眾人爭相仿效、拿放大鏡檢視他傳奇的人生，以找出巴菲特躋身成功之列的蛛絲馬跡？

　　在因緣際會下，我有幸先行拜讀本書，書中闡述巴菲特之所以為「神」，是因為他的財富絕不是憑空投機得來，在做任何投資之前，巴菲特跟一般人一樣，必須先做足功課，蒐集大量資料、數據，經過嚴密分析推論，才能作出每一個讓他財富翻倍的最佳決定，而我也大膽定論，巴菲特不只是一位世界富豪，更是成功的實踐家。

　　從六歲拆售可口可樂獲利開始，他便展露驚人的商業頭腦，如同他自我比喻的人生觀念：「成為一個從山頂上向下滾的雪球。」無論是金錢、人脈、生命中的熱情，我們只會不停地往山腳下前進，因此要在滾動的過程中帶上更多雪塊、壯大自己。在他的投資生涯中，當然也有虧損的時

候，但這些都成為他的養分，投資對他來說，重點不在獲利的金額，而是在於一件他擅長、且樂在其中的事情上不斷追求成就。也許正是因為如此，400 億美元這樣令人咋舌的慈善捐款數字，是他成就成功後的一種歸零、一種使命。於是我才理解，為何王晴天博士要不眠不休地研究巴菲特，並為其著作立傳。

第一次認識王晴天，是在書店看了《李嘉誠的首富傳奇》這本書，當時便對這位作家留下深刻印象，之後輾轉透過王博士的培訓課程與他相識，漸漸有了聯繫，期間兩人談到台灣文創產業，觀點竟有八成相似，才得知身處文化產業一端的王博士，除了是北京文化藝術基金會首席顧問外，還是中國出版界第一位被授與「編審」頭銜的台灣學者，他的著作數量之多、品質之精令人欽佩，而當問及王博士著作的初衷，答案倒是有點出乎我意料之外，他說：這是一種「使命感」。

我才知道，王博士身為知識研究與傳播者，深知自身責任重大，因此每每挑燈夜戰、字斟句酌，將他所知所感回饋社會，希望創作出的好書，能夠成為所有夢想者的底蘊。

在台灣這座小島上，人們有著各式各樣的夢想，有人希望在新媒體產業走向巔峰、也有人希望能成為國際運動比賽的冠軍，還有人努力創做寓意深遠的藝術作品等，這些都是很有希望成為帶動台灣文創產業的種子，我們有了戴姿穎、吳明益與眾多有名 youtuber 等成功例子。但在台灣資源有限的環境下，順利成功者仍為罕例，尤其是與主流產業不同流的人，達成目標之路多半艱辛。要突破困境，就必須參考同樣因缺乏資源而遭遇挫敗，最後卻成功克服的例子。近來，人工智慧 ChatGPT 逐漸受到全世界的重視，而其背後的公司——OpenAI 也在創立前、中期遭遇了許

多其他行業無法想像的困難，才在最近的三到四年間逐漸受到重視，逐漸走向穩定。OpenAI 於 2015 年年底創立，在創立初期，他們經歷了技術發展停滯的問題，導致公司入不敷出，一度面臨必須裁員的窘境。當時，OpenAI 的 Sam Altman 等人對資金短缺的問題感到束手無策，人工智慧本就是個巨大的資金黑洞，加上中期與重要資金提供者伊隆‧馬斯克關係逐漸緊張，到了 2018 年時，馬斯克更是與 OpenAI 正式分道揚鑣，這對本就捉襟見肘的 OpenAI 來說，無疑是種雪上加霜的打擊，直到後來微軟提供大量資金，才讓 OpenAI 有了繼續發展的機會。2022 ～ 2023 年，是 OpenAI 真正進入大眾視野的重要時間點，而他們的成就，不僅對這家公司來說具有價值，更是人類科技進入下一階段的重要里程碑。他們一路走來，頂著缺乏資源與各方爭論的艱辛，如果不是草創者的咬牙堅持與途中具有遠見的重要投資者加入，是無法達到今天的高度的。

除了 OpenAI 之外，輝達公司（NVIDIA）在人工智慧（AI）晶片領域努力打拚時，也曾經遇過不少困難。輝達在 2023Q1 時公布財報，市值瞬間暴漲，成為第一家市值破兆的晶片公司，執行長黃仁勳把握住了人工智慧的浪潮，讓輝達成了科技界的熱門新星。1993 年黃仁勳和 Chris Malachowsky、Curtis Priem 共同創辦輝達時，一致認同高速或圖形運算必定是未來的方向，於是，靠著銀行裡的 4 萬美元（約台幣 120 萬）存款，輝達就此誕生。黃仁勳一直都相信著圖形運算所具有的發展潛力，所以他願意投資開發、提前做好準備，確保科技發展出現轉向時輝達能成為鎂光燈的中心點。即使過程中曾重重地跌了一跤，他仍堅持走下去，輝達為智慧型手機開發的 Tegra 系列處理器未能獲得手機廠商的認可，加上高通和聯發科的競爭，只能忍痛退出手機市場，但人工智慧的興起，卻給了輝達

再度站起的機會，並抓住這次寶貴的機會走向大眾的視野中。

　　夢想可大可小，而一個夢想，需要眾多支持者方可成形。王博士正是站在主流道路上的小巨人，在他邁開腳步的同時，也積極回頭拉拔缺乏能力實現夢想的起步者。

　　若將格局放大來看，現今的世界局勢不再著重軍事等「硬」實力，國家的強弱取決於「軟實力」的發展，根據聯合國經濟合作發展組織（OECD）的調查，一個國家的競爭力與國民閱讀能力成高度正相關，由此可知這些看似非主流的創意文化夢想，正決定著一個國家的未來命運。可惜的是，台灣的教育仍多半灌輸「認真考取名校，獲得高學歷」的觀念，著重智育，而非鼓勵學生多元發展，擁有非主流夢想的人，難以從學校制式的教育習得完成夢想的能力。

　　所以，王博士透過本書中巴菲特的例子，成為各個夢想者的借鏡，冀望在不久的將來，在這個小小的海島上，能開放出更多絢爛的夢想花朵，讓台灣成為孕育各方人才的搖籃，且根留台灣，儘管與巴菲特捐助善款的方式不同，卻也是王博士成就實現和歸零的一種方式。

　　王博士用他一貫嚴謹洗練的筆觸，為讀者畫出一幅幅不同面向的巴菲特映像，讀完本書，我內心是佩服、是感動的！佩服在於王博士困於繁忙的工作中，仍能抽空著作這樣一本結構完整、觀點新穎的好書與「大書」；感動在於這樣一本書籍的背後，包含著王博士對後生晚輩巨大的期許與支持力量，讓本書在航向夢想成真的航道上，成為一股強勁的風。

SCMI 企家班 MBA&EMBA 講座教授　林明德

股神的投資與人生哲學啟蒙課

　　我很榮幸地向您推薦這本極具啟發性的書籍，在這本書中，作者深入研究了巴菲特的投資策略和思維模式，並將其以一種生動的方式呈現給讀者。這是一個關於成功、財富和智慧的故事，能夠作為啟發，成為您在投資生涯中走向成功的重要啟蒙者。

　　首先，我要對此書的作者，也是我的恩師——王晴天董事長表達敬意，他非常深入地研究了巴菲特的投資哲學和策略，並提供了實用的投資建議。他將股神巴菲特的傳奇故事和他的投資哲學融合在一起，並以一種引人入勝的方式呈現給讀者。在與王晴天董事長日常的相處中，我也學習了非常多的投資智慧，這些智慧在我的眾多投資經驗中驗證了它的正確性，很開心這些智慧即將透過此書散播出去，尤其現在的社會中充斥著以投資為名的詐騙例子，希望這本書能導正投機型投資人的錯誤心態，它不僅是一個投資指南，更是一個有關成功和智慧的經驗分享。

　　書中，作者詳細描述了巴菲特如何成為當今投資領域中傑出的人物之一。他深入剖析了巴菲特的投資哲學和策略，包括價值投資、長期投資、風險控制、對企業的了解和分析等。透過這本書，您可以了解到巴菲特是如何選擇和管理投資組合的，以及他如何避免風險並取得成功。除此之外，這本書還介紹了巴菲特的人生和事業，以及他在投資領域中曾經遇到過的挑戰和困難。這些故事不僅與投資相關，更述說了一個人如何在他的人生中一步一腳印地取得成功的故事。

總的來說，這本書是一個極富啟發性的讀物，將幫助您在投資生涯中獲得成功，並成為一個更加明智和富有的投資者，我相信這本書將對所有希望了解投資的讀者有著深刻的啟發和影響。我強烈推薦這本書，希望您能從中學到有關投資、財富和成功的寶貴知識和經驗，這本書將是您成功的重要一步，讓您在投資生涯中能夠更加自信和理智地做出決策，並取得成功。在這個投資世界中，巴菲特是一個真正的傳奇人物，他的成功不僅來自於他的投資策略和智慧，還來自於他的人格魅力和對生活的態度。這本書讓我更加了解了這位傳奇人物，並在我的投資生涯中提供了寶貴的指導和啟示。

　　最後，我希望您能像我一樣，從這本書中獲得啟發和收穫。這是一本關於財富、成功和智慧的好書，將成為您的投資生涯中的重要資源，祝您在投資生涯中取得成功。

區塊鏈應用賦能專業顧問　吳育忠

一位傳奇偉人的故事

「這不是一個人的傳奇，而是全人類的傳奇」，穿著洗得花白的條紋襯衫、一條黑色的工作褲，眼神銳利得令人發顫，面容猶如紅蘋果般飽滿，精神奕奕地坐在充滿圖書、報章雜誌的書房裡。這是我的老同學王晴天先生。

晴天兄就是一個這樣的人，他對大千世界傾注了全部的熱情，並且善於微觀這個大而複雜的天地，也樂於分享自己從生活中覓得的寶藏。現在聽說他要執筆寫一本巴菲特的故事，我明白，這將不只是巴菲特的故事，他已經準備好以那滿腔的情感為基底，將文字燃燒，只求再為世人多點上一盞明燈。

我與晴天兄相識於高中時期，當時的我們同在建中——一個充滿活力與知識的地方，揮灑年少的青春與夢想。晴天兄是一個鬼才般的數理資優生，卻發現自己對文字創作更感興趣，甚至在高二選擇了文組就讀，連一向知之甚稔的我也倍感意外。那是個物資匱乏的年代，儘管存在種種的不利條件，晴天兄仍帶領團隊排除萬難，出版了象徵建中精神的「涓流」刊物，證明了人定確可勝天。

大學畢業後，我們分別選擇了出國深造，身處美國的東西兩岸，與晴天兄的聯繫也暫時中斷。多年之後，我在偶然的機緣下獲知了他的近況，當年那名難以捉摸的熱血青年竟投身了出版事業，憑藉一雙手、一支筆，

他將昔日的夢想親自實現了。我們都知道，追求熱愛的興趣需要勇氣，要放棄天賦異稟的才能卻需要更多勇氣。然而，尤為可貴者，晴天兄自理想與現實中取得了平衡點，將興趣、專長相輔相成。如今的他，不僅已是財經培訓與教育界的權威，在非文學領域的創作上更佔有一席之地。

　　晴天兄不遺餘力地投入文字傳播，他將文化創意結合所長的數學邏輯，因此字裡行間處處可見他那高人一等的理性思維，文中的觀點獨樹一格，卻又不流於標新立異。一本著作能擁有這般的深度、廣度與效度，不可不謂是圖文傳播事業中又一場的華麗。時至今日，王晴天先生擁有台大經濟學士、美國加大 MBA 與 UCLA 統計學博士的高學歷，更榮登當代亞洲八大名師，即使在諸多響亮頭銜的包圍下，他仍不曾懈於對知識文化的耕耘，如此多元的學識背景，加之對世間人事物的關懷，令他筆下的辭藻猶如浴火的鳳凰般直衝天際，在他宏偉抱負的感召之下，我們果然看到：文字的力量已為這個社會帶來了全新的氣象。

永遠的建雛　沈冰

堆起複利雪球的傳奇創造者

　　回顧這幾年的世界，在疫情影響下，各國都充滿了恐懼、憂慮、悲觀和沉重的氣息，在傳染病的陰影下，本就動盪的經濟局勢變得更加不定，放大了社會中原本就存在的各種問題。物價連連上漲，加上各種行業為了經費縮減人力、大量工作機會流失，這讓臺灣的許多失業者、應屆畢業生面對未來時如同暴風雨中的一艘小船，找不到可以停泊的安全港口，他們在談及將來時總是帶著一絲惶惑不安，對自己沒有半點信心，對社會也不抱有希望。許多社群媒體、網路論壇上，很多網友都會用開玩笑的態度去強調「有錢」的優勢，有些人甚至會用「投胎是門技術活」之類的說法，去調侃富二代相比一般人更具優勢的事實。這些流行話題的背後藏著這一代年輕人們的悲觀，他們不相信自己能夠在社會中站穩腳跟，認為只有活在上一代的庇蔭下，才能好好的生活，度過富足而充實的人生。

　　確實，這是個不那麼美好的年代，相比起過去曾經有過的輝煌時期，這個地價、房價飆升的年代似乎讓人看不見希望，在這個背景下，多數人都在一種得過且過的氛圍下一天接著一天的活著，彷彿沒有人能從這潭沼澤中脫離。雖然時代的腳步走到了一個看起來相當衰敗的光景，但在歷史上也曾有過這樣一個時段，那是個與現在並無二致，甚至更加黑暗無望的年代。

　　西元 1930 年 8 月，全球性經濟大蕭條發生不到一年的時間點，高度

發展的歐美資本主義社會處於一片愁雲慘霧之中，前一年的股市大崩盤戳破了繁華盛景的泡沫，沉浸在高昂情緒的投資客們悚然驚醒，發現之前手裡握著的大量財富不過是一場美夢，但夢醒的那一天，就是窮困潦倒的開始。這是歷史上的一個重要節點，沒有人知道未來會面臨什麼挑戰。就在這個看起來毫無希望的時代裡，一顆閃亮之星悄悄降臨在美國的小城——內布拉斯加州奧馬哈市中。

這個閃亮之星就是華倫・巴菲特（Warren Buffett），一個出生在經濟大蕭條時代，卻在七十年後成為世界首富，掌握旗下波克夏公司四千億美元資產的金融鉅子；一個主宰全球商業市場，被人類尊稱為「股神」的天才。

不尋常年代中總會有幾個特殊的孩子誕生，而巴菲特就是這樣的一個孩子，與其他人相比，他在童年時期就已經展現出了對金錢數字的敏感天賦，能夠從生活中觀察出商業買賣的本質，並因為強烈的企圖心與好奇心，大量閱讀同齡孩子看不懂也不想看的書籍，這樣的性格特質成為他打開商業之門的一把鑰匙。由於超前他人許多的知識攝取量，他很早就將重心從校園轉移，開始自己的投資事業。

巴菲特的投資生涯可以說是長遠的，他在商業上的榮耀輝煌貫串了漫長的一生。從波克夏開始，他陸續投資了如可口可樂、沃爾瑪、寶潔等成功的項目，這些年的歲月裡，他認識了一個對他來說非常重要的夥伴：一個對他來說亦師亦友的左右手，教會他等待、時刻提醒他保持理智並與他共同奮戰多年的好友查理・蒙格。從蒙格的介紹裡，我們能看見一個造就了了不起的企業家及偉大企業的背後推手究竟有什麼樣的智慧。

了解了巴菲特的生平和他的偉大投資，接下來就能進一步的去探討

他之所以能成功的重要原因。他在決定是否投資一個項目時不倚靠難以取得的內線消息，而是像你我一般，望著隨處可見的企業財務報表，經過一些簡單的計算後挑選出有投資價值的股票。財務報表記錄著大量的數字與項目，對於那些不了解投資的人來說，唯有先學著看懂財報每一項代表的意義，才能了解這些數字背後隱藏著的內涵，當真正摸清楚了這些項目所代表的意義時，就能試著思考為何巴菲特這麼強調財務報表的重要性了。很多投資者或許並不重視財報，但對於巴菲特來說，財報是用來看出一個企業是否具有價值的最好途徑，要學會投資，第一步就是要學會正確理解財報的每個項目，並從每個項目中去看出不同數字之背後所蘊含的意義。與其受市場的傳言與氛圍所左右，不如用客觀的數字去判斷，看出一個項目的好壞。

以總體投資生涯來看，巴菲特是個極為成功的投資大師，他能夠採取雙贏的交易模式去做一場買賣，用股票購買子公司，避開龐大的稅金，就像金頂電池的收購那樣，雖然看似是個簡單的手段，但卻是許多人想不到的投資技巧。雖然巴菲特大多數的投資都很成功，有些例子甚至足以載入史冊，但他也曾經有過看走眼的失敗經驗。像是在近幾年裡，波克夏在科技業上躊躇不前，花了太多時間去觀望、試探，導致錯過非常多科技股的最佳買入時機，就算後來買了蘋果、動視暴雪等科技公司的股票，還是有許多人認為他過於守舊，進場的時間點太晚，錯過了科技業最重要的成長期，都已經進入成熟和衰退期才踏入這個產業，甚至連他們自己都這麼認為，雖然如此，但巴菲特勇於認錯，並開始試著了解自己並不熟悉的新產業，這份勇氣和魄力，是需要用畢生的努力才能培養起來的。

與許多人一樣，巴菲特的財富並非與生俱來，他憑著自己的努力，不

斷地學習各種知識、仔細觀察經濟趨勢和社會走向，並在商業的戰場上去實踐所學，運用儲備的知識及失敗經驗的校正，一點一點地堆起這龐大且屹立不搖的商業帝國。他證明了黑暗的時代也能找到一絲曙光，就算沒有出生在一個繁華的年代裡，也總有那麼幾個機會，只要找到它、抓住它，就能徹底改變命運。

　　越是在看起來絕望的時刻，就越是要將希望散播出去、讓人看見希望，而巴菲特的故事，無疑是打破時代僵局最好的一個例子。在此，謹利用華倫‧巴菲特一生的不凡經歷以及經營哲學，向讀者們傳達一代商界天才的經驗與智慧，引導大家去學習股神的思維模式，並挖掘出自己身邊的所有機會。祝福各位了！

黑暗時代的探索者

1 拓荒者的血液

1929 年 10 月 24 日，在人類歷史上被賦予了「黑色星期四」的不祥名稱，紐約華爾街證券交易所的股市在這一天大崩盤，美國股市進入了空前的黑暗期，有些人跳樓了，更多的人則躲在家裡，對未來充滿絕望。巴菲特的父親霍華德·巴菲特（Howard Buffett）也是受害者之一。他不僅是當地的共和黨議員，還是一名股票經紀人。在股市崩盤之後，老巴菲特不敢打電話給幾乎都遭受鉅額損失的客戶，生活一夕之間跌入萬丈深淵，華倫·巴菲特在這種時空背景下誕生了。母親懷孕時，爆發了史上最嚴重的經濟大蕭條，他的父親是個生不逢時的股票經紀人，巴菲特一出生就與股票產生了密不可分的聯繫。然而，頗為戲劇性的是，這種看似可怕的厄運卻在巴菲特身上轉化成百戰百勝的好運，幾十年後，這個由惶恐不安的母親懷抱著的孩子成為了世上最有錢的富豪和最成功的投資大師。上帝彷彿跟這個家族開了個天大的玩笑。

巴菲特曾說過，他是徹頭徹尾的現實主義者，只對現實感興趣，從不抱任何幻想，並且喜歡自己目前從事的一切。作為世界公認的股神、投資大師，卻對未來缺乏任何充滿想像與浪漫色彩的興趣。不得不說，這與他童年的經歷和家族背景有著極為重要的關係。

十七世紀時，歐洲掀起了美國大陸的移民潮，巴菲特家族就是在那時來到了美國。約翰·巴菲特身為法國新教徒後裔和毛紡織工匠，是這個家族來到美國的第一人。

兩百多年後，巴菲特家族傳到了以吝嗇苛刻聞名的地主傑布隆

‧巴菲特（Zebulon Buffett）一代，他的孫子西德尼‧霍曼‧巴菲特（Sidney Homan Buffett）因受不了祖父的剝削而選擇離家出走，向西尋找新天地，最後在 1867 年時來到了內布拉斯加（Nebraska）的奧馬哈（Omaha），與親人在這裡一同經營驛馬車站，這是第一位來到奧馬哈的巴菲特家族成員。

不久之後，西德尼‧巴菲特離開驛馬車站，另外在第十四大街開設了一間小雜貨店，出售水果、蔬菜，以及各類生活用品，這一項事業相當成功，為巴菲特家族的後代在商業經營上的智慧以及傳統打下了基礎。不過，當時巴菲特家的資產就只有一輛以騾子為動力的四輪貨車、幾個規模並不大的售貨架，和一間勉強經營的小店。

西德尼的兩個兒子──恩斯特以及法蘭克，為了一位名為亨利耶塔的女子反目成仇。最後，恩斯特娶了亨利耶塔，生下了三個兒子和一個女兒，並從家中獨立出來，另外開了一間零售店。在他那卓越的生意頭腦經營下，巴菲特家族逐漸成為奧馬哈鎮上數一數二的巨賈。

巴菲特的父親霍華德‧巴菲特（Howard Buffett）是恩斯特的小兒子，由於家境富裕，他得以從小接受良好的教育，後來更進入內布拉斯加大學，主修新聞學。畢業後，他選擇投入媒體產業，而非效法他的祖先走上經商的道路。

巴菲特的母親麗拉（Leila）出生在內布拉斯加州一個偏僻的小鎮西點（West Point），麗拉的父親是一家地區小報「卡明郡民主報」的老闆，但麗拉的家境並不好，她還有一個哥哥和兩個妹妹。因為母親身體不佳，麗拉從小就擔負了很大的家庭責任，保護兩個妹妹，協助父親的工作。因此，麗拉很快熟悉了印刷方面的知識，在上學的空閒時間，她去報社做印刷工作，十六歲時，她為了學費開始找更多的打工機會，在一次偶然的機遇下，她認識了霍華德‧巴菲特。

兩人相遇的經過頗為浪漫。當麗拉去內布拉斯加日報應聘求職時，面試的人恰好是霍華德·巴菲特，他第一眼看到麗拉就被她不凡的氣質所吸引，尤其她的幽默和睿智更讓他大為傾心。霍華德·巴菲特問她：「妳之前是學什麼的？」高中剛畢業的麗拉稍作思考後，回答：「學習要怎麼結婚的。」霍華德·巴菲特也幽默地說：「這可是一門不切實際的課程。」

　　良好的第一印象讓他們打下了愛情的基礎，在霍華德·巴菲特大學畢業前夕，他正式向麗拉求了婚。1925 年耶誕節，兩個人在西點舉行了簡單的婚禮。他們沒有多少收入，婚後立刻就搬去了奧馬哈，那是當時內布拉斯加州最大的工商業城市，並在五年後生下了華倫·巴菲特。父母的初次見面和那段美妙的對話，被華倫·巴菲特多次引用並記錄，這是老巴菲特夫婦的幸福見證。

2 華麗泡沫的破滅時刻

提起 1929 年的美國股市崩盤，巴菲特曾說：「那是我生命的開始，我內心深處對 1929 年的股市崩潰始終有著一種親切感，但那時的情況卻非常不妙。」的確，那是美國歷史上最為嚴重的一次經濟大蕭條，是股市不成熟期必然會爆發的，也是一種難以預料的自我調節現象。經濟學家對此不斷地進行研究卻一直毫無頭緒，如今，全球股市的震盪都高速聯動著，或許未來經濟波動仍將引起股市不可預料的更大波動。

1920 年代，美國股票市場充滿著膨脹得異常大的泡沫，吸引了普通民眾紛紛踏入股市這塊淘金地，巴菲特的父親霍華德也不例外。他辭去了報社的工作，在聯合州立銀行謀得了一份股票經濟人的職缺。這個決定後來讓他吃足了苦頭，但也意外地為自己的兒子帶來了意想不到的影響。

經濟大蕭條爆發之前，美國實際上正處於全民買股的狂熱。大都市的街頭、小城鎮的馬路邊，到處都是證券經紀商與營業員，鼓動民眾提著公事包走進股票交易廳。許多「專業人士」們不厭其煩地向國民講解投資股市的好處，卻沒人提及投資必然存在的風險。事後有人回憶道：「整個美國都瘋狂了！股票對美國人的吸引力遠超過了歐洲政治變化的局勢。」美國人的功利主義和與金錢崇拜沸騰到極點，買賣股票在當時幾乎成了全民運動。

就在麗拉肚裡懷著巴菲特的時候，紐約股市漲到了歷史的最高點。在人們心中，沒有任何投資比買賣股票更容易賺錢，鈔票就像上帝對祂忠實子民的賜予，彷彿扔在交易大廳的地板上，等待有心人將它們拾回家。然

而，當時絕大多數的股民都只是做短線交易，即便是專業的投資人也缺乏長期和理性投資的概念，沒有人預料到這是一個終將破滅的神話，當泡沫吹得越大，它破裂時造成的傷害也就越大。同時，股市的交易量早已超過了經濟發展的實際需要，眾多股民採取的辦法都是以股票作為抵押來進行信用交易融資。一旦投機者信用度下降，必然得要增加保證金，而為了拿出這筆資金，就只能拋售更多的股票。由此造成的結果就是股價再下跌，這是一種惡性循環，而且是大部分美國人都參與的經濟自殺行為。

作家托烏斯和摩根・威特斯在《1929年大蕭條的內幕》一書中描寫了當時的瘋狂景象：

即使最小的工廠，廠房內也都安放著大黑板，每隔一小時就有專人寫上最新的交易行情，興奮地向人們傳播，和交易所的資訊同樣準確；郊外的農場安裝著高音大喇叭，人們隨時用它收聽電台播報的股市資訊，以便及時做出買進或是賣出；計程車司機跟你討論的話題只有股票，除此之外大概都不感興趣；到旅館去投宿的時候連門口的擦鞋童都會向你介紹當天的熱門股票，他們向你殷勤推薦，以期獲得你的讚許；紐約地鐵的乘客經常投訴車廂內沒有安裝資訊設備，導致人們在坐車的時候無法得知股市訊息，這真是耽誤了人們賺大錢的寶貴時間。

包括霍華德・巴菲特在內，幾乎每一名參與股票投資的人都感受到美國的明天是美好的，就像一個美妙無比的夢境，它必然會永恆地持久下去，不會有醒來的那天。但事實總不是為了滿足人們的理想（幻想）而存在。1929年9月起，股價開始下降；10月24日那天，出現了大規模的拋售狂潮，股市正式崩盤。由於美國的股市從來就沒有所謂「漲停」與「跌停」的漲跌幅限制，一瞬間，天彷彿塌了下來，猶如彗星倏然地撞上地球，由高空向地面全力俯衝；它塌得是如此徹底，完全沒有任何的挽回餘地，令人們目瞪口呆。

　　1929 年 10 月 24 日，是美國人永遠不會忘記的日子，這一天後來被稱為「黑色星期四」。當天，美國鋼鐵公司（U.S. Steel）的 65 萬張股票以史上最低價每股 1.79 美元被拋售，可惜無人問津，緊跟著股價更加迅速下跌。所有的公司股價都像得了傳染病似的，一個接一個地向下狂跌。昨天還被當成金山和銀山抱在懷裡的股票，瞬間都變成了廢紙，連街上的求乞者都懶得多看它一眼。股災導致許多投資者自殺，包括一些不幸的公司老闆，大量的經紀人破產、跳樓，他們無法面對自己的客戶，昨天的百萬富翁們一覺醒來已經成了窮光蛋。

　　1929 年冬季，美國人貧富之間的轉變如此之快，有些還在海上開著遊艇度假的富豪，突然接到電話告知他已經欠下了銀行一筆鉅額債務，一瞬間成了比貧民窟的窮人還要悲慘的負債者。股災就像非洲每年一度的大蝗災，鋪天蓋地而來，所到之處面目全非，生氣全無。借錢買股票者一夕之間一貧如洗，很多銀行也破產了，美國經濟宣布癱瘓，整個西方經濟都出現了大蕭條，它波及歐洲與日本，也不同程度地影響到了當時已是水深火熱的中國——中國 1933 年才「廢兩改元」，所以 1929 年間中國仍是使用「銀兩」為法定交易媒介，被視為「傳統而落後」的國家。

　　當時尚未擔任英國首相的邱吉爾（Sir Winston Leonard Spencer Churchill）正在美國訪問，看到了這一幕突發的金融悲劇，他根據現場的觀察寫了一篇報導，發表在英國《每日電訊報》（The Daily Telegraph）上。他說：「這些人抱著幾大捆的股票尋求買主，但是它們已經貶值一半了，甚至更多，沒有人有勇氣接受這些禮物。」或許這已經不是禮物了，更像是死神的催命符，甚至比戰場上的炮彈還要讓人恐懼。邱吉爾同時還報導了兩位銀行家和一位證券經紀人因為破產而自殺的消息，但是這類事情在當時每天都會發生，很多人無法面對現實，只好選擇自殺，使得 1930 年成為美國史上自殺率最高的一年！

一夜之間，美國遍地窮人。前天還視金錢如無物，今天就得把一塊錢分兩半花。為了省錢度日，大家用盡了辦法，將燈泡換成省電的，香菸抽最廉價的，刮鬍刀片鈍了就磨過再用，衣服穿破了就縫補再穿，大人將自己的衣服改小了給孩子穿。最重要的是食物，街上到處是等待救濟的人，麵包店的窗前擠滿了人，漏夜排隊才能買到幾個冰涼的廉價麵包。這樣的悲慘命運，經濟狀況不佳的巴菲特家族也難以倖免。霍華德‧巴菲特受到經濟蕭條與股市崩盤的打擊，躲在家裡不敢見客戶，麗拉還曾因生活上的操勞而病倒很長一段時間，差點要了她的命。家境貧苦，前途茫茫，這就是巴菲特出生時的環境，他第一眼看到的世界便是股災後的蕭條景象，到處面對的都是人們絕望的眼神。

各類嚴重的社會問題充斥著美國國內，大約有三百萬的中學生為此中途輟學，全國的失業人口更飆升到八百萬，其中的一部分人由於忍受不了生理和心理的痛苦而自殺，其餘的則成為了社會治安的不安定因素。

經濟大蕭條的慘況持續了四年之久，這場空前的經濟危機很快從美國本土蔓延到其他的工業國家；英國的失業人口一度達到七百萬。各國為了維護本國利益，高築起嚴苛的關稅壁壘，這一類措施讓世界經濟的形勢更進一步地惡化，不滿的工人們發起了激烈的罷工，並逐漸被馬克斯主義與法西斯主義吸收，各類衝突與矛盾的激化，間接引發了數年後的第二次世界大戰。

大蕭條為美國金融帶來了龐大且深遠的影響，面對糟糕透頂的經濟情勢，當時全世界實力最強的美國國家城市銀行（National City Bank）的總裁查爾斯‧米歇爾聯合眾多銀行家，拚命買進股票，希望能夠阻止股價瘋狂的下跌。儘管他們當時付出了數千萬美元的巨大數目，但對股災來說卻是杯水車薪，又如飛蛾撲火，不同於以往的股市危機時，銀行家聯合救市這一招往往會收到顯著的效果。可見當時情勢之急，災難之大。

這次股災讓美國股市經歷了長達二十五年的熊市空頭市場。直到 1954 年，股價指數才恢復到 1929 年 9 月 3 日的水準。美國人銘記了股市危機帶來的災難，意識到證券市場背後存在著大量的法規與機制不健全的問題。股災過後，國會進行了立法的補救措施，開始從根本上規範美國金融市場，從法律上對證券市場進行嚴密的管理，制訂了諸多法律，例如證券法（1933 年）、證券交易法（1934 年）、持股公司法（1935 年）、信託契約法（1939 年）、投資公司法（包括投資顧問法，1940 年）等，透過一系列亡羊補牢的措施，最終形成了一個全美證券市場完善嚴密的管理網路，為後來股市的復興打下了堅固的基礎，也為巴菲特未來闖蕩股市制定了全新的遊戲規則。

3 發展中的天賦

　　華倫・巴菲特（Warren Edward Buffett）於 1930 年 8 月 30 日出生在美國中西部的內布拉斯加州奧馬哈市（Omaha）。巴菲特出生前一年，正值紐約股市崩盤時期，跟大多數人一樣，巴菲特的家庭也沒能逃脫紐約股市崩盤危機的影響。在他一歲生日前的兩個星期，父親霍華德任職的證券公司倒閉，失去了證券營業員的工作。不久，霍華德雖然和朋友一起創立了一家名為巴菲特—福克（Buffett-Falk & Company）的證券公司，但是慘澹經營，幾乎沒有手續費的收入。要養活一個五口之家，在當時真的是十分艱難。也正因為如此，巴菲特從小就親身體驗到貧窮的嚴酷，加上深受父親的身教和言教所影響，養成了其一輩子克勤克儉的習慣。

　　在他一歲的時候，父親所倚靠的銀行倒閉了，作為股票經紀人的霍華德・巴菲特失業了。由於銀行關門大吉，家裡的存款也沒能及時領出來，因此而成為了毫無意義的數字。困境就像踏進沼澤，越掙扎就陷得越深。失去收入來源的霍華德・巴菲特用僅存的資金與人合夥成立一家公司，決定重新經營證券和政府債券的投資。在當時低迷到谷底的景氣背景下，結果如何可以想見——業務冷清，收入微薄，舉步維艱。但巴菲特有一對偉大的父母，霍華德・巴菲特從未想過放棄，為了給孩子良好的成長環境，他從不將負面情緒流露在小巴菲特面前。而麗拉則一直鼓勵著丈夫，她甚至悄悄地減少自己的飲食量，讓丈夫獲得更充足的營養。為了節流，麗拉不再去教堂，每次可省下 29 分錢。小巴菲特就在這樣的困苦生活中漸漸長大，人們因為股市崩潰而驚惶失措、無路可逃的眼神，深深地烙印在他

幼小的心靈裡，在大腦中留下了潛意識，對他將來的影響難以言喻。

提起童年時期的巴菲特，波克夏公司的大股東歐文·福斯特舉了一個例子：「多數孩子都會心滿意足地喝著汽水，只有巴菲特常常撿起被人丟棄的瓶蓋，認真地將它們分門別類，數一下瓶蓋的數量，看看哪一種牌子的汽水賣得更快。」作為巴菲特童年玩伴與早期的投資合夥人，福斯特對他的成長史可謂知之甚深，也是最有發言權的人。聽他這段話，我們眼前能很輕易地浮現出一個滿腦子都是賺錢想法且精力旺盛的小孩模樣。

正如他所言，巴菲特自小就對數字充滿著濃厚的興趣。他和朋友一起爬上高樓，俯瞰道路上的汽車，拿著本子快速記下來往車輛的牌照號碼。他們也常做一些考驗記憶力的遊戲，例如朋友唸出一些城市的名稱，巴菲特緊跟著說出這個城市的人口數量。更有趣的是，他還經常計算報紙上每個字母在文章中出現的次數。他對數字的排列組合十分著迷，喜歡四處走動，用一個叫做金屬貨幣兌換器的玩具兌換零錢。這個過程和擁有金錢的感覺使他深深地陶醉，還有那些好玩的數學計算，用最快的速度去計算複利的利息，只要是涉及財務數字的計算，他都興趣盎然，認為這是一種最棒的娛樂方式，這類遊戲佔滿了他的童年時期。

但是這些並不能滿足巴菲特的想像力和勇於嘗試創新的天性，他開始把腦筋動到了做生意上。1936 年，六歲的巴菲特進入奧馬哈的羅斯·希爾小學（Rose Hill）就讀，此時，家裡的經濟狀況已經漸漸有了起色，開始恢復了正常的生活。他早早地發揮了自己的商業才能，他從祖父在奧馬哈經營的食品雜貨店裡，以 25 美分買進了一個裝有六瓶可口可樂的手提式厚紙板箱，在住家附近以一瓶 5 分的價格賣出。這樣，每賣出一箱，他就能賺到 5 美分的零用錢。

母親麗拉常對兒子這次的商業行為津津樂道，巴菲特也曾在 1989 年波克夏的年度報告中說道：「這種零售方式，讓我注意到很多產品的商

機。」六歲時的他儼然已是位小商人，他在自家外面的路上擺起小攤子販售口香糖，後來又跑到繁華市區賣檸檬汁，賺取來往行人們口袋裡的錢。

事實上，這種舉動並不完全出於興趣，當時他的父母每天忙於生計，為衣食發愁，或許巴菲特因此擁有一個心願——成為一個富有的人，讓父母不再這麼辛苦。

有人說，偉大的理想總是根植於良好的品德，而良好的品德又多半產生於兒時對世界的認識。巴菲特生於經濟大蕭條之中，因為大環境的關係，家庭生活十分拮据，使得他對於自己人生的選擇產生了潛移默化的影響。他崇拜自己的父親，立志從事父親的職業，在股票市場大展身手。

七歲時，巴菲特曾在醫院接受盲腸切除手術，他在紙上寫下很多數字給護士看，說這些數字將是他未來的財產。護士雖然感到驚訝，但並未把這些話放在心上。他對自己的理想總是堅信不疑，且自信地說：「我現在沒有多少錢，但總有一天我會很富有的，我的照片會出現在報紙上，記者都會來採訪我。」時至今日，當眾人憶及此事，只能感慨上帝早已為美國創造了未來股神的天才頭腦。

八歲時，巴菲特開始閱讀大量財經方面的書籍，特別是股票與投資的知識。大部分的孩子看到這類書就大感索然無趣，扔到一邊玩撲克牌遊戲，而他卻看得津津有味。時間久了，他的股票知識越來越豐富，竟然學會了根據行情繪製股價的升降圖表。老巴菲特出門上班時，問老婆與孩子們想要什麼禮物，姐姐要漂亮娃娃，妹妹要好看的緞帶，巴菲特要的禮物卻是股票行情機的紙帶，他用這些研究股票價格的變化規律，也因此，有一天，老巴菲特意外地發現兒子竟然會用標準普爾（Standard & Poor's）指數解釋那些晦澀難懂的報價符號，這可是他從未主動傳授過兒子的專業知識！這是一個令人驚訝的事實，即使是現在，有誰能夠在七、八歲的年

紀就瞭解到這些層面的知識，並且樂此不疲呢？我想絕多數人大部分的時間都花在「低頭」使用 3C 產品上！

到了九歲，巴菲特開始做市場調查：他和朋友把街上的汽水機器旁被丟棄的瓶蓋全部拿走，放在自己家的地下室裡，清查它們的種類與數量，他要知道哪一種飲料的市場銷量最大。他也和朋友跑到高爾夫球場當球僮，每個月賺 3 美元的報酬，這些錢讓他興奮，因為在當時是一筆不小的收入。同時，他把舊的但還可以再使用的高爾夫球杆標上價格讓鄰居去賣，再從中賺取佣金。真是絕妙的頭腦！他從不浪費看似無用的資源。他還在公園裡準備了高爾夫球練習區，儘管賺不到太多的錢，但確實流行了一陣子。當他十歲的時候，他已經跑到老巴菲特的辦公室裡，去做些債券及股票分析表格之類的工作了。

當時，周遭的孩子替巴菲特取了個綽號——「不洗澡的巴菲特」，以此來比喻他的特立獨行。他始終都帶著一股孤獨與我行我素的特質，但他和同學們的關係卻都處得非常好，這種性格讓人感到詫異，或許老早就能感覺得到這孩子是個可塑之才。有一年，他和姐姐桃樂絲（Doris Buffett）去西點軍校附近的農場過暑假，因為父親希望巴菲特能在那裡明白努力工作的重要性，沒料到卻適得其反。巴菲特並不認同智慧和知識需要在農場裡辛苦地犁田耕地才能獲得，加上他對繁重的體力勞動更是毫無一點興趣，反而利用這段時間閱讀了大量的書籍。農場的布萊恩夫人說：「他的姐姐很認真，相較之下，我從來沒見他在農場裡扶犁耕過田。不過他倒是讀了很多的書。跟我見過的人相比，他太安靜了，是個勤於閱讀與思考的人。」

後來有人這樣評價巴菲特：「他是一個靠自己的努力成功的人，或許，他的成功無法歸功於任何人。」巴菲特喜歡用思考解決問題，他自身就具

有獨立思考的能力，也表示他從不指望一台冷冰冰的機器可以完成多麼關鍵的大事。不善於轉小螺絲釘，不代表不具備往後需要的恆心與毅力。例如當很多孩子在打籃球的時候，巴菲特會利用這段時間讀華爾街時報，他把朋友們約出來打球，自己卻躲到一邊看報，直到讀累了才加入籃球遊戲。

巴菲特曾看著街上來來往往的人潮，對他的朋友說：「要是有辦法從他們每一個人的身上賺點錢就太棒了，不賺這些人的錢真是可惜！」他對母親麗拉說：「賺錢，然後看著它慢慢地增多，我覺得這真的是一件很有趣也非常快樂的事情。」那時候他最喜歡看的書是《賺到 1000 美元的1000 招》，裡面全是一些白手起家的故事，用來啟發人們賺取財富的智慧，成為經營財富的高手。巴菲特看著這些故事，想像自己將來的創業景象。他牢牢地記住了這本書提到的一句話：「立刻行動，無論選擇什麼，千萬不要等待。」並在親友面前發下豪語，要在三十五歲前賺到人生的第一個 100 萬。

很多心理學家都說，每個人在六歲之前都是天才。我們應該細心去發現孩子的興趣和愛好，盡可能地創造條件給他，開發他的天賦，那麼孩子一定會漸漸表現出在某些領域具有的超強特質，成為這個社會需要的人。可惜許多家長並沒有注意或加以培養，因此絕大多數人的「天賦」都被扼殺了。幸運的是巴菲特的父母並沒有對他進行過分約束，而是任由他發展，巴菲特的成功絕非偶然，而是在小時候就已經打下了一個非常好的基礎。

黑暗時代的探索者

知識⁺Box 標準普爾指數

「標準普爾 500 指數」，全名 Standard & Poor's 500 Index，簡稱 S&P500。

由標準普爾公司於 1957 年創立並負責更新、計算與維護，以五百家美國主要的上市公司股價來表示美國股市的平均水平，觀察範圍遍及美國的上市大公司。名列 S&P500 指數裡的五百家公司在美國股市的兩大股票交易市場──紐約證券交易所和那斯達克（Nasdaq）中都有，兼顧傳統產業與高新科技業。

S&P500 指數是全美第二大的指數，與第一大的道瓊工業指數相比，S&P500 指數包含的行業與公司更多更廣，因此風險也更為分散，能夠反映更廣泛的市場變化。此外，相較於道瓊指數以股價加權，S&P500 指數是採市值加權，更能反映公司股票在股市上實際的重要性。

S&P500 指數由一個專門委員會來組建並定時更換股票，運作模式接近道瓊工業指數，但它的審核標準十分嚴格，也正因為如此，它在股市中極具權威與代表性，足以顯示美國經濟的興衰。

最早的投資生涯

　　凡是和賺錢有關的問題，年幼的巴菲特都非常感興趣，特別是和賺錢有關的數學運算，他都算得很起勁！而巴菲特在數學方面的天分也著實讓父親霍華德驚訝不已，對他著迷於金錢的程度更是吃驚。也許是受到父親工作性質的影響，小小年紀的他已經開始對股票市場顯露出無比的興趣。從八歲起就開始閱讀父親放在家中的股票相關書籍，並經常出入父親的辦公室，津津有味地看著股票和證券的價格變化。同時，他還經常到與父親的辦公室位在同一棟大樓裡的其他證券公司，用粉筆在黑板上寫滿了股票的價格，玩得十分高興。

　　巴菲特對股市一直保有濃厚的興趣，1942 年 4 月，十二歲的巴菲特開始了第一次投資股票的經驗。他用零用錢為自己和姊姊各買了三股價格38 美元的「城市服務」公司（Cities Service Preferred）股票，這筆投資動用了他的全部資產。「城市服務」公司的股價曾一度跌到 27 美元，不過巴菲特一直等到股價回升到 40 美元時才拋出，扣除佣金後，賺到了 5美元的純利。這也是他初次投資所得到的收益。更讓人們嘖嘖稱奇的是，幾年後，這支股票上漲到了 200 美元，無論是偶然還是其他原因，都證明了這個十二歲男孩投資眼光的精準。而這 5 美元的收入對他來說富有難以言喻的歷史意義，使他終生難忘。在那時，他才了解到：就投資而言，「忍耐」是必要的。

　　對於這一次難能可貴的經驗，巴菲特曾在《富比士雜誌》（Forbesmagazine）的採訪中說道：「我彷彿在茫茫黑夜中看到了來自

遠方的明亮燈光，我從小就對股票非常感興趣，而父親正是股票經紀人，我幫他收集資料，他教我怎麼看行情，閱讀葛拉漢的證券分析，汲取了大量的知識。嗯！那段經歷對我來說非常重要。」

除了股票市場之外，只要與數字有關，無論是什麼，巴菲特都抱持著濃厚的興趣。他甚至和好朋友波布・拉塞爾共創了一個賭馬的預測刊物，將其命名為《馬場小屋少年選擇的真正贏家》，他們大量印製了宣傳單，在阿克薩芬賽馬場到處叫賣。

朋友們都對巴菲特的表現驚嘆不已。拉塞爾在接受採訪時曾說道：「巴菲特對於數字有著非凡的才能，我只要一說出某個城市的名字，話還沒說完，他就能準確地說出該城市的人口數目，無論是棒球比賽的比數，還是賽馬的預測，只要與數字有關的，都是這樣。」據說，巴菲特還因為他那優異的記憶力獲得了「電子照相機」的綽號。

1941 年底，美國終於參戰（第二次世界大戰），巴菲特的家裡也因此發生了很大的變化。當時，由富蘭克林・羅斯福總統（Franklin D.Roosevelt）率領的民主黨較為強勢。而在奧馬哈，共和黨為了能夠對抗民主黨，邀請曾經批判過羅斯福總統新經濟政策的霍華德出馬角逐眾議院議員之位。結果，霍華德竟出乎預料地當選了，於是在 1942 年底，舉家由奧馬哈搬到華盛頓特區。

就在搬到華盛頓不久，巴菲特自小學畢業，進入了當地的愛麗絲・迪爾中學（Alice Deal）就讀。一直居住在奧馬哈的巴菲特，早已習慣故鄉的生活，對華盛頓相當不適應，曾經一度和朋友離家出走。他將心思全部放在打工賺錢上，尤其是送報生的工作，這致使他在學校裡的成績不佳。父親因此警告他：「如果你的成績一直不見好轉，就不准你再去送報！」由於巴菲特非常喜歡送報這個「遊戲」，在父親向他施壓後不久，他的成績才逐漸好轉，並在華盛頓定下心來。

巴菲特對股票市場的投資理解得極為透徹，並且歸納出了一條規律：「永遠不要被別人的言論左右。」他這麼說，也這麼做。就像在 1970 年代，新聞業的發展前景不樂觀，幾乎每個人都在賣股票，但是巴菲特卻大量地購進媒體股。因為他發現了新聞業在現代社會中資訊傳播的獨特優勢，這讓新聞業成為人們生活必不可少、也是關注度最高的熱門行業之一。

十三歲時，巴菲特成了華盛頓郵報的發行員與美國的納稅人。但是巴菲特當時的求學生涯並不美好，他的在校成績一般，是個經常惹是生非的「壞孩子」。他在用功讀書之餘，每天早上還要送五百份報紙，黎明前就離開家，十分辛苦，以致於曾為此而病倒了。當他生病的時候，母親麗拉就替他送報，但是家人從來不會動用巴菲特的錢。他的積蓄裝在一個小盒子裡，每一分都完好無缺地放在那裡。家人知道他的心思，對他十分支持。

他的商業頭腦此時已經開始展露無疑。他利用送報的時候兜售雜誌，聰明的他還經常免費送報給大樓裡的女孩，這樣一旦有人要搬走了，女孩就會向他提供消息，以免那些人賴帳偷偷跑掉。他把送報做成了大生意，每個月的收入高達 175 美元。在他十四歲的時候，他就用這些送報賺的錢投資了一塊四十英畝的土地。他的投資意識像是與生俱來的，從小就扎根在他的大腦裡，似乎每分每秒都有新的點子冒出來，驅使他馬上行動，一秒也不遲疑。

巴菲特一開始只送《華盛頓郵報》（Washington Post），但是到了後來，也開始為《華盛頓郵報》的主要競爭對手《華盛頓時代先驅報》（Washington Times-Herald）送報。巴菲特當時的想法是：如果《華盛頓郵報》不能送了，那麼就可以和《華盛頓時代先驅報》簽約，這樣，自己送報的總數量就不會減少。有一段時間，巴菲特曾經跑五個送報線，一

天送出多達五百份的報紙。

當時巴菲特雖然只有十四歲，但是每個月都能像優秀的成年人一樣賺到 175 美元的工資。他將這些主要依靠送報所賺來的錢全部存了下來，同時養成誠實報稅的習慣，這個習慣在他成為世界頂尖富豪的半個世紀之後，仍然沒有改變。

《華盛頓時代先驅報》後來被凱薩琳·葛蘭姆（Katharine Graham）的父親尤金·梅爾（Eugene Meyer）收購，併入《華盛頓郵報》，成為美國首屈一指的大報。數十年之後，巴菲特搖身一變成為《華盛頓郵報》的大股東兼董事長，這可是當初那名送報生所始料未及的。

1945 年 2 月，巴菲特進入伍德羅·威爾遜高中（Woodrow Wilson）就讀，高中期間，本來就聰明、話題豐富又機敏的巴菲特，與和他一樣伶牙俐齒、數字感強的優等生唐·丹利（Dan Danly）成為了好朋友。當時，丹利用 25 美元買了一台舊的彈珠台，和巴菲特一玩就是好幾個小時，因為老式的機器經常故障，每次一壞，丹利都要把它修好，巴菲特在旁邊一邊觀察，一邊想到了一個好主意，那就是把彈珠台出租給附近的理髮店。他和精於修理機械的好朋友唐·丹利在理髮店裡設置了彈珠台，和理髮店老闆商量好五五分帳。這個主意獲得了成功，生意興隆，不過，年輕的巴菲特並沒有被利潤衝昏頭。他很冷靜，喜歡在較偏僻的地方選擇設點，免得被流氓和黑社會分子收取保護費，進而控制他們的生意。

透過和理髮店共享收益，「事業」順利地擴大了。丹利負責買入舊機器，然後把舊機器修好，放到其他的理髮店，而巴菲特則負責管理帳目，兩個人把這項彈珠台事業命名為「威爾遜硬幣操作機器公司」。

所謂的「威爾遜」其實是一個不存在的名字，只是為了讓它看起來像是一項正經八百的事業。每當理髮店提出「再給我們裝幾台新機器吧！」的時候，巴菲特就擺出一副事業家在經營這項事業一樣，回答說：「我會

和威爾遜先生商量的。」而「威爾遜先生」也就是他和丹利。

到最後，「威爾遜硬幣操作機器公司」每星期的收入達到 50 美元。《點石成金》（The Midas Touch）作者崔恩（John Train）說道，巴菲特在回首這件往事時不禁感嘆：「當時我真的連做夢都沒有想到，人生竟然有這麼快樂的事情！」

當時唐‧丹利對巴菲特有著高度評價：「華倫不善於用手或工具去轉螺絲釘，也不會做任何技術性的工作，但他擅長心算。」巴菲特的這一特色後來嶄露在他的投資成績上，這是他成功的秘訣之一，那就是別人永遠無法學會的「簡單哲學」。面對一座山峰，他總能找到到達山頂的最佳路線，而不是像他人那樣費時費力地撥開灌木和石塊，繞了大圈子反而還迷路。他習慣思考事物的本質，然後找到根本的解決辦法，並堅持且持續地做下去。

他喜歡挖掘便宜的好貨，買進那些價格遠低於真正價值的股票，並習慣長期性地持有，直到價格翻倍。他驚人的記憶力和計算能力證明了他可以不靠著電腦及有關股票投資的現代工具來達成目標。他是投資界的奇葩，與華爾街的氛圍截然不同，這顯得他特別格格不入。因為他身上沒有所謂的現代氣息，完全不像個超級富豪，他遠離紐約，待在自己的家鄉奧馬哈，房裡只有幾樣東西：各類報表資料、一台電話。他的身邊沒有專業研究團隊，他從不依靠那些繁瑣的資料分析下決策，只是閱讀大量的企業財報，從中判斷哪些是真正的便宜好貨，然後大量買進，長期持有。

他不需要太複雜的外部力量幫助，他在股市中從不虧損的能量來自於強大的內心，「簡單」就是他的力量。而這些特質早在少年時期就已表現得淋漓盡致。唐‧丹利說：「當人們都在忙著做具體的工作時，他只是站在一旁，告訴我一些關於商業書的資訊。中學畢業前，他已經讀了一百本那一類的書籍。有時，他會要我舉出二十個兩位數的數字讓他心算加減，

而結果總是準確無誤！」

想起合夥經營的彈珠台生意，唐‧丹利也忍不住說道：「我當時就知道他會是一個贏家，因為沒有人比他更精明，他可以說是我見過最精明的美國人。」對他有這個評價的並不只有唐‧丹利，多數見過巴菲特的人，都會產生這種感覺。

丹利回憶了當年巴菲特寫給他的信，討論如何為他手中的錢做點投資。丹利繼承了父母早逝後留下來的 6,000 美元，他們想要合夥做點事情，當時是 1951 年。丹利說：「巴菲特與眾不同，可是說實話，我並不知道他能走到今天這一步，站得這麼高。」不過，當時光來到 1951 年的時候，他下定決心把全部資產 25,000 美元投進了巴菲特的合夥人聯盟，後來又購買了波克夏的股票，且從來沒有拋售過任何一股。他每天都上網查看波克夏公司的股票價格，長期持有了超過五十年以上的時間，卻一股也沒有拋售。他說：「它目前的價格對我來說沒有任何意義，但我堅持每天至少查看它一次，在某種程度上，我渴望重溫巴菲特合夥人聯盟的美好時光。」這是他對巴菲特的信任，也是對他獨特的思維能力和他們友情的認可。

巴菲特後來成為了美國神話一般的人物，他不同凡響，無論是財富，還是價值觀、做事風格，都為人津津樂道。歷史上的大富豪，例如石油大王洛克菲勒（John D. Rockefeller）、鋼鐵大王安德魯‧卡內基（Andrew Carnegie），後來的軟體大王比爾‧蓋茲（William Henry Bill Gates III）──他們的財富都是來自於一個產品或者某項發明，繼而壟斷一種行業，而巴菲特則是純粹的投資，對股票和企業的投資。他不是從頭做起，更像是中途介入，把前景看好的「半成品」加工成品質上乘的「暢銷品」，因此成為了美國投資業和企業價值認定的公認導師。

他從小養成的獨特思維功不可沒。六十年的投資生涯，他沒有用過

財務槓桿、沒有投機取巧（儘管他是股票投資者）、沒有遭遇過大的風險，他一直保持良好的態勢，無人可以與他相比！在很多的專家與投資者看來，這就像個奇蹟，因為太不可思議了。於是有人將他的著作視為聖經，將他說的每一句話都當成投資寶典，牢記在心。

然而，也許一直與他在富豪排行榜上較勁的比爾‧蓋茲最有資格評論巴菲特：「雖然華倫有大量的格言值得銘記，但只將這些格言記在心裡是遠遠不夠的。」的確，巴菲特最過人之處，還是在於他的行動能力，因為他早在十二歲時就已經買了生平第一支股票，而且還賺了「不少」。

5 逃離死板正規教育

1947 年，巴菲特高中畢業，成績在 350 人中排名 16，相當優秀，好朋友丹利則以第 1 名的優異成績畢業。成績單上對巴菲特的評價是『喜歡數學，是一個未來的股票經紀人。』這一年他才十七歲，還未成年，卻已經展露出遠大的理想與高人一等的才華，同時他已透過送了累計高達六十萬份的報紙和出租彈珠台等方式，賺到了 6,000 美元，還精讀了超過一百本的商業書籍。他把大部分的精力放到了費城的股票交易所。他的心早已飛到了實戰的戰場。

聽從父親霍華德的意見，還未滿十七歲的巴菲特，進入全美首屈一指的賓州大學華頓商學院（The Wharton School of The University of Pennsylvania）就讀。霍華德以為，該校在金融方面被評選為美國第一，因此，巴菲特也應該能夠接受這所學校吧！事實上，巴菲特平時讀過與經濟相關的書籍已經多達百本了，所以一提起上大學，他反而會認為是浪費時間。

果然，巴菲特進入大學之後，經常不去上課，反而喜歡跑到市內的證券公司，對觀察股票市場的動向等表現得更為熱中。他在奧馬哈的鄰居，與他十分親密的瑪奎麗‧弗庫，在接受勞恩斯坦的採訪時，回憶了巴菲特當時對她說過的話：「瑪奎麗，我在那裡可沒學到什麼！要說我做了什麼，就是在前一天晚上打開書，然後喝百事可樂，僅此而已。不過，光是這樣，我就已經可以得到滿分了。」

對學校課程不太熱中的巴菲特，不久後又和丹利玩在一起。這時的

巴菲特準備從其他地方買來「勞斯萊斯」的二手車，然後交由丹利把它修好之後，開始經營汽車租賃。於是他和精於機械的丹利共同出資 350 美元買來一輛 1928 年產的「勞斯萊斯」二手車，開著它上路，剛進華盛頓就被警察攔住，因為他們的車既沒有尾燈，也沒有車牌。

丹利在接受採訪時，回憶了當時的情況：「當警察正準備開罰單給我們時，巴菲特向警察申辯道：『請等一下，我們不過是想把這輛車開回車庫，然後把它修好，這樣的話，這輛車就能符合交通安全的條件了。』於是，警察放我們走了。」兩個人就這樣把勞斯萊斯開進巴菲特家的車庫。之後，丹利把車修好，勞斯萊斯又可以跑了。丹利憶及這段往事，大為感慨地說：「這輛車當時已經是廢銅爛鐵了，擺在巴爾的摩南郊的廢棄舊貨站，作為交通工具已經沒什麼價值。它被叫做女士購物車，前面有一個供司機用的折疊坐椅，後面有個雙人座椅，但華倫堅持把它改造一番，於是我們成功了。」雖然他們也曾以一天 35 美元的價格把車租出去，賺了一點零用錢，但是沒多久，這輛車就成了丹利和他女友的「專屬座車」，他們一起乘著這輛車在華盛頓滿街兜風，好不開心。

1948 年底，民主黨的杜魯門在總統大選中擊敗共和黨的杜威，支持共和黨的霍華德・巴菲特也被選民趕出了國會，巴菲特一家因此離開華盛頓，重回奧馬哈的老家。這讓厭惡學校生活的巴菲特終於有了一個離開美國東岸的藉口，在賓州大學裡，既沒有送報的工作，也沒有彈珠台事業，大學的課程更讓他感到無聊；這座城市對巴菲特而言沒有絲毫的魅力。

隔年秋天，巴菲特連朋友都沒有通知，就突然從學校消失了，他回到奧馬哈，進入當地的內布拉斯加州大學就讀。不過，在內布拉斯加州大學，巴菲特也只是掛個名，他將自己的精力都用在當地報紙的配送工作上，還經常打橋牌，學業成績卻依舊拿到了 A。這一次，比起在華盛頓可要正規得多。為了報紙配送，他動員了多達五十名的青少年，讓他們稱呼自己為

「巴菲特先生」。同時，他又開始了高爾夫球專賣店的事業。

就這樣，巴菲特一方面把熱情傾注在送報和高爾夫球的事業上，一方面在家裡大量閱讀和大學功課沒有直接關係的經濟類書籍。1950 年春天，巴菲特從內布拉斯加州大學畢業了，當時他只有十九歲，但銀行存款已經有了 9,800 美元，都是透過各種可行的小投資賺來的，這些錢成為他日後投資的啟動資金。

同是從奧馬哈出身的大學室友查爾斯‧皮特森，後來在接受奧馬哈的記者採訪時說：「巴菲特在 9 月新學期開始之後，利用到 9 月底的一個月時間內，便讀完了所有的教科書，然後就再也沒有讀第二遍。儘管如此，在學期末的考試中，他竟能得到最高的分數 Ａ！」

一直在大學裡和巴菲特朝夕相處的皮特森，畢業數年後於奧馬哈再次見到了巴菲特。這時，他不禁再次為老朋友所擁有的力量感到震驚。一起吃飯的時候，他們不經意談起在大學時代，某位教授曾經說過的一件事，當時皮特森已經記不起詳情，於是就問巴菲特具體的內容。巴菲特答道：「啊，那些都在教科書的第二百二十一頁第三段。」接著就背誦起教科書的內容。當時皮特森並沒有當一回事，不過，當他回去翻看那本教科書時，才發現在巴菲特指出的段落裡，確實清清楚楚地印著巴菲特背誦過的內容。看到自己模仿不來的這種「照相機般的記憶」，除了感到不可思議，他不由得更加佩服巴菲特。

巴菲特厭惡正規的教學課程，他喜愛的是單純的知識學習，因此在一開始時，他對於進修並沒有太大的興趣，但在一年前目睹父親在選舉中落選後，他體悟到人際關係以及名譽聲望對於經營事業的重要性。最後，他決定申請就讀哈佛大學商學院，以尋求他所需要的這些東西。

對於這一個決定，巴菲特相當有把握，雖然十九歲的他比同屆的畢業生都要小了兩歲，但他在股票投資上的知識早已超越了任何同級學生，

一直以來，他的親威、朋友、同學在他談論股票時總是洗耳恭聽，並個個讚不絕口。憑藉著這一點，巴菲特對於錄取哈佛一事信心十足。

就這樣，1950 年的夏天，巴菲特參加了哈佛大學商學院的入學考試，並在芝加哥見到了錄取小組的負責人。後來，巴菲特對自己的好朋友，同時也是新聞記者的凱倫·路易斯這樣談道：「哈佛大學錄取小組的負責人對我的印象好像是：我是個憔悴的十九歲青年，一眼看上去只有十六歲，待人接物只有九歲。就這樣，在芝加哥的面談僅短短的十分鐘就結束了。」當時企盼成為哈佛大學商學院學生的巴菲特，看起來還是太年輕了，所以哈佛大學拒絕了巴菲特的入學申請。

商業帝國的起始

1 重要啟蒙者：班傑明・葛拉漢

班傑明・葛拉漢（Benjamin Graham）──「證券分析」理論的創立者，他提出要注重企業內在價值的發現，拋棄短期的投機行為。這一理念深受巴菲特的推崇，在投資理念上，他師從於葛拉漢的學說精華，並把它廣泛用於實踐，甚至青出於藍勝於藍。

葛拉漢說：「對於理性的投資，精神態度比技巧更重要。」他的觀點影響了一代又一代的金融從業人員，他的作品被投資者奉為聖經，而他本人則被尊為「財務分析之父」。自他開始，全球金融界才逐漸有了現代的財務概念。在微觀的基本分析方面，他更是巴菲特、彼得・林區等股票巨頭的啟蒙宗師。

入學申請被哈佛大學拒絕，對巴菲特來說，可真是不幸中的大幸。巴菲特還在內布拉斯加州大學讀四年級的時候，就拜讀過被譽為近代價值投資之父的班傑明・葛拉漢的經典著作──《智慧型股票投資人》（The Intelligent Investor）。這本剛出版不久的新書，給巴菲特帶來很大的啟發。於是，在被哈佛大學拒絕之後，他報考了由葛拉漢執教的哥倫比亞大學商學院。不久，就收到了入學許可通知書。

年輕時的巴菲特，可以說是一名「書蟲」，當從內布拉斯加州大學畢業時，他就吸收了不遜於職業基金經理人的專業知識。要說唯一的欠缺，就像到海上出航需要很好的航海圖一樣，對巴菲特而言，需要的是將自己引入股市投資這個世界的行動原理，而葛拉漢的投資理論正是這樣的概念，因此，巴菲特曾經感嘆地說：「真是遇到神了！」

葛拉漢的投資理論，是在認清企業「本質價值」的情況下，以大大低於「本質價值」的價格買入的「價值投資」。這個理論基於這樣的主張：如果我們能夠不隨人們的希望、恐懼等感情所支配的股市左右擺動，而集中精力關注在股票背後所隱藏的事業價值，並能以較低的價格買入的話，就能夠將風險降到最低。

1934 年，經濟大恐慌的陰影尚未散去，葛拉漢與哥倫比亞大學的同僚大衛‧陶德（David Todd），合著了《證券分析》（Security Analysis）一書，在書中明確提出了以「價值投資」為核心的「葛拉漢──陶德理論」。當時正處於「投機」的全盛時期，因此這個理論可說是劃時代的。而後來 1942 年的《智慧型股票投資人》則把《證券分析》的內容更新，這是針對一般投資者所寫的簡明易懂的投資指南，書中列舉了大量的生動實例，而且簡單扼要，直指投資的核心問題。

葛拉漢在《智慧型股票投資人》裡是這般論述的：「我們假定你向非公開企業出資一千美元，成為該企業的合夥人。而在合夥人當中，有一個人叫作『市場先生』，他是一個古道熱腸的人。每天，他都會跑來告訴你，你所持有的股票現在價值多少。並且，有時他還提出想要買你的股份的想法，或者是想賣掉自己的股份。有時，他的想法聽起來還算正常，但是在很多情況下，『市場先生』都容易讓自己的熱情或是恐懼爆發出來。而這種時候，他所考慮的價值在我們看來真是有點愚蠢了。」

總而言之，葛拉漢想要告訴我們的是：一天一種想法的「市場先生」不可能知道股票的本質價格，而真正的投資家是不會理會「市場先生」的。和「市場先生」一起分享喜憂的人，不是投資家，而是投機家。

所謂的投機，是指投資人 A 在投資時，會以投資人 B、C、D 在考慮什麼為依據來判斷，而 B、C、D 也一樣，是在考慮包括 A 的其他投資人在考慮什麼的基礎上產生反應。投機者不是看「企業」，而是看「市場

及其他投資人」來行動。

根據「葛拉漢──陶德理論」，真正的投資家不會去注意每天的股價，反而會冷靜地分析證券背後的企業。透過注意企業的收益能力、財務狀況與未來走勢來探尋企業的本質價值，而這個本質價值不會因「市場先生」在考慮什麼而有所改變。

值得高興的是，「市場先生」每天都會帶著新的想法出現，真正的投資家並不會被「市場先生」所左右，反而會利用這個「市場先生」，當什麼也不知道的「市場先生」帶著大大低於本質價值的價格露面時，投資家們只要果敢的行動就行了。

在哥倫比亞大學商學院，巴菲特可以說是如魚得水。同班同學大概有二十人，其中有不少是當時已在華爾街就職的金融界人士，巴菲特可以說是當時年紀最輕的學生，儘管如此，他還是相當投入，不管老師提怎樣的問題，都一定會認真地準備及作答，有不明白的地方，也總是第一個舉手提問；事實上，「課堂」完全就像是他和葛拉漢的兩人劇場一樣。

提及葛拉漢，巴菲特說：「在很多人的羅盤上，葛拉漢就是到達北極唯一的指航針。」只有葛拉漢的理念出現之後，全球的投資者們才開始逐漸進入了理性投資，並且學會了專業的財務分析。

葛拉漢的《證券分析》出現時，資本主義世界剛經歷了 1929 年的經濟大蕭條，作為對此現象深刻反思的產物，葛拉漢在書中對有價證券這一行業創立了一整套卓有成效的理論，這是它被奉為華爾街聖經的由來。這本書的出版，在更大範圍內奠定了葛拉漢作為全美和全世界的證券分析家以及投資理論家的地位，受到了多數金融專業人士的讚賞和推崇。巴菲特就是在此時決定終生追隨葛拉漢，他毅然決定選擇去哥倫比亞大學就讀，以便向這位理論上的恩師請教更多的問題。即使在巴菲特成名之後，也曾將這本書作為經典教材向奧馬哈大學的學生們推薦。

　　而《智慧型股票投資人》對投資人清楚說明「投資」與「投機」的區別。在書中，葛拉漢用兩則股市寓言故事向讀者詳細闡述此一道理，一是「市場先生」，二是「旅鼠的投資」。葛拉漢認為，股票是企業的一部分，它的價值始終應和整個企業的價值相呼應，他十分生動地講述了價值投資的核心觀念之一──「安全邊際（Margin Of Safety）」的概念，不僅提供了實際的操作原則，而且以哲學的高度思考市場，掌握了市場前進的根本因素，並鼓勵有識之士搭乘這輛市場快車。

　　巴菲特畢業之後，回到老家當了三年股票經紀人，才終於得到了去葛拉漢的公司工作的機會。在那裡，他向葛拉漢學到了很多實際的操作經驗，一直到 1956 年葛拉漢退休，巴菲特決心回到老家集資創業。自此，他運用葛拉漢傳授的價值投資策略，一步步在市場中進行實踐，獲得了極其顯著的效果，最明顯的表現就是他的操作收益遠超過大盤走勢，他長期戰勝了市場！巴菲特說：「在大師門下學習幾小時，遠勝過自己苦苦摸索十年。」他坦承自己的投資成就，是從葛拉漢的智慧之樹結出的果實，是老師的理論與他個人的市場操作結合的產物，水到渠成，自己只不過是追隨了葛拉漢發現的市場規律和正確的投資原則罷了。

　　巴菲特從葛拉漢那裡學到的最關鍵的投資秘訣便是價值投資策略，他說：「葛拉漢傳授給我的一點也不複雜，任何一個普通人都能學會。」在這裡，我們可以理解為學習價值投資策略的三不原則：不需要高智商、不需要高深的數學或經濟學、不需要高學歷。

　　巴菲特說：「智商高的人未必就能擊敗智商低的人，而且我從來沒發現高深的數學或經濟學在投資中有什麼作用，你只要懂得小學的算術就足夠了。」他在精通了葛拉漢的理論之後，心有同感地發現大學裡的很多專業理論其實無法在實務中生存應用，錯誤方向的知識接受得越多，對人對己的害處也就越大。對於真正的投資人來說，只要掌握最基本的理論和

原則就可以了。他師從葛拉漢，研究和實踐葛拉漢的價值投資理念，從中總結出了三個基本策略。

看公司，不看股票

「用經營公司的態度去投資股票才是最明智的。」這是葛拉漢的名言，巴菲特也贊同這一點。就像人們買房子，股票好比房地產權狀，是這棟房子的產權證明，但是人們真正想買的，其實不是這張權狀，而是這張權狀後面代表的這棟房子。同理，股票是一家公司的股權證明，而投資者只拿到一個股權證明是毫無意義的，只有股票背後的公司才能真正為你帶來收益。先有公司，後有股票，買股票其實就是透過股票來投資公司，公司價值多少錢，往往也就決定了股票值多少錢，儘管有短期的波動，但這對於長期大勢沒什麼影響。

巴菲特說：「在投資時，我們應該分析的不是股票，而是公司，我們要把自己當成是公司的分析師，而不是市場和證券的分析師。投資者的獲利與命運，最終取決於擁有的公司的獲利與命運。」而正像葛拉漢教導他的，巴菲特很少去關注股票行情，而是把大部分的精力都放在分析公司的基本面上。當記者問巴菲特每天都做些什麼時，他回答他的工作就是閱讀──看上市公司的資料，看它們的年度財務報表，去瞭解公司的業務和財務等基本資訊，以決定是否具備投資價值。

看價值，不看價格

估算公司的內在價值，是決定它是否具備投資價值的必備工作。這是巴菲特從葛拉漢那裡學到的價值投資理念的第二點。為了能夠看清公司

的真正本質，巴菲特有意地將自己與股市隔絕，不去看股價，且想辦法讓自己看不到股價，以便排除干擾。巴菲特說：「這是非常重要的，作為投資者要保持內心平靜，冷靜地做出理性的投資決策。」他牢記葛拉漢的教誨，關注公司的內在價值，以價值決定價格，以價值判斷價格。其實巴菲特也曾經對技術分析有所沉迷，希望可以用技術和資料分析來預估股價未來的走勢，但看到葛拉漢的「市場先生」的故事後，他恍然大悟：「短期的股價波動根本是無法預測的，而長期的波動卻是完全可以預測的，這指的是——價格最終會回歸於它真實的價值。」

 ## 做投資，不做投機

巴菲特說：「利用市場，別被市場利用。」根據葛拉漢的理論，投機者雖能一時得利，但終將被市場利用。要戰勝市場，只有充分瞭解一家公司，比市場更準確地評估出公司的真正價值，才是投資者應該做的事情。對此，巴菲特曾說過：「市場是你的僕人，而不是你的嚮導。」

投機者為市場牽著鼻子走，成為市場的僕人，只有理性的投資者才有可能戰勝市場，成為駕馭市場的成功者。若是只根據價格的高低漲跌來判斷是否進行股票買賣，那就是投機。葛拉漢對巴菲特說：「既然股價的短期波動是無法預測的，那麼做差價的投機行為根本不可能長期獲利、並成為長期贏家的。」如何區分投資與投機呢？投資是一種透過認真分析與研究，以保本並且能獲得滿意收益的行為，而不滿足這些條件的行為就是投機——這是葛拉漢價值投資的根本定義。

巴菲特繼而進一步總結了價值投資的本質——尋找股票價格與公司內在價值之間的差距。他說：「當市場過於低估某一支股票的價值時，就是你低價買入的好機會，千萬不要錯過。」

他學得了葛拉漢的理論精華，但他與恩師之間也有著根本的區別。因為經歷過1929年的經濟大蕭條，葛拉漢具有根深蒂固的廣泛懷疑態度，所以他不信任任何財務報表以外的東西，對於瞭解企業的基本資訊，葛拉漢也不認為這有什麼幫助。並且，葛拉漢對未來從不抱有任何主觀的幻想，對於公司的成長性，他持有強烈的成見，小心翼翼。但是巴菲特不同，相對於葛拉漢，巴菲特的優點在於他高度的信任，他信任公司的成長性，同樣也信任公司的管理高層，放權給他們，這說明了他在向葛拉漢學習的過程中，了解到經營者與成長的關聯性。在學習過程中，巴菲特採取了接受與摒棄並行的方式，根據現實與自身情況，吸取好的理論，放棄錯誤的原則，而非固執地生搬硬套。

同時，巴菲特的投資法則也建立在葛拉漢的理論基礎上──買便宜貨，長期持有。他以低於內在價值的價格買進一些好公司的股票，非常放心地將公司授權給那些優秀的管理高層。幾十年來，他獲得了驚人的成功。這說明他既學會了葛拉漢的優點，又避免了葛拉漢的缺點。他訪查公司營運狀況，也相信訪查結果，深入地瞭解公司。巴菲特認為：「證券市場不是投資的主陣地，公司和消費市場才是投資者該去了解的地方。」

除此之外，巴菲特學會了品牌投資策略，他實現從小就希望以複利賺錢的途徑──以品牌來創造較高而穩定的年複利率與大量的現金流來帶動公司的業績，以創造高額的回報。他是聰明的人，卻又具備給予市場支援和信任的質樸本性。相對於葛拉漢，巴菲特青出於藍而更勝於藍！

2 與 GEICO 的邂逅

巴菲特在迷戀葛拉漢投資理論的同時，對和葛拉漢相關的企業也表現出強烈的關心。由葛拉漢擔任董事長的 GEICO 保險公司就是一個例子。巴菲特在 1993 年對哥倫比亞大學商學院學生的演講，以及 1995 年發出的《巴菲特致股東信》的內容中，都談到自己當時的親身體驗。

1951 年 1 月，巴菲特在哥倫比亞大學圖書館裡查資料，偶然間發現 GEICO 保險公司就在華盛頓，於是他利用一個星期六拜訪了 GEICO 的總公司。當時，門是關著的，於是他不停地敲門，直到清潔工帶著一臉困惑出來開門為止。

「除了你之外，還有其他能和我說話的人嗎？」

「六樓還有人在上班，你如果想見他，就自己上去吧！」

當時在六樓工作的是 GEICO 財務副總經理羅瑞摩・戴維森（Lorimer Davidson），對於突然接受一位二十歲年輕學生的拜訪有些吃驚。他被問到關於 GEICO 保險公司的經營內容及保險事業的結構等問題，之後的四小時，他成了巴菲特最好的談話對象。隨著談話的進行，巴菲特突然有了一種自己正在面對優秀的證券評論家的錯覺。果然，幾年之後，戴維森成為 GEICO 保險公司的 CEO（執行長）。

GEICO 保險公司創立於 1936 年，全名「政府雇員保險公司」，是一家專門提供理賠率低的政府員工保險、不透過經紀人而直接招攬的汽車保險公司。在維持低營業成本的同時，由於其銷售對象鎖定在具有良好素質的顧客上，所以儘管只是收取低於業界平均水準的保險金，該公司仍然

能夠取得高於業界平均水準的利潤率。

　　巴菲特後來在《富比士雜誌》發表了這樣的看法：「這家公司在競爭中具有特別的優勢地位，而且，還是由我的神——葛拉漢所經營的公司。」這時候的體驗，讓他在七〇年代後半期非常積極地取得 GEICO 保險公司的股份，並於九〇年代後半期結出了完全收購該公司的果實。

　　後來巴菲特不斷出入華爾街，拜訪了好幾位保險專家，就 GEICO 保險公司提出自己的見解和想法，最後得到的結論是「GEICO 的股票價值應該要比其他保險公司的股票均來得高」。

　　當然，巴菲特並沒有因此就撤回自己根據「葛拉漢——陶德理論」所得出的分析結果。他認為，正因為連專家都沒有意識到 GEICO 保險公司的魅力，而自己卻意識到了，反而覺得十分滿足。在那一年，他拿出 10,000 美元（相當於全部財產的三分之二）購買了 GEICO 保險公司的股票，一年之後，以 15,000 多美元的價格賣出，獲得了 50% 以上的獲利。而這些投入購買保險公司股票的資金，多半都是送報工作時積攢下來的。所以這 10,000 美元等於就是「投資家巴菲特」的啟動資金。

　　1951 年 6 月，巴菲特從哥倫比亞大學商學院畢業了。由著名教授葛拉漢頒發的成績單上赫然寫著最高的「A＋」。在葛拉漢任教於哥倫比亞大學的二十二年期間，能從他手中獲得 A＋這個成績的，巴菲特是第一個，同時也是最後一個，他打破哥倫比亞商學院有史以來的最高分紀錄。

　　以優異成績從研究所畢業的巴菲特，找工作時毫不考慮地就直接向由葛拉漢經營的投資公司——「葛拉漢紐曼公司」（Graham-Newman）提出了求職申請。但是，儘管巴菲特開出「不要工資也行」的條件，葛拉漢並未點頭同意。看來，葛拉漢是想確保公司一向只錄用猶太人的原則。

　　巴菲特後來回憶起這段往事，開玩笑地說：「或許葛拉漢是根據多年養成的習慣，透過價格和價值的比較計算，得出了『不』的結論吧！」

　　之後，巴菲特幾乎沒有考慮要在大企業工作，而是回到奧馬哈，當起由父親霍華德經營、員工只有五人的小證券公司營業員。他最初推薦給顧客的，是在奧馬哈誰也沒有聽過的保險公司的股票，所以一開始幾乎沒有客戶願意購買。

　　最早聽從巴菲特的建議，購買保險公司股票的少數投資者之一，是從小就非常疼愛巴菲特的嬸嬸愛麗絲‧巴菲特，她買入了一百股。後來巴菲特這樣寫道：「只要是我推薦的股票，無論是什麼，嬸嬸可能都會買吧！」從某種意義上來說，也就是「除了打從心底信賴我的嬸嬸以外，其他再也沒有誰肯買了。」

　　營業員的工作對巴菲特而言顯然並不適合。他反覆閱讀著名的投資分析公司穆迪（Moody's）發行的厚本《穆迪股評》，根據「葛拉漢——陶德理論」發掘有希望的品牌。然而即使銷售成功了，得到的也僅是一點手續費。所以，比起推薦股票的工作，巴菲特的心顯然還是在葛拉漢的公司裡，因此，對於將自己在投資上的想法寫信寄給葛拉漢一事，也就更為熱心了。

　　在空閒時間，巴菲特還參加了演講技巧訓練班。演講技巧是將來召集投資家、建立股票投資合夥人關係不可或缺的能力。同時，他在奧馬哈大學的社會教育機構擔任名為「投資原則」講座的講師，得到了為自己增進演說能力的機會。

　　作為講師，他也發揮了超乎常人的才能。當他踏進教室的那一刻，從平均年齡約四十歲的學生當中傳來一陣陣掩飾不住的笑聲。巴菲特在向當地的記者多爾敘述時說：「這是因為當時我太瘦，看起來就像中學裡的排球選手一樣。」但是當課程開始之後，學生們都被他的言語吸引住了。

　　1952 年 4 月，巴菲特和蘇珊‧湯普森（Susan Thompson）結婚。蘇珊的父親威廉‧湯普森曾經幫助過巴菲特的父親霍華德參選眾議院議員，

因此在奧馬哈，湯普森家和巴菲特家從很早開始就有往來，蘇珊和巴菲特的妹妹柏蒂（Roberta Buffett）更是同住一間宿舍的室友。她是一位友好、善良、充滿智慧而高貴的女性，夫妻感情非常好，她曾說：「他（巴菲特）就像是一台彩色電視機，而不是黑白的。」婚後兩人生下了一個女兒、兩個兒子，在孩子眼裡她是最棒的母親，也是丈夫眼中的「女英雄」，對於丈夫的事業總是毫無保留的給予支持。

結婚後兩年，巴菲特所期待的消息傳來，葛拉漢向他發出「要試著到葛拉漢紐曼工作看看嗎？」的邀請。巴菲特二話不說，立刻帶著夫人蘇珊來到紐約，進入葛拉漢紐曼公司工作，為投資家生涯正式邁出了第一步。

知識⁺Box　信用評級

又稱為信用評等，在股市與債市中，均有著信用評級（Credit Rating）的機制，目的是顯示受評對象信貸違約風險的大小。一般是由特定的專門信評機構進行，這些機構針對受評對象的金融狀況以及經營數據進行調查、分析，從而就金融信用狀況給予總體評價。

信用評級產生於二十世紀初的美國。1902 年，穆迪公司的創始人約翰‧穆迪首先對當時發行的鐵路債券進行評級。評級制度後來更延伸到各種金融產品之上，目前最主要的評級機構分為三類，一為針對國家、銀行、證券、基金為評級對象的機構，這類機構以穆迪（Moody's）、標準普爾（Standard & Poor's）和惠譽國際（Fitch Rating）為主。第二類則針對商業企業進行信用調查和評估，代表機構有鄧白氏公司（Dun & Bradstreet）。第三類是針對消費者個人的信用作出調查，著名的有 EFX（Equifax）公司、環聯公司（Trans Union）和益百利公司（Experian）。

一間企業或一個國家在經過評級後，會根據信用狀況被賦予AAA到D的評價，AAA為最佳，代表信譽極好，幾乎不存在風險；其次為AA，代表信譽優良，大致不存在風險；接著依序為A、BBB、BB、B……等，D為最差評級，通常代表這間企業已完全破產。

3 千億資產的起始點

　　巴菲特現在有上千億美元的資產，但是誰能想到他剛起家時的投入成本只有 100 美元？ 100 美元，這就是傳奇股神騰飛的起點。

　　1954 年，當時的華爾街缺乏活力，以工作場所而言，並不能算是最佳選擇。可能是因為尚未從經濟大恐慌的後遺症中完全擺脫出來的緣故，使得哈佛大學商學院的畢業生當中，選擇在華爾街就業的不到 3%。

　　華倫‧巴菲特以空前優異的成績從哥倫比亞大學商學院畢業，就來到了華爾街。而且，開始工作的地方是從業人員不到十人的小型投資公司——葛拉漢紐曼公司。從世俗的眼光來看，巴菲特的行為有點過於衝動，但他卻是幹勁十足，以自身的力量站在邁向投資家道路的起跑線上，從零開始。在沒有接受任何人的援助下，巴菲特逐漸構築起鉅額的財富。

　　在葛拉漢紐曼，巴菲特非常喜歡閱讀標準普爾公司發行的《財富嚮導》（Financial Adviser），由此不斷發掘一個個具有魅力的品牌。無論是何種企業的財務報表，經他一看都能比誰更快地掌握數字，發現問題。這一點，巴菲特甚至比自己的老師班傑明‧葛拉漢做得更出色。

　　不過，當時的問題是：無論巴菲特再怎樣不斷地發現新的想法，葛拉漢紐曼公司的可運用資產只有 600 萬美元，根本起不了多大的作用。雖然有很多投資家想要把資金投向葛拉漢紐曼公司，但是，葛拉漢對於招募新的投資家並沒有多大的興趣。這是因為他還無法抹去大恐慌時代的記憶，對當時逐漸顯出強勢的股票市場抱持懷疑態度。如此一來，巴菲特的想法很可能都將流於紙上談兵。

　　1956 年，已經六十一歲的葛拉漢決定引退，葛拉漢紐曼公司解散了。對聚斂金錢並沒有那麼熱中的葛拉漢，選擇在加利福尼亞州大學洛杉磯分校一邊任教，一邊執筆寫點東西，好好享受餘生。葛拉漢紐曼自創立以來的二十一年間，取得的經營成績達到了年平均報酬率 17%，超過了任何的股價指數。

　　當時二十六歲的巴菲特，作為投資家的經歷尚淺，但是已經留下了超過葛拉漢紐曼的成績。他將二十歲之前透過送報等工作累積起來的 10,000 美元用於個人投資，並使這筆資金增加到了 140,000 美元。如果換算成現今的物價相當於 930,000 美元，這已經是非常了不起的成績了。

　　巴菲特並不喜歡都市的喧囂，當葛拉漢紐曼一解散，他就毫不猶豫地回到自己喜愛的奧馬哈，和妻子蘇珊一起搬到巴菲特家雜貨店附近的公寓居住。在奧馬哈要做什麼，他心裡早已有了決定，他要籌集資金，自己成立一個投資公司，將不斷湧現出來的想法透過實際的股票市場加以實現。而要招募投資家所不可缺少的演講技巧，巴菲特早早就學到手了。

　　1956 年，巴菲特組建了由眾多合夥人組成的公司，最初巴菲特所尋找的，都是親戚或者朋友。1956 年 5 月，由巴菲特的姐姐桃樂絲、姐夫盧曼・伍德、巴菲特的老丈人威廉・湯普森、嬸嬸愛麗絲、賓州大學的同學查爾斯・皮特森與他母親、擔任律師工作的好朋友丹里爾・莫寧等七個人，作為承擔有限責任的合夥人，組織成巴菲特事務所。當時的最低出資額為 5,000 美元，最多的為 35,000 美元，合計 105,000 美元。巴菲特自己投入 100 美元，以管理夥伴的形式入股。

　　合夥公司的運營方針很簡單。首先，巴菲特宣布：「關於你們投入的資金，我會像用自己的錢一樣按照我的喜好來運用。因此，我用這些錢在做什麼，我完全都不能告訴你們。」而巴菲特的「答疑」時間僅在一年一次的結算期，合夥人們只有那個時候才被允許提問。而關於品牌選擇的主

意，對巴菲特而言是最大的知識產權，連妻子都不會洩露。從這時起，他有了自己的第一個努力目標——巴菲特有限公司。巴菲特引入了自己和合夥人共同承擔風險的方針。具體而言，就是巴菲特事務所和合夥人約定：每年將向出資的合夥人支付 6% 的分紅。而在當年的經營業績中，剩餘利益的 75% 歸出資的合夥人，25% 歸巴菲特自己。換句話說，每年如果僅是取得 6% 的收益成績，巴菲特將得不到一分錢的收入。這樣的股利政策相當奇怪，巴菲特儘管投入最少，卻可以支配除去股東每年固定紅利後的全部公司資產。

為什麼會這樣？因為每位合夥人都對他信賴有加，那時已經認定巴菲特將帶領他們創造一片光明的未來。公司成立後，業務馬上不斷地成長，吸納的新資金也越來越多，合夥人也越來越多，很快就走上了規模化的營運。事實上，巴菲特唯一擁有的東西就是自信，在龐大的美國金融市場面前，他的過去幾乎是一片空白，沒有作為獨立操作者的輝煌業績，哪怕是一次成功規模較大的經歷也沒有。可是，所有的合夥人都決定讓他自由運用公司的資金，因為巴菲特的才華需要對公司權利的絕對支配和控制，巴菲特不希望有人來干涉他在股票投資方面作出的任何一項決策，以保證自己的想法可以徹底地實施。他說：「民主是一件偉大的事情，但在投資決策方面卻是一個例外。」

之所以定下 6% 的門檻，是因為巴菲特認為：如果不能取得這個與當地銀行定存利率相當的成績，合夥人向合夥人聯盟的經營者支付手續費就完全沒有必要了。進一步地，巴菲特透過合夥人聯盟經營所獲得的收益，將全部用於合夥人聯盟的再投資。假如巴菲特犯了什麼錯誤的話，經營成績就會變得不好，而巴菲特自己也會因此蒙受損失。他這樣使用資金的方式，就等於是給合夥人「您出的資金將被盡可能謹慎地使用」的保證。

合夥人聯盟的營運成本可以說是幾近於零，非常低。巴菲特將自家

臥室當成辦公室，而營業所用的車子，則是自家廉價的大眾小車，秘書自然也是沒有的。從一開始，巴菲特就徹底貫徹了「經營者不能為了自己的利益，將股東的資本浪費掉」的經營哲學。

不過，巴菲特顯然不能滿足於 105,000 美元的可應用資金，於是，他不斷地尋找新的出資者，結成新的合夥人關係。因為葛拉漢曾經向過去的顧客介紹過他，所以，在籌集資金上，巴菲特並未遇到多大的困難。

當然，也有人拒絕巴菲特的出資邀請，其中之一就是巴菲特在奧馬哈的鄰居、後來成為飲料業巨人的可口可樂公司總經理唐納‧奇歐（Donald Keough），他在 1985 年接受雜誌採訪時，披露了以下的情節。

因為巴菲特家的孩子和奇歐家的孩子關係很好，所以，巴菲特和奇歐進行了以下對話：

「你打算怎樣賺取孩子的教育基金呢？」

「我只能拚命工作，然後走一步算一步了。」

「那你不如存 5,000 美元在我這裡，我絕對不會讓這些錢白白放在這裡的。」

「這樣吧，我回去和妻子商量一下，然後再做決定！」

奇歐果然按照約定，就 5,000 美元的出資回去和妻子商量，但是，不管他們怎麼考慮，也想不到把這麼多錢放在巴菲特那裡的合理性。他如此回想道：「不管怎麼說，我們當時完全不明白這個男人到底是依靠什麼來維持生計的，因此，我們也就不可能一下子拿出 5,000 美元來！」當然，奇歐一家後來十分後悔，這是不用說的了。

利滾利的大雪球

　　合夥人聯盟公司成立當年的夏天，巴菲特在奧馬哈見到了他最崇拜的葛拉漢，兩人做了一次深談，隨後葛拉漢答應向這個合夥人聯盟投資120,000 美元。按現在的話說，這是「權威」對「新人」的肯定。那時，巴菲特的公司還沒有正式的辦公地點，他只是將自己的起居室改成了辦公室，有點像家庭辦公的「個體戶」的味道，一切都是剛剛開始，如同一張白紙，在這方面，他似乎不想冒險，更不想張揚。但就是在這樣的環境中，巴菲特熟讀一張張公司報表，研究每一種股票和債券，把它們的特點牢記在心，並且選出被市場低估的個股，找到投資切入點。

　　因為口碑好，巴菲特的實力逐漸為人所知，而他也沒有浪費時間。合夥人聯盟的獲利績效，第一年為 10.4%，第二年為 40.9%，第三年為25.9%，第四年為 22.8%，第五年達到了 45.9%。在最初的五年時間裡，巴菲特的經營業績沒有一次低於道瓊工業平均指數，他取得的年均收益成長率為 29%，五年的累計收益成長為 351%，同期的道瓊工業指數的增長才只為 75%。有這樣高的效益，公司的資本迅速擴張。

　　到 1961 年，巴菲特共集結成了十個合夥人聯盟，可運用資金達到了700 萬美元以上。但是，因為管理變得日益複雜，所以，在這一年裡，他將這些分散的合夥人聯盟統合起來，成立了「巴菲特合夥人聯盟」，而他在巴菲特合夥人聯盟裡的資產金額已經超過了 100 萬美元。這一年，巴菲特才三十一歲，他僅用了六年就成為一位年輕的百萬富翁。

　　到了 1962 年時，巴菲特在奧馬哈的凱特威廣場一個十四層的大樓裡

找了一間辦公室。公司成立後的第五年，也就是 1966 年，巴菲特合夥公司再一次取得了 29% 的年均收益成長率，到這時，公司總資產已經暴增至 4,400 萬美元，公司合夥人的投資額則上升了 704%，是道瓊指數各股平均贏利的六倍，也就是說最初投入到巴菲特這裡的每 10 萬美元，現在已經變成了 800 萬美元。

1964 年，巴菲特的父親霍華德去世，巴菲特沒有繼承任何的財產，而是由母親、姊姊和妹妹三人代為繼承。也許是受到曾擔任眾議院議員的父親影響，在以後的若干年裡，不論巴菲特獲得了多大金額的財富，他都將一切所得確實地向政府提出申報。他對於不正當的交易十分反感，無論是在法律上還是道德上，都始終貫徹正當的方式。

到了 1969 年，他的個人財富已經達到了 2,500 萬美元，他的投資組合收益率與道瓊指數 7.4% 的年成長率相比，投資收益率遠遠高出十倍。例如拿出 10,000 美元進行投資，隨著道瓊指數的成長，十二年後，正常的總利潤會有 15,000 美元，但如果投入巴菲特的合夥人公司，在扣除掉巴菲特應得的分紅後，獲得的利潤竟然還高達 15 萬美元。在當時，這是一個滿分的奇蹟。

巴菲特經常對合夥人們做這樣的說明：「假如我們的運用成績能夠長期超過市場平均收益，那麼這就是大成功；但是假如有時候我們的成績低於市場平均，我認為這也是成功的。」具體而言，巴菲特定下了超過道瓊工業平均指數 10% 的目標。進而，他又非常聰明地喚起合夥人們的注意：「期待我們每年都凌駕於市場平均以上，這種想法是錯誤的，其實更應該關注長期的收益！」

但是，實際的運用成績卻呈現出完全不同的形態。從 1957 到 1965 年的八年間，合夥人聯盟的運用成績不僅一次都沒有低於道瓊工業平均指數，而且平均下來，還超過了道瓊指數 20%。假如以年平均來計算的話，

道瓊指數為 11.4%，而巴菲特為 29.8%。在收購波克夏公司的 1965 年，更是達到創紀錄的 47.2%，取得了壓倒性的勝利（相對於道瓊指數的實際業績成長而言）。巴菲特在合夥人的報告書中這樣寫著：「（擁有這麼多的資產）那麼，我就不能和蘇珊下午一起去電影院，也不能在工作中偷懶了！」雖然，合夥人們都被巴菲特告知過一般的運用方針和哲學，對此多少瞭解一點，但是，對於巴菲特實際進行了什麼投資，他們沒有瞭解的餘地。巴菲特以「葛拉漢──陶德理論」為根本，採用自己獨特的方法，展開大膽的投資。

最典型的例子，就是對美國運通公司（American Express，簡稱 AMEX）的投資。美國運通並不具有工廠設備等大型的實物資產，若要說其最大的資產，也就是品牌所具有的無形價值。因此，按照「葛拉漢──陶德理論」來衡量，並不是適合投資的企業。但巴菲特認為美國運通在實物資產以外還具有其他價值，於是獨自修正了「葛拉漢──陶德理論」，並於 1963 年，在美國運通因為與詐欺事件「沙拉油醜聞」扯上關係而股價大跌時，對美國運通顯現出異乎尋常的關心。

當時為了迎接無現金時代的到來，信用卡行業的將來是非常光明的。而且在海外旅行大眾化的背景下，方便旅行者使用的票證行業也開始有急速擴大的徵兆。而美國運通由於已經擁有多達百萬人之多的使用者，所以，在品牌力量和特許經營權兩方面，都處於壓倒性的優勢地位。正如後來巴菲特所說的一樣，「無論是多麼優秀的事業，都會有一時出現大問題的時候，而正是這種時刻，才是巨大的投資機會。」當美國運通股票暴跌的時候，巨大的投資機會便來到了。

正因為考慮到這是大規模的投資，所以，巴菲特在事前進行了徹底的調查。他來到奧馬哈當地的牛排屋，在收銀台旁邊觀察人們是否還在繼續使用美國運通信用卡。除此之外，他還經常去銀行、旅行社，查看旅行

支票的發行有沒有發生什麼異常的變化。最後，他得出結論：「顧客們並沒有因為詐欺事件而停止使用美國運通信用卡，也仍然繼續使用著美國運通的旅行支票。」

1964 年的華爾街，美國運通的股票被投資者們瘋狂地拋售，股價已經由醜聞發生前的 65 美元（當時股價的絕對值，是不反映那以後的股票分割所引起的股價水準調整的數字）下降到了 35 美元。這時，巴菲特開始迅速而大膽地行動了。僅僅為了購買美國運通一個品牌，巴菲特就投入了合夥人聯盟全部可運用資金的 40%，相當於 1,300 萬美元，由此獲得美國運通已經發行股票總數的 5%；而且，即使是在其他人都不願買的狀況下，他也沒有絲毫的猶豫。

兩年後，美國運通股票上漲三倍，巴菲特獲得 2,000 萬美元的利潤，這時，他才將股票賣出。如果他的投資判斷有誤的話，這麼大的投資額，將會使他失去合夥人的信任，而他作為投資家的經歷也將就此畫上句點。在賣出美國運通股票的同時，他又注意到和美國運通同樣不具有實物資產、但在娛樂界相當知名的迪士尼，於是購入了迪士尼公司相當於 400 萬美元的股票，幾年後賣掉，由此賺取了 200 萬美元的收益。

知識⁺Box 沙拉油醜聞

1963 年，美國運通旗下的倉儲批發單位，替一位食用油經銷商安東尼・德・安傑利斯（Anthony De Angelis）擔保，以這名商人名下市值 6,000 萬美元的沙拉油作為抵押品，向各金融機構貸得 6,000 萬美元的資金。

事後，安東尼・德・安傑利斯無力償還貸款，債權銀行於是派遣

人員前去查封抵押品。但令人驚訝的是，這些抵押品——號稱價值 6,000 萬美元的沙拉油根本不存在，這代表美國運通公司在未經謹慎檢查之下，即為不存在的抵押品核發證明，並為其擔保。因此，這 6,000 萬美元依法須由美國運通公司代為清償。

當時，6,000 萬元相當於美國運通公司的股東權益總值，這一賠償瞬間將所有淨值損耗殆盡。消息傳出後，美國運通的股價迅速從事件爆發前的每股 65 美元，慘跌至一股 35 美元。幸好，這一事件並未損及美國運通長期獨佔的美國信用卡市場與旅行支票業務，也因此給了巴菲特可趁之機。

5 風雨飄搖的波克夏

　　就在巴菲特成為葛拉漢的學生，站在投資家起跑線上的五〇年代前期，繼承了清教徒傳統的美國新英格蘭地區的纖維業，卻正面臨著整個行業的不景氣。因為在成本上不能對抗亞洲的廉價產品，所以有很多大廠都開始不斷地關閉工廠，解僱人員，陷入經營的泥淖。

　　業界的重組以飛快的速度進行著，在 1955 年，由創立於 1888 年的海瑟威手工製造（Hathaway Manufacturing Company）和創立於 1889 年的波克夏精密紡紗（Berkshire Fine Spinning Associates）兩家著名的纖維廠家合併，波克夏・海瑟威（Berkshire Hathaway）誕生了。新公司旗下十四家工廠，雇用從業人員一萬兩千人，身為業界的龍頭，其奮鬥目標是：在激烈的競爭中設法生存下去。

　　儘管如此，美國的紡織纖維業是一個即將走向死亡的行業，這一點無論是誰都非常清楚。甚至連波克夏這樣的巨人也無法在展望將來時，為自己描繪一個光明的前景。赤字節節上升，股東資本被大蠶食，由於不能從這樣的狀況中解脫出來，到了 1961 年末，波克夏的股價已經大幅低於相應於每一股的短期資產和短期負債的差額，這個差額也就是指：使用現金等短期資產來還清短期負債之後，留在手上的資本。

　　若能夠以這個差額以下的價格買入波克夏股票，是非常符合「葛拉漢——陶德理論」中確保安全率的狀況的。巴菲特沒有讓這個機會溜走，從 1962 年 12 月開始，他透過合夥人聯盟購買並持有波克夏股票，到了 1963 年，已經成為波克夏的最大股東。儘管在一開始，他並沒有抱著收

購的意思，但是只要有人拋出他就會買進。如此一來，到了 1965 年，巴菲特已經取得波克夏所發行股票大約 50% 的股份，掌握了實質上的經營權，他自己也成為董事會的成員。

到這時，波克夏的股東資本已經減半，從業人員也減少到了兩千三百人，此時的波克夏，已經是怎麼看都看不出是在新英格蘭地區很有實力的雇主了。這是因為從纖維業這種「商品」特性的角度來看，波克夏的產品和使用廉價勞工海外廠家的產品沒有多大的區別，因此，就無法再向上提升利潤率。就是在這個過程中，巴菲特按照「葛拉漢——陶德理論」，以破格的價格收購波克夏，並取得公司未來轉型的成功。

此一時期，我們看到了巴菲特和他的恩師葛拉漢的不同。他在收購波克夏的時候，對擔任該公司總經理的肯·卻斯（Ken Chace）是個人才這一點十分重視。也就是說，他是在對財務報表，比如資產負債表、損益表的數字進行量的分析之基礎上，同時也對經營團隊的能力進行了質的分析，如此才實現了投資決斷。而葛拉漢則僅僅是拘泥於量的分析。

巴菲特在給合夥人的報告書中寫道：「波克夏是一家可以讓擁有它的人感到快樂的公司，雖然目前纖維業界的動向將對波克夏的業績產生巨大影響，這一事實是無庸置疑的，但是我們擁有以一流的方法來經營事業的肯·卻斯。同時在波克夏的每一個事業部門，都有業界最高水準的業務高手參與其中。雖然波克夏不太可能像 Xerox、Fairchild 照相機、National 錄影機等處在成長市場中的企業一樣，可以達到很高的利潤率，但是起碼是能夠安心持有的品牌。」

在波克夏，巴菲特實踐了「經營者要像股東一樣活躍」的哲學。一方面，巴菲特敦促卻斯買進一千股波克夏股票，一方面又向他提供了相當於 18,000 美元的融資。卻斯按照巴菲特的意見買進波克夏股票後，自然在經營上更加關注投入的資本能夠產生多大的收益。而這一切，都是發生

在一個大多數經營者都以銷售額的增長和市場佔有率的擴大作為成功標竿的時代。

對於巴菲特而言，這些都是當然的事情。巴菲特已經將自己資產的一大半投入合夥人聯盟，一直以來，他都貫徹一種和其他的合夥人命運共同體的經營方式。九〇年代的美國，要求經理人大量持有自己公司股票，已經成為經理人的一種義務，由此，股東價值擴大的企業也逐漸增多了。而這樣的方式，巴菲特早在幾十年前就已經開始實施了。

甚至連經理和老闆之間的關係這一點，巴菲特的想法也是非常先進的。雖然巴菲特也是董事會的成員，但是公司日常的經營他完全都授權給卻斯去安排，而他自己只是在被稱為「資本的配置」上承擔責任。他認為董事會的功能，應該是代表股東的利益，為了監督實際在運用股東資本、從事經營活動的經營者而存在的。

在波克夏，巴菲特正是處於代表董事會的董事長立場，擔任著監督經營團隊的任務。扼要地說，就是將自己作為經理人的立場淡化，而強化作為股東的立場，明確區分經理人和股東之間不同的職責，確保一種監督、平衡的結構。

巴菲特的老夥伴
查理・蒙格

Warren
Buffett

1

生平及人格特質

　　現年 99 歲的查理・蒙格是巴菲特的老夥伴，他出生於美國奧馬哈，有一個幸福的童年。他的父親雖然不是商界名流，但還是憑藉著律師的高薪收入，讓蒙格接受了良好的基礎教育。17 歲的蒙格以優異的成績考入密西根大學攻讀應用數學，到了太平洋戰爭爆發時，他決定放棄學業，毅然決然地投入戰場，在美國陸軍擔任氣象分析員的職位，並在此時被派往加州理工學院進行氣象學培訓。「二戰」結束後，蒙格以優異的成績進入哈佛大學攻讀法學，並在 1948 年拿到學士學位。大學畢業後，在家人的支持鼓勵下，蒙格與幾個合夥人在洛杉磯共同成立一家律師事務所，但為了不在滿足客戶的要求時抹殺自我、拋棄個人信念，他在 1965 年時退出了律師行業，開始走上追尋財富自由的道路，努力改變為了工作而被人擺佈的生活。1959 年，34 歲的查理・蒙格和比他小 5 歲的華倫・巴菲特在一場葬禮上相識。兩人都是在奧馬哈的一個小城裡長大，他們的性格非常相像，都擅於思考且閱讀廣泛，因此一見如故，攜手踏入成功投資者的行列中。兩人在葬禮後經共同朋友介紹，就此結成了一生的朋友，搭檔創造了最為成功的公司，在人類經濟史上書寫了最為輝煌的一筆。1962 年，蒙格與巴菲特搭夥投資，起始收益率超越道瓊工業指數；1978 年，54 歲的蒙格正式入駐波克夏・海瑟威公司，擔任副董事長。也是從那時開始，波克夏・海瑟威的複合年化收益率高達 24.6%，成為華爾街頂尖的投資公司。

　　按華倫・巴菲特所言，查理・蒙格的思想和視野，讓他以非同尋常的

速度從猩猩進化到人類，經濟實力逐漸強化、個人資產慢慢變得雄厚，人生也因此而改變，眼界藉此變得開闊。當華倫・巴菲特有新的想法出現時，查理・蒙格就是他最好的討論者，查理・蒙格就是他的 Wise Man。巴菲特的性子如同火一般，看到喜歡的股票便用盡一切手段去得到、帶著公司積極地向前衝，蒙格則是熄滅熊熊大火的一捧水，用平和的態度及理智去「澆滅」巴菲特的激情，只留下被熱情掩蓋住的理性，讓他能瞬間清醒過來。

查理・蒙格能取得如此成就，是靠著過人的天賦，還是有權勢的家庭背景嗎？

其實，查理・蒙格出生在一個普通的家庭，他並非在富貴人家中誕生，也沒有超人一等的智商。他如今所有的億萬財富，都是靠他自己努力累積、經營而來。在《窮查理寶典》一書中，蒙格提到自己一生的成就，主要是靠身體力行三項原則而得來的，這三個原則分別是：終身學習、逆向思維和培養耐心。

 ## 終身學習

查理・蒙格：我這輩子遇到來自各行各業的聰明人，他們每天都會進行閱讀，沒有一個人是例外的。

蒙格與巴菲特都是從小就熱愛讀書、學習，以巴菲特來說，上大學前對金融投資書籍的大量閱讀，為他在金融方面的能力打下了厚實的基礎。蒙格認為巴菲特能夠如此成功，是因為對學習的無盡渴求，他的人生中至少一半的時間都在學習，除了書籍，有時也與在各方面的能人進行交流，增廣見聞。

蒙格從來不受任何規則所束縛，也不接受任何一種教條的規範，他

用無窮盡的好奇心、像科學家一般嚴謹的研究心態和強烈的求知慾貫徹整個人生，直至今日依然如此。在蒙格眼中，世間萬物就是一個整體，人類目前掌握的所有知識都是對這一個整體的研究成果，只要可以把所有知識結合起來，像拼圖一樣拼湊在一起，就能使認知和決策走向正確的結果。

蒙格重視秉承客觀的態度，偏向以理性角度去分析一切事物，儘管要做到讓自己脫離主觀思維非常困難，但以蒙格的觀點來看，客觀的思考模式可以通過訓練培養，客觀、理性與否會間接地拉開人與人之間的水準差距。

 逆向思維

蒙格解決問題會從逆向思考開始，如果要想知道如何獲得幸福人生，就要先思考人生如何變得痛苦；要研究如何壯大企業，就要先研究企業怎麼走向衰敗。多數投資者只關心如何成功賺錢，蒙格會先考慮是在股市投資失敗的原因為何，他將一句農夫諺語套用在投資上並奉為圭臬：我如果知道將來我會死在什麼地方，我就不去那個地方。

蒙格在他漫長的一生中一直研究關於各種人物、行業、政府管理及學術研究的失敗案例，梳理出失敗原因並在生活中規避錯誤，同時記錄下來，將這份清單用在人生、事業的決策檢查上，防止無可挽回的失誤發生。在還沒遇到他之前，巴菲特的投資可以說是平平無奇，每一筆投資的表現都很一般，沒有特別豐富的利潤。他沒有準確的投資理由，也找不到每筆投資停手的時間點。後來在與蒙格反覆複盤、檢討的過程中，巴菲特才抓到訣竅，投資事業也終於走上正軌。這就是巴菲特說蒙格讓他快速從猴子進化成人類得理由。蒙格總在關鍵時刻對巴菲特說「不」、讓他暫停動作並謹慎思考，藉此避開無數個可能導致失敗的決定，巴菲特也因此給

了蒙格「不先生」這個有趣的綽號。

　　蒙格不僅在勸阻上起到至關重要的作用，在某些狀況下，他也會推巴菲特一把，讓他能果斷地抓住機會，一舉成功，例如最經典的可口可樂投資案，也是經過蒙格指點而促成的。

　　當時美國的股市暴跌，在許多投資人猶豫不決、異常戒慎恐懼的時候，蒙格卻讓巴菲特大量收購可口可樂、華盛頓郵報等公司的股票，這種與眾不同、大膽至極的風格從此成為波克夏・海瑟威公司特色，也使波克夏・海瑟威進入穩健度及回報率高的優質公司之列。

 ## 培養耐心

　　蒙格曾經說過：你需要的不是大量的行動，而是大量的耐心。

　　蒙格曾經分享過他自己的一個故事：

　　《巴倫週刊》是本財經雜誌，蒙格在整整 50 年中只看中了一個投資項目，但僅僅靠這個項目，蒙格在極低風險下獲得了 8000 萬美金的收益。對他來說，等待一個好機會比大量投資要強得多，好的投資項目很難得，只有把錢集中投在少數幾個項目上，才能花費最少的資源去獲得最高的利潤。大量投資參差不齊的企業、大張旗鼓的行動都不是好的投資者該有的行為，只有耐心等待、堅守原則，等到機會來臨時就能一舉抓住難得出現的機遇。

　　蒙格並非年少得志，在 35 歲遇到巴菲特之前，他僅僅是個小有成績但並不快樂的普通律師，即使後來巴菲特多次鼓勵蒙格進行投資，蒙格也等了 6 年左右的時間，在積累了足夠的資金後，才脫離律師這個行業，轉而踏入投資者的行列之中。他說：「聰明的人一生都在耐心等待，讓時間慢慢流逝，並體會其中的妙處，而絕大多數的人，只不過是在瞎忙活。」

人生中重要的機會不用多，耐心等待它的到來，一兩次就足以讓人成功。

除了上面三點之外，蒙格也曾評價自己「我喜歡資本家的獨立性，我自己也一直有一種賭徒性格。我喜歡把事情想明白後下注，所以我只是跟著直覺行事。」

有獨立自我精神的人，會沈浸在自己的世界裡、不輕易受他人的意見所左右，並帶有一些與生俱來的傲慢，蒙格也是如此。但善於反思的他很早就意識到這種傲慢帶來的爭執會帶來阻撓、破壞生活效率與各種機會，因此他開始變得謙遜，並將這種謙遜刻骨入髓、銘記於心。

雖然蒙格 41 歲才走上投資之路，但他當時所蘊含的獨立思考、堅定自我的精神，卻讓他快速邁向成功，奠定了他成為一個偉大投資人的基礎。

如果說獨立自我精神是蒙格成為偉大投資人的基礎，那彈性的思維模式就是他成功路上的養料。

蒙格不會只使用一種方法來解決所有問題，在面對各種狀況時，他能靈活地用各種方式去破解困境。他說：「你必須知道重要學科的重要理論，如果只用一種方法解決問題，那麼你就像『手裡拿著鐵錘的人，世界在他看來就像一顆釘子』。」

查理‧蒙格和華倫‧巴菲特兩人都有共同的愛好和道德價值：他們做事前會認真思考，靠著智慧從投資中獲得更多財富，然後將獲取的財富回饋給社會，讓更多需要幫助的人能獲得生活所需並維持身為人的尊嚴。他們大量學習、獲取知識，並依靠自身的能力和修養實現自我價值，在商業史上留下濃墨重彩的一筆；他們在名利雙收的高地位下仍能堅守理想和信念，嚴格遵循道德準則，用理性、誠實與樂觀的心態面對生活，對社會充

滿關懷。他們將支持社會的義務放在心中。為了將取之於社會的財富用於社會中，蒙格還擔任慈善撒瑪利亞醫院的主席長達十年之久，在這十年裡，他推動多項改革，其中包括將不以病人利益為重、毫無醫德的醫務人員撤職，慈善撒瑪利亞醫院於 1998 年進入全美頂尖醫院之列。除了整治醫院風氣，他還曾經捐贈 6000 萬美元給史丹佛大學（約合台幣 18.6 億），作為修繕與增蓋建築之用。查理‧蒙格雖然將大量錢財投入慈善用途，但他也曾經說過錢對他來說非常重要，因為有了財富，才能真正實現自由。他對錢的重視和很多人將「金錢」與「生命意義」劃等號不同，當一個人將金錢看得比命還重要，那他將會成為金錢的奴隸，一輩子被銀行裡的數字所操控，終生不得安寧。查理‧蒙格只是將錢看成一種手段，一種協助他實現自我價值、幫助他人的手段。

　　他是個優秀的投資人，但同時也是個有良心的善者。儘管從商者給人一種無良無德的印象，但這個身分與善良這個看似相反的意義一起放在蒙格身上，卻是一個毫不衝突的完美結合。上世紀 80 年代末，雷根政府放寬儲蓄貸款機構的信用擴張，投機的盛行導致該行業瀕臨破產，但美國儲蓄機構聯盟卻想要利用政治遊說的手段去阻撓政府對改制的進行。蒙格因為這件事而發布了公開信，宣布了波克夏公司旗下的互助儲蓄退出儲蓄機構聯盟的決策，並且指出這個聯盟內部的黑幕。這封公開信成為了推動改革的關鍵，而蒙格不屑於賺取不當利益的態度，也讓他成為了投資界內不可動搖的良心標杆、道德楷模。

　　查理‧蒙格的人生智慧不輕易顯露出來，他將這些人生哲理藏在他的言行之下，只有認真去聽、去看，才能真正了解這些思想的價值。

2

蒙格給巴菲特的錦囊

在巴菲特從收益一般的投資者到成為商業巨賈的成長過程中，蒙格這個不可或缺的人生導師、忠誠副手給了他非常重要的錦囊，裡面裝著足以使人面對一切困難的重要心態，那就是知足、勇氣及遠見。這些心態讓巴菲特克服了投資時常犯的毛病，避免走進錯誤的岔路。

 知足

雖然兩人一見如故、對彼此青睞有加，但在一開始的時候，蒙格不同於傳統投資理論的思維模式，卻打擊了巴菲特過去學習過、已經建立起一定框架的知識系統，因為蒙格的投資理與他的恩師班傑明‧葛拉漢背道而馳，甚至以當時的金融背景來說，這樣的觀點是相當離經叛道的。這對身為首席高徒的巴菲特而言，無異於否定了他一直謹守的葛拉漢學派理念——不管是多好的項目，一定要先它將到最低價格才能買進，等待上漲時脫手大賺特賺。

蒙格始終反對這種只看著最低價格的做法，他認為只要好好遵照「安全邊際」原則，也許不盯著最低價的項目，反而更能夠找到優良的公司，以最合適的價格去投資，成就「偉大的企業」。

後來，實際出現的結果讓巴菲特逐漸改變想法，對老師的全盤信賴慢慢發生了變化，轉而成為蒙格理念的追隨者。1970 年代，巴菲特根據老師的理論，基於低價買進了波克夏紡織廠，但當時的美國紡織業正受到國

外廉價紡織品的衝擊，許多紡織廠被關廠、裁員的風暴所席捲，他在沒有人有意願接手的狀況下，只能就此認賠，放棄經營虧損多年的紡織產業。

　　除了自身經歷的失敗，美國股市在 1970 年代初期因為中產階級的崛起而出現了前所未有的榮景，股票投資成為許多家庭茶餘飯後的談資，這種廣泛流行的投資勢態否定了葛拉漢的預期。因為這些經驗，巴菲特終於能跳脫出以往的框架，不再用死板的手段去進行投資，展而開始正視金融產業的千變萬化。他曾經這麼評價蒙格對他的影響：「他把我從葛拉漢的侷限理論中拉了出來，這是股強大的力量，擴大了我的視野」。

　　自從巴菲特改變了作法之後，波克夏公司開始快速地擴大規模，這幾十年來，巴菲特所投資的企業，如：可口可樂、箭牌口香糖及柏林頓鐵路運輸公司等，這些公司都具有一定價值，他不再貪求廉價企業帶來的微小價差，而是對最好的價格知足、在最適當的時機出手，看向一個投資能帶來的長遠利益。

　　波克夏至今一直延續著蒙格的信念，將「追求價值而非價格」作為公司的信念，造就了如今的一片盛景。

知識⁺Box　安全邊際

安全邊際＝股票內在價值－股票市場價格

安全邊際大的優點：潛在的利潤相會更大，投資的風險也會降低。

安全邊際大的缺點：投資機會稀少，過度重視會導致可投資目標減少，
　　　　　　　　　　並錯過許多機會，導致總報酬低落。

 **勇氣**

　　巴菲特個人傳記《雪球》的作者施洛德認為，巴菲特害怕紛爭，會盡量避免與他人起衝突的機會。但蒙格基於家庭背景與個人性格的影響，培養出了不遷就於世俗並勇於對權威說不的勇氣及魄力，他的個性恰恰補足了巴菲特性格上的劣勢，替他完成了許多必須足夠強硬才能處理的困境。

　　波克夏公司最有名的「所羅門醜聞」事件，就是靠著蒙格的這一性格，成功度過了公司成立以來所遭遇過的最大危機。

　　1987 年，波克夏以七億美元取得所羅門兄弟證券 12% 的股份，當時的所羅門是華爾街資產第二大的金融機構，資產規模僅次於花旗銀行，在債券市場佔有一席之地，是一家規模極大、讓許多人重視的公司。在所羅門當時的管理層和股東們眼中，巴菲特和蒙格只是得到了進入董事會的入場券，但依然不足以讓他們重視、將他們放在心裡。巴菲特買進所羅門後並沒有特別在意這項投資，他將自己的左右手蒙格分配到其他其他公司，希望他能去管理更重要的項目。但蒙格對危機似乎有種特殊的感應，他似乎查覺到所羅門公司的經營有些問題，於是他自告奮勇地要求留守，嚴陣以待可能將要到來的危機。蒙格認為所羅門公司可能會出大亂子，需要自己與巴菲特同時坐鎮，共度困境。

　　1991 年，所羅門公司的內部問題終於引爆，最先出現的是債券交易員盜用帳戶的問題，他們非法使用他人戶頭去競標國債，產生不法所得，後來因為利益糾纏將許多人牽扯其中，於是出現了知情不報、互相包庇的事情發生。巴菲特與蒙格先前在董事會中要求要將內部經營、人員管理相關的問題詳細整理並據實以告，但他們的要求卻沒有被其他股東重視。這種狀況在當年度的八月來到了最頂峰，屢次出現了非法操作讓美國政府忍無可忍，於是勒令公司歇業，這個規定讓所羅門公司的資產一度以每日

十億美元的速度萎縮。到了八月中的會議上，忍無可忍的蒙格勃然大怒，要求管理階層將長期被隱瞞下來的汙穢作為一五一十地公開，他當時的氣勢終於壓住了所有態度輕浮的股東和想掩蓋醜聞的高級管理，成功地讓事件轉危為安。蒙格接著開始雷屬風行地整治公司內部的人員管理與行事作風，在他的強勢主導下，一切見不得光的骯髒勾當終於被拿到檯面上、攤在陽光下任人審視。九月四日，巴菲特在國會上將過去的狀況開誠布公，這次將所有問題及運營透明化、坦誠面對大眾的行為徹底扭轉了口碑，將這家公司變成了企業道德的典範。

每年波克夏股東年會會將這段播放一次，提醒大家公司的聲譽有多麼重要，沒有信譽就等於失去了一家企業存在的基本意義。

💲 遠見

近年來亞洲開始在全球投資市場快速崛起，但波克夏公司在 1990 年代錯失了先機，沒有成功在亞洲搶佔一席之地。為此巴菲特提到對這件事的遺憾，認為自己錯失了最好的投資時機。到了 21 世紀時，大中華經濟圈崛起，對中華文化及儒家思想非常感興趣的蒙格，成為波克夏公司向東開疆拓土的第一人，他對擴張東方商業版圖十分積極，而這其中最看重的地區，就屬中國及南韓。

蒙格曾經表示，當他住在加州時，看過許多東方人才在美國發光發熱，他們既努力又有才能，在美國這片廣大土地上開啟了精彩豐富的生活。蒙格由此看見了東方文化造就的民族性質，他認為亞洲人普遍勤懇踏實，因此產生了「只要制度對，勤奮的亞洲人，一定能在經濟上有傑出的表現」的想法。由於教遊廣闊、見多識廣，蒙格對亞洲人有一定的瞭解與認同，他開始鼓勵偏安於美國中部的巴菲特向外擴張，開始探索亞洲的投

資市場。

2003 年，在 SARS（嚴重急性呼吸道症候群）恐慌達最高點時，波克夏不懼經濟的低迷，決定大手筆地買進中國石油，並在四年後將買入的石油全部脫手，藉此大賺了三十五億美元；在原物源物料即將缺乏時，波克夏搶先看見了未來的市場，提前先買進南韓浦項鋼鐵的股份，持股近 5% 左右的波克夏公司到 2010 年底為止，潛在獲利已經到達約新台幣三百億元左右。

後來在蒙格的主導下，波克夏又買入中國電動車先驅比亞迪約 10% 左右的股份，比亞迪的股價一度衝高到港幣八十四元，雖然這筆投資後來不再有這麼高的漲幅，但波克夏這筆投資還是產生了四倍的獲利。

蒙格對投資市場的遠見是波克夏開拓疆域最好的指南針，由於不斷地增廣見聞，他總能及時挖掘有潛力的年輕市場，在一個企業、產業正在發展的初期比別人更早洞察先機，搶先一步獲得更多的資源

他的遠見不僅僅展現於投資上面，在生活中更是如此。

蒙格是個自律且堅守信念的人，他曾因一場失敗的白內障手術而喪失七成視力，但他依然繼續積極奉獻、努力工作，將獲得的財富回饋於社會大眾。

蒙格默默的成立醫院、捐助大學，身價超過新台幣百億元的他不因富有而驕奢淫逸，他和普通民眾一樣搭乘商務客機，跟大家一樣脫衣、卸裝並接受安檢，遵守著大家共同認定的規矩。他恪守著嚴格的自我要求，不貪圖一時的享樂而失去分寸，這樣的嚴謹態度成為了下一代最好的典範。他的遠見不僅影響著自己的一生，更改變了未來，證明了成功者應該具備的素質為何。

柯林斯（Jim Collins）說過，企業要從 A 到 A ＋，必須有謙虛性格和專業意志力的第五級領導人，巴菲特與蒙格都是這類的優秀領導者，他

們帶領著企業走向卓越，並為後世樹立了成功者的最佳典範。

知識⁺Box 柯林斯（Jim Collins）五級領導者

第一級（Level1）是高度才能的個體（Highly Capable Individual）：
能運用個人能力和良好工作習慣產生貢獻。

第二級（Level2）是有貢獻的團隊成員（Contributing Team Member）：
能夠貢獻個人能力，有效率地與他人合作，達成共同目標。

第三級（Level3）是稱職的經理人（Competent Manager）：能組織
人力和資源，有效率、有效能地達成目標。

第四級（Level4）是有效的領導者（Effective Leader）：激勵部屬，
追求明確願景和更高的績效標準。

第五級（Level5）是第五級領導人（Level 5 Executive）：有謙虛性
格和專業意志，建立持久績效。成熟的第五級領導人具備五個等級的
領導能力，五個等級的領導能力不是循序漸進的，萬一領導者的某一
級能力不足時，可以隨時去補足。）

3 三個來自蒙格的觀點

很多人只看到巴菲特的耀眼光環，忽視了蒙格簡短、精闢的建議所蘊含的巨大價值。以下三個來自蒙格的觀點，能為生活與工作帶來啟發。

 ## 1. 逆境也是成長的好夥伴

> 假設生活變得非常艱難，問問自己能否應付得過來。如果答案是肯定的，那你就已經贏了。——查理‧蒙格

查理‧蒙格的前半生算不上順利，他在結束第一段婚姻時失去了大部分財產，一年後，他九歲的兒子因白血病去世，後來為了保住剩餘的視力，他在同一年間接受了手術。這些經歷是令人痛苦的，但他卻轉化了痛苦，開始學習點字以克服難題，他不畏艱難，遇到逆境也勇敢面對。

他多次提及受害者心態的危害，如果一直沉浸於不幸感之中，就會變得消極而負面，等同於親手交出了對生活的控制權。如果為一切事物預設了糟糕的結局並試圖逃避，就會導致生活變得一團糟。只有接受並積極挑戰，才能克服困難，迎來新生。

 ## 2. 財富蘊藏在知識深度裡

> 沒有人願意僱一個牙醫兼直腸科醫生。——查理‧蒙格

幾乎沒有人能夠同時研究多個領域，並將每個領域都鑽研到精通的

程度。

　　蒙格的中心思想是不斷學習。只要針對單一或少數領域不斷鑽研，最後就能達到無人可企及的知識深度。

　　多數公司要的人才都是在特定領域具有深度專業的人，他們要的是一個對指定事項能夠用優秀的技巧與專業知識去處理的匠人，而不是什麼都能經手卻無法做到極致的多領域涉獵者。

3. 保護好你的財產安全

聰明人破產的方式有三種：酒精、女人和舉債。——查理・蒙格

　　蒙格話中的酒精、女人和舉債是一種對放縱的比喻，當一個人走上了更寬闊、成功的道路，各種機會與誘惑接踵而來，伴隨著光的罪惡也在引誘著，吸引人進入黑暗的角落。只有學會控制慾望、學會壓抑衝動的想法，才能避免一腳踏入深淵，讓過去的成功付之一炬。

　　當歲月漸漸流逝，嚐過各種失敗與成功帶來的結果後，罪惡和慾望的誘惑力會慢慢地變強，只要一個不注意，就有可能讓現在光鮮亮麗的生活一朝崩毀。

查理・蒙格的投資智慧

蒙格擁有豐富的人生經歷，因此也累積了豐富的智慧。

相比於巴菲特經常公開發言，蒙格的為人低調許多，他極少主動說話，但在股東大會與其他場合時的言論，他一針見血的見解，往往發人深省。

除了少數的公開發言外，查理・蒙格也在《窮查理的投資哲學與選股金律》一書中，將這些投資見解做了完整的整理。

下面列出蒙格曾經說過的十條投資諫言：

1. 如果你認為自己的智商值是 160，但實際卻是 150，那你危險了。而以為自己 IQ 是 120，實際是 130，這就好很多了。

2. 一個人能做的最好的事就是幫助其他人拓寬知識面。

3. 避免陷入困境的最佳方法之一是保持簡單。當你把事情搞得極其複雜，以至於只有很少一些悟性超強的行業大佬可以假裝理解它，而基本上你最終都會發現，即便是那些大佬都沒有真正地徹底理解它。

4. 我這一生當中，未曾見過不讀書就智慧滿滿的人。沒有，一個都沒有。華倫（巴菲特）的閱讀量之大可能會讓你感到吃驚。我和他一樣。我的孩子們打趣我說，我就是一本長著兩條腿的書。

5. 學生們在商學院學習企業金融課程，他們被告知全部秘密就是分散投資（diversification）。然而實際的商務邏輯卻完全相反。「懂

懂無知」（Know-Nothing）的被動型投資者應當練習分散投資，但如果金融專家也這麼做，那就太不可思議了。投資的目的是找到無需分散就能保持投資安全的情況。如果你遇到了此生罕見的機會，卻只投入了 20%，那就太不理智了。

6. 很多智商很高的人都是糟糕的投資者，因為他們容易衝動。

7. 通過保持簡單使我們更好地理解自己所做的事，而成為一種提升表現的方法。

8. 正是等待幫助你成為一名投資者，很多人只是無法耐心等待下去。如果你沒有享受延遲帶來的滿足感的基因，那你得努力戰勝它。

9. 我常常看到不是最聰明的人飛黃騰達，有時甚至不是最勤勉的人，但他們是學習機器。他們每天都學到更多東西，每天都在進步。孩子，那真的很有用，尤其是你面臨漫漫前路的時候。

10. 機會成本是生命中的巨大篩檢程式。如果你同時有兩位急切想得到你的愛慕者，而其中一位比另外一位優秀，你會選擇他（她）。這就是我們過濾股票買入機會的方法。我們的思路是如此簡單。人們不停地問我們秘訣，而我們擁有的所有訣竅就是最基本的理念。

除了針對投資的一些良言佳句，查理・蒙格還有一些可供新手參考的投資哲學：

 ## 1. 把股票分成三類：買進、賣出，還有「太難」

看不懂的財報和算不出來的企業價值就屬於太難的範疇，這時候應該要放棄，不要冒險。

承認「我不知道」與教育體制相悖，但對商業領域而言，事情都是

越簡單越好，不是解開難題就是好事。不要自以為是地預測股價、預判漲跌，這種心態在投資中容易導致賠錢。

投資時，正確預測比貿然出手安全得多。

2. 價值是估計，而非精確數值

估算企業價值是以區間去看，精準的數值無法對投資產生任何幫助。

任何投資分析方法都只是在估計一個概略的數字，這就是安全邊際存在的意義，只要是保持在安全的區間內，就能將誤差值縮到最小，減少風險與傷害。

結合第一點表達的概念的，精準估價是一件困難的事，如果一投資無法估值到安全的範圍，就應該果斷的放棄。

「巴菲特會談到這些折現現金流量，但我從來沒看過他算過一次。」
——蒙格

3. 不要只看高盈餘，要小心資本支出

假設有一間公司獲利 100 元，但這 100 元必須再投入廠房和設備上進行維修，藉此維持競爭力，那麼這間公司相當於沒賺到錢，僅僅是達成了收支平衡。

就上面的例子去看，企業的盈餘時不能只看財務報表上的盈餘項目，而是要扣掉未來的必要支出後，剩餘的資金才是真正的盈餘。

台灣著名的高資本支出產業，分別是太陽能、LED、面板、DRAM（Dynamic random-access memory），這四大產業。外表看似能賺錢，但是一旦沒有繼續投入高額的資本投資，就很容易失去競爭力、難以繼續維

持相同的獲利。

　　這讓我想到有一個人看著所有的廠房設備說：「這些全都是我的獲利。」我們討厭這種企業。 ——蒙格

波克夏的前身

Warren Buffett

1 走入歷史的合夥人聯盟

　　1966 年，合夥人公司已成立五週年，巴菲特擁有 685 萬美元的個人資產。這一年他僅三十六歲。他開始考慮解散合夥人聯盟，將其變為一個更有制度的法人重新開始。巴菲特說：「那是一個新的平台，我取得了不錯的成績，但是我應該看到潛伏的危機，如果不作出改變，成長將會變得緩慢，難以找到新的突破口。」他指的是合夥人聯盟這種體制顯露出來的弊端，由於不斷地有新的合夥人加入，已經超過了原來規定的九十九個人的上限，這大大地影響了公司的決策效率。另一方面，此時華爾街股市進入了少有的大牛市多頭市場，隨著電腦的大量應用，葛拉漢學說被投資者廣泛接受，巴菲特的投資方法遇到的競爭對手越來越多，威脅越來越大。

　　巴菲特不得不對自己的投資業務進行特別的保密措施，但只有這樣是不夠的，關鍵是要轉變經營方式。當時的大牛市在突破 1,000 點後，巴菲特與葛拉漢再一次會面，討論股市將來的趨勢。最後的結論是，巴菲特在 1969 年決定對合夥人聯盟公司進行清算。他對自己的合夥人們提供的建議是：把收益變現，或者繼續投資。

　　「要想每年都取得超過市場平均收益的成績，實在是不太可能的。」雖然巴菲特親自向合夥人們一再聲明，但是，由他經營的合夥人聯盟在六○年代後半期也依然保持著高成長率。從合夥人聯盟誕生一直到六○年代末，運用成績一次也沒有低於道瓊工業平均指數。合夥人聯盟年平均運用成績達到 29.5%，而道瓊指數只停留在 7.4%。

當然，合夥人聯盟的運用資金也空前膨脹。到 1968 年末，可運用資金總額達到 1.05 億萬美元，這其中，巴菲特的資金佔 2,500 萬美元。我們可以這麼想，假如一名投資家在合夥人聯盟成立後馬上投入 10,000 美元，在扣除巴菲特的應得部分之後，資產會增加到 150,000 美元。而若是在相同的時間內，將 10,000 美元投入道瓊指數的話，那麼資產的增加只有透過巴菲特所取得收益的十分之一，即 15,000 美元。

在取得絕對性優勢的運用成績後，巴菲特漸漸產生一種焦躁的情緒。當時，華爾街因為甘迺迪政權的揭幕，繼續反映出美國經濟持續高成長的六○年代氛圍，IBM、Xerox、Polaroid 等被稱為「五十家績優公司」的高值成長股一時間非常流行。通常，有一種測試股價高低的標準參數，叫作「本益比（PER）」，即每一股的股價除以上一年度的每股稅後盈餘，在那時，市場上 PER 超過五十倍的績優股層出不窮，開始出現了以投機為主的風潮。因為，在戰後平均的 PER 值只有十四倍。

巴菲特在 1967 年寫給合夥人的報告書中提到：「基本上，我不能融入現在的市場環境，唯一能夠明確的是，我不能改變我自己所能理解的、至今為止所採取的做法。如果採用新的做法，可能很容易就能取得很大的利益，但是因為我還沒有充分理解新的做法，在實踐中也沒有成功的經驗，所以如果那樣做的話，大家放到我這裡的資金就會有面臨危險的可能。」

面對呈現出投機取向的市場環境，巴菲特也對運用目標做出了修正。在這以前，巴菲特的目標都是要超過道瓊指數 10%，但是在新的目標中，修改成每年 9% 的運用成績或是超過道瓊指數 5%。不管是哪一種，將目標大幅度地調低了，這一點是毫無疑問的。儘管如此，合夥人聯盟在運用業績方面，仍然是一帆風順。1967 年，運用成績超過道瓊指數 16.9%，1968 年超過 51.1%，1969 年超過 18.4%。大幅度地超過了巴菲特預想的

成績。

　　然而，巴菲特表明：「我不能適應這樣的市場環境，同時，我也不願意藉由玩我不能理解的遊戲，來為至今為止所取得的優秀成績留下傷痕。」於是在1969年，終於投下了休戰書，他決定解散合夥人聯盟。正是這樣的決定，使他認為：現在，所有的投資家都被「市場先生」左右，再也不能以合理的價格買到具有魅力的企業股票了。然而，在股市的最高峰選擇退出，這在當時的投資家裡面，算是特例的行為。

　　根據巴菲特的想法，假如是持有「要像老闆一樣活躍」想法的經營者，當由股東交來的資本不能夠產生足夠的利益時，就必須把資本返還給股東。必要時，也可以用這些資本去購買那些可以保證還本的金融產品，或者是存在銀行，但是在這樣的情況下，由股東自己去存應該更合理。巴菲特所喜歡的經營者，都對返還剩餘資本、購買新公司股票非常熱衷。

　　伴隨著合夥人聯盟的解散，巴菲特就今後的資金運用，為接受資產分配的合夥人們提出了幾個可以選擇的方案。比如說，他向大家介紹了哥倫比亞大學時代的同學，同樣也是葛拉漢的學生比爾・朗尼（Bill Ruane）。朗尼也很快接受了巴菲特的邀請，在1970年設立了投資基金——美洲杉基金（Sequoia），接受合夥人一部分的資金運用。即使到了九〇年代末，朗尼都仍然擔任美洲杉基金的運用責任人。

　　巴菲特在解散合夥人聯盟時，幾乎將所有的持有股票都換成現金，只留下波克夏紡織廠和多元零售企業（Diversified Retailing）兩個品牌，這兩個品牌中，從金額而言，波克夏佔壓倒性的多數。因此，不能將資金轉向美洲杉基金的合夥人們，就可以根據所持股票的份額，選擇是接受波克夏和多元零售企業的股票，還是接受現金，大多數合夥人都選擇了繼續持有波克夏股票。

　　巴菲特也根據自己所佔資金份額，獲得相當多的波克夏股票，這時

他就不透過合夥人聯盟間接持有波克夏股票，而是自己個人直接持有。到了 1970 年，他已經掌握波克夏 29% 的股份，以最大股東擔任該公司的董事長，並在企業年度報告中，第一次向股東寫下《巴菲特致股東信》。到後來，《巴菲特致股東信》成為投資家的必讀文章，甚至出現了不少只是為了要讀到一年一度巴菲特寫給股東的這封信，而成為波克夏股東的投資家。

儘管從合夥人聯盟到股份公司之間發生了改變，但是巴菲特的經營哲學和以前仍然相同。他在《巴菲特致股東信》中發表了這樣的宣言：「雖然我們的形態是股份公司，但是我們的精神是合夥人聯盟。副董事長查理·蒙格（Charlie Munger）和我，把大家當成合夥人（就是我們的老闆），而把我們自己當成經營合夥人。這個公司，也不是保有事業資產的最終老闆，股東才是保有事業資產的老闆。這個公司，只不過是達到這個目的的一種手段而已。」

和合夥人聯盟時代一樣，波克夏的董事會成員都是由大量持有波克夏股票的股東構成，包括巴菲特自己在內，將個人純資產的一半以上，以波克夏股票形式保有的股東特別多，因此，董事會是和股東的利益一致的。具有悠久歷史的紡織廠，本來是被認為已經破產的波克夏，在巴菲特的領導下改變了形態，再次獲得了新生。

藍籌印花攻防戰

　　巴菲特和蒙格的關係開始特別深入，是在六〇年代後半購買名為藍籌印花（Blue Chip Stamps）的股票時。非常偶然地，巴菲特以個人名義購買這支股票的時候，同時也透過波克夏購買了這支股票。當時，這個企業位於多元零售企業系列下面，至於多元零售企業則是在巴菲特解散合夥人聯盟時，和波克夏一起唯一沒有被賣掉而保留下來的品牌。

　　藍籌印花公司透過向超級市場和加油站收取一定的手續費，而對來到超級市場的客人發行印花收集本集點，他們的這項事業一直發展得頗為順利。當時消費者流行收集印花，以換取烤麵包機等家電，所以超級市場從加強對顧客吸引力的觀點出發，積極推廣發行。而藍籌印花公司利用透過發行兌換卡取得的手續費為資金，再轉投資有價證券而獲得了收益。在消費者將印花收集本和實物進行交換之前，藍籌印花公司都可以自由地運用手續費，加上常有人遺失集點卡，所以印花兌換事業在當時商機無限。

　　一直到七〇年代初期，巴菲特都是藍籌印花的最大股東，蒙格則是第二號股東。雖然奧馬哈和洛杉磯在位置上是分開的，但是兩個人從很久以前就成為很好的朋友，所以共同經手了各種分析和企業收購。

　　舉個例子來說，1972 年兩人透過藍籌印花，以 2,500 萬美元收購了喜斯糖果（See's Candies）集團。對巴菲特而言，這是過去最大的一項投資。其後，又收購了持有儲貸機構（S&L）的魏斯可（Wesco）金融公司，和以紐約州水牛城為基礎成立的報業公司《水牛城新聞報》（Buffalo

News）。

　　喜斯的收購對巴菲特而言是巨大的轉機。假如遵照「葛拉漢──陶德理論」的話，投資時為了確保十分的安全率，至少要在股票價格低於淨資產價格時，才可以選擇投資。所謂淨資產是從總資產中減去負債的餘額，相當於股東所擁有的股東權益；換言之，就是公司在解散時能夠支付給股東的金額，所以也被稱為「解散價值」。

　　在收購喜斯的時候，巴菲特投入了其淨資產的三倍資金，這是由於蒙格的影響。蒙格對巴菲特說：「以便宜的價格買入糟糕的事業，這一點用也沒有。真正必須買入的，是非常優秀的事業。」勸說巴菲特要更加關注僅僅依靠「葛拉漢──陶德理論」所不能瞭解的價值。

　　1978 年，巴菲特和蒙格成為名副其實的夥伴。在這一年，波克夏吸收合併了由巴菲特個人持有多元零售企業 56% 的股份。這樣一來，就形成了巴菲特個人擁有藍籌印花股票的 13%、波克夏擁有藍籌印花股票 58% 的局面。同年，巴菲特以大股東的形式將擔任藍籌印花董事長的蒙格納入，成為波克夏的副董事長。

　　巴菲特和蒙格於 1960 年代後期開始聯手投資，蒙格在七〇年代末成為波克夏的大股東，因為他手上的兩大投資──多元零售和藍籌印花都先後併到波克夏旗下。

　　追溯藍籌印花的來源是在五〇到六〇年代，當時零售商發送綠色印花、藍金印花及藍籌印花等兌獎印花給客戶，作為回饋。零售商將現金存入該公司以交換兌獎印花，然後公司將這筆資金運用於營運及購買兌換印花所需要的商品，顧客在店家每消費一次就可以拿到一定數目的印花，他們將印花黏貼在小本子上然後兌換幼童玩具、烤麵包機、鋼盆、手錶等物品，由於累積足夠的兌獎印花需要一段時間，加上有些顧客會忘了兌獎，

預存金於是快速增加。七〇年代初藍籌印花的年銷售額高達 1.2 億美金（相當於現在的 5 億美金），當時的預存金高達 1 億美金。

印花廣受家庭主婦及零售商的喜愛，零售商也樂見營業額及利潤增加。S&H 綠色印花是首家兌獎印花公司之一，但根據該公司的規定，每一地區只能由一種零售商——傳統雜貨店、加油站或藥妝店提供 S&H 印花。包括雪弗龍機油及加州一些大型連鎖店在內的九家零售商，也希望取得同樣的競爭優勢，於是在 1956 年共同創立藍籌印花，且由創始的九家零售商掌控經營權，其他的股東可以提供印花，但無權干涉公司經營，也不能享有盈餘分配。藍籌印花成功地成為加州最大的兌獎印花公司。

不過這樣的獨佔最後招致小型零售商的控訴，因為他們認為沒有得到創始股東的平等對待，聲稱創始股東並未賦予小商家應有的所有權，違反了反托拉斯法。當時蒙格注意到了這個新聞話題，他知道藍籌印花擁有一筆準備基金以因應未來幾年印花贖回之用，該公司有類似保險公司的預存帳本用來儲存彌補未來可能損失的保險金，公司運用這個帳戶投資，收益歸公司所有。每年，藍籌印花被贖回的數量是可預期的，帳戶的餘額隨之減少，然後再以發行新印花的收益來補足；蒙格所好奇的是，在各種不同的狀況下，藍籌印花的可投資資金會以多快的速度減少？而獨具慧眼的巴菲特馬上就看出藍籌印花預存金的潛在價值，於是邀請蒙格以及蒙格的合夥人瑞克‧格林（Rick Guerin）開始持股。

1963 年，司法部對藍籌印花及其九家創始股東提起反托拉斯訴訟，在 1967 年雙方達成協議，要求公司完全重組，使創始股東無權壟斷控制權，藍籌印花「Blue Chip Stamp」的名稱改為複數「Blue Chip Stamps」。法院裁定藍籌印花必須提撥 62 萬普通股給之前不是股東，但使用該印花的小型零售商。至於分配比例，則依一定期間內每個非股東零

售商送出的印花數目，而發行每一單位，包括三股普通股，以及面額 100 美元，付現 101 美元的信用債券。在這 62 萬普通股中，非股東零售商未認購的流動性股票是在店頭市場交易。巴菲特說：「數千家小型零售商最後都擁有藍籌印花的股票。這支股票的買賣形成一個市場，我們認為這支股票非常便宜，並大舉買進，我、蒙格與格林最後拿到藍籌印花的控制權。」

巴菲特於 1968 年開始購買藍籌印花公司股票時，藍籌印花公司已發行的未贖回印花的預存金，金額大約為 6,000 萬美元。1972 年，巴菲特取出其中的 2,500 萬美元併購喜斯糖果，當時喜斯糖果每年的營業額高達 3,500 萬美元。到了 1977 年，巴菲特透過藍籌印花公司，以 3,300 萬美元從小巴特勒夫人手中買下《水牛城新聞報》。

到了 1970 年初，巴菲特的各家公司已成為藍籌印花的最大股東，蒙格居次，格林落後蒙格一些，但三個人加總起來的股份，足以讓他們掌控藍籌印花董事會的席次。

兌獎印花多年來一直是藍籌印花的主要事業，1970 年藍籌印花的銷售額創高峰為 1.24 億多美元，但隨著兌獎印花熱潮降溫，1982 年銷售額滑至 900 萬美元，1990 年代末，每年的銷售額只剩 20 萬美元，當時兌獎印花主要由少數幾家保齡球館發出。

巴菲特和蒙格成為董事會成員後，立即掌控投資委員會，當時剛好是在兌獎印花最低迷不振之時，投資委員會於是致力於增進藍籌印花預存金的價值。在巴菲特和蒙格透過藍籌印花收購的投資標的中，限入困境的水資源投資公司（Source Capital）屬最大宗。這是一家由聲名狼藉的短線投機經理人卡爾於 1968 年創立的封閉性投資公司。卡爾曾是個傑出的人才，但因 1970 年代初起伏多變的股市而使其名聲敗壞，當卡爾離開水

資源時，資金的資產價值為每股 18 美元，但成交價卻只有 9 美元，水資源的處境和非註冊股票基金公司極為類似；此外，在卡爾離職後，該公司內的其他基金經理人都相當有才幹，與巴菲特的理念相近。藍籌印花於是收購水資源 20% 的股份，由蒙格入席董事會，與主要投資組合經理人相處甚歡，水資源因此才得以保持獨立公司的地位，至今仍在紐約證交所掛牌，巴菲特和蒙格在其後幾年，亦介紹許多客戶給水資源公司。

藍籌印花在 1971 年企圖買下《辛辛那提詢問報》，卻未能如願得標。當時該報的每日發行量為十九萬份，週日版為三十萬份。司法部以史克利普斯公司違法獨佔辛辛那提的市場為由起訴，史克利普斯被迫出售該報社，藍籌印花開價 2,920 萬美元，擬收購史克利普斯及其子公司，卻遭到拒絕，《辛辛那提詢問報》後來歸屬甘尼特公司所有。

到了 1980 年，藍籌印花的事業已橫跨五個領域：兌獎印花事業、喜斯糖果、魏斯可金融公司、《水牛城新聞報》及精密鋼鐵公司。在藍籌印花收購魏斯可時，有段不愉快的插曲，證管會的態度讓巴菲特和蒙格重新評估他們經營事業的方式。在 1972 年，透過一名經紀商的推薦，巴菲特和蒙格認為魏斯可的股票是廉價股，於是以藍籌印花名義收購 8% 的股份。1973 年，魏斯可的管理階層宣布與位於聖塔巴巴拉的另一家儲貸機構金融公司合併，巴菲特和蒙格認為魏斯可賤價求售。這筆交易要求魏斯可的股東以其被低估的股票，交換被高估的金融公司股票，巴菲特和蒙格明白這筆交易對魏斯可的股東不利，蒙格於是希望買進更多的魏斯可股票以擊敗購併者，之後藍籌印花用了六個星期的時間，買下所有買得到的股票，共累積了 17% 的股份。但未取得合法許可前，他們不能買進 20% 的股份。為取得許可，蒙格拜訪魏斯可的總經理路易斯・文森特（Louise Vincenti）。文森特客氣的表示，藍籌印花可以自由投票否決合併案，並

懇求其他股東也投否決票，但結果仍需全體股東決議，不是光靠總經理就可以決定的。為了否決合併案，巴菲特和蒙格還需要說服魏斯可的創始人彼得斯家族。彼得斯目前的當家是一位女士，她希望藉著與金融公司的合併，來拉抬魏斯可搖搖欲墜的股價。藍籌印花總裁柯波爾企圖說服她改變心意，但沒有成功。巴菲特馬上對這位女士進行遊說，他們在美國航空公司的候機室商談，她堅持必須有所作為，以提振魏斯可公司的績效，關於這件事，巴菲特向她表示他願意嘗試的態度，讓這位女士對其印象深刻。

巴菲特說服她投下反對票，連同其整個家族握有的魏斯可股票，使她成為魏斯可的董事，蒙格也是董事會成員。事後證明這對彼得斯家族有利，因為那家原本要與魏斯可合併的金融公司破產，而魏斯可在巴菲特的協助及蒙格在董事會的坐鎮下，後來事業極為興旺。

過了一段期間，法令限制鬆綁，藍籌印花接續投標數次，最後將魏斯可的持股提高至 24.9%，直至 1974 年中，藍籌印花已擁有魏斯可絕大部分的股份了。

由於藍籌印花錯綜複雜的股權關係及有心人士向證管會告狀，使證管會對藍籌印花如何取得了魏斯可開始進行調查。證管會針對巴菲特、蒙格和格林的動機提出懷疑，但巴菲特面對這些質疑顯得十分冷靜且非常合作，目的是希望能讓這筆合併案儘早落幕。

但是證管會反而對巴菲特的投資事業展開調查：「藍籌印花、波克夏、巴菲特，個別或夥同他人，可能從事直接或間接的詭計、陰謀或欺騙等詐欺行為，或偽造文書、蓄意遺漏等行為……」而在此時，蒙格的事務所前合夥人席爾斯將出任證管會主席，謠言滿城風雨，認為在他接任之後，證管會對藍籌印花一案會採取更嚴厲的態度。

證管會對魏斯可的調查仍持續進行，甚至將觸角延伸至水資源公司，

也因此巴菲特和蒙格決定簡化他們極為複雜的財務關係：蒙格結束了自己的事業，出任藍籌印花的董事長；巴菲特結束了合夥公司，將注意力全部放到了波克夏。

1975 年，蒙格就藍籌印花一案到證管會作證，蒙格表示和巴菲特在金融公司合併案告吹後，開出高於必要的價格，只是基於公平的行為來提升藍籌印花的聲譽，以嘉惠全體股東。但證管會仍對藍籌印花欲阻撓合併案，並在合併案告吹後，連續數週以人為方式蓄意拉抬魏斯可的股價為由提起訴訟。巴菲特和蒙格皆表示此種情形不會再發生。證管會另要求藍籌印花付給魏斯可股東 115,000 多美元的賠償以補償股東的權利損失。

在多方面的考量下，巴菲特和蒙格認為，如果是單一公司組織的編制，幾乎可以排除所有利益的衝突，於是將藍籌印花和波克夏合併。蒙格在多年後指出，合併是對的選擇：「現在不再那麼複雜了，波克夏有最簡單且完整的架構，但大公司的體制往下延伸還是有其複雜之處。」

蒙格表示：「我們並未期盼印花業務能成為大贏家，當它達到顛峰時，也就是即將走向低潮之時。於是我們在這段期間內，陸續買下了喜斯糖果、《水牛城新聞報》及魏斯可。而且以預存金及其他資金從事有價證券的投資都非常成功。」

1972 年，藍籌印花資產負債表上的淨值大約是 4,600 萬美元，到 1981 年底，淨值增加至大約 1.69 億美元，十年間成長 267%，也就是這十年間，公司每年的股東投資報酬率為 15%。蒙格表示，後來的獲利更高，如果藍籌印花仍是獨立公司，今天會是個強棒，他旗下的子公司，現在的稅前盈餘超過 1.5 億美元。此外，魏斯可也持有超過 20 億美元的有價證券，若藍籌印花至今還獨立，會擁有更多，雖然藍籌印花已深埋於波克夏的檔案櫃中，但仍是一完整的公司，若有人在抽屜中發現塵封已久的

印花冊子，還是可以贖回的。巴菲特解釋，「大部分的兌獎印花公司都已經銷聲匿跡了，而藍籌印花仍存在，但只剩少許業務，專門贖回 1961 年及 1962 年發行的印花，並提供與二十五年前一樣的價值。」

蒙格和巴菲特決定，只要他們相信還有大額的未贖回印花，藍籌印花就會繼續營運，對於曾經奮力要成為藍籌印花一員的小型零售商而言，波克夏儼然成為絕佳的投資。

證管會最後決定達成和解，但波克夏的藍籌印花問題並未完全解決，留下的問題涉及 1970 年代收取藍籌印花股票的一些加油站及其他小型企業主。二十多年後，一小群忘了自己仍持有股票或失去股票線索的股東，驚覺他們錯過一件大事。這群股東宣稱他們的股票紀錄消失在股務代理人手上，他們不知道自己已成為波克夏股東。根據法令規定，經特定時日後，這類股票會被充公，或由股務代理人將股票移交州政府保管，而波克夏的股務代理人會將這些股票交給州政府保管。在某些案例中，州政府仍保管股票，而在這期間，股價上漲將近一百倍。另有一些案例中，州政府出售波克夏股票，以藍籌印花原股東的名義保管現金。

1973 年，加州立法通過，允許州政府出售無人領回的股票，州政府再將資本存入不同編號的帳戶，並以信託形式持有，等待物主領回。1995 年，加州政府以每股 31,000 多美元，賣出所保管的全部波克夏股票。這批被遺忘的藍籌股東在獲悉事情真相（在尋求賞金人士的協助下），並提出訴訟時，波克夏的每股價格為 37,000 多美元。據點位在紐約和聖地牙哥的密爾柏格聯合律師事務所，以擅長處理股東集體訴訟聞名，他們控告波克夏未盡全力尋回這四百位藍籌印花的早期股東，告知他們現在擁有波克夏股票，他們希望波克夏補償股東在加州政府出售股票後錯失的漲價獲利。巴菲特後來表示：「我們並未佔小型零售商的便宜，有些案例是他

們自己的疏忽，現在他們都拿回自己的錢了。」

從他們買進藍籌印花到藍籌印花併入波克夏，巴菲特及蒙格逐步踏實地鞏固他們的合夥關係，他們從未將合作條件列成書面合約，而是僅憑互相信任來擴展事業，律師溫蒂說：「對於我們這些律師而言，我們從他倆的商業關係生涯中得到的啟示是：你不會想和不信任的人共事，若缺乏信任，獲利與否根本無關緊要；巴菲特的處事態度，就是與優質的人共事並互信。」

蒙格則以這種方式解釋：「絕對不要和豬打架，如果你和牠打架，你會弄髒自己，但豬會樂在其中。」

3 支援華盛頓郵報

　　儘管巴菲特在合夥人聯盟時代取得了卓越的成績，並在 1970 年就任著名的紡織廠波克夏的董事長，但是對一般人而言，他的知名度並不高。他的知名度直到 1973 年成為報業公司《華盛頓郵報》的大股東才真正提升，開始吸引人注目。

　　巴菲特蠶食《波士頓環球報》、《華盛頓郵報》的策略和過程，一直被投資者奉為經典案例。尤其巴菲特說過的那句話：「擁有一家名牌報刊，就好比擁有了一座收費的橋樑，任何過客都必須留下買路錢。」這無疑是一棵產量巨大、穩如泰山的搖錢樹，每個投資者都對實力派的媒體股保持著足夠的興趣，都想像巴菲特一樣取得非凡的成功。

　　1972 年，巴菲特盯上了報刊業。1973 年，他就開始在股市上低調地吃進《波士頓環球》和《華盛頓郵報》的股票。之前他已經進行了相當詳細的研究，確定了新聞業誘人的前景，儘管那時很多人都對新聞股避之唯恐不及。巴菲特的介入讓這兩家報紙的老闆如坐針氈，生怕會取代他們的控股地位，但是巴菲特採取了一種循序漸進、柔和吃進的操作手法，打消了這兩家管理高層的疑慮，最終投資成功。

　　《華盛頓郵報》創建於 1877 年，到了 1933 年，這家報紙瀕臨破產，被凱薩琳・葛蘭姆（Katharine Graham）的父親尤金・梅爾以 80 多萬美元的價格買下。當時，報紙長期虧損，名氣不高，經營困難，不過經過尤金十年的努力，改善了郵報的整體情況，經營步上了軌道。後來的繼任者是菲利普・葛蘭姆，也就是凱薩琳的丈夫，郵報更上一層樓，進一步提高

了知名度。但是到了 1963 年，菲利普因為精神病自殺了，凱薩琳接手了《華盛頓郵報》的控股權，艱難地繼續經營著。後來，凱薩琳回憶說：「那時的我別無選擇，儘管我可以把它出售，但我不能放棄和丈夫一手建造起來的家業，把它交給別人對我來說是不可思議的。」

1971 年，郵報公開發表了五角大廈有關於越南戰爭的機密檔案，隨後在 1972 年到 1974 年，披露了轟動全球的水門事件醜聞，從而名聲大噪，並獲得了美國普立茲獎，與《時代》雜誌並列，為全美知名度最高的媒體，凱薩琳‧葛蘭姆沒有屈服於來自政界的、與水門事件有關的壓力，透過報紙不斷深入追究，最終迫使尼克森總統下台，因此成為全美國注目的焦點，活躍於媒體業界。

雖然《華盛頓郵報》在新聞報導上取得了成功，但是在企業經營上卻沒有讓人驚訝的成果表現。自從 1972 年其股票上市以來，凱薩琳‧葛蘭姆經常聚集華爾街的股評家召開說明會，透過主要的報紙、雜誌、周刊，以及四個電視台等媒體做了系列宣傳，目的就是要在股票市場上實現各部門利益最大化的目標。但是，宣傳效果並不如她的預期。伴隨著持續發生的工會聯合罷工等致使工人工資增加，銷售業績獲利僅停留在 10%，低於過去的平均值。

在股票市場上，《華盛頓郵報》的股票曾經一度下滑到低於上市價格的 40% 左右，這和水門事件不再是獨家新聞有關，有觀察家即表示，佛羅里達等電視台很快也將取得許可，進行新聞的採訪和拍攝。另外，因為銀行利率上升，所以股票市場整體呈下滑姿態。在 1973 年，銷售收入曾經達到 2 億美元的企業，在股票市場上卻只剩下 8,000 萬美元左右（股票時價總額）的市值，儘管照經驗來說，「優良報業公司的價值大約是年銷售額的 2.5 倍。」但市場反應並不是如此。

和取得美國運通的股票時一樣，巴菲特關注《華盛頓郵報》「看不

見的價值」，將其本質價值計算為 4 億美元。巴菲特後來說：「這要是放在現實世界裡，簡直是不可能的事情，但是在股票市場上，確實有很多人沒有發覺『價值 4 億美元的資產正被以 8,000 萬美元的價格交易著』，而以這樣的價格賣給我的還不少呢！」也就是說，包括很多專業的投資家在內，往往也不是根據《華盛頓郵報》的本質價值，而是看到其他的投資家好像要拋出，於是就以此作為判斷，將該公司的股票售出。

可以說，《華盛頓郵報》的股價是被「市場先生」貼上了不合理的標籤，巴菲特沒有讓這個機會溜走。他選擇了 1973 年春做為切入點，那是股票市場嚴重下跌的初期，郵報公司的股價從最初 65 美元的發行價格，跌至每股 4 美元，「買便宜貨」的巴菲特策略派上了用場，他購買了價值 1,062 萬美元的股票，佔《華盛頓郵報》公司全部股份的 12%，成為了郵報股份公司除葛蘭姆家族之外的第二大股東。每股 4 美元，意味著大約 8,000 萬美元的公司帳面總市值，但其內在價值約有 4 億美元。事實證明他選對了吃進時機，到了 1981 年，《華盛頓郵報》的市值果然到了 4 億美元。它的內在價值是巴菲特買價的四十倍。巴菲特後來說：「我之所以願意關注並購買《華盛頓郵報》，是因為人們當時對這個行業還沒有什麼熱情。」在別人恐懼時貪婪，關注別人不感興趣的好事情，他就是這麼做的。

在收購後的兩年，股價持續下降，巴菲特的投資市值從 1973 年的 1,000 萬美元降到 1974 年的 800 萬美元。他的蠶食是緩慢的，而且《華盛頓郵報》的股票價格在 1976 年之前一直低於他的收購價格，之後，他在郵報的投資價值一度超過了 10 億美元。這一特殊策略值得我們研究。凱薩琳面對收購表現得很緊張，她對巴菲特的投資持有極大的疑慮和擔心。巴菲特在取得《華盛頓郵報》的股票之後，寫了一封信給凱薩琳‧葛蘭姆：「我認為，《華盛頓郵報》是葛蘭姆家族所有的，是由葛蘭姆家族

經營的，認識到這一點對我來講已經足夠了。」同時，他還把自己年少時代在華盛頓的威爾遜高中上學時，每天親自送百份《華盛頓郵報》的體驗也寫在裡面，與她分享。他強調自己將不會危及葛蘭姆家族的地位，這個事實是很容易說清楚的，因為凱薩琳仍可以透過她手中的股票控制公司的主要經營。

雖然凱薩琳・葛蘭姆在 1971 年曾經因為其他事情與巴菲特和蒙格見過面，但當時並沒有留下什麼印象。在她的自傳《個人的經歷》中，她這樣記述道：「當時的巴菲特還是比較小的投資家，幾乎沒有人知道他。」同時，也明確記載了當時其他的投資銀行家均對她忠告：「他不會為妳帶來好結果。」這令她非常不安。後來，凱薩琳・葛蘭姆曾經向知道巴菲特的朋友們一一打聽巴菲特到底是怎樣的一個人，她得到的評價都是非常積極的、正面且有希望的。「巴菲特過去從來沒有採取過敵對的行動，是個正直而優秀的人物。」這樣的結論，使凱薩琳・葛蘭姆對巴菲特開始抱持濃厚的興趣，促成了一年夏天在洛杉磯兩人的直接會面。

凱薩琳・葛蘭姆在自傳中記述了與巴菲特在洛杉磯見面的情景：「首先，巴菲特的外貌讓我吃驚，因為他看起來一點也不像華爾街的銀行家或者企業界的大人物，而是給人一種荒涼的中西部牛仔的感覺。不過，他的頭腦和幽默不時引起我的注意，那種魅力之後一直都沒有改變。我對朋友說：『假如在這個世界上還有真正純潔的人，那一定是巴菲特。』」

在這次會面中，巴菲特再次向她表示，自己絕不會干涉華盛頓郵報的具體內部事務，他會給予管理層絕對的經營自由。隨後他接受凱薩琳・葛蘭姆的邀請，訪問了《華盛頓郵報》，使他對凱薩琳・葛蘭姆以外的董事會成員和經營團隊也都有所了解。在那以後，巴菲特給予《華盛頓郵報》經營團隊巨大的信任，甚至明確表示要將《華盛頓郵報》作為波克夏「永遠持有的品牌」之意願。1993 年在某大學的演講中，他談及購買《華

盛頓郵報》的體驗時，非常高興地說：「因為是以大幅度低於本質價值的
價格購買的，所以對《華盛頓郵報》的投資極為安全，即使投入我所有的
財產，我想我都不會介意。」

　　在那以後，巴菲特成為凱薩琳・葛蘭姆經營方面無可替代的顧問，兩
人構築了非常深厚的友好關係。巴菲特在 1974 年就任《華盛頓郵報》的
董事會成員，繼而又擔任了設在董事會裡的重要職位——財務委員會委員
長。凱薩琳說：「和他在一起，你永遠會感到有趣和愉快。」她被巴菲特
的誠意和對投資的深刻理解所折服。巴菲特傳授經營者的財務職能、對股
東的責任等商業的基本原則，而凱薩琳・葛蘭姆也非常熱中地聽取他的意
見。比如說，《華盛頓郵報》從七〇年代中到九〇年代初，累計從市場上
買回了佔發行總額 43% 的股票。在七〇年代大規模購買自己公司股票的
企業還非常的少，作為將由股東預存的資本加以有效利用的方法，巴菲特
向凱薩琳・葛蘭姆推薦了購買自己公司股票（庫藏股）的方法。平均買回
時的價格與九〇年代初的股價相比，僅是其四分之一，如此一來，也就給
股東帶來巨大的財富。

　　道理很簡單，《華盛頓郵報》在取得了向主要的事業投資所必需的
現金收益同時，股價卻大幅度地低於其本質價值。那麼說起來，最具有魅
力的投資對象，也就是能夠產生豐厚現金收益的報業行業，其股價卻非常
的低。如果用手裡充裕的資金以非常便宜的價格購買極具魅力的報業行業
（自己公司）的股票，現存的股東權益將增加，分配到的收益也將增加。
到九〇年代中期，巴菲特雖然沒有從股票市場上再追加購買，但是他的持
股比例卻由於庫藏股的購買而上升了 15% 左右。

　　對巴菲特而言，取得了《華盛頓郵報》，簡直就像回到了自己熟悉
的、心情舒暢的娘家一樣。因為他在年少時曾經派送過《華盛頓郵報》、
《華盛頓時代先鋒報》等報紙，並將由此賺得的零用錢存起來，作為其日

後投資的準備金。就在巴菲特大量取得了《華盛頓郵報》股票時，《華盛頓時代先鋒報》已經被《華盛頓郵報》併購，成為一家了。

巴菲特對於媒體新聞類資產的興趣，在這一次收購中體現得淋漓盡致。巴菲特並不僅僅追求未來的現金流量，他對郵報的投資並不只是為了從報刊業獲得大量利潤，而是源於他對新聞業毫無雜念的興趣。他喜歡報紙，對報紙有感情。在生活中，他和很多高級記者是好朋友，交往密切，並且滿懷真誠。對此巴菲特說：「如果當初我沒有選擇從事證券業，我大概、一定會成為一名出色的記者。」由此不難理解，即使到了 2012 年，巴菲特仍在大量收購諸多地方報業，以建構「內容資料庫」的理念，期望在未來能整合新聞媒體之平台。

郵報在巴菲特入股之後利潤大增，每年平均成長率竟然達到了 35%。十年之後，巴菲特投入的 1,000 萬美元變成了 2 億，大獲成功。他與《華盛頓郵報》可以說是有著一生的情緣，因為他早期的資本很多都是來自於為《華盛頓郵報》的派報所得，那是巴菲特的歷史中第一批的資本累積，儘管那些金額在今天看來微不足道。他是一個相當勤奮的報童，而且後來還認識郵報的董事長凱薩琳・葛蘭姆，參與了公司股票的上市。有這麼一段經歷，他對這家報紙的前景瞭若指掌，並曾對朋友說：「我知道《華盛頓郵報》肯定會超過《華盛頓星報》的。」

正如巴菲特所預計的，對《華盛頓郵報》的投資取得了巨大的成功。《華盛頓郵報》持續取得超越其他主要媒體企業的利潤率，股價也在業界中獲得最高的成長率。巴菲特初期投資的 1,000 萬美元，到了 1985 年底，已經膨脹到 2 億美元以上。而要說到這 2 億美元的原始資金，還可追溯到巴菲特的少年時代，是透過派送《華盛頓郵報》一點一滴賺來的。

收購成功之後，巴菲特一直就職於《華盛頓郵報》的董事會。1986年，他辭去了《華盛頓郵報》的董事職務，這是因為他十分尊敬的經

營者湯姆‧墨菲（Tam Murphy）所率領的大都市通訊（Capital Cities Communications），收購了三大電視網之一的美國廣播公司（American Broadcast Company，簡稱 ABC）。巴菲特透過成為美國廣播公司的大股東，進入了實力大舉擴張的大都市公司董事會，而按照美國聯邦通信法，一個人不能同時兼任兩個媒體公司的董事職務。

巴菲特擔任《華盛頓郵報》的董事會成員長達十一年，這期間，他一次也沒有缺席過。在七〇年代持續爆發工會罷工的最激烈時期，他全面地支援凱薩琳‧葛蘭姆，因此，他和《華盛頓郵報》的關係非常深遠。正因為如此，凱薩琳‧葛蘭姆在巴菲特退任時，於旗下的《華爾街日報》發表了這樣的評論：「董事會的成員們由於他的離開都顯得失魂落魄，同時也感到非常寂寞。」

辭去董事的職務之後，巴菲特仍然和凱薩琳‧葛蘭姆保持密切的關係，還時常成為她的諮詢對象。1995 年，當迪士尼收購了美國廣播公司後，巴菲特辭去董事的職務，又回到了《華盛頓郵報》董事會。在這個時候，巴菲特持有《華盛頓郵報》的股票時價已經達到 4 億美元以上。

在透過波克夏開始購買《華盛頓郵報》股票的 1973 年，巴菲特的名字除了華爾街的少部分人知道之外，不過就是個沒沒無聞的投資者。但後來，他成為《華盛頓郵報》最大的股東兼董事長，並加深了和喬治‧甘迺迪等歷屆總統的密切關係，巴菲特終於出現在大眾關注的舞台上。

巴菲特曾說，他對《華盛頓郵報》的投資，是他一生中最有意義的一次投資。整個收購過程所展現的投資藝術，更值得我們借鑒與學習。

巴菲特和凱薩琳‧葛蘭姆的關係，在 1991 年又一次引起了關注。當時因為牽連大型投資銀行所羅門兄弟的不正當套購國債事件，巴菲特被傳喚到華盛頓。在聽證會上，凱薩琳‧葛蘭姆一直坐在最前面的座位上關注著巴菲特。當聽證會結束，記者紛紛緊追他的時候，巴菲特坐上了由凱薩

琳・葛蘭姆提前預備的高級轎車，疾速駛向《華盛頓郵報》的總公司。

　　「庫藏股」指的是一間公司將自己發行出去的股票重新買回，之後將股票註銷或保留，這樣做可以減少市場上流通股票的總數。在公司的資產負債表上，庫藏股不能列為公司資產，而是以負數形式列為股東權益（Shareholder's equity）之一項。

　　買回庫藏股的目的有很多種，首先，回購庫藏股往往作為對股東的回報，它比直接發放紅利更省稅，或是當一間公司認為自己股價偏低時也會進行庫藏股回購，作為一種激勵手段。另外，庫藏股還可用來刺激公司股票的交易量與股價，或是用於提供公司內部的股票選擇權等員工福利。

　　巴菲特旗下的公司若帳上現金足夠且股價過低時，巴菲特一貫主張實施庫藏股，一方面可使股價趨於公司真正價值，另一方面巴菲特持股數並不變，但持股比例卻因此增加！故稱此法為股神的增持秘訣。

　　當一間公司購回庫藏股後，由於發行股票總數減少，大多會刺激股價上升，因此也有投資者會將公司回購庫藏股作為一個信號，代表該公司股價可能偏低。

4 再一次擁抱 GEICO

　　如果說起波克夏時代初期不能不說的投資品牌，除了《華盛頓郵報》之外還有一個，那就是巴菲特的恩師班傑明‧葛拉漢也有投資的 GEICO 保險公司。

　　設立於 1936 年的 GEICO 保險公司，正如其全名「政府雇員保險公司」一樣，是一家以包括外國人在內的政府員工為主要顧客的保險公司。以比較起來事故相對較少的政府員工為對象，以及不透過經紀人直接和顧客簽訂保險契約等做法，在低成本結構上有著自己的特色。

　　進入七〇年代，GEICO 保險公司除了犯過弄錯保險金額報價等的錯誤之外，在市場競爭激烈的背景之下，實施了降低保險賠償金等措施，導致經營急速惡化。在 1974 年，該公司開始出現赤字，1975 年陷入無利潤分配的窘境，股價也落到最高時期的九分之一。1976 年，新的 CEO 傑克‧班就任，拿出了大規模發行優先特別股以增強資本的計畫。這也是因為假如不及時擴充資本，那麼 GEICO 保險公司就得面臨破產的命運了。

　　當然，巴菲特並沒有從 GEICO 保險公司移開目光，在股價快速下跌的時候，他大量買進了該公司的股票。依他的判斷，雖然當下的業績搖擺不定，但是以長遠的目光來看，不經由經紀人的低成本保險事業未來的商機無限，這是毋庸置疑的。對 GEICO 保險公司持有的這種看法，在他上哥倫比亞大學的時候就已經有了，只是，他一直在等待股價下跌，尋找最佳的買入時機。對他而言，和取得《華盛頓郵報》一樣，這一次也可以稱

得上是「回娘家」。

巴菲特在買入 GEICO 保險公司股票的同時，也買入了可優先請償的特別股，雖然在當時，業界所有的人都認為「GEICO 保險公司一定會倒閉」，但他也沒有一點猶豫。他不僅對其事業的強大基礎充滿信心，而且也很看好經營者傑克·班（Jack Byrne）的能力。在 GEICO 優先股順利發行完成，避免了破產危機之後，巴菲特還是繼續購買該公司的股票。到 1980 年為止，他投入的總額達 4,570 萬美元，並成為掌握公司股票總額 33.3% 的最大股東。

正如巴菲特所預見的那樣，傑克·班一直到 1986 年退任為止，充分發揮了向顧客提供保險金高額賠付的原則，儘管利潤率在業界的排行急速下滑，但是從 1977 年起，又開始恢復盈利了！

身為大股東的巴菲特，通常不對所選擇的投資企業做出經營指示。因為他在選擇投資企業的時候，都是選擇那些由能力卓越的經營者掌舵的企業來投資的。所以，只要沒有什麼大事情，他都沒有參與經營的必要，而且是採取一種自由放任主義。只有一點例外，那就是「不好的消息必須馬上彙報」！巴菲特期待著自己是投資企業的百分之百股東，所以公司內的一切事宜，企業的經營者都必須正直無欺地彙報。

從這個意義上而言，傑克·班是個理想的經營者，甚至在年度報告中，他都會具體彙報由於保險理賠所發生的損失，這使巴菲特十分滿意。在傑克·班引退後，「事實必須具體彙報」的傳統一直延續下來，在 1991 年，GEICO 保險公司還從《華盛頓郵報》獲得了「彙報事實獎」。

1980 年以後，巴菲特完全沒有再繼續買入 GEICO 保險公司的股票，但是持股比例卻由當初的 33.3% 上升到九〇年代中期的 50%，這是由於歷代的經營者們極力避免閒置資本的浪費，大力積極地回購本公司的股票（實施庫藏股並註銷資本）有關。這樣一來，從結果上來看，相當於巴菲

特追加買入了更多該公司的股票。

在 1996 年，巴菲特投入 23 億美元，將 GEICO 保險公司變成了波克夏百分之百的子公司。「回娘家」的行動也徹底實施了。在那年的《巴菲特致股東信》中，巴菲特回顧了自己在學生時代突然訪問 GEICO 保險公司總部，和曾經擔任該公司副總經理的羅瑞摩・戴維森交談的場面。

「你們（波克夏的股東們）必須理解以下的事情，假如在 1951 年那個寒冷的星期六，戴維森沒有那麼爽快地接受我的拜訪，波克夏的局面可能也和今天是完全不一樣的吧！雖然我個人已經向他表示過感謝，但是利用這次報告書的機會，我還要代表波克夏股東們再次向他表示謝意。」

長期投資的品牌

Warren Buffett

一喝就愛上的可口可樂

　　距離 1987 年 10 月 19 日全球股市發生世界性的股價暴跌之後，已過了整整一年。在美國南部的喬治亞州亞特蘭大，全球最大的清涼飲料供應商可口可樂總部的董事長辦公室裡，董事長兼執行長羅伯托・古茲維塔（Roberto Goizueta）和總經理唐納・奇歐（Donald Keough）二人，正非常熱切地關注著股價的變動。

　　和股價暴跌之前的高價相比，可口可樂公司（Coca-Cola）的股價整整下跌了 25%。從 1988 年秋天股價的變動趨勢來看，好像是有誰正在大量地買進可口可樂股票。由於在八○年代後半期，商業界狂吹起敵對性的購併風潮，所以看到這樣的情況，就連一向冷靜的古茲維塔都有點沉不住氣了。

　　他帶著緊張的神情，向奇歐問道：「會是誰在大量收購可口可樂股票呢？」

　　「如果可能的話，難道會是華倫・巴菲特嗎？」奇歐回答道。

　　奇歐這樣回答是有他的理由的，這次大量購買可口可樂股票的訂單主要出自中西部的證券公司，而位於中西部那些沒有名氣的證券公司，是不太可能從華爾街那些大型的投資機構那裡買到這麼多的股票。而且，奇歐過去也曾經在奧馬哈居住過，說起來還和巴菲特是住很近的鄰居。

　　於是，奇歐根據古茲維塔的指示，致電給奧馬哈的巴菲特。

　　「嗨，如果我沒有搞錯的話，是不是你正在購買可口可樂股票呢？」

　　「啊！是的，實際情況正是這樣。」巴菲特談到關於可口可樂股票

的購買，掩飾不住話語中興奮的心情，這也沒有逃過奇歐的耳朵。

奇歐能夠理解巴菲特這麼興奮的原因，在 1985 年可口可樂推出新產品「櫻桃可樂」的時候，巴菲特將原來喝慣的百事可樂改成了櫻桃可樂，也就是說，巴菲特不僅是將可口可樂視為自己最愛的飲料，之後也選擇了可口可樂作為自己喜歡的企業。

最後，巴菲特請求他：「除非到了必須公開情報的時刻，請千萬不要提早對外透露我購入股票這件事情。」奇歐表示理解。根據美國的規定，在取得公開上市企業股票 5% 以上的情況時，投資人必須向美國證券交易委員會（SEC）遞交通知，在這之前如果走漏了風聲，就會有很多其他投資家追隨巴菲特購買可口可樂的股票，而股價將因此直線上升。但在這一年迎接耶誕節來臨的時候，市場上還是開始流傳起「巴菲特正在購買可口可樂股票」的傳言。

在探明了購買可口可樂股票的人是誰之後，古茲維塔和奇歐兩人都鬆了一口氣。在當時，巴菲特擁有著名報社《華盛頓郵報》股份的 13%、三大電視網之一的美國廣播公司股份的 18%，和專業保險公司股份的 42%，已經被世人稱為「最高明的投資家」。也有人認為，他的投資和企業購併行為正好相反，是像「白武士」一般的投資家。

1989 年 3 月，巴菲特透過道瓊新聞公布了波克夏‧海瑟威大量購買可口可樂股票的事實。巴菲特投入的金額達到 10 億美元以上，相當於可口可樂 7% 的股份。雖然當時滙豐銀行持有可口可樂股份的 12.4%，但是它代表的是以信託形式（類似 GDR）投資的複數股東，因此在實際上，巴菲特已經成為可口可樂的最大單一股東。

而這對巴菲特而言，也創下單一投資案件中最高的投資額度記錄。以波克夏當時的總市值來說，這次投資大約佔了波克夏總市值的四分之一，也就是說，巴菲特將波克夏當時所有的預備現金，在短時間內全部投入了

可口可樂。1989 年底，在波克夏全部的投資組合清單中，可口可樂一家公司就佔了 35% 以上。這種大膽的投資行為，和一般為了降低風險而分散投資的模式相去甚遠，使華爾街的銀行家們個個驚訝不已。

巴菲特對可口可樂股票收購的消息一經證實，古茲維塔就馬上向員工們發出通知，傳達了這個實際情況。

他在公開通知中明確表示歡迎的意願：「波克夏‧海瑟威一向保持著向具有強大消費力支持的公司和卓越的企業實施長期投資的傳統，這一次對可口可樂的投資，也是其中的一環。這是對我們營運的信任，也是對我們現在的成功和未來潛力的肯定。」

而另一方面，巴菲特在面對蜂擁而至的媒體時，做了這樣的回答：「這就像和自己喜歡的女性結婚。你要說，是她的眼睛好？還是她的個性好？其實都不是。是因為她全部都好，你無法說出她哪一點特別好。」

《紐約時報》記者羅伯特‧卡爾問道：「您打算持有可口可樂的時間是多久呢？」他回答：「我們喜歡的持有時間是永遠。」明確表示了要將可口可樂作為波克夏「永遠持有股份之品牌」的想法。

「那麼，為什麼會選擇可口可樂呢？」面對《華爾街日報》記者麥可‧麥卡錫的提問，巴菲特以特有的一句話短評風格做了回答：「這是把錢投資在自己嘴巴上（Putting your money where your mouth is）的極端例子。」這句話的意思是「我向自己喜歡的東西投資」、「因為我喜歡櫻桃可樂，所以購買了可口可樂的股票」。

巴菲特是個絕對的櫻桃可樂迷，他一刻也離不開這種蘇打水。在可口可樂開始銷售櫻桃可樂試驗產品的 1984 年，奇歐向一直是百事可樂支持者的巴菲特送上了新產品。巴菲特從此就喜歡上它了，甚至於 1985 年召開的波克夏年度股東大會上，發表要將櫻桃可樂作為波克夏的「公開飲品」。一天要喝五瓶櫻桃可樂的他，為了能隨時喝到，每次都會一口氣購

買十二罐裝的櫻桃可樂五十箱。當然，每次都是他自己親自去買。

相同的例子還有全球知名的冰淇淋企業冰雪皇后（Dairy Queen），巴菲特八歲那年，他第一次吃到了冰雪皇后的冰淇淋，喜愛到難以自拔，這個異想天開的孩子當場就作出一個夢想：有朝一日他要買下冰雪皇后公司。1997 年，事業有成的巴菲特終於以一個合適的價格買下這家公司；2010 年 10 月，他更與比爾‧蓋茲專程到位於北京朝陽區的一家冰雪皇后冰淇淋店，當起「銷售員」，為該品牌在全球達到六千家門市造勢慶祝，對冰淇淋的熱愛程度不言而喻。

在取得可口可樂股票的消息公開之後不久，巴菲特訪問了亞特蘭大，並和古茲維塔、奇歐共進晚餐。晚餐並不是在亞特蘭大的一流西餐廳，而是在離可口可樂公司總部幾條街的著名飲食店「The Varsity」。在那裡，他們一起吃了熱狗和披薩等食品。

新聞記者大衛‧葛雷森（David Greising）在任職《商業周刊》雜誌分社社長期間，運用他的生花妙筆寫下了古茲維塔的傳記，而根據其中的記載，巴菲特在看到那些平價的食品時，非常高興地說：「這些才是我喜歡的食物！」並從隨身行李中取出一箱六瓶裝的櫻桃可樂。巴菲特並不是為了讓古茲維塔和奇歐高興才隨身帶著櫻桃可樂，而是因為「The Varsity」並沒有供應櫻桃可樂，他純粹是想喝這種飲料。不過，可口可樂的兩位高層看到這樣的畫面，一定會當場相視而笑吧？

巴菲特和可口可樂的「相識」要追溯到 1936 年，當時他還只有六歲。當時，巴菲特的祖父在奧馬哈經營著一家小小的食品雜貨店，年幼的巴菲特在那裡「進貨」，買進了可口可樂，然後在附近叫賣。他用 25 美分買來一箱六瓶裝的可口可樂，然後以一瓶 5 美分的價格賣出，也就是說，每賣完一箱，就能賺到 5 美分的零用錢。這對他來說，是最初的創業，令他印象深刻。

巴菲特在《巴菲特致股東信》中做了以下的記述：「我當時就被這種商品對消費者帶來的特別魅力，以及其在商業上的潛能所震驚，此後我就開始從事這種獲利極為可觀的小商品販賣。五十二年之後，可口可樂已經成為佔據世界各國市場的主要飲料，而在這段時間內，我也一直都在觀察這項商品的特性。只不過在對可口可樂關注的同時，由於我個人過於小心謹慎，以致於竟然連一股都沒有購買，而將資產的絕大部分都投向了電車公司、風車製造公司、無煙煤公司、紡織公司、郵票與印花印刷公司這類股票（如果你以為這些是我編造的，我可以再告訴你這些公司的名稱）。到了 1988 年夏天，我的大腦才終於和我的眼睛完成了通訊。」

雖然巴菲特在信函裡嘲諷自己，以幽默的口吻表達了對這項投資的樂觀態度，但我們可以就巴菲特以往的投資個性瞭解到，在長達半個世紀的時間內，巴菲特一直對可口可樂抱持慎重觀察的態度，是因為他並不是以購買「股票」為目的，而是以購買「企業」來考量，並以此探尋並等待投下鉅額資金的時機。無論是作為企業的可口可樂，還是作為飲料的可口可樂，他都非常喜歡，因此，實際投資的時機就和經營者以及股價變化有著密切的關聯。進入八〇年代之後，後來被稱為「全美國最高明的 CEO」古茲維塔登場了，這樣一來，巴菲特對於經營者的不安消失了，並且由於黑色星期一的影響，股票價格也經過大幅度的下跌，就這樣，巴菲特在時機成熟時展開了一氣呵成的行動。

實際上，巴菲特也在致股東信中將古茲維塔的登場記述成巨大的轉機：「我當時感覺到可口可樂是明確的、有魅力的。七〇年代末，可口可樂從以前的低迷狀態中走了出來，在羅伯托・古茲維塔就任 CEO 之後煥然一新。他和我過去在奧馬哈的鄰居唐納・奇歐一起重新思考了公司的政策，並且全心全意地投入執行面。因此，已經遍佈世界各國的商品又乘上了一股上升氣流，特別是在海外的銷售，可以說是以爆發性的速度急遽增

加。古茲維塔是罕見的同時精通市場和財務技巧的人才，他更大大地擴展了商品的成長及公司的收益，給股東帶來了辛勤後的果實。一般來說，生產消費性商品公司的 CEO，往往傾向於市場或者財務其中一方，而容易犧牲另外一方，但是古茲維塔和他們不一樣。」

在巴菲特取得可口可樂股票的消息得到證實之後，投資者和市場研究人員們不禁要問：「為什麼不在更早的階段購買可口可樂？」。古茲維塔和奇歐兩人組成的團隊，從八〇年代初就開始改革可口可樂，1988 年大多數股評家都認為：「雖然可口可樂具備很強的潛在成長能量，但是現在的股價已經過高。」假如股評家的看法是正確的話，巴菲特就等於是以高價購買了可口可樂的股票。

股價到底是高還是低？經常使用的判斷標準是本益比（PER），為某家公司在某一時點的股價相對於年度每股獲利的比值，即以每股市價除以每股盈餘，通常以倍數表示。在 1989 年 3 月，以可口可樂 1989 年的預期收益來計算的話，這個值大約是 15 倍左右，約為當時市場平均值的 1.4 倍以上。而巴菲特在八〇年代中期，已經將自己常喝的飲料由百事可樂換成了可口可樂，以他的標準來看，當時的可口可樂股價應該是比較低且具有魅力的，但是他卻錯過了這個機會。

對於為什麼會這樣做，巴菲特在購買可口可樂股票的消息被證實的時候，並沒有特別說明，但是卻在 1989 年《巴菲特致股東信》中做了以下的表示：

「當然我們應該要更早開始行動，譬如說在古茲維塔和奇歐上任之後，就馬上購買可口可樂的股票，事實上，如果我沒有把事情想得這麼複雜，我會在 1936 年就說服我的祖父將雜貨店賣掉，把換來的錢全部去買可口可樂的股票。我得到的教訓是：構思一個具有魅力的點子，對我來說可能需要五十年以上。」

也就是說，巴菲特自己也坦率承認了「購買可口可樂股票的時機掌握得太晚了」，還不僅是晚幾年，而是晚了半個世紀。

　　1989 年 6 月，巴菲特在奇歐的邀請下，決定就任可口可樂的董事。古茲維塔表示：「由於巴菲特的參加，我們的董事會終於能夠得到他深邃的智慧和經驗。」巴菲特和可口可樂的蜜月時期，就從這裡展開了序幕。

知識⁺Box　白武士

　　「白武士」一詞本意是「好的武士」或「善良的武士」，而在商業上的意義，是指向另一間公司提供協助的公司或個人。舉例來說，若 A 公司正遭受 B 公司的惡意併購，這時 C 公司向 A 公司提出了善意的併購，此時，我們稱 C 公司為「白武士」。

　　白武士還有另一種意義，是指某公司向一間垂死的公司提出併購，該公司可能嚴重負債，甚至可能已經破產。在這個情況下，併購這間公司的白武士必須承擔極高的風險。在併購完成後，白武士通常會重組該公司，或與該公司合併。

挑戰葛拉漢理論

②

　　如果是巴菲特的恩師班傑明‧葛拉漢，可能就會對可口可樂的投資完全不感興趣。根據葛拉漢和同在哥倫比亞大學任教的同事大衛‧陶德共同建造的證券分析金字塔「葛拉漢──陶德理論」，很難說明 PER 高於市場平均值的可口可樂股票價格是相對便宜的。

　　在經濟大恐慌之後的 1934 年出版的名著《證券分析》中，葛拉漢和陶德兩位教授做出了這樣的定義：「所謂的投資，就是在徹底分析的基礎上，確保資本的安全性及合理的收益。若無法滿足這樣的條件，則應視為『投機』。」

　　巴菲特在取得可口可樂股票以前的投資，大多都可以算是忠於「葛拉漢──陶德理論」。對瀕臨破產的波克夏紡織廠和對 GEICO 保險公司的投資，都是以大大低於股東所持有的淨資產（也就是清算價值）所買入的。

　　而就可口可樂公司來說，就算是在依股價完全收購該公司之後立即變賣實際資產，投資者也不可能獲得利益，在巴菲特購買可口可樂股票時，股票市值總額甚至已經達到了淨資產的六倍了。

　　換言之，這代表每股市價與每股淨值比值的股價淨值比（PBR：Price-Book Ratio）就達到了六倍，在巴菲特大量取得波克夏股票和GEICO 股票的時候，其 PBR 均小於一。在葛拉漢所關注的「安全性」方面，可口可樂可以說是離合格標準非常遠。

但是，在認真仔細閱讀了可口可樂年度報表之後，巴菲特卻發現了該公司所蘊藏的巨大價值。他判斷，這個價值並不是出現在資產負債表上，而是處於將來即將陸續產生的現金收入之中。

在被詢問到怎樣測量企業的價值時，巴菲特很喜歡將企業比喻成債券來說明。以期限三十年、利率 5% 的公債為例，投資者在購買之後的三十年內，每年可以拿到相當於本金 5% 的紅利。如果將三十年內每年的紅利各自依某固定的利率倒過來推算出現在的價值，再進行加總，那麼就可以算出債券現在的價值，這個價值就被稱為「現值」（Present Value）。

我們用具體的例子來說明。假設市場年利率為 5% 固定不變，今天存了 476 元，則一年之後的利息約為 24 元，加上原來存的 476 元是 500 元，我們就可以說，「一年之後的 500 元」現值為 476 元。

回到企業的情況，我們將未來的現金收入看成紅利，也就能估計出各個企業實際擁有的「價值」，但問題在於，債券的紅利是有明確標註的，而企業的未來收入卻沒有任何保證，因此，要計算出它的價值，需要對事業具有深刻的洞察力。巴菲特這樣說道：「我的工作就是算出未來獲利所對應的『現值』，並把它記下來。」

當然，在取得可口可樂股票之前，巴菲特就計算過可口可樂的「紅利」。由於可口可樂不從事飲料銷售之外的事業，所以其事業構造就顯得非常單純，要預測將來的「紅利」也比較容易。同時，可口可樂在世界上各種飲料品牌中，稱得上是最強勢的，古茲維塔和奇歐所組成的新經營團隊，也為了將這個優勢發揮到最大極限而竭盡了全力。

當然，根據競爭條件和經濟環境，將來的收入會發生變化，而且在計算「現值」的時候，又沒有固定不變的利率可以依據。但是就如同古茲維塔的後任者道格拉斯・艾維斯特（Douglas Ivester）所說，可口可樂具

有「不管發生什麼樣的變化，人們喉嚨的乾渴是不可能消失的」特性，因此，和其他各種產業相比，是較能期待穩定「紅利」的。

因此對於專注於投資安全性的巴菲特而言，可口可樂可以說是十分令人安心的企業。他雖然承認計算「紅利」有其困難，但也同時引用了著名的英國經濟學者凱因斯（John Maynard Keynes）的那一句名言：「比起明確的錯誤，我們寧可選擇大概正確的方向。」

巴菲特在計算可口可樂的價值時，加上了高額的「紅利」，並折算成現值，他發現可口可樂「實際的價值」大大高於市場價值（股票市價總值），具有很高的安全性。從這個意義上而言，巴菲特對可口可樂的投資，仍然是位在「葛拉漢──陶德理論」的延長線上的。

後來，他在大學的演講中談到：「我對可口可樂的安全性有我的自信，它和我過去用正常運營資本 40% 的股價購買聯合街鐵路公司（Union Street Rail Way）的時候相同，這兩者都使我獲得了超出實際支出的收益，只不過有一點小小的不同是，其中一個（可口可樂）比另一個（Union Street Rail Way）還要難以發現。」

可口可樂的價值難以發現，當然，這是因為必須經過「未來紅利」的計算。

而所謂的「營運現金流量」（Operating Cash Flow，簡稱 OCF），傳統的計算方式為每年企業計算的稅後收益減去折舊、費用攤銷及其他成本。所謂「折舊」是指企業生產設備的損耗，生產設備具有一定的耐用年限，隨著年限逐漸逼近，生產設備應視同逐漸貶值，最終價值就會達到零。而到了設備使用年限，就必須再次投入資金以更新生產設備。但是在八〇年代，企業公告的現金流量大多為 OCF，亦即，企業雖然計算了每年的折舊，卻沒有將更新設備所需的現金支出列入計算。

對巴菲特而言，現金流量的計算包含「企業為了維持事業而絕對必要的、不可欠缺的設備投資的支出」，他把這個合理的現金流量稱為「事業盈餘」（Owner Earnings），進入九〇年代，它被稱為「自由現金流量」（Free Cash Flow，簡稱 FCF）而廣為人知並使用。

巴菲特在取得可口可樂股票兩年前所寫的 1986 年版《巴菲特致股東信》中，就現金流量做了以下的論述：「華爾街的調查報告往往運用大量現金流量分析，但是這些分析中的數字卻充斥著荒謬，因為他們並沒有減去設備更新等必要的資本支出。而幾乎所有投資銀行所提供的企業介紹手冊中，都使用了這種令人上當的分析方法，那就像是在暗示，他們所介紹的企業都是商業界中的金字塔——永遠像藝術品一樣被完美保存，絕對沒有組裝、修繕和改建的必要。事實上，如果這些介紹是可信的，如果美國的企業都像這些『數一數二』的投資銀行所介紹的一樣，政府所編列的全美設備採購指數將會銳減 90% 以上。」

巴菲特所要表達的是，在企業調查報告中，現金流量的計算沒有包含設備更新所需的支出，因此企業的收益受到過度的吹捧。

這也是巴菲特將可口可樂的股東利益估算得很高的理由之一。因為可口可樂不像汽車、鋼鐵事業等製造工業必須負擔設備更新的鉅額支出，其現金收入幾乎可以直接視為事業盈餘，也就能為股東帶來更大的利益。

可口可樂從生產到銷售的流程很單純：買進砂糖等原料，進行合成，製造濃縮液，將濃縮液和水等其他的成分混合成成品，再將成品批發給超市、餐廳與自動販賣機營運商等零售企業。

在美國，將一個個瓶裝廠統合在一起的，是美國最大的瓶裝廠——CCE（Coca-Cola Enterprises Inc.）。可口可樂在八〇年代中期，將自己持有的 CCE 股票的 51% 轉讓給一般投資者，因此持股比率降到了 50%

以下，CCE 的資產就從母公司可口可樂的資產負債表上消失了。簡言之，可口可樂將需要高額資金投資的瓶裝產業和物流管道的建立完全交給了CCE，不再直接參與，這樣一來，可口可樂既保持了對瓶裝廠的影響力，同時又能從設備的負擔中解脫出來，可以將多餘的資金積極投入市場行銷和購回公司股票。可口可樂從此就和那些必須投資高額設備的厚重性大型產業劃清了界線，成為身輕如燕的高收益企業。

就這樣，巴菲特在檢討了「葛拉漢——陶德理論」後，改良了其中的不足之處，並加入了自己的獨到見解，大幅提升了恩師提出的理論，並運用去蕪純菁後的投資之道，在往後數十年的投資道路上無往不利。

企業年報的秘密

　　在投資可口可樂之前，巴菲特並沒有和古茲維塔或奇歐會面討論過。他一向依賴的是，該公司每年向股東發行的財務報表與年度報告。

　　這一次取得可口可樂的股票，與「華爾街」的精英形象相對，巴菲特再次強化了其「大眾街」代言者的形象。因為他並沒有使用特別的管道，或是使用一般投資者不能取得的資訊來發掘可口可樂股票，而只單純依賴任何人都能看到的企業年報。

　　古茲維塔去世之後，在 1998 年 5 月波克夏的年度股東大會上，巴菲特再次提到取得可口可樂股票時的情形。

　　「我們要讀大量的企業年報。首先，我們會選擇我們的頭腦可以理解的產業種類，然後從中選擇優良企業，熟讀其年報。每年我們大約都要閱讀多達數百本的企業年度報告。其次，我們會注意經營者是否在年報中誠實地做了報告，是否使用了通俗易懂的語言，在年報中詳實報告了『百分之百持有該企業股份的股東會想要瞭解的事情』。如果看到了這樣的經營者，我們的心情就會很好。而對於充斥著花花綠綠的照片、圖表，卻沒有談到任何實質內容的報告，我們就一點也不感興趣。」

　　他一手拿起櫻桃可樂，以更快的速度繼續說道：「這是『如果想做，就能夠做到』的事情，絕不是什麼困難的事情。執行這樣的工作與否，是我們考慮要不要成為該企業十年以上長期股東的最低條件。舉例來說，數十年來，我們一直閱讀可口可樂的企業年度報告，它真的充滿了很多有益的資料。雖然羅伯托·古茲維塔在去年過世了，但是我在購買可口可樂股

票之前，就從來沒有想像過和古茲維塔一起談論飲料事業的前景，即便我和他談了話，也絕不可能得到比年度報告還要多的東西。我只是單純地閱讀年度報告，進而購買了該公司的股票，和經營團隊並沒有過任何接觸，蒙格，你認為呢？」

坐在巴菲特旁邊的波克夏副董事長查理·蒙格接著回答：「正如巴菲特所說的那樣，我們每年都要接收大量的企業年度報告，其中有的是由顧問公司準備、用不知所云的專門術語堆砌而成的。我並不是想指出顧問公司有什麼錯誤，但是對於這樣的報告，我們閱讀的心情是煩悶的。我們想閱讀的，是直接、單純的並且連貫而誠實的文章。」

巴菲特表現出一副還沒有說夠的樣子，接著說道：「我想再替蒙格補充一點，那就是，所有的事業都存在各式各樣的問題，對於這些問題，我們希望經營者能夠坦白地講出來，我再重複一遍，就是經營者是否能夠全部講出『百分之百持有該企業股份的股東會想要瞭解的事情』。我平常不太對投資對象的經營者提出建議，只有一個例外，那就是：『有壞消息一定要馬上公開。』這是長期的、而且是最有效的政策。」

平常不太說話的查理·蒙格，這時主動開了口：「能夠正直地描述壞消息的企業年報幾乎很少，這可以說是最大的問題。對我來說，這樣的企業年度報告是不能正確地分析該企業的。」

應該說，可口可樂的企業年度報告，得到了巴菲特和蒙格兩人十足的認同。而且在 1981 年古茲維塔就任 CEO 的時候，曾經在年度報告中做出了高昂的宣言：「經營的重點目標就是要在長時期內，最大限度地提高股東利益。」也正像巴菲特和蒙格所追求的那樣，這是一位以面對「百分之百持有該企業股份的股東」的熱情來書寫企業年度報告的 CEO，是巴菲特口中「罕見的 CEO」。

而這就好像一直在等待巴菲特的投資一樣，以這次投資為契機，可

口可樂股票進入了獨步全球的高成長階段。大概在三年之後，巴菲特持有的可口可樂股票市值總額已經達到了 37.5 億美元。

1999 年 4 月，可口可樂在德拉瓦州威明頓市召開的年度股東大會和往常有一點不同。第二次以 CEO 身分迎接股東大會的道格拉斯・艾維斯特，面對股東們這樣說道：「從經營業績來看，我們很難有個快樂的心情。」這和兩年前在相同的地方，前任 CEO 古茲維塔情緒高昂地宣稱：「要超過由傑克・威爾許率領的奇異公司」時，確實有很大的不同。

當然，艾維斯特強調「要是從將來的展望和潛在發展能力來看，我們就能有個好心情。」但眼前的業績停滯不前，卻是令人無奈的事實。當年的 1 月到 3 月期間，在可口可樂的重要市場，包括日本、巴西、德國等，銷售數量呈下滑趨勢，除此以外，在美國國內市場，因為價格上漲，銷售量的成長停留在 1.5%。總計在全球的銷售量和去年同期相比減少了 1%。像這樣年度銷售量下滑的情況，是過去十年從沒發生過的。

股價能如實反映問題。從過去的最高值 1998 年 7 月的 89 美元，到股東大會之前的 59 美元，已經下降了 30% 以上，股票市價總值也縮小了 500 億美元以上，幾乎等於失去了百事可樂整整一個公司的股價總額（590 億美元）。在 1998 年的市值排行榜上，也從前十名跌落下來，距離古茲維塔追求的「世界最有價值企業」的寶座越來越遠了。

這並不是說由艾維斯特接管經營大權是一大錯誤，他長期擔任古茲維塔的助手，也制定了從基本上繼承古茲維塔的方針。只不過，他所處的時機的確比較不利。就在古茲維塔將經營大權交給艾維斯特之前，原本被寄予厚望的海外新興市場，就因為俄羅斯貨幣盧布的貶值而減緩了成長。

可口可樂是透過推行全球化經營而將收益迅速擴大的典型多國籍企業，其銷售額的 70%、收益的 80% 以上都依賴海外市場，因此新興市場的不順利對收益帶來了嚴重影響。新興市場上的需求萎縮，加上亞洲貨幣

的貶值所引起的美元升值，都成為經營上的沉重打擊，艾維斯特在就任可口可樂首席職務的時候，股價就已經呈現出變調的徵兆。

理所當然，最大股東巴菲特的想法就引起了廣泛關注。在 1999 年 4 月的股東大會之後，巴菲特和艾維斯特被股東們包圍著紛紛要求簽名，有人問巴菲特：「您對可口可樂的投資，現在仍然很滿意嗎？」

可口可樂和《華盛頓郵報》一樣，是巴菲特作為「永遠持有股份」的企業之一，而且是最大的持有品牌，是「永不消逝的必然」。面對提問，巴菲特做了巧妙的回答：「我們在十年後會持有可口可樂股票，二十年後也會持有可口可樂股票，三十年後仍會持有可口可樂股票。」這樣一來，「您打算放棄可口可樂股票嗎？」就成了愚蠢的提問。

巴菲特在古茲維塔去世那年所寫的《巴菲特致股東信》中，提及了可口可樂，為了再次強調對該公司的經營所給予的絕對信賴，他做了以下的記述：「很不幸地，可口可樂失去帶領他們成就非凡表現的 CEO 羅伯托・古茲維塔。在他死後，我重新閱讀了過去九年間與他上百封的書信往來，不由得覺得這真是商業和人生的成功指南。他明確的、傑出的商業才能，非常清楚應該如何以及朝什麼方向前進。他的才能無論何時都能給可口可樂的股東帶來更大的利益。」

巴菲特還介紹了一部分古茲維塔寫給他的信。「（我的妻子）奧爾加雖然是使用了『著迷』這樣的字眼，但是您（巴菲特）把它稱之為『集中』，我個人比較喜歡『集中』這個詞。」在這裡，古茲維塔也再次顯示以增大股東價值為使命的「著迷」（或說「集中」）策略的實際情況。

在選擇投資企業的時候，巴菲特往往會關注自己所投資的事業是否在該產業中保有十分的優越性，長期而言能不能產生出豐厚的現金收益。假如不能預見到十年、二十年之後的情況，就會認為安全性很低，不會進行投資。從這個角度來看，可口可樂是絕對符合他投資哲學的企業。

同時，巴菲特也非常重視經營領導階層的資質。不管經營多麼傑出的事業，但是經營者如果不能把從股東那裡籌集到的資本小心謹慎地運用，甚至造成了浪費，那麼這樣的經營者及其產業就會被巴菲特從投資對象中排除。古茲維塔運用股東資本的手法高明，也能一心維護股東權益，是巴菲特喜歡的類型。

巴菲特在公開場合表示，他和信賴古茲維塔一樣，對艾維斯特一樣非常信賴。他在《巴菲特致股東信》中寫道：「古茲維塔和艾維斯特一起工作了很長的時間，深知他是能夠勝任這個職務的。雖然經營的接力棒從古茲維塔交到了艾維斯特，但是可口可樂仍然會和以前一樣，維持一貫強而有力的公司品牌及形象！」

艾維斯特在古茲維塔去世之後，馬上就飛往奧馬哈和巴菲特進行單獨會談。在可口可樂的董事會中，除了艾維斯特以外，其他的成員都沒有在公司內執行營運的職務，但巴菲特具有非常重要的指標性；當然，從自由放任主義的巴菲特那裡，他並不會接受到什麼樣的指令。

艾維斯特是怎樣看巴菲特的呢？在接受採訪時，在被問到「對你而言，華倫・巴菲特具有什麼樣的意義？」時，他做了以下簡明扼要的回答：「華倫・巴菲特對我來說有四種身分：一、是我非常要好的朋友；二、可口可樂的大股東；三、可口可樂的董事；四、非常聰明的男人。在困難時能夠獲得這樣的人幫助，對我們（可口可樂的經營團隊、股東、從業人員）而言，是非常幸運的事情。」

4 刮鬍刀之王

1989 年，麻薩諸塞州的波士頓，在世界最大的刮鬍刀廠商──吉列總公司（Gillette Company）內部，發生了一點小小的變化。能透過速食店和自動販賣機買到的碳酸飲料品牌，由百事可樂變成了可口可樂。而在當地需求量並不是那麼大的蘋果口味芬達汽水，也準備上市了。

在大量取得可口可樂股票的第二年，巴菲特注意到了吉列。透過波克夏，他成為該公司最大的股東。同時，也和在可口可樂的時候一樣，進入了吉列的董事會。由於巴菲特喜歡可口可樂，所以，吉列結束了與百事可樂的合約，改和可口可樂簽訂合約，這可以稱得上是特別的用心。

對吉列產生興趣的原因，可以說和購買可口可樂股票的時候相同，都是由於企業年度報告的緣故。1989 年的初夏，在奧馬哈家裡閱讀企業年報的巴菲特，發現了吉列的資產負債狀況處於一個異常的狀態。雖然並不是已經陷入了嚴重的經營危機，但是資產負債表顯示出，在 1988 年的時候，吉列公司呈現出債務超多的狀態，極端的槓桿效應已經明顯的產生。

美國的八〇年代，正是充滿敵意的企業購併風潮盛行之時，吉列也多次成為惡意收購的目標。曾經一手策畫所羅門收購的朗・普爾曼（Ron Perelman），也曾經將魔爪伸向吉列，使吉列搖搖欲墜；在 1988 年，投資公司「康尼斯頓夥伴（Coniston Partner）」發起了最為猛烈的收購攻勢。透過委託書大戰，吉列以 52% 的得票率逃過了這一劫。在這個過程中，因買回了很多自家公司的股票，到 1988 年為止的二十三年間，所累積下來的 15 億美元股東資本，都轉化為負債資本以致出現了債務超多的

狀態。

「已經用光了股東資本的吉列，也一定正期待著新資金的加入。」
儘管巴菲特這樣想過，但是在吉列的經營陣營中，他並沒有熟識的人。直
到在企業年度報告所介紹的董事會成員名單中，他發現了約瑟夫‧西斯科
（Joseph J. Sisco）的名字。因為西斯科曾經在波克夏旗下的保險公司擔
任過董事的職務，由於這樣的關係，和巴菲特可以稱得上是舊識，於是巴
菲特馬上打了電話給他。

「能幫我打聽一下，吉列對外界的出資是否感興趣嗎？」

「我知道了，我馬上和科曼‧馬可勒聯繫看看吧！」

科曼‧馬可勒（Colman M. Mockler）是從 1975 年開始，一直擔任
吉列 CEO 的實力派經營者。他在任期間的十多年來，將合計二十一項的
事業關閉並售出，把經營資源完全集中於刮鬍刀事業。這樣一來，達成了
年平均 6% 的生產成長率。和 1974 年相比，在削減了從業人員的基礎上，
還將銷售額增加到原來的三倍，取得了相當大的成功。這和經營焦點不確
定，而招致股價低迷，從而成為企業購併者們盤中殘的其他企業是不同
的，他使吉列成功地避過四起惡性併購，並且將其打造成全球知名公司。
從西斯科那裡得知消息的馬可勒，對巴菲特的提案表示極高的興趣，並在
幾天後，就帶領著其他幾位經營幹部訪問奧馬哈。儘管可以使用刮鬍刀事
業所產生的現金收益來還清債務，但是為了新產品研發 R&D 的投資，增
加資金是勢在必行的，如果接受巴菲特的出資，將資金全都用於資本擴
充，未嘗不是件好事。

將吉列列舉為最成功的多國籍企業之一，並著述了《Cutting Edge》
的戈登‧馬齊貝恩這樣回憶道：「在奧馬哈的時候，巴菲特親自駕著自己
那輛舊車，在機場迎接馬可勒，並將他們帶到了市內的西餐廳。在午餐時
間，兩個人都點了一份漢堡和可口可樂，最後的甜點則是要了一客葡萄口

味的冰淇淋。」會談就此展開。

　　後來，巴菲特向馬齊貝恩這樣訴說了自己的感受：「我覺得就好像是中西部的兩個少年隨意在聊天一樣，互動之間很快就能夠取得瞭解，一拍即合，我只用了短短的五分鐘就瞭解馬可勒是個什麼樣的人。他非常有才幹，我憑著直覺就明白了這一點。」馬可勒也非常喜歡巴菲特，在會談之後就開始著手接受出資的準備。

　　雖然說到具體的條件，最初在兩者之間還有一定的差距，但是到雙方達成共識為止，並沒有花費太多的時間。吉列在 1987 年 7 月 20 日召開董事會，聽取了擔任顧問投資銀行摩根的經營夥伴羅伯特・門多薩的意見。根據馬齊貝恩的記載，門多薩這樣評價道：「這一次的投資案對股東是公正的，在道理上是應該被實現的。」接受了門多薩的意見，董事會全體一致同意了巴菲特的出資。美國的企業購併，通常都會請第三者的顧問進行客觀評估。巴菲特自己雖然沒有使用顧問，但是，假如不加倍注意的話，就很容易被股東投訴。假如經營者隊伍為了自己的利益，而隨意選擇收購自家企業的對象，那麼股東就很容易平白蒙受損失。比如說，明明知道在價格方面還有條件更好的企業買家，但是為了自身的利益，卻還是將企業賣給商談好的對象，那麼，股東本來應該得到的利益就有可能得不到了。在股東大會召開的第二天，吉列正式發布了由巴菲特取得該公司優先特別股的消息。巴菲特投入的金額為 6 億美元，獲得了兼具確定利率債券性質的優先特別股，兩年之後，可以每股 50 美元的價格轉換為普通股的權利。假如巴菲特將優先特別股全部轉化為普通股的話，就能夠獲得吉列普通股 1,200 萬股，成為持有已發行股票 11% 的最大股東。

　　一部分媒體抨擊巴菲特買入吉列的優先特別股，因為這和可口可樂的情況不同。巴菲特是採用了普通投資者們沒有能力辦到的方法，進而獲得取得吉列股票的權利。儘管如此，被稱為「傳說中的基金經理」的吉列股

東彼得‧林區（Peter Lynch），在對《巴菲特：一個美國資本家的成長》的作者羅傑‧勞恩斯坦（Roger Lowenstein）談起此事的時候，這樣說道：「此案，實現了所有利害關係者的利益。」他對巴菲特的收購行為表現了高度的認同。

在接受巴菲特出資之後的吉列，很快就復活了。吉列將得到的新資金6億美元用於償還債務與研發支出，重新構築了新的資產負債狀況。優先特別股具有股票和債券的雙重要素，信用評等公司將這一次的優先特別股看成是股權，他們判斷：「巴菲特將會行使轉換權，將優先特別股轉換為普通股。」結果，吉列的信用評等因此上升。

吉列在1991年1月失去了著名的經營者馬可勒，他原先計畫是在十個月之後引退，但是由於心臟病發的緣故，馬可勒在六十一歲的時候就突然去世了。不過，由於馬可勒在很早之前就準備好了周詳的接班人計畫，因此吉列的第二號人物阿佛烈‧傑因（Alfred M. Zeien）在很順利的情況下，就接過了接力棒。

巴菲特購買吉列股票的最大理由之一，就是因為馬可勒的存在。在1991年春天推出的1990年版《巴菲特致股東信》中，他情不自禁地這樣寫道：「他（馬可勒）是非常符合『兼備聖潔、勇敢、謙虛等高尚品質的紳士』之表現的男子，同時也是具有幽默感和卓越經營能力的人。我和他在一起工作，是多麼的快樂啊！我希望大家也都能夠明白。」

在這一年，巴菲特將吉列的優先特別股換轉為普通股，成為最大的股東。前一年，吉列向市場投入了新型的刮鬍刀「Sensor」，僅僅在第一年就獲得了2,400萬支的銷量，大大超過了預計的1,800萬支。「Sensor」一時間成為佔領北美10%的市佔率的「吉列歷史上最暢銷的商品」（引該公司幹部所言）。

這樣一來，該公司的業績開始了高速成長，收益率擴大到一年20%

的水準，ROE（股東權益報酬率）也創下了 40% 的最高紀錄，法人投資機構們對吉列公司的將來充滿信心，紛紛開始購買該公司的股票。與之相應，波克夏所擁有的吉列股票的市價總額也急速膨脹，到了 1991 年末已經突破 13 億美元，早就達到了最初投資額的兩倍以上。1993 年末，達到了 14 億美元以上，1995 年末，則達到了 25 億美元以上。

儘管如此，巴菲特還是後悔了。在 1995 年版《巴菲特致股東信》中，他直率地承認：「1998 年最好的長期持有品牌是吉列，正如我以前所指出過的一樣，該公司經營著非常優秀的事業。但諷刺的是，對吉列的投資以優先特別股的方式施行，可以說是我犯下的最大錯誤之一，雖然從（波克夏的）財務報表上並不能看出這樣的錯誤來。」

巴菲特事實上承認了購買優先特別股是自己的失敗。優先特別股具有固定利率債券的性質，但升值的空間是受到限制的。債券的性質越強，風險也就愈低，但是相對的，也就不能期待更高的額外收益了；而另一方面，股票的性質越強，風險也就會越大，但是相對的，收益率也會更高。巴菲特如果確信吉列具有十分的安全性，那麼即使是百分之百的普通股，風險應該也是很低的。

巴菲特以 1995 年的資料為基礎，進行了簡單的計算，考慮到 1989 年之後的股票分割，波克夏所持有的吉列優先特別股應該相當於 4,800 萬股的普通股。但假如一開始就使用 6 億美元買入普通股的話，持有的股票數量就不只是 4,800 萬股，而應該是 6,000 萬股了。

換算成金額的話，到 1995 年末就已經有 6.25 億美元的差額，已經超過了當初的投資額。

到最後，巴菲特對吉列的看法變得和可口可樂一樣。當被問到「什麼樣的事業會使您感到有吸引力？」他必然會回答：「像可口可樂或者吉列那樣的公司。」的確，可口可樂和吉列存在著很多的共同點。

首先，吉列經營的是巴菲特能親身體驗瞭解的事業。巴菲特自己就是吉列刮鬍刀的愛用者。該公司1998年投入市場的三枚刃刮鬍刀「Mach3（鋒速3）」，巴菲特也是第一批使用者之一。同一年，在波克夏的年度股東大會上，被問到關於吉列的時候，他回答道：「我從1997年11月開始，就一直在使用 Mach3。」同時還不自禁地收緊自己的下顎，做出了滑稽的樣子說道：「快看，這就是讓您吃驚的刮鬍刀。」

　　這一些例子，是任何人都可以模仿的「巴菲特流」。巴菲特因為喜歡冰雪皇后的冰淇淋，所以收購了冰雪皇后；因為喜歡喜斯的巧克力，而收購了喜斯。像這樣，他憑藉著自己的體驗來選擇自己所熟悉的企業，在取得可口可樂股票的時候，他也想起了少年時代在賣可口可樂的體驗。

　　另一方面，吉列和可口可樂都是誕生於十九世紀後半期且歷史悠久的企業，都是屬於那種十年、二十年後都一定會存在下去的「永不消逝的永恆」。

　　1903年，吉列公司推出吉列安全刮鬍刀和二十片包刀片，售價是五美元。1904年的年銷售量是 90,100 支刮鬍刀、124,000 片刀片。吉列在一次世界大戰前，就已經成為一家跨國企業了。可口可樂和吉列最大的共同點就是，他們在自己所處的行業中都具有壟斷性的優勢，掌握著絕對性的市場佔有率。在歐洲、中南美洲等地方，掌握著至少一半以上市場的吉列公司，儼然已經成為刮鬍刀的代名詞。而可口可樂（Coca-Cola）佔據著大部分的全球市場，成為僅次於「OK」，而廣為人知的英文字。當然，二十一世紀最夯的英文字是「Google」與「Apple」，但巴菲特當時表示，因為不夠了解，所以並不打算投資。

　　巴菲特有機會就會這樣說：「每天晚上睡覺的時候，我都會想像，一到明天早晨，世界上絕大部分的男人都在用吉列的刮鬍刀刮鬍鬚的畫面。只要想一想這個畫面，就能讓人快樂起來。」使用吉列刮鬍刀的人在全世

界達到數十億，不管是經濟狀況好不好，還是發生了戰爭、災難，男人們都還是會刮鬍鬚。這對巴菲特而言，就是絕對的「安全性」。

對於可口可樂，他也抱持著同樣的想法。到了九〇年代末，在全世界每天有十億人口在飲用可口可樂的產品潤喉。1997 年擔任 CEO 的道格拉斯・艾維斯特儘管也遭遇到新興成長市場的危機，但是他也斷言：「不管世界上發生什麼事，人們喉嚨的飢渴，是必須要解決的。如果在這樣種類的行業中築起壟斷的優勢，那麼，就可以說是『生機無限』。」

以下將介紹 1996 年版《巴菲特致股東信》中的一節，就巴菲特而言，吉列是第二個可口可樂的事實，在此鮮明地浮現了出來。

「將可口可樂或是吉列這樣的企業稱之為『永不消逝的永恆』，應該是不為過的吧！但是，即使想要正確地預測十年、二十年之後的冰淇淋或者是刮鬍刀行業，也是很不容易的。儘管是『永不消逝的永恆』這樣必然存在的事業，但是，如果經營者不在製造、流通、包裝、新品開發等方面不斷努力的話，那麼想在競爭中生存下來也是不可能的。即便如此，假如是一個深謀遠慮的觀察者，就算投進的是一輩子的長期投資，也應該不會認為在這段時間內，可口可樂和吉列會失去自己的優勢地位。儘管高科技或是創新企業相較於『永不消逝的永恆』，將會有更快速成長的機會，但是對我來說，比起能夠帶來好結果但不確定的東西，我仍會選擇能夠帶來還不錯的結果但確定的東西。」

「永不消逝的永恆」吉列，在轉瞬之間就跳出了 1998 年在新興市場中的危機。

和前任經營者馬可勒一樣，傑因也致力於推進吉列的全球化，並獲得了「成功推動消費商品全球化的最佳廠商之一」的高評價。在美國國內，壓倒性佔據了刮鬍刀和刮鬍刀片 70% 市場佔有率的吉列公司，在 1998 年的時候銷售成長達到 60% 以上，也是透過成功的打開海外市場的大門

而獲得的。

傑因除了積極進入海外市場以外，還透過收購大電池廠家金頂電池（Duracell）等為槓桿，顛覆了「刮鬍刀是成熟產業」的普遍說法。在其八年的任期當中，他將吉列的年銷售額增加到原來的兩倍以上，達到了1,000億美元，而股票時價總額也由60億美元增加到630億美元，可以說增加了十倍以上。

但是，由於亞洲和俄羅斯等新興市場混亂、不穩定的影響，從1998年7月到9月期間，和去年同期相比，純益率一下子減少了九成，創下了吉列歷史上的紀錄。同時，華爾街上也出現了「傑因的神通也有失靈的一天」的聲音。吉列刮鬍刀在新興市場上的需求急遽萎縮，同時，通貨貶值也造成了美元升值。這樣一來，迄今為止的全球化，一下就變得一團糟，股票價格也從最高峰的價格，一下子跌了40%以上。

感受到收益惡化的傑因，在1998年9月宣布大規模裁員。具體而言，就是在全世界關閉十四個工廠、十二個流通據點和三十處辦公大樓，削減了相當於全體員工數量10%（相當於4,700人）的人員，並宣布將回到持續了八年的兩位數收益成長。正如他的宣言一樣，在同年10月至12月期間，就已實現了與去年同期相比的純益率之止跌回升，實現了V字型的反轉。

一位經濟學家舉吉列的例子這樣說道：「日本企業往往要花好幾年的時間來完成裁員，而在美國，只要幾個月就能完成。」日本的企業因為相互持有股票等因素，受到來自股票市場的壓力比較小，這也是其中的一個原因。

作為第二舵手支撐著傑因的麥可・霍利（Michael Hawley）這樣說道：「不管是怎樣的企業，只要股票上市以後，就經常能夠從市場上感受到壓力，這是必須接受的現實。在銀行利率非常低的日本，或是其他以

銀行為中心的國家裡，可能並不會給企業那麼大的壓力，但是，在股東要求高回報率的美國卻不是如此。」

假如我們比較一下九〇年代的日本和美國，就會發現，美國企業的資本成本要比日本企業的資本成本大得多，這是一個巨大的差異。資本成本高，也就意味著投資家所要求的回報高。高盛證券（Goldman Sachs）的主要投資經理哈比‧科恩這樣說道：「必須超越的欄杆（資本成本）越高，企業在進行投資時就必須更加嚴格，而經營則要依更高的標準來辦事。」不管具有何等傑出的壟斷功能，但僅是安於現狀，成為一個「成熟企業」的話，成長就會停止。正如巴菲特所言，即使是「永不消逝的永恆」，也不能少了堅持不斷的努力。吉列為了避免從「成長企業」變為「成熟企業」，制定出大膽研究開發新品，自己淘汰自己的方針。

這樣的方針催生了世界上首批三枚刃刮鬍刀「Mach3」的問世。吉列花費了六年的時間，投入了總額 10 億美元的研究開發經費，終於在 1998 年 6 月將「Mach3」呈現給消費者。儘管價格比起過去的產品要更高一點，但是，到這年的歲末，在被稱為「成熟市場」的美國和歐洲市場，成功掀起了爆發性的需求。

當然，巴菲特身為董事會的成員，每當必要的時候，也會為吉列出謀劃策。從 1961 年開始就在吉列工作、在 1999 年 4 月成為傑因的後繼者、之後升格為 CEO 的麥可‧霍利（Michael Hawley）談到：「巴菲特是財務方面的天才，他對我們的事業有非常徹底的瞭解。」以長期投資為本業的巴菲特，好像對新興市場的危機所伴隨而來的短時間收益惡化並不在意，事實上，他甚至這樣說過：「就算股票市場關閉五年、十年，不能看到股價，我都不會特別去注意。」

ROE 股東權益報酬率（Return On Equity，簡稱 ROE）

又稱股權收益率、股本收益率，是評量相對於股東權益的投資報酬之指標，可以反映公司利用資產淨值產生純利的能力。

ROE 的計算方法是先將稅後淨利扣除優先股股息和特殊收益，得到淨收益後，再除以股東權益。這樣的比例代表了公司普通股股東的投資報酬率，是上市公司盈利能力的最重要指標。

$$ROE = \frac{淨收益}{股東權益} \qquad 淨收益＝稅後淨利－（優先股股息＋特殊收益）$$

然而，公司的股權收益高不代表盈利能力一定強。部分行業由於投入資產不多，相對擁有較高的 ROE；而有些行業（例如重工業）需要投入大量基礎建設才能產生盈利。因此 ROE 無法單獨象徵公司的盈利能力。一般而言，資本密集的行業，進入門檻較高，競爭較少；相反地，低資產的行業則較易進入，但競爭也較大。所以 ROE 通常應用於相同行業的公司之比較上。

永不消逝的永恆

可口可樂和吉列都是「永不消逝的永恆」，而且經營團隊的素質也非常高，對於這兩家公司，巴菲特在公開場合也宣稱，要將其作為波克夏的「永遠持有的品牌」。不過，不言自明的是：「《華盛頓郵報》也是任何人觸及得到的重要永持品牌」（引自持有波克夏股票的基金經理）。而像喜斯這樣的企業，則是百分之百持有，從某種意義上而言，已經不只是「永遠持有的品牌」，而是和波克夏結成一體了。

1998 年末，在波克夏大量持有品牌的排行表上，按照持有股票的市價總額排序，依次為 134 億美元的可口可樂、52 億美元的美國運通、46 億美元的吉列、39 億美元的房地美公司（Freddie Mac）、25 億美元的富國銀行（Wells Fargo）、15 億美元的迪士尼，以及 10 億美元的《華盛頓郵報》。

在這之中，美國運通是以信用卡為中心的金融服務業；房地美公司是發行住宅抵押擔保證券（MBS）的政府金融機構；富國銀行是以加利福尼亞州為根據地的大型地方性銀行。經營住宅抵押貸款的證券化服務，並且股票已經上市的聯邦住宅貸款公司，雖然也是「永遠持有的品牌」，但基本上是屬於巴菲特的盟友查理・蒙格的品牌。1998 年，由查理・蒙格擔任董事長的波克夏旗下的魏斯可金融公司，大量收購了房地美公司的股票。

這七家公司中，除去可口可樂、吉列、《華盛頓郵報》、房地美公司之外，剩下的三個公司對巴菲特而言，是不是「永久持有的品牌」呢？

雖然巴菲特對此並沒有明確回答，但是，至少如他所說的那樣，應該是「非常有希望的」吧！正因為要發掘「永不消逝的永恆」是困難的，所以巴菲特和蒙格都這樣對股東們說：「只能憑藉著『非常有希望』來得到滿足了。」

巴菲特在 1998 年增加購買了美國運通公司的股票，讓它成為波克夏的大量持有品牌，在這一年超過了吉列，位居第二名。美國運通公司在九〇年代前半期由於機構投資家的壓力，將 CEO 吉姆斯·羅賓森解聘，由哈維·科拉布（Harvey Colub）繼任，並因此重振士氣，成為復興的綜合金融服務公司。

巴菲特在 1991 年向美國運通發行的帶有轉換權利的優先特別股投資 3 億美元，不過，當時該公司的經營狀況並沒有為他帶來報酬。在羅賓森的領導下，美國運通提出了構築「金融超級市場」的構想，偏離了作為其基本的信用卡行業之業務，除了進入銀行、證券行業之外，甚至還開始了和繪畫相關的商業行為。雖然羅賓森和巴菲特所要求的經營原則相去甚遠，但當他提出 3 億美元的出資請求時，巴菲特並沒有拒絕。

到底是為什麼呢？因為美國運通對於巴菲特而言，就像是回到了娘家一般的公司。巴菲特在巴菲特合夥人聯盟時代的 1964 年，曾經大量購買過美國運通的股票，在 1967 年的時候，投入美國運通股票的資金甚至佔了可運用資產的 40%。反映無限資金時代的到來，該公司股票在當時創造了大幅升值的紀錄。儘管在九〇年代初期，美國運通失去了經營集中的優勢，但是巴菲特對於該公司的事業仍然持有和以往相同的信心。

像這樣「回娘家」的企業品牌有很多，除了將美國廣播公司賣給迪士尼，並因此在二十年之後的 1995 年又成為迪士尼的大股東之外，巴菲特一邊回想起少年時代所經歷過的《華盛頓郵報》送報生涯和賣可口可樂的經歷，也一邊成為這兩家公司的最大股東。在科拉布體制下獲得再生的

長期投資的品牌

美國運通，和收購了其「永遠持有的品牌」的美國廣播公司的迪士尼，都可以說是最後接近於「永遠持有的品牌」的企業。

巴菲特基本上不喜歡銀行股，因為從外部沒有辦法正確得知其貸出債權內容的好壞，所以往往會出現當不良債權問題堆積如山時，才得知真實消息的情況。像這樣，銀行天生就在情報揭示方面表現出惡劣的一面，這和他所要求的「有了壞消息馬上通知」是不相容的。

而且，銀行的槓桿效應非常高。用來表示負債資本是股東資本多少倍的槓桿比例，在銀行業界平均高達十倍左右。也就是說，稍微有閃失，構成負債資本、貸出債權的一部分就有可能無法收回，因此也就有失去高額股東資本的風險。而股東出資構成的股東資本，被白白地浪費掉之可能性非常高。

不過，在巴菲特購買富國銀行股票的 1990 年，當時的富國銀行情況有所不同。巴菲特對富國銀行當時的經營核心——由卡爾·理察和保羅·哈恩兩人構成的經營團隊的經營手腕十分欣賞，並在《巴菲特致股東信》中給了最大限度的評價：「卡爾和保羅的經營團隊，讓我不禁想起了大都市美國廣播公司的湯姆·墨菲和丹·巴庫。」

在 1990 年的加利福尼亞，由於不動產融資的過於集中而導致不良債權問題堆積如山的金融機構層出不窮，在這樣的背景下，巴菲特以破格的價格購買了富國銀行股票，這是絕對不容忽視的事情。按照一般的想法，「以破格的價格購買」這樣的事情是絕對難以想像的。在當時，一位著名的投資專欄作家甚至這樣記載道：「富國銀行是否能夠繼續生存下來？這是一個謎，沒有人知道。如果不能繼續生存下來的話，巴菲特將會遭到重大牽連。」

對巴菲特而言，問題不在於大量持有「永不消逝的永恆」或是「有希望的品牌」到底會變成什麼樣。在道瓊指數突破一萬點的 1999 年前半

年，完全不是可以繼續增加購買現有的「永不消逝的永恆」之時機，必須要發掘能夠以破格的價格購買的潛在的「永不消逝的永恆」，而這樣的作業非常困難，這才是問題所在。

伴隨著對通用再保險（General Re）等企業的收購，到了 1999 年，波克夏的手頭資金已經膨脹到歷史新高的 150 億美元，假如不將這些資金加以運用的話，波克夏的運用業績就一定會下降。但在歷史性的牛市上揚環境中，要發掘出第二個「可口可樂」絕不是一件容易的事情，而且在不像往常那樣只是要尋找價值達數億美元的投資對象，而是要尋找價值達數十億美元的投資對象的話，能夠選擇的目標也就會侷限在少數幾個巨大的優良企業身上。已經七十多歲的巴菲特，今後也能像以前那樣神通廣大嗎？關注巴菲特的人們，又再一次展開了熱烈的討論。

根據 2003 年版的《巴菲特致股東信》中，波克夏的六大持股為可口可樂、美國運通、吉列、華盛頓郵報、穆迪信用、富國銀行。而其中持股市值以可口可樂的股票市值達 101 億位居第一名；美國運通的 73 億位居第二；吉列 35 億排名第三。

6

失敗的決策：
拋棄麥當勞

　　巴菲特說：「一生當中，能發掘出的『永不消逝的永恆』應該很少吧！」汽車行業的通用汽車（General Motors）、電腦行業的 IBM（International Business Machines）和商品零售業的希爾斯百貨（Sears Roebuck）等企業，在相當長的時間內，都應該會被視為一種必要且必須的存在，但是它們都不能抵抗來自業界環境的重建以及競爭條件的變化，很容易在一時間因無法適應而陷入瀕死的狀態。特別是當所從事的事業屬於『日常生活用品』的時候，雖然可能因為有能力的經營者登場，而出現一時的高速成長，但是由於經常都有新的競爭力量加入，所以非常容易出現收益率降低的情況。同時，還會受到總體經濟趨勢影響，很難成為『永不消逝的永恆』。通用汽車就是這類的典型例子之一，而且通用汽車是屬於經濟狀況一好，就必須增加設備投資的裝配型產業，所以用於像新興事業的投資，和購買本公司股票（庫藏股）的現金收益，將很難產生出來。」

　　在美國，被稱為「最佳企業群」的企業群體時常會受到關注。作為品牌價值、技術開發能力、經營效率和社會評價等各方面都非常突出的可口可樂集團，被形容為「最傑出企業」。巴菲特這樣記述道：「要想親自將所有的傑出企業都收納到自己的旗下，這是永遠都不可能辦到的，甚至於僅是要找到二十個閃亮的企業都很困難。」

　　在紐約股票市場上，道瓊指數第一次突破 5,000 點大關的 1995 年，巴菲特認為自己又發現了新的「永不消逝的永恆」，那就是世界上最大的連鎖企業——麥當勞（Mcdonald）。到第二年的 1996 年為止，巴菲

特一舉投入可以和購買可口可樂的 13 億美元匹敵的 12.65 億美元，取得了麥當勞已發行股票總數的 4.3%。因為是鉅額投資，所以在波克夏 1996 年版的企業年度報告上，所揭示的大量持有品牌前八名當中，突然出現了「麥當勞」的名字。

在市場上，「麥當勞確實是巴菲特喜歡的品牌」的看法佔了大多數，從它所具有的穩固壟斷特質，和並不需要高額的設備投資，且不是裝置型產業這一點來看，和可口可樂非常相似。即使是在全球化方面，麥當勞也和可口可樂具有共同之處。巴菲特自己也喜歡食用芬達和麥當勞的漢堡，而且，麥當勞還和可口可樂簽訂了共同的壟斷合約。

但是，巴菲特無論是在 1996 年版的《巴菲特致股東信》，還是在 1997 年版的《巴菲特致股東信》當中，都完全沒有提到麥當勞。不僅如此，1997 年版的企業年度報告之大量持有的品牌清單中，也沒有麥當勞的大名。因此麥當勞股票在市場上開始被拋售。在 1998 年 3 月 16 日，當麥當勞從波克夏大量持有品牌清單中消失的消息發布之時，僅僅一天的時間，麥當勞的股價又下跌了 3%。

儘管巴菲特高度評價了麥當勞事業的潛在能力，但是對該公司的經營團隊好像並沒有給予很高的信賴。和可口可樂一樣，麥當勞早就發明了獨自的「處方」，但是經營團隊卻長期安於現狀，市佔率逐漸被競爭對手漢堡王（Burger King）等其他速食業奪走。董事會既沒有從經營團隊中完全獨立出來，企業制度也並沒有形成面向股東的結構。事實上，當時的麥當勞 CEO 麥可·昆蘭（Michael Quinlan）幾乎不重視和華爾街的對話，而被稱為「看不見的 CEO」。

在進行投資判斷的時候，巴菲特必定會反覆考察事業的優勢和當時經營者的素質，即使是「永不消逝的永恆」，也沒有例外。他經常這樣指出：「即使是偉大的事業，假如失去了經營上的優勢集中，問題就會被拉

長，股東也就會受苦。」即使是可口可樂和吉列，有一段時間也出現了這樣的狀況。前者從事過魚蝦養殖，而後者還涉足過石油探勘。

諷刺的是，就像反映巴菲特對麥當勞股票做出的處理一樣，麥當勞開始改變了。1998 年，該公司的董事會解聘了昆蘭，接任者由備受好評的傑克‧格林伯格（Jack M. Greenberg）擔任。格林伯格面對《今日美國》的記者，發出了這樣的直言：「直到現在為止，我們都是傲慢的公司代表，要說在過去四十年間，我們到底做了些什麼，那就是不斷地開新的店罷了。從現在開始，這樣的事情再也不會發生。」麥當勞股票在格林伯格擔任了首要職務之後，還不到一年的時間內，股價就創下了 60% 的上升紀錄。

在 1998 年版的《巴菲特致股東信》當中，巴菲特首次提到了麥當勞，「我有一件事情必須告訴大家，在 1998 年我撤換了持有品牌中的一個，帶來的結果是我們本來應該得到的收益沒有能夠得到，總而言之，賣掉麥當勞股票是一個非常大的錯誤。總體來說，如果在這一年裡我每天都去電影院，在股市開市的這段時間內什麼都不做的話，大家也許就會取得更好的回報吧！」巴菲特就這樣將「壞消息」直率地公諸於眾了。

在 1999 年 5 月的股東大會上，他又進一步說：「賣出麥當勞股票，使我們至少少賺了十億美元以上。」

　　麥當勞創始於 1940 年，由莫里斯・麥當勞與理察・麥當勞兄弟在加州開了全世界的第一家麥當勞速食店。不到四十年，麥當勞就成為全球最普及也最知名的速食餐廳。

　　事實上，它的成功致富，靠的不是販賣漢堡與薯條，或是加盟費，而是房地產。麥當勞成立了一間連鎖的房地產公司，每當它準備再開分店或成立加盟店時，這間子公司會負責尋找合適的開店地點，再由麥當勞利用每日龐大的現金營收將房子買下，甚至連附近的店面也一併收購，若屋主不肯出售，麥當勞會先用承租的方式，但會在合約中載明，若屋主要出售房地，麥當勞擁有優先承購權。

　　將店面買下後，初期會先出租給加盟者或其他廠商，之後再視情況改建、擴建或出售，由中賺取差價，以增加營業外收入。

　　靠著麥當勞響亮的招牌，以及強勢的行銷策略，它的每一間連鎖店或多或少都有帶動人潮聚集與地區繁榮的力量，在這樣的效應下，地價也跟著水漲船高。

　　據統計，麥當勞每年在地產買賣上的「營業外」收入竟高達總營業獲利的 70% 以上。隱藏在 M 字招牌背後的巨大商業實力確實驚人。

Chapter 6

沒落王朝的拯救者

Warren Buffett

1

傾斜的殿堂：
大廈將傾的所羅門兄弟

「各位，現在確實是出了點小問題，大家看起來也很累了，那麼今天就到此為止，請回家休息吧。明天，我們再繼續。」

這是波克夏‧海瑟威的董事長巴菲特加入之後的第一次談話。看起來像中西部農村出身、穿著一身普通西裝出現的他，與擺放在眼前、用核桃木製成的豪華大型會議桌，明顯地不協調。而他那種就好像在談論今天的天氣一樣輕鬆的語調，一下子便紓解了眾人的緊張，會議室裡的氣氛一下子就變得緩和起來。

這裡是位於紐約曼哈頓市區的世界投資中心四十五樓的一個房間，一直以來，這間房間都是作為大投資銀行所羅門的總公司召開董事會的會議室，此刻是 1991 年 8 月 16 日星期二的下午。

就在巴菲特登場的前一刻，所羅門兄弟公司（Salomon Brothers）的實力派董事長兼 CEO 約翰‧古弗蘭（John Gutfreund），向最高幹部們宣布了「巴菲特將成為他們的 CEO」的決定。而在當時，正是由於不正當購入國債事件被披露，所羅門一下子從「華爾街王者」的寶座上滑落下來，長時間處於資金周轉困難，經營狀況破綻百出的時期。

這個事件的核心是由所羅門兄弟公司債券交易員保羅‧莫澤（Paul Mozer）等人首謀，從 1989 年開始到 1991 年 2 月間，從事國庫券交易的金額超過單一機構的法定限額，他還透過一些所羅門客戶的帳戶，私下從事未經授權的交易，然後再將交易轉到所羅門的帳上。多次私自盜用客人名義購買國債，以謀取不正當利益。再加上所羅門以自身名義購買而掌

沒落王朝的拯救者

握了國債總額的 90% 以上。在美國的債券市場上，按照規定以自身名義
購買的國債額度上限為 35%，目的就是為了防止操縱市場。

在更早之前，人稱「垃圾債券王」的麥可・米爾根（Michael
Milken）因為涉嫌內線交易而被揭發，對當時的華爾街帶來不小的衝擊，
但是，這和由政府發行的國債是完全不相干的。由於保羅・莫澤是直接欺
騙政府、間接欺騙納稅人，在性質上比米爾根更為惡劣，所以所羅門兄弟
公司也受到了來自華盛頓的猛烈攻擊。

信用破產對企業來說是致命的打擊。1991 年 8 月，所羅門資產總額
達 1,500 億美元，是全美排名第五位的巨大金融機構。而且，所羅門還廣
泛涉足金融衍生性商品等沒有列在資產負債表上的「帳外交易」，支撐負
債表的股東資本卻只有 40 億美元。也就是說，所羅門是將槓桿原理發揮
到了最大極限，以 40 億美元為資金，實現了鉅額的資金借入。

更糟糕的是，在總資產 1,500 億美元當中，比較長期的借入資本所佔
的比例是微乎其微的。具體而言，沒有歸還期限的股東資本 40 億美元，
以及中長期的企業債券或是銀行借款等形式籌集的資金為 160 億美元，
合計 200 億美元，稱之為中長期資本，而其餘的 1,300 億美元都是在一
天到六個月的期限之內必須歸還的短期市場資本。

一般而言，提供短期資本的投資家或是銀行，當債權遭受風險，就
會立即收回資金。當時，所羅門的債權確實是出現了風險，面對紛紛回收
債權的市場動向，所羅門為減少損失的情況下，不得不拋售其所保有的美
國國債等資產，以確保歸還資金。但如果因為拋售高達 1,500 億美元的資
產將帶來更大的損失，那麼 40 億美元左右的股東資本就會煙消雲散，陷
入債務超過資產的泥淖。

面對這樣的不正當事件，巴菲特的盟友、波克夏的副董事長查理・蒙
格怒從中來。因為以古弗蘭為首的所羅門最高領導幹部們，明明知道保羅

‧莫澤等人的不當行為，卻從來沒有在公開的場合加以批評，這是所羅門兄弟公司爆發債券交易醜聞的最大原因。而最初由所羅門所準備的企業相關報告上，對於高層是否知道其不正當行為一事，也沒有清晰的描述。因此，蒙格強烈要求企業相關報告必須重寫，內容要毫無隱瞞且完全公開。

　　雖然對於所選擇的投資企業，巴菲特一直都採取自由放任的立場，但是唯獨對於不好的消息，他一直都堅持必須「立即通知」。他認為如果經營者都像老闆一樣工作，那麼一旦有不好的消息馬上通知，這是理所當然的。由於古弗蘭違背了這項原則，所以倫理觀念非常強的蒙格對巴菲特入主所羅門表示出強烈的反對。

　　就在巴菲特在所羅門登場亮相的時候，所羅門的 CEO 古弗蘭已經是被追究責任的流放之身，正式退任僅僅是時間的問題。對於所羅門而言，巴菲特是唯一的依靠，就猶如救世主一般。和古弗蘭一起來到了位於世界投資中心第三十九樓的所羅門大會堂，巴菲特在經營幹部們面前，斬釘截鐵地說：「從現在開始，嚴禁觸犯法律的行為。」聽到如此簡單扼要卻強而有力的言論，聽眾們紛紛以熱烈的掌聲做了回應。

知識⁺Box　金融市場中的不良商品 —— 垃圾債券

　　垃圾債券（Junk Bond），又稱劣等債券，指信用評級甚低的債券，是由商業信用能力不佳的中小型公司、新興企業，或有壞帳呆帳記錄的公司所發行。其特色是商業風險高、但債券利息也奇高。

　　垃圾債券早在 1920 年代就出現在美國，但是發行量極小，還無法構成一類資產。直到 1970 年代末，美國開始一波大規模的產業併購重組，80 年代更形成透過私募併購公司的「企業劫掠（Corporate Raid）」，由於股市和商業銀行貸款遠遠無法滿足這類突如其來且風

險極高的融資需要，垃圾債券因此成了融資的重要管道。一時間，垃圾債券市場如同吹起的氣球般急劇膨脹，終於在 1980 年代達到頂點，美國的垃圾債券發行總額高達 1,700 億美元。被封為「垃圾債券王」的麥可‧米爾根更靠著販售垃圾債券，達到了一年 5 億美元的個人收入，是當時華爾街最高的個人所得。

　　隨著債券品質日趨下降，加上 1987 年的股災，讓發行公司無法償還高額利息的情況屢有發生，垃圾債券難以克服高風險—高利率—高負擔——高拖欠的惡性循環，逐漸走向衰退。

　　垃圾債券在美國風行的十年，聚集了數千億游資，也吸引了大量外資湧入，並刺激了美國企業的革新，但也同時留下了許多不良後果，例如儲蓄信貸業破產、企業的惡性併購、債券市場混亂及金融犯罪橫生等。

2

被迫上位的 CEO

　　星期六的早晨，在所羅門的法律顧問事務所內，包括巴菲特在內，聚集了所羅門的最高幹部大約十五人左右。巴菲特做出這樣的指示：「從現在起，你們能一個一個的到我這裡來嗎？我對每一個人的問題都是相同的，那就是：『接下來該由該來負責這個公司的經營工作？』你們誰先來都可以。」

　　但人稱「最強操盤手」的所羅門副董事長梅立威勒（John Meriwether）在結束了和巴菲特的會談後，也決意要辭去在所羅門的原有職務。雖然在不正當購入國債事件中他個人並沒有直接參與，但是作為古弗蘭的心腹，他也受到了很大的批評和衝擊。這時巴菲特在心中決定了兩件事：一、同意古弗蘭和梅立威勒的請辭；二、任命投資銀行部門負責人迪里克‧蒙（Deryck C. Maughan）為最高營運長，自己將擔任所羅門的最高執行長。而迪里克‧蒙是在記者會開始的前兩分鐘，才知道巴菲特的這個決定。

　　1991 年 8 月 18 日，這一天是董事會預定召開的日子，世界投資中心門外一早就熱鬧非凡，擠滿了新聞媒體記者，所羅門的董事們必須擠出人群才能搭上電梯。

　　但惡運不斷襲來，就在董事會召開之際，事態發展到非常嚴峻的狀態，財政部發表了聲明：「為了防止不正當行為，將採取必要措施，在調查結果出來之前，勒令所羅門兄弟公司暫停投標國庫券拍賣業務。」實際上，這相當於從所羅門剝奪了以紐約聯邦銀行為國債交易對象、由政府公

認的證券商資格，這無異於宣判了所羅門的死刑。政府提出「絕不允許欺騙政府，謀取不正當利益的行為」之口號，而傳媒做出了「貪得無厭的所羅門，真面目越來越清晰」的報導。情況是如何惡劣，是可以想見的。

之前發生類似的案例還令人記憶猶新：在 1990 年，將崔克索投資顧問公司（Drexel Burnham Lambert）建設成為強而有力的金融帝國的米爾根，建立起以低利率的企業債券為對象的回收債券市場，然而卻因涉嫌內線交易等不正當行為與政府對立。崔克索被逼入了難以回天的經營窘境，米爾根最終也受到了禁錮的處罰。而所羅門此時也已到了經營破綻百出的情況，甚至已將熟悉破產法的律師引入董事會議。在這個時候，大家所關心的可能都不是「下一屆 CEO 是誰」，而是「怎樣清算所羅門」。

可以預見的，這天的董事會比起預計的時間要長得多。非公司內部出身、居住在紐約圈外的一部分董事，還透過電話連線到所羅門總公司。巴菲特在董事會議最關鍵的時候，從財政長官布萊迪（Nicholas F. Brady）、紐約聯邦銀行總裁柯瑞恩和證券交易委員會（SEC）委員長理查‧布里登等政府當局那裡，接到了毫無成見的電話。

巴菲特在電話裡真誠地告訴布萊迪等人：「假如被禁止國債交易，所羅門就完了。」沒有一點的裝腔作勢。在當時若不能夠出示「政府對所羅門的信賴」之證據，在星期一市場開市時，所羅門即將面臨資金周轉不靈的窘況，這是誰都能明白的。

古弗蘭及總經理史特勞斯（Strauss）也在董事會上被正式解除職務。對曾被《商業週刊》譽為「華爾街之王」的古弗蘭而言，這次下台真是悲慘。莫澤等人也因為不正當事件的公開而被解僱。一位幹部不禁說道：「董事會正在空轉，董事會有等於沒有。CEO 也不見了，完全看不到方向。唯一有的是不得不面對的市場之指責。」此時，後來追隨副董事長兼

套利專家梅立威勒離開所羅門的艾力克‧盧森福特（Eric Rosenfeld）和賴瑞‧菲利布蘭德（Larry Hilibrand），正率領著經營部門，就緊急事態頑強地商討著資金對策。

所有的一切，都要看巴菲特能否說服財政長官布萊迪，將「禁止國債交易」的決定撤回。面對布萊迪，巴菲特親自擔任所羅門的董事長兼 CEO，做出一定會從所羅門清除所有爛瘡的保證，還一再承諾將對 SEC、財政部門、聯邦準備理事會（FRB）及司法部門等當局的調查和處理，提供最大的合作。

布萊迪聽得有些動搖了，因為他從小就知道巴菲特的名字，而且十分尊重巴菲特。布萊迪還在哈佛大學商學院就讀的時候，就是以自己家業的纖維公司——波克夏精密紡織，寫下畢業論文的。理所當然地，他對後來收購了波克夏又再次重組了波克夏的巴菲特，經常投以關注的目光。最終，布萊迪接受了巴菲特的要求，在有附帶條件的情況下，解除了數小時前才下達的暫停交易禁令。

在董事會結束的時候，投資銀行部門負責人迪里克‧蒙接到了史特勞斯的指示，要他去會見巴菲特。迪里克‧蒙在電梯門口碰到剛從召開董事會議的四十五層樓下來的巴菲特；這時，巴菲特告訴他說：「一切都交給你了。」就這樣，兩人一起搭上了電梯。

迪里克‧蒙根本不知道在董事會會議上和財政部門那裡究竟發生了什麼事，就和巴菲特一起從四十二層下到三十九層，進入了大禮堂。在這裡，已經聚集了多達數百位的新聞記者和媒體工作者在等候了，攝影記者們也紛紛打起鎂光燈，弄得人眼花撩亂。

巴菲特還是和往常一樣，以一副輕鬆的樣子來到記者招待會會場。

儘管對於不正當國債交易他只是知道一個大概，而且對於所羅門的

日常經營也從來沒有實際參與過，卻沒有流露出絲毫緊張的神情。

在介紹了自己和迪里克・蒙之後，他簡短地說明：「從今天起，由我暫時擔任所羅門的董事長，迪里克・蒙負責日常經營管理。明天的國債交易所羅門也能夠參加。」具體而言，是由巴菲特擔任董事長兼 CEO，迪里克・蒙擔任證券子公司所羅門兄弟公司的最高營運長。在這之後，記者招待會就完全成了巴菲特回答記者們的提問了。

「你怎麼看所羅門的文化？」

「所羅門的文化和不正當行為聯繫在一起，特別是在債券交易部門，充滿著一種和惡作劇的大學生沒有什麼不同的男性文化，如果在修道院，是不會有這樣的男性文化。」

「你讀過一本叫《說謊者的撲克牌》（將所羅門文化描繪得五彩繽紛）的書嗎？」

「很久以前讀過，我非常希望這本書不要出續集。」

巴菲特保持著獨特的說話風格，輕鬆地回答眾人的提問。在途中，財政部來了電話，他不得不離開記者招待會會場，麥克風交到了迪里克・蒙的手中。在這一年裡，英國財政部出身的迪里克・蒙剛從東京調派到紐約，才就任投資銀行部門的共同負責人一職沒多久。看起來非常安靜、講話斯文的英國人迪里克・蒙，好像和激進的所羅門「男性文化」不太相容。儘管一切都顯得那麼突然，迪里克・蒙還是很得體地主持了長達三小時的記者會。

隨著東京市場開盤，雖然已經是深夜，但過不了多久，倫敦市場也即將開盤的情況下，迪里克・蒙忍不住憂心忡忡，非常焦急。有能力的職員都紛紛離職，轉投於競爭對手的公司，在這樣的狀況下，他必須儘快組建起新的經營團隊。

「巴菲特，你還是儘快加入新的經營決策團隊裡來吧！這可不是開玩笑的時候。在這個緊要關頭，如果你不幫我出主意的話，我真的很難辦。」

「我並不想經營所羅門，我從生下來到現在就一直沒有想過要當投資銀行的經營者，甚至現在也沒有想過，只是因為我身為大股東，必須拯救這家公司而已。因此我才選擇了你，如果你不想幹的話，我就只好再另請高明了。」

「明白了，那麼就由我來處理吧！」

「我平常也並不是都在紐約，而且對日常的經營我也不會一一關注，但是你要記住，必要的時候，無論如何都必須打電話給我！」

往後，只要迪里克·蒙打電話給巴菲特，巴菲特就會親自和迪里克·蒙商談。在沒有找到新的法律顧問之前，迪里克·蒙求助無門，巴菲特便告訴他：「那就打電話給洛杉磯的丹漢姆吧！」

羅伯特·丹漢姆（Robert Denham）是十七年來一直擔任波克夏法律顧問的蒙格聯合法律事務所的合夥人之一，正如其名字所顯示的，這家法律事務所的創始人是蒙格。因為遠在洛杉磯，所以不能擔任位居紐約的所羅門法律顧問，但是丹漢姆尊重巴菲特的意見，辭去合夥人的職務，以法律顧問身分加入所羅門公司。

所羅門優先要考慮的課題，是在設置新經營團隊的同時，必須任命適任的法律顧問。因為國債事件牽涉到複雜的司法問題，所以法律顧問必須由有能力且值得信賴的人來擔任，從這個意義上來看，丹漢姆是最適合的人選。

巴菲特在星期一和蒙格一起飛到華盛頓，拜訪了對國債不正當購入事件的明朗化做出巨大貢獻的 SEC 委員長布里登，並和他約定將全面配

合他的工作。布里登曾經在揭發米爾根等人的內線交易這件事上採取了斷然的態度，對不正當的行為是毫不留情的。面對這樣一個鐵面人物，巴菲特提出：「如果所羅門的某一個人，無論是誰，對你們的調查採取不積極合作的態度，那麼無論在什麼時候，你都可以打電話給我。」因而獲得了布里登的信任。

出生於偏僻農村的奧馬哈，像彗星一樣出現在華爾街上最龐大的所羅門總公司，一面說服財政長官，一面就所羅門的未來在記者會上輕鬆地以半開玩笑的口吻侃侃而談，這就是巴菲特當時的救世主形象。

3 股神與失落的王座

　　巴菲特和所羅門最初的關係，要追溯到他與古弗蘭相遇的 1976 年。當時，巴菲特大量購買了陷於破產危機中的 GEICO 股票。GEICO 是巴菲特的恩師班傑明‧葛拉漢曾經擔任過董事長的保險公司。而在另一方面，所羅門的合夥人之一、第二號人物的古弗蘭，當時正與新任 GEICO 的 CEO 傑克‧班進行關於籌集資金事宜的商談。

　　GEICO 在當時如果無法增強資本的話，那麼就得面臨被清算的命運。因此傑克‧班對此鍥而不捨，盡了最大的力量。在所羅門之前，他也向其他的投資銀行提出購買其優先特別股的請求，但是根本沒有得到理會。當然，對於已經投下了 400 萬美元以上資金的巴菲特而言，「GEICO 公司」的被清算是無論如何也必須阻止的。

　　根據《巴菲特：一個美國資本家的成長》的作者羅傑‧勞恩斯坦的調查，對於承擔風險沒有絲毫躊躇的古弗蘭被傑克‧班的誠意所感動，於是指示負責保險範圍的股評家就該公司股票寫出調查報告。之後，他從股評家那裡得到了「如果事業能夠正常恢復的話，該公司股票無論是對投保人還是對投資家，都具有吸引力」的報告結果。

　　另外，古弗蘭也因為「巴菲特正在購買 GEICO 的股票」的消息而強化了投資的勇氣，他決定購買總額達 7,600 萬美元的該公司新發行的優先特別股。假如這些優先特別股不能分散到其他投資家手中，就相當於所羅門一家承擔了所有的風險，這不得不說是一場大賭注。結果，優先特別股的發行非常順利，巴菲特一人就購買了發行總額的 25%。伴隨著資本增

強，GEICO 也從清算危機中走了出來，股價也開始上揚。而對一貫討厭投資銀行家的巴菲特而言，也不得不承認古弗蘭是「救世主」。

從那以後，巴菲特和古弗蘭就一直保持著良好關係，巴菲特不時應古弗蘭的要求，幫他分析市場，擔任他的顧問。在 1987 年版《巴菲特致股東信》中，他這樣記述道：「蒙格和我都非常喜歡、尊敬和信賴古弗蘭。我們和他的相識是在 1976 年。將 GEICO 從破產危機中拯救出來的過程中，他發揮了重要的作用。」因此，當古弗蘭遭遇危機的時候，巴菲特是無法袖手旁觀的。

1987 年，作為大型併購企業而知名的朗・普爾曼，想要透過自己支配的化妝品公司大量取得所羅門的股票。如果被普爾曼收購的話，君臨華爾街的王者古弗蘭就得被迫下台，這是可以想像的。於是，古弗蘭打電話給巴菲特，請求由波克夏大量取得所羅門的股票，巴菲特和他約好要商談此事。

普爾曼的登場，最初是以南非的礦山公司——米爾盧克，僱用了著名的投資銀行家拉札德・福內姆與其合夥人菲利克斯・拉賓，準備將大量持有的所羅門股票轉讓出去，而尋找接手人開始的。1987 年春，米爾盧克公司向古弗蘭表達了轉讓股份的意向，但是，古弗蘭並沒有深刻意識到事態的嚴重性，因此沒有採取特別的行動。

儘管在當時，帶有敵對惡意性質的企業併購風行一時，但是古弗蘭認為，處於企業併購發起人立場的所羅門，不可能成為被併購的對象，他沒有完全認清當時的形勢。當普爾曼向米爾盧克表達了願意以一股 38 美元購買其所持有的所羅門股票意向之後，古弗蘭才發現自己已經處在非常窘迫的境地。

當普爾曼對所羅門股票的大量取得問題進入實質性階段的 1987 年 9 月，所羅門的股票都還以一股 30 美元左右的價格成交。比較曾經一度達

到 60 美元水準的 1986 年前半，大幅下跌的原因是因為證券市場的低迷，致使收益惡化。也正因為如此，對投資銀行業務一點都不懂的米爾盧克，表示了強烈的不滿，最後決定想賣掉所羅門股票，並將取得的資金投入到自己的本業金屬礦業事業。

如果以 38 美元來收購的話，這一次就將成為總額達到 7 億美元的大案。大銀行家魯賓為米爾盧克出了主意，將 9 月末設為期限，假如到這時為止，都還沒有其他願意以超過普爾曼的優惠條件購買的投資家出現的話，那麼就將其所持有的所羅門股票賣給普爾曼。而米爾盧克所持有的所羅門股票，大約相當於所羅門已發行股票的 10%。

華爾街上著名的銀行家，被視為企業併購仲介第一人的布魯斯・瓦薩斯坦因也加入了普爾曼的陣營中，這無疑也加強了古弗蘭的危機意識。瓦薩斯坦因當時任職於所羅門的競爭銀行——第一波士頓（Credit Suisse First Boston，簡寫 CSFB）。業界當時便流傳著「在收購所羅門之後，瓦薩斯坦因將是所羅門的 CEO 的最佳人選」的預測傳言。

巴菲特在紐約和古弗蘭等所羅門的首腦會談之後，表示願意在附帶條件的情況下取得所羅門股票。具體而言，假如是一定期限之後能夠自動轉為普通股的優先特別股，巴菲特必須出資 7 億美元來購買，但這其實與他的投資哲學是不相容的。畢竟對於受市場環境影響很大的投資銀行業而言，要預測將來的現金收益幾乎是不可能的。

優先特別股是兼有確定利率的債券和普通股性質的中間商品，根據巴菲特的提案，債券利率的分紅為一年 9%，轉為普通股的轉換價格為 38 美元。同時，所羅門還必須在董事會裡準備兩個席位給巴菲特和蒙格，如果接受這些條件，所羅門就可以確保從巴菲特那裡得到 7 億美元資金，用來購買米爾盧克所保有的股票。

一般認為，巴菲特提出的條件對波克夏是非常有利的，對所羅門則

是非常不利的。根據當時的股價,所羅門的普通股分紅率為 2%,而每年 9% 的利率條件對巴菲特而言,實在是有利太多了。雖然在三年後,巴菲特獲得了以 38 美元轉換為普通股的權利,但是考慮到當時 30 美元左右的股價,附加價值應該是很小的。

巴菲特提的條件確實很苛刻,但是對所羅門而言,喜歡哪一人成為大股東,到底是巴菲特,還是普爾曼呢?其實他們自己並沒有選擇的餘地。巴菲特是穩定的股東,這一點不容懷疑。而另一方面,如果加入與穩定的股東正好相反的普爾曼旗下,所羅門的將來將完全無法預料。

古弗蘭面對董事會成員,提出了要認真審視巴菲特的出資,並宣布如果此事無法達成,將和總經理史特勞斯一起請辭。生動描述了所羅門內幕的《說謊者的撲克牌》一書作者麥可·路易斯引用古弗蘭的話,做了以下的記述:「我並不是做出威脅,我只是單純敘述了事實而已。」9 月 28 日,所羅門的董事會議接受了古弗蘭的提案。

隨著 7 億美元投資的完成,波克夏成為持有所羅門股權 12% 的最大股東。7 億美元對巴菲特而言,在一項案件的投資金額中,也創下了數一數二的高紀錄。普爾曼在波克夏的股東會議後,又再次去信古弗蘭,表示願將買股價格定在 42 美元,但是仍然沒有辦法改變所羅門董事會議的決定。

成為所羅門的救命繩索

　　對華爾街風格的商業行為，巴菲特向來是持批判態度，特別是相當於華爾街心臟的投資銀行，往往透過操縱帶有敵對性質的企業併購，獲取非法的利益，這一點是巴菲特最難以忍受的。

　　儘管如此，巴菲特的支持者們還是感到失望。巴菲特的忠實支持者，同時也是波克夏股東的記者加洛魯‧路易斯，在面對財富雜誌的採訪時，不禁感嘆道：「在巴菲特向所羅門投資這件事上，最有趣的就是，過去他一向都是批判華爾街貪慾的急先鋒，但是現在他就要和華爾街同床共枕了。」

　　特別是所羅門在當時華爾街上是最強而有力的，同時也是最能代表華爾街的「形象」。成立於 1910 年的所羅門，在 1995 年出版的《商業週刊》封面故事上被譽為「華爾街的王者」，古弗蘭在那個時候，也確實達到了自己生涯的頂點。當時，所羅門的總資產大約達到了美林證券（Merrill Lynch）規模的兩倍，如果以商業銀行來判斷的話，在全美可以排到第五名。

　　在人才方面，所羅門也是引人注目，除了「史上最強操盤手」梅立威勒以外，還有具有巨大影響力的經濟學家亨利‧考夫曼、「住宅抵押擔保證券之父」的路易斯‧拉涅利，以及包括日後獨自一人建造起一個大金融情報帝國「彭博社（Bloomberg）」的麥可，真可說是人才輩出。

　　古弗蘭叼著雪茄，在充滿競爭氣氛而又十分喧囂的交易大廳漫步的

景象，在《說謊者的撲克牌》一書中有詳細的記載。

例如，這是一件發生在 1986 年初所羅門交易大廳的事情。在這裡，每天都像家常便飯一樣，進行著賭博投機活動的一種「說謊者的撲克牌」的遊戲。

一天，古弗蘭在投資者們的注目中，來到了投資部門的負責人梅立威勒的桌前，向他挑戰「說謊者的撲克牌」。這個遊戲是每人各出一美元的紙幣，然後用印刷在紙幣上的流通號碼來進行賭博。「最強操盤手」梅立威勒在所羅門的投資部門中，是「說謊者的撲克牌」遊戲的王者。「華爾街的王者」挑戰「說謊者的撲克牌」的「王者」，提出的賭金高達 100 萬美元。

梅立威勒面對古弗蘭的挑戰，做出了怎樣的反應呢？根據路易斯的記載，他笑著說：「那可不行，古弗蘭。如果真要賭的話，我們賭大一點，1,000 萬美元，而且誰都不准後悔。」而平常極受挑戰的古弗蘭，也只能說：「你太狂妄了。」於是，一場豪賭沒有成立。這件事雖然被所羅門否定，但是路易斯堅持這是他從當事人那裡直接聽到的事情，事實真相到底如何不得而知，但是所羅門文化確實給世間帶來了強烈的賭徒印象。

巴菲特在取得所羅門股票之後召開的波克夏年度股東大會上，做出了這樣的說明：「為什麼我們一直都對投資銀行界採強烈的批判態度，卻向所羅門出資 7 億美元呢？恐怕『償還』這個詞就是這個問題的答案吧！」從這裡我們可以看出，對於在 GEICO 拯救劇中扮演重要角色的古弗蘭，巴菲特還是心存感激的。很多持有波克夏股票的機構投資家也有這樣的看法：「假如沒有古弗蘭，巴菲特恐怕連所羅門的股票也看不到。」

然而回過頭來看，巴菲特出資收購所羅門股票的時機極差，在購入幾週之後，紐約股票市場開始急速下滑。1987 年 10 月 19 日的「黑色星

期一」，代表性的股價指數——道瓊工業指數，一天之內下跌 22% 以上。巴菲特購買所羅門股票時，股價還在 30 美元左右，但是以星期一為開端，股價一下子就下滑到了 16 美元。而幾乎在同一時期，所羅門發表了裁員八百人、關閉一部分事業的事業體重整對策。同時，其發生的損失也達到了 6,700 萬美元。因為購入的是優先特別股，所以巴菲特才能免於直接受害，但將優先特別股以有利的條件轉化為普通股的意義也急速遞減了。

就這樣，在以蒙格為首的朋友們一致反對之下，巴菲特還是就任了於 1991 年發生過不正當國債事件的所羅門董事長，這意味著，在所羅門的經營好轉之前，巴菲特不得不作為自己一貫討厭的大型投資銀行的經營者，並且自己已置身於華爾街之中了。

而更讓人頭痛的是，正因為所羅門處於大醜聞的漩渦之中，所以他不得不接受當局的種種調查，甚至還要在華盛頓出席公聽會。也就是說，如果用波克夏全體的投資金額單據來判斷的話，只是為了保住這一點稱不上鉅額資金的 7 億美元，巴菲特就必須和自己深愛的奧馬哈牧歌式田園生活暫時告別。比如說，9 月由美國議會在華盛頓召開的公聽會上，除了議會工作人員之外，記者、旁聽民眾、調解人等都大舉來到。身穿黑色西服的巴菲特坐在證人席上，無數的電視鏡頭、鎂光燈都對準了他。從舞台設計來看，這樣的安排是和因為涉嫌內線交易而被議會傳喚的「垃圾債券王」米爾根，以及戰前大恐慌時代在議會受到激烈攻擊的金融界大王 J. P. 摩根是相同的。和對米爾根與摩根的報導一樣，傳媒都用了「貪慾」、「傲慢」這樣的字眼。

但是，類似點僅止於此。和米爾根、摩根不同的是，巴菲特坦率承認了所羅門的過錯，並做出將徹底執行守法精神的承諾。在聽證會上，巴菲特這樣說道：「對於所羅門的工作人員，我想問他們這樣一個問題：『如

果在第二天的報紙上，刊登出你們的醜聞，你們會不會覺得無所謂？』這些報紙是會被你們的妻子、孩子和朋友讀到的。如果你們能夠在這項測試中合格（今後再也不做這種沒有名譽的事情），你們就沒有必要害怕我今後制定的方針。無論是誰做出了有損公司的行為、敗壞公司的名譽，我都不會饒恕。」就這樣，提出問題的議員對巴菲特個人，與其說是批判，不如說是給了更多的讚譽之詞。

我們從這裡也能夠感受到巴菲特的人際關係。

他的父親曾經在華盛頓擔任眾議院議員，巴菲特一家也曾經在華盛頓生活過。在華盛頓的政界，凱瑟琳・葛蘭姆所具有的影響力也是巨大的。擔任著名報紙《華盛頓郵報》的社長，在政界具有廣泛的人脈的凱瑟琳・葛蘭姆，非常尊敬身為《華盛頓郵報》大股東的巴菲特，還邀他長期擔任顧問一職。

與巴菲特所受到關注的程度成正比，批判巴菲特的傾向也有所增加。《華爾街日報》發表了「比誰都更加有利於取得市場情報，是操縱市場的人物」的指責。即使在所羅門公司內部，也出現了批判的聲音。巴菲特想要把中西部古老的道德標準引入華爾街，但卻令那些認為高額報酬是理所當然的操盤手們日益不滿，所羅門不可避免地陷入了人才流出的境地。

巴菲特過去一直都是「大眾街」的代表，和「金融街」完全是相反的，因此，兩者的對立不是那麼容易解決的。

巴菲特於 1991 年 10 月結束了不正當國債交易事件的公司內部調查，同時，也從其他大銀行獲得了信用供給的網路，如此一來，總算解決了當時最迫在眉睫的資金流動危機。自醜聞事件曝光之後，總算是撥雲見日。因此一般認為，如果沒有巴菲特，所羅門一定會破產。

巴菲特作為董事長，最為風光的是在 10 月 29 日的《紐約時報》、《華

爾街日報》、《華盛頓郵報》、《洛杉磯時報》等各大報紙上刊載版面達兩頁的全版廣告。廣告內容是所羅門 7 月至 9 月的決算報告和董事長寫給所羅門股東的信。回響最大的是巴菲特親筆所寫的部分。

信中他這樣指出：「我非常支持並贊成，好的經營成績需要有非常高的報酬加以回報的想法。但是在所羅門，卻普遍出現不合理的情況。我舉個例子，去年證券子公司所羅門兄弟雖然股東資本報酬率（ROE）達到 10% 的經營成績，但是這個成績卻遠遠低於美國企業的平均水準。儘管如此，在所羅門裡還是有 106 人賺到了 100 萬美元以上的收入。在去年收入分配之前的營業利益和前年相比沒有多大的進步，但是從員工報酬總額來看，卻成長了 1.2 億美元以上。要說這意味著什麼的話，也就是持有相同股份的股東應得利益減少了。所羅門是依賴股東出資開展業務的公開企業，優秀的經營業績帶來的剩餘利益應該歸屬於股東。為了落實這個想法，從現在起獎金的發放儘量不採用現金的形式，而是以股票及其選擇權的方式支付。」

光是刊登這個廣告，所羅門就花去了 60 萬美元，但是成效是立竿見影的。僅僅在這一天，所羅門的股價就上漲了 8%。在廣告披露之後，原本停止和所羅門業務關係的十一個法人客戶中，立即有包括世界銀行在內的四家法人，表明了將和所羅門重新開展業務的計畫。

巴菲特大概每個月會有一週的時間要到所羅門的總部，在古弗蘭使用過的董事長辦公室工作。董事長辦公室裡的高價辦公桌令巴菲特感到心情不暢，而且從這裡能夠遙望哈德遜河、東方河的瞭望台，對他來說也沒有必要。不過，他對辦公室也沒有加以改變，就連秘書也是。

至於日常的工作，他完全交給迪里克‧蒙。比如說，像「是否應該購買這個債券」的決定，他就從來不參與。而又像「是否應該聘用這個人」

這樣的人事方面的問題，他也不管。他全心全意投入的是如何和管理當局打交道等對外的問題，也就是所羅門的信譽回歸問題。1992 年 5 月，迪里克・蒙被選為所羅門兄弟的董事長兼 CEO，在其後的第二個月，擔任法律顧問的丹漢姆就任總公司的董事長兼 CEO，以此為契機，巴菲特就從所羅門的經營第一線退了下來。

巴菲特作為所羅門的董事長兼 CEO，年所得的報酬僅僅只有一美元。因為不是作為經營者，而是站在股東的立場上，並承擔了作為董事長的全部責任，所以在擔任所羅門董事長期間，他如實地向股東們彙報了所羅門的情況。1992 年版《巴菲特致股東信》中言及擔任所羅門董事長的心路歷程，信中這樣寫道：「很有興趣，而且做起來很有意義，但是離快樂的心情仍有段距離。」

所羅門犯下的巨大錯誤，不僅是國債不正當交易事件，還包括踐踏了巴菲特「對老闆、經營者必須誠實做出彙報」的原則。古弗蘭雖然今後仍是巴菲特的朋友，但是作為一位事業經營者，他已經失去了巴菲特對他的信任。

與卡通王國的緣分

1 迪士尼的野心

愛達荷州的太陽谷（Sun Valley），是以療養勝地而聞名的著名景點，每年的夏天，在媒體和娛樂界有著複雜背景的投資銀行家赫伯特·艾倫（Herbert Allen），都會在這裡舉行「媒體會議」。1995 年 7 月，在這裡舉行的「媒體會議」上，共有電影、音樂、電視、電腦業等諸多著名人物攜伴前往參加。

在當月 13 日星期四的早晨，迪士尼（Disney Company）的董事長兼 CEO 麥可·艾斯納（Michael Dammann Eisner）在其說明會上，對迪士尼公司的未來做了熱情的說明。擁有「迪士尼樂園」以及「米老鼠」等資產的迪士尼，是好萊塢娛樂企業的代表。放眼望去，聽眾席中正坐著掌握美國三大電視網之一「美國廣播公司」（American Broadcasting Company，簡稱 ABC）股份的 13%，該公司最大股東波克夏·海瑟威的董事長──巴菲特。

這一天，成為迪士尼向收購美國三大電視網之一的目標邁進的轉捩點。正因為如此，迪士尼的董事長兼 CEO 麥可·艾斯納在自傳《向網路進軍》中，客觀記述了當時說明會的情況及其後發生的事情。根據記述，艾斯納在說明會的最後介紹了兩年前巴菲特寫給他的信，信的內容是這樣的：「1965 年，我以 400 美元的價格買進了迪士尼股票的 5%，這是一個好消息。而壞消息則是在那以後的一、兩年裡，我又以 200 萬美元的增額利益將其賣掉了。」艾斯納接著說，之後他回信問巴菲特：「如果你繼續持有迪士尼股票，那麼到了 1993 年時股票市值將會達到多少呢？」

從巴菲特那裡，他得到了「5.52 億美元」的回答。這一切都充滿幽默地表明了：儘管迪士尼有著令人驚訝的成長，但是就連「最高明的投資家」巴菲特也沒有預見到，因此失去了絕佳的機會。

艾斯納接著說：「因為今天巴菲特也在這裡，所以根據最新的報告，如果巴菲特到今天為止還沒有拋售迪士尼股票，那麼按照他的初期投資額來計算，他的股票將達到 8.89 億美元的市值。但是，我們也沒有必要同情他，因為 1965 年迪士尼曾以 400 萬美元的價格購買了波克夏的股票，如果持有到現在，將會膨脹到 60 億美元。」

在這個時候，無論是艾斯納或巴菲特，都開始考慮在說明會之後，馬上就要對將使業界仰天長嘆的大型收購進行商談。

說明會後，按照原定計畫，艾斯納將和夫人潔恩一起在科羅拉多州的阿斯彭（Aspen）歡度週末。因此，和與會者的交談結束之後，艾斯納就向飯店走去。在途中，他遇到了和美國廣播公司同為三大電視網的 CBS（哥倫比亞廣播公司）的賴瑞‧帝修（Larry Tisch），於是他馬上上前打了招呼。

「我聽到傳言，你好像計畫進行一次大型的合併案？」

「是的，那不是傳言，而是真的。」

帝修爽快地承認了。此時，CBS 正準備將自己賣給美國的電機大企業（WH），雙方已經開始接觸。而另一方面，迪士尼想要透過收購美國廣播公司或者是 CBS 來大幅擴充媒體事業，並制定了這樣的方針和計畫。巧合的是，帝修正是在數十年前，向巴菲特經營的合夥人聯盟出資，因而發大財的巴菲特信徒之一。

「不和美國電機，和我們做交易可以嗎？」

「那麼，在這個星期天晚上或者星期一早上給我電話！那時我們再詳談。」

艾斯納向帝修約好一定要打電話給他之後，又再次向飯店走去。他正一邊想著迪士尼對 CBS 電視網收購的意義，一邊來到飯店前面的停車場，此時，巴菲特進入了他的視線。

巴菲特那時剛和美國廣播公司的總裁兼 CEO 湯姆‧墨菲（Tom Murphy）一起用過午餐，從餐館出來，時間是中午一點左右。早早吃完午餐，是因為他和微軟的創辦人兼 CEO 比爾‧蓋茲夫婦約好中午一點一起打高爾夫球。從餐館到高爾夫球場開車大概要十多分鐘。

走出餐館的巴菲特看見了艾斯納，正想說今天的說明會很不錯之類的話，於是就叫住了他。由於時間有限，兩人的談話馬上就進入正題。

「今天真是非常有趣的一天，剛才，我遇到賴瑞‧帝修，和他就迪士尼收購 CBS 的可能性達成了一致的看法。當然，假如你有用現金賣掉美國廣播公司的想法，那麼就另當別論。」

「這真是不錯的想法！麥可，就這件事，你應該和墨菲談談。」

「但是我並不知道墨菲在哪裡。」

「啊，事實上，我正要和墨菲一起去找比爾‧蓋茲打高爾夫呢！你也一塊來吧！在那裡和墨菲好好談談就行了。」

艾斯納由於先接觸到收購 CBS 的可能性，所以他想將美國廣播公司的收購交涉引向有利於自己的方向。幾分鐘後，在和墨菲的會談中，他也再次言及收購 CBS 的構想。具有收購三大電視網的資金實力，而且在收購後能夠產生新的綜效（Synergy），具備這樣的經驗和人才的大企業，除了迪士尼之外很難再找到合適的，這是任何人都承認的事實。艾斯納在談話中這樣說道：「如果你遲疑的話，迪士尼就將收購 CBS，美國廣播公司就將被排除在業界重組之外。」言語間帶著一種威脅的口吻。

好萊塢的大人物艾斯納、三大電視網的帝修、墨菲二人、墨菲的盟友——美國廣播公司的最大股東巴菲特，還有率領世界最大軟體公司——

微軟的蓋茲聚在一起。艾斯納這樣記述道：「這時的場景，就好像完全從現實脫節一樣，我不斷地遇到帝修、巴菲特、墨菲，而墨菲又正準備和全美第一富豪蓋茲，以及全美第二富豪巴菲特一起去打高爾夫球。然後，我們就站在位於愛達荷州正中央的停車場，商談著金額達 200 億美元的大型企業收購案。」

根據艾斯納的自傳，在艾斯納和墨菲談話的時候，迪士尼的競爭對手華納兄弟公司的波布・帝利走過來，大老遠就半開玩笑地打招呼：「千萬別把你的公司賣給他！」

200 億美元規模的收購，在當時美國企業併購史上算得是第二天價的收購案。這一切，只因為巴菲特為了和蓋茲打高爾夫球而早早用完午餐，然後又剛好碰見了正準備離開太陽谷的艾斯納。

在度假勝地太陽谷，艾斯納、巴菲特、墨菲三人進行短暫的會談後，大約過了兩個星期，由迪士尼發起對美國廣播公司的收購案正式發表了。雖說在短時間內就決定了，但是圍繞著收購條件，在枱面下確實是展開了如火如荼的談判。例如，就收購資金的付款方式而言，該採用現金付款，還是由迪士尼用自己公司的股票來支付？艾斯納和墨菲在這點上是處於完全對立的立場。

最後接受收購資金的是美國廣播公司的股東們，所以對最大的股東巴菲特而言，這是個大問題。但是，巴菲特事先並沒有特別去想這個問題，所以沒人敢保證這樣的交涉會不會使事態走向決裂。後來，巴菲特這樣談到：「儘管艾斯納從最初開始就提出要用現金來收購，但是我知道墨菲不太贊成全額現金收購。不過，我想他也不會要求採用全額股票收購的方式。」

三人在太陽谷的會談結束之後，艾斯納馬上找來迪士尼的幹部，下令他們同時與 CBS 和美國廣播公司兩家公司接觸，兩線同時開始進入併

購交涉。同時，他還做了一件最重要的工作，那就是取得德州出身、掌握迪士尼股票 18% 的投資家西多・巴斯（Sid Bass）的認可。總之，他把關於收購計畫的種種細節，寫成非常詳細的書面資料傳真給巴斯。

1984 年，巴斯將當時四十二歲的艾斯納從著名的電影公司——派拉蒙電影製片公司總經理的位子拉過來，拱他坐上了迪士尼的第一把交椅，由此可見，巴斯本人是相當具有慧眼的伯樂。儘管平常巴斯做出的任何行動都需要花時間慎重地考慮，但是這次收到傳真後十五分鐘左右，他就打電話給艾斯納並鼓勵道：「無論如何，都要讓這次案件得以實施。」

艾斯納當時認為，迪士尼在股票市場上得到的評價過低，儘管好萊塢的大作《獅子王》獲得創紀錄的發行成績和高票房收入，但是，迪士尼的市場價值（股票時價總額）卻大幅低於企業應有的本質價值。迪士尼因為電影、主題公園等獲得高額的現金收入，財務基礎也非常牢固，也可以透過部分借貸等方式讓大型的併購案得以實現。因此，艾斯納當然不想採用以自己公司的股票作為併購資金來使用。

如果是採用以支付自己公司股票的形式來收購的話，將會導致每一股利益的減少，艾斯納擔心這樣就有可能損害到巴斯等大股東的利益。在市場價值本來就低於企業實力的狀況下，採用以股票作為支付方式的收購，在和市場價值正常的情況下相比，相當於是發行了多餘的新股。有時候處理不當，反而容易造成「賣方（美國廣播公司）收購買方（迪士尼）」的結果。也就是說，美國廣播公司的股東們如果大量得到相對便宜的迪士尼股票，那麼在收購完成後的新股票裡，和原來的迪士尼股東相比，原本美國廣播公司的股東們就獲得了相對較高的持股比例，佔據了有利的位子。當迪士尼的股票價格非常低的時候，形式上雖然是迪士尼收購美國廣播公司，但是當原來美國廣播公司的股東們在新公司擁有 50% 以上的股份時，實際上也就等於是美國廣播公司收購了迪士尼。

　　當然，在迪士尼股票價格比較低廉的時候，對墨菲而言，採用股票形式的收購自然對他更有利，當股票越是便宜，就越能獲得更多的迪士尼股票。而如果是採用現金收購的方式，在收取現金時必須支付高額的轉讓稅。

　　墨菲和巴菲特二人對迪士尼收購美國廣播公司的方案均是採取積極的態度，因為他們認為，透過收購將誕生巨大的迪士尼帝國，無論對於迪士尼還是原來的美國廣播公司而言，都能獲得加速成長。因此，他們當然想要也必須成為新生的迪士尼的股東，這是絕對的條件。如果認為將來沒有發展的可能性，那麼他們也就不會積極將自己的企業賣給迪士尼，即使透過交易取得新迪士尼股票，也會馬上把它換成現金，去尋找更有利的企業投資。

　　圍繞著使用現金還是股票的對立，最重要的是收購企業和被收購企業，對自己的本質價值能夠抱有多大的說服力來做出一個準確的估價。假如考慮到股東的利益，艾斯納就必須將迪士尼的價值盡可能地高估，以此來說服對手。如果價值評價方面沒有相應的能力，就會在交涉的過程中落敗，進而產生出經營者被股東追究責任的可能性。由此看來，根本不需要投資銀行幫助的巴菲特和墨菲的完美組合，對艾斯納而言，確實是十分強勁的對手。

賤賣是不可取的

併購的形式是要採用股票收購還是現金收購呢？這是在美國企業併購史上必然出現的一個重要課題。一般而言，因為使用股票收購的形式實際上是一種股票交換，具有使原股東利益受損的風險，因此，巴菲特本人一直把現金收購視為企業併購的基本形式。

正如巴菲特所提出的，採用支付自己公司股票的方法實現的收購，實際上是收購企業以將自身企業的一部分賣出的收購方式，因此，便宜賣是不可取的。因為伴隨著新股的發行，重新換算到每一股，會使得股東的收益變薄，這是帶有風險的。進而，隨著新的股東大量進入，會使得原有股東的持股比例下降。

在寫給波克夏股東們的《巴菲特致股東信》中，巴菲特時常指出企業併購的功過。由支付股票方式實現的企業併購，一般人的認知是「Ａ公司購買了Ｂ公司」，或者說「Ｂ公司被賣給了Ａ公司」。但是按照巴菲特的說法是，「Ａ公司賣出Ａ公司的一部分，用來收買Ｂ公司」，或者說「Ｂ公司的股東透過將Ｂ公司的事業交換出去，來得到Ａ公司的一部分」。

也就是說，股票交換，意味著股東將其所擁有股票的一部分放手，所以必須非常慎重地考慮清楚。在股票交換中，收購企業和被收購企業雙方都必須相互合作，訂出雙方股東都能夠接受的交換比例，這項工作是不可少的。股票，英文叫作「Equity（公平）」，包含的是股票票面所不能代替的內涵。它是表示股東所持股份的權利，是相當於股東資本的概念，對經營者而言，慎重、珍惜地使用股票是基本中的基本，也是重中之重！

　　美國在股價不斷走高的九〇年代後半期，以股票形式實現企業併購的案例大幅增加了。在金融界，有旅行家集團和花旗銀行（Citibank）的併購；在石油界，有埃克森（Exxon）和美孚（Mobil）合併成埃克森美孚石油集團（Exxon Mobil）的併購。像這樣突破千億美元大關的超大型企業併購也成功實現了。儘管如此，還是有為數眾多的經營者對容易招致股票貶值的「稀釋現象」小心謹慎，從來沒有公開言及「用股票併購的成本低」等話語。

　　與此相對的是，如果是以支付現金方式實現的企業併購，不僅每一股股票利益不會減少，而且原有股東所持的股份比例也不會產生變化。這相當於被收購企業的股票被以現金方式購買，然後註銷，因此，在併購完成後的新公司，股票也就不會膨脹，從而將有魅力的事業安全買入手。當然，要實現由現金方式進行企業併購，必須要以有豐厚的現金收入、企業內部留存足夠積蓄等穩固的財務基礎作為前提。

　　艾斯納之所以傾向於現金收購，也是因為他將迪士尼的股東利益擺在第一優先考量的結果，若非如此，面對墨菲提出以股票方式收購的方案，他自然會毫不猶豫地答應的。

　　根據艾斯納的自傳，7 月 18 日星期二，艾斯納接到墨菲打來的電話：「現在我的股東們（美國廣播公司的股東）看起來想要參加賽馬所需的票（也就是說，不是現金，而是股票）。這是為了新生的迪士尼將來的票。還有，我也不能讓股東們去支付無謂的現金轉讓稅……」

　　「這可真難辦啊！迪士尼股票在市場上的評價過低，如果採用股票交換（就不能避免稀釋），對我們的股東是很不利的。一定還有其他什麼好方法，我們下次再談吧！」

　　7 月 20 日星期四，艾斯納和墨菲在紐約再次進行條件交涉。這一次，艾斯納帶著迪士尼的財務長（CFO）史帝彭‧布蘭巴克，而墨菲則帶著美

國廣播公司的第二把交椅丹・巴庫。對於是用股票或是現金收購這個問題，雙方的想法仍然存在著鴻溝，會談持續了兩個小時。艾斯納提出了收購價格，當時美國廣播公司的股票在市場上是一股106美元左右，在這個基礎上艾斯納表達了每一股加上9美元，表明以一股115美元的價格收購美國廣播公司的意願。無論是墨菲還是巴庫，都沒有特別的反應，因此艾斯納對於這個收購價更具信心。因為如果出價太低的話，可能馬上就會被當場拒絕。

兩週後的星期二，艾斯納和墨菲再一次在電話中商談了收購條件，這一次，墨菲終於提出了具體的條件，那就是由股票和現金組合的折衷方案。具體內容就是，美國廣播公司股票一股的價格，希望由迪士尼股票一股再加上現金65美元支付。墨菲這樣說：「如果是這個方案的話，巴斯（迪士尼的最大股東）應該會同意吧？」

前一交易日的迪士尼股票以55美元的交易收盤，換言之，墨菲希望以55美元再加上65美元，合計120美元一股的價格，將美國廣播公司賣出。這個價格和艾斯納以前提到過的115美元沒有多大的差距。雖然對艾斯納來說，要將自己公司的股票放手還是會有點猶豫，但是這種將股票和現金各半的方案，事實上已經是墨菲的最大極限了。

就在墨菲提出收購條件之後的那個星期三，迪士尼發表了第四季決算報告，說明了第四季的業績刷新了過去的最高收益。受到這個發表的影響，迪士尼的股票也由55美元上升到57美元一股，在總體收購價格仍然是120美元不變的情況下，就可以將現金部分的每股65美元降低到63美元。在星期四，艾斯納將這個想法告訴了墨菲，但是墨菲並沒有讓步，於是艾斯納下定了決心：「好，就按這樣成交！」

7月31日星期一早晨，迪士尼收購美國廣播公司一案正式發表，併購金額達到190億美元，超過了著名電影公司華納兄弟和出版業巨頭時

代的合併（141 億美元）的時代華納一案，創下了媒體業的最高紀錄。而在所有的企業併購史上，也僅次於被稱為「天文學上的合併」的投資公司KKR 收購食品菸草巨頭 RJR 納貝斯克（Nabisco）的個案（250 億美元），排名第二。

收購案的發表，首先是由位於紐約美國廣播公司公司總部以電話會議的形式召開。包括艾斯納、墨菲、美國廣播公司的最大股東巴菲特和迪士尼的最大股東巴斯等人登場亮相。會議一開始沒多久，連接到電話線上會議的股評家就多達幾百人。

讓艾斯納留下最深刻印象的是巴菲特以下的一段話：「我對過去發生的企業併購都是抱持著批判態度，但是這一次不同。無論是在財務上，還是從業務上的角度來看，這都是一次合情合理的收購。身為股東，我非常高興。」

在直接面對記者的招待會上，巴菲特也和艾斯納、墨菲、巴斯一起登場，在記者招待會上再次強調了這次併購的意義：「這一次是第一名的內容企業（迪士尼）和第一名的媒體企業（美國廣播公司）的完美結合。」

迪士尼併購美國廣播公司的行動，引人注目的原因不僅僅是龐大的收購金額。更令人好奇的是，大型併購案通常都有高盛證券、摩根史丹利（Morgan Stanley）等華爾街的大投資銀行參與，從提案、操作到併購成功，投資銀行家參與的情況往往比當事者的企業來得更多。而在迪士尼收購美國廣播公司的個案中，一開始就沒有投資銀行家介入，而是透過企業的領導階層和大股東一起共同實現的。因此，當在收購案發表的記者會上出現了巴菲特的身影時，有很多圈內人士紛紛感到意外。在過去，往往只是幕後指揮的巴菲特，正是這次大型併購案的經辦人，這個結果讓媒體對巴菲特有了一個重新的認識。

巴菲特在這一次的案件中，獲得了稅前 20 億美元以上的利益。他

保有著美國廣播公司股票 2,000 萬股，當時是以一股 17.25 美元的價格買進的。而迪士尼股票在收購案發表當天是以 58.625 美元收盤。也就是說，巴菲特所保有的美國廣播公司股票一股，要按照 58.625 美元一股的迪士尼股票再加上 63 美元的現金，合計起來達到 121.625 美元一股。用 121.625 美元減去 17.25 美元，得到的差額 104.375 美元乘以 2,000 萬股，合計在 20 億美元以上。

3 合作無間的兩大巨頭

　　巴菲特和墨菲的相遇，要追溯到六〇年代。當時，巴菲特考慮要向報業投資，卻一直都沒有發現適合收購的報社。這時透過哥倫比亞大學時代一起上過班傑明‧葛拉漢的課的同學比爾‧維因的介紹，他和擔任大都市通訊（Capital Cities Communications）董事長墨菲的關係變得密切起來。巴菲特被墨菲邀請擔任該公司的董事長，但被巴菲特以「我既然不是大股東，就不能成為董事長」為由拒絕了，對巴菲特而言，當時大都市通訊的股價顯然太貴了。

　　墨菲是巴菲特十分欣賞的經營者類型，據說他非常具有削減成本的手腕。他的公司總部曾經不設置法務部門，也不設置廣告部門，而公司大樓的牆面上甚至連油漆都沒有刷過。他讓好友巴庫擔任第二舵手的位置，兩人聯手創造了長期大幅超過業界平均值的收益率，並於七〇年代以紐約州的艾班尼市（Aibany）為據點，由電視、廣播放送出發，開始向有線電視、出版等領域進軍。巴菲特曾公開說：「墨菲和巴庫是美國企業經營最強的組合。」

　　墨菲甚至提過，要請巴菲特擔任董事長，由此可知他對巴菲特真的是情有獨鍾。1991年，他在報紙上這樣描述：「假如我和他（巴菲特）經常在一起，我一定會為自己的平庸而感到煩惱吧（因為巴菲特實在是太優秀了）！他是我最好的朋友之一。他為了幫助朋友，無論什麼事情都可以做。如果沒有他，我就無法買下美國廣播公司了！」

1985 年，墨菲就收購美國廣播公司這件事和巴菲特商量，雖然他已和美國廣播公司的創辦人——當時已是七十九歲高齡的萊昂納多‧戈爾德森就收購一事，基本上達成了一致意見，但是到目前為止，墨菲手上的資金遠遠還不夠。由於戈爾德森打算引退，而將美國廣播公司的經營完全託付給墨菲和巴庫組成的經營團隊。

墨菲為了籌集高達 35 億美元的收購資金，在向銀行融資集團貸款的同時，也制定出要將重複的電視台和廣播公司賣掉的計畫。儘管如此，資金還是不夠，於是他向巴菲特提出了援助 5 億多美元的要求，因為不管怎麼說，和美國廣播公司這樣佔據傳統三大電視網一角的大企業相比，大都市通訊只不過是新興的媒體產業之一個小角色罷了。

對巴菲特而言，5 億美元可說是鉅額的資金，1985 年為止，波克夏對一個案件投資額度最高的是位於奧馬哈具有實力的家具食品零售店——內布拉斯加州傢俱賣場（Nebraska Furniture Mart），大都市通訊要求的投資額是此案的八倍。比起初次正式向媒體企業的投資（當時是向著名報社《華盛頓郵報》投資），巴菲特即將投入的金額相當於其五十倍。

雖是如此鉅額的投資，但巴菲特毫不猶豫地說：「只用三十秒就可決斷。」巴菲特在 1989 年面對亞特蘭大的新聞記者梅麗莎‧泰勒的訪問時，敘述了如下當時三十秒的場景：

「墨菲，你想讓我買多少股？」

「你想得到多少股？」

「300 萬股如何？」

「沒問題。」

「價格多少？」

「多少才合適？」

「一股 172.50 美元如何？」

「成交。」

在取得了《華盛頓郵報》的股票之後，巴菲特對媒體業界的未來十分看好。他能夠將大都市通訊和美國廣播公司財務報表的內容完全記住，在三十秒中回答出來似乎是易如反掌。在併購中，並不需要投資銀行參與，這一點是明智的。就這樣，透過波克夏，巴菲特將由大都市發行、相當於5億美元的新股一起買下，一躍成為掌握該公司股份 18% 的最大股東。

4　睽違二十年的股東

　　如艾斯納在太陽谷的媒體會議上所講的，在 1965 年，巴菲特曾經用 400 萬美元的價格買入迪士尼股票，曾經有一段時間是持有迪士尼股票的大股東。在決定購買迪士尼股票之前，巴菲特就和家人一起觀看過迪士尼的電影，遊玩過位於加利福尼亞州的迪士尼樂園，當時的他對迪士尼已經抱持高度的興趣了。在這段時間，迪士尼的最新作品《歡樂滿人間》（Mary Poppins）受到熱烈歡迎，迪士尼也成為好萊塢最大的電影製作廠之一。

　　巴菲特還是和往常一樣，不是將迪士尼視為「股票」，而是將其看成「企業」。每當投資的時候，不是抱著購買「股票」的觀念，而是以購買「企業」的想法來全盤考慮，這是他長年養成的習慣。他之所以表現出對迪士尼的關心，是因為他對迪士尼所擁有的動畫電影等無形資產非常感興趣。他的老師班傑明・葛拉漢只是關注財務報表上的數字，關注能夠見到的有形資產和股價的偏離。巴菲特和他不同的是，他能理解並洞悉財務報表上無法顯示出來的無形資產的價值。

　　巴菲特對迪士尼的熱心，可以從他在 1966 年親身訪問被稱為「米老鼠之父」，同時也是迪士尼創辦人的華德・迪士尼這件事就能看出來。而在他向迪士尼投資之後的第二年，華德・迪士尼去世了，幾乎就在同時，巴菲特放棄了自己持有的迪士尼股票。因為他認為：「失去了偉大的華德・迪士尼後，迪士尼將不再具備投資的價值。」

　　大約過了二十年，一直到了八〇年代前半期，迪士尼雖然以電影製作、主題樂園的營運，以及向消費者銷售商品等三項事業作為支柱，但是卻陷入了業績不振的泥淖。電影製作的費用膨脹，在 1983 年，迪士尼電影工廠虧損了 3,000 萬美元以上。在失去了向美國 ABC、CBS、NBC 三家電視網提供節目的同時，主題樂園的入場參觀人數也逐年遞減。

　　這樣的局面到了 1984 年終於發生了改變，迪士尼因此重新走上成長的道路，因為四十二歲的野心家艾斯納入主迪士尼成為 CEO、大力整頓的緣故。在此之前，他身為派拉蒙影業公司的總經理，策畫了《閃舞》、《印地安那瓊斯》、《比佛利山超級警探》等大受歡迎的影片，是一位才能卓越的製片人。

　　艾斯納一成為迪士尼的 CEO，就馬上實行嚴格的管理製作費用等措施，對迪士尼高成本的體制進行改革。他清楚地意識到，一部電影能否成功最重要的不是有沒有用大明星與高成本去製作，而是在於劇本的好壞。他謝絕了採用導致經費膨脹的元兇——好萊塢大明星們，而是把眼光投向那些演技超群但不太出名的演員，節省了不少成本支出。同時，他又大量彙集了一批年輕但要價不高的編劇，達到了「聘請便宜編劇」的目的，如此建立起低成本製作費但生產高品質作品的體制。

　　簡言之，艾斯納就是在不懂得控制成本、亂花錢的好萊塢世界中引入了嚴格的成本控管等經營管理體制，重塑了迪士尼企業。除了發揮迪士尼的品牌效應，將一些文創商品滲入到零售行業之外，他還徹底發揮和主題樂園的相互效應，開展了飯店、旅館等服務行業。另外，在 1995 年時透過和巴菲特的合作，買入美國廣播公司，掌握了將迪士尼電影等內容傳送到消費者手裡的流通網路。

　　數字能夠明確地說明一切。在艾斯納入主迪士尼的 1984 年，當時迪

士尼的股票市值總額只不過 20 億美元，然而在宣布併購美國廣播公司時已經達到了 300 億美元以上，相當於競爭對手時代華納的兩倍以上。他重塑了迪士尼的電影事業，同時對利益的關注程度大幅增強，也對經營業績的好轉帶來良好的基礎。

在創辦人華德·迪士尼去世後，馬上就拋售迪士尼股票的巴菲特，又在二十年後和墨菲、巴庫、艾斯納這三名優秀的經營者一起執掌迪士尼帝國的方向盤了。巴菲特再度回歸迪士尼的股東身分，對他而言這是二十年之後再度回到了「娘家」。

卡通王國的隱患

　　在迪士尼收購美國廣播公司又過了兩年半之後的 1998 年 2 月，迪士尼公司在創辦人華德・迪士尼以動畫起家的堪薩斯市（Kansas）召開了一年一度的股東大會。

　　在大會上，艾斯納做了長達四十五分鐘的演講。前三十分鐘，他向股東們一一介紹董事會的十六名成員，並強調迪士尼所取得的業績。他指出有位成員在 1960 年加入了董事會，之後迪士尼的股價上漲了 493 倍。確實如他所說的，迪士尼的業績非常好，僅僅在去年一年，股價就上升了50%，那位成員即是巴菲特。

　　儘管如此，對「在業績面上承擔最終責任的決策機關」的董事會，還是不斷聽到不滿的聲音。對於要求董事會進行根本改革的議案，也有35% 的股東投下贊成票。股東會因此而變得動盪起來。因為在類似的議案中，所得到贊成票的比率在 1997 年的平均值為 17%，所以 35% 這個數字可以說是非常高的比例了。

　　身為迪士尼董事會改革的急先鋒，站在最前面的是美國最大的退休金基金——教職員保險年金聯合會，也就是大學退休股票基金（TIAA-CREF）。他們認為董事會的大多數成員都和迪士尼或者艾斯納個人具有利害關係，因此缺乏獨立性，TIAA-CREF 最高負責人之一的克萊斯・威斯科強調說：「雖然迪士尼現在維持著良好的業績，但是只要企業體制上存在問題，就無法確保今後持續的成功。」他們於是要求迪士尼和其他大型的專業投資法人建立合作關係。

TIAA-CREF 通常都在檯面下向投資企業施加壓力，要求改革企業體制。但是對迪士尼來說，他們以股東提案的形式行使了股東權利，在公開場合表明了對決的姿態。威斯科甚至還在 1997 年 11 月飛到好萊塢，做出和迪士尼幹部直接會談的努力，但是結果並不令他滿意，而他之所以會做出這樣的決定是因為他認為已經無計可施了。

TIAA-CREF 不僅批判董事會成員缺乏獨立性，不夠中立，而且對董事會成員沒有持有足夠的迪士尼股票這個問題，也提出了自己的看法。到 1997 年底，在董事會的十六名成員中，有四個人甚至連一股也沒有，威斯科認為這是不正常的狀態。不僅是 TIAA-CREF，被稱為「行動者的股東」美國最大的公務員退休金基金——加利福尼亞州職員退職年金基金，也是抱持著相同的觀點。

按照迪士尼的標準，董事會成員的 60% 確保了獨立性，其標準為：一、不是現在公司的從業人員；二、不是過去三年間公司的從業人員；三、和公司不具有特別的利害關係。這樣的標準與日本的董事會成員幾乎都是公司員工出身的情形相比，可以說是確保了非常高的獨立性。但是按照美國企業的標準，則完全不一樣了。迪士尼的董事會甚至曾經被《商業週刊》等雜誌的企業版評為「最差的董事會」。

威斯科雖然認為艾斯納是世界上最好的 CEO 之一，但是他卻也這麼說：「如果把艾斯納比作啟蒙專制的君主，那麼當君主不在之後又該怎麼辦呢？若一家公司僅只有優秀的 CEO 一個人在發揮實力，那麼在艾斯納退任後，勢必將形成大混亂，導致業績下滑的風險。而現在的問題是，在艾斯納之後也要有能夠繼續選出優秀 CEO 的企業制度作擔保。」當他說這些話時，語氣非常嚴厲。

而真正能成為擔保的，就應該是客觀地評價、選舉、解任的董事會。在迪士尼，曾經是艾斯納心腹的經營幹部們，都因為事故死亡或者彼此不

合等原因紛紛離開了，而事實上，董事會早已成為艾斯納一個人的舞台了。艾斯納退任後的 CEO 候補人選並沒有完全培植出來，這令投資家們不免紛紛擔心：「如果艾斯納突然不能夠執行職務了，就很可能出現股價暴跌的巨大風險。」

事實上，艾斯納在 1997 年的股東大會上，也因為企業體制問題遭到激烈的批判，當年的股東大會為此變成時間長達五個小時的馬拉松大會。而在 1998 年的股東大會上，批判的對象就不僅僅侷限於迪士尼的企業體制問題了。

首先，是艾斯納個人的高額報酬問題。在 1997 年末的各大報紙的經營版上，都用大幅標題「獎金總額達 5.65 億美元，創下了至今為止的最高紀錄」做了報導，因此，也就自然成為股東大會質疑的對象。而這是艾斯納行使低價購買公司股票的選擇權所獲得的利益。

其次，批判的焦點集中在由艾斯納物色來接替自己的接班人——擔任總經理的麥可・奧比斯的退職金問題上。奧比斯是艾斯納面對「缺乏後繼者」的批評時，如同心肝寶貝般招來的人物。一直率領著好萊塢最強事務所的奧比斯，在進入迪士尼後沒有留下什麼亮眼成績的情況下，於到職一年多之後就離開了迪士尼，儘管時間很短，但是據報導，他獲得了一億美元以上的退職金。

關於企業的體制問題，在 1998 年的股東大會上，迪士尼將董事會成員的任期由三年減為一年，每一位董事會成員每年都必須接受股東大會的監督和審查，實現了體制上的改革。而對於高額報酬的批判，艾斯納對於在董事會內成立薪酬與業績審查委員會做出了一定的讓步。該結果的取得，使得以當年的股東大會為契機，而提出批評的退休金年金等機構的投資者們才暫時安靜了下來。

艾斯納透過彰顯自己所取得的業績，加強了自身的地位。在 1998 年

的股東大會上，他強調自己從就任以來，將銷售額增加了 15 倍，將收益增加了 19 倍，將股價提升了 30 倍，以尋求股東的理解。對他來說，比什麼都重要的支援是巴菲特的存在，在迪士尼遭到投資機構法人者攻擊那一年的股東大會上，巴菲特接受艾斯納的邀請，在會上作了簡短的演講，向股東闡明了「請繼續持有迪士尼的股票吧！」的原因與理念，為迪士尼做了有力的「背書」。

然而，從企業體制結構的角度來講，迪士尼和巴菲特所追求的理想還存在一定的差距。巴菲特曾在《巴菲特致股東信》中，表達了「最高的對策在於，即使是處於貧弱的企業體制之中，也必須找到一個能夠善於開展業務的 CEO」，他從艾斯納過於自負、集權，事必躬親的性格中看出了隱憂，在這樣的領導方式之下，決策過程會變得緩慢，這種企業文化顯然難以適應即將來臨的網路時代。同時，在現有的體制下，迪士尼的營運績效幾乎繫於身為 CEO 的艾斯納一人之手，這又讓企業的未來充滿了更多的不確定性，因此，在迪士尼併購美國廣播公司後，成為迪士尼大股東的巴菲特逐步減持手中大量的迪士尼股票，1999 年，他將所有的迪士尼股份出清完畢。

動盪華爾街的併購

終於卸下的責任

　　1997 年 8 月中旬，綜合金融服務公司旅行家集團（Travelers Group）的董事長兼 CEO 魏爾（Sanford I. Weill）打電話給奧馬哈的巴菲特。因為和巴菲特是舊交，說話的語氣就和平常一樣輕鬆：「啊！你好嗎？有點事情想要和你商量。」

　　魏爾可以稱得上是企業併購的戰略家，1986 年他與合夥人自美國運通脫離，轉而投入了廣告信用公司（Commercial Credit Company），1987 年他收購了史密斯・巴尼的 Primerica 金融服務公司，1993 年併購了擁有一百三十年歷史的著名保險公司——旅行家，將公司改名為「旅行家集團」。魏爾是創建了美國金融機構代表金控金團的實力派人物，截至目前，他所參與的多次企業併購中，有兩次大型的案件曾經邀請巴菲特參加。其中的一件，是他們倆從頭到尾都攜手合作，直至計畫完成。

　　魏爾在向巴菲特進行了簡單的問候之後，轉入了正題。

　　「我現在正考慮一樁大型併購案，收購的對象是所羅門兄弟。我想知道你對這件事的看法。」

　　巴菲特的回答一如他所預期：「現在的時機最好，祝你成功。」

　　巴菲特的話沒有一絲勉強，自從所羅門公司的暫時董事長兼 CEO 退任下來，已經過了五年，就投資角度而言，當初選擇所羅門股票的舉動應該算是一時失策，如今經過五年的等待，也終於看到了增值賣出的希望。

　　當時，紐約股票市場以極快速度持續上漲，道瓊工業指數在 7 月份剛剛突破了 8,000 點大關，華爾街因這空前的好形勢一下子沸騰起來，包

括所羅門兄弟在內，大銀行和證券公司都刷新了至今為止的最高獲利紀錄。旅行家集團成為道瓊工業指數的構成品牌，該公司的股價上漲也成為推動道瓊工業指數上漲的重要一員。

魏爾在打電話給巴菲特前，和所羅門兄弟的董事長兼 CEO 迪里克‧蒙私底下見了一次面，兩人就旅行家收購所羅門的可能性交換了意見。迪里克‧蒙是 1992 年被巴菲特相中就任所羅門兄弟首席營運長的英國人，他和母公司所羅門的最大股東巴菲特保持著非常密切的關係。

魏爾和迪里克‧蒙會談的地方是在紐約的高級西餐廳「四季」，時間是 8 月 14 日星期四，這是一家中央帶有游泳池的高級西餐廳。時年六十四歲的魏爾和安靜又具有紳士風度的迪里克‧蒙，在這舒適的環境中，一邊吃著牡蠣和烤鴨，一邊熱切討論著將來的夢想。

「桑迪（魏爾的暱稱），業界重組發展的速度真是快得令人難以相信。今年年初定案的摩根史丹利和添惠（Dean Witter）合併為 MSDW 一事，難道不是引爆劑嗎？您對旅行家的將來有什麼打算呢？能讓我聽聽您的想法嗎？」

「雖然說旅行家以極快的速度在成長，但是我並不認為保持這個現狀會有更好的發展。比如說，就全球性的衍生金融商品業務的這一項能力而言，我們不如競爭對手，這是不得不承認的。」

這一次會面是以魏爾回應迪里克‧蒙的問題之形式開始的。迪里克‧蒙在此之前，曾經就所羅門的未來，和掌握著所羅門股票 19% 的巴菲特做了詳盡的討論。他將「如果不能實現大型的企業合併，所羅門將被業界重組給拋得遠遠的」的想法傳遞給巴菲特，並獲得了他的認同。

促成迪里克‧蒙和魏爾接觸的其中一個原因，是因為他曾經擔任紐約市內的演奏會會場卡內基音樂廳的理事會成員，所以知道同為理事會成員魏爾的人品和經營長才。另外，迪里克‧蒙對於魏爾的人脈關係也給予

高度的評價。

隨著交談的進一步深入，迪里克‧蒙認真地看著魏爾，這樣問道：「您認為所羅門和旅行家的組合如何？」

「這個問題若不好好考慮一下的話很難回答，但是我覺得這是一個很有前景的想法。」

雖然魏爾沒有立即回答，但是「假如用不斷大幅度上升的旅行家股票作為收購工具，那就非常方便。而即使需要再加上一定的附加價格，只要能夠收購到所羅門的國際跨國業務，也是合算的。」這一想法已經在魏爾的腦海裡清晰成型，因此，才能有以上那句意味深長的回答。

在共進晚餐之後的第二天，魏爾打了電話給迪里克‧蒙。

「好的，我明白，我馬上就去。不過這一次，可是包括價格在內的認真商談喲！」

由於魏爾表現出積極的態度，所以雙方沒有必要再討論是否願意收購的問題。而掌握著決定收購價格關鍵的，是巴菲特和魏爾兩個人。

迪里克‧蒙聯繫巴菲特和母公司所羅門的董事長兼 CEO 羅伯特‧丹漢姆兩人，轉達了魏爾的收購意願。從巴菲特那裡，迪里克‧蒙得到這樣的答覆：「關於我們的企業，如果桑迪是認真想收購的話，我們也必須認真以對。那麼從現在開始，我們就以旅行家為優先考慮，不要把天平傾向於其他的公司了，只要價格合適就行了。如果價格不合理，我們就再去尋找其他的企業。」而幾乎在此同時，魏爾也去電巴菲特，互相就預想的收購價格進行了交流，雙方對於價格認知並沒有太大的差距。

在那以後，雙方的交涉越來越深入。9 月的第一個星期，所羅門和旅行家的最高層聚集於紐約郊外阿蒙庫的會議上，就收購一事展開徹底的意見交換。迪里克‧蒙利用間隙時間，飛到奧馬哈和巴菲特一起用午餐。

「巴菲特，這一次你真的是下定決心了嗎？這樣繼續談判下去行嗎？

兩隻大象（指巴菲特和魏爾）爭鬥的場面，我希望能夠避免。」

「我們可是認真的，不用那麼擔心。迪里克，我信任你，所以請繼續談下去！」

午餐時，巴菲特就如何評價所羅門的價值，詳細闡述了自己的想法。他完全沒有麻煩過投資銀行家、律師、財務顧問等專職股評家。也許正因為如此，所以在他的手裡也沒有那一疊記載著所羅門、旅行家兩家公司財務內容的厚厚文件。儘管如此，他還是正確地使用數字，就相關併購的複雜交易問題，做出了詳細而清晰的說明。迪里克·蒙再一次為巴菲特的能力所折服。

9 月 24 日，雙方對於所羅門收購方式的意見達成一致，決定將採取以股票交換方式來收購。這是一次總額達 90 億美元的併購案，僅次於六個多月前發表的摩根史丹利和添惠的 100 億美元的大型購併案件。所羅門的淨資產（相當於股東權益）在當年 6 月末大約為 46 億美元，表示旅行家將要向所羅門支付相當於其淨資產金額的大約兩倍，因此，在市場上也普遍認為：「考慮到至今為止所羅門的獲利能力，旅行家實際上相當於將支付合理價格以上的高價。」

然而魏爾接受了這樣高的價格，並沒有一絲躊躇。因為擁有了綜合證券公司所羅門美邦的新生旅行家，不僅得以與摩根史丹利添惠、美林證券、高盛證券等華爾街之雄並駕齊驅，而且也將蛻變成為對最大的投資信託（Fidelity Investments）、大型信用卡的美國運通等構成強大威脅的綜合金融機構。

因為透過股票交換得到了旅行家股票的 3%，而成為該公司大股東的巴菲特也立即發表了聲明。他在聲明中表示：「在過去的幾十年中，**魏爾在金融服務業界實行了巧妙的企業購併，透過事業整合等方式，為股東創造了巨大的財富。他是這樣一個天才，因此，我相信這次所羅門的併購也**

不例外。」他的這番話，對於魏爾的經營手法給予高度的評價。

事實上，所羅門收購案對巴菲特而言，又是一次成功的案件。透過這次收購，原來保有的所羅門股票以 1 股轉換為 1.13 股的旅行家股票。旅行家股票在收購案發表後，以每股 69.44 美元的價格交易，轉換為旅行家股票的話，1.13 股就相當於 78 美元左右。這樣一來，就相當於將所羅門的優先特別股轉換為普通股時 38 美元價格的兩倍以上。

在 1995 年版《巴菲特致股東信》中，巴菲特非常正直地寫道：「到現在為止，將所羅門的優先股轉換為普通股的權利完全還沒有使用。道瓊工業指數在我以優先股的形式收購了所羅門的股票後，上漲了兩倍，證券股全體也上升了相同的幅度。這究竟是什麼意思呢？我認為在所羅門的優先股轉換為普通股蘊藏著價值，因而實際購買了優先股的這件事上，這項投資只能得到較低的分數了。」

1997 年版《巴菲特致股東信》中寫道：「對於所羅門的投資，我們終於大幅度得到回報了。所羅門確定被旅行家集團吸收後，終於給長期痛苦的所羅門股東們帶來了報酬。雖然旅行家投資所羅門的最終的統計數據還沒有出來，但是我認為這比我兩年前所預想的結果要好上許多，這樣的結果也是我可以接受的。」

諷刺的是，巴菲特並沒有忘記加上這樣的一段話：「只是，在我回顧自身在所羅門的經驗時，雖然是充滿疑惑和教訓的，但是，從 1991 到 1992 年的那段時間，我甚至這樣想：『只要我沒有坐在那個不幸的位置上，我就能快樂地欣賞這部戲劇。但是，我的座位卻始終面對著舞台。』」話中充滿了電視連續劇批評家般嘲諷的口吻。這究竟是什麼意思呢？「正因為是無聊的戲劇，所以坐在面向舞台的位置上是最不好的選擇」換言之，「在其擔任所羅門的臨時董事長時代，巴菲特完全沒有體會到任何的樂趣」。

雖然說最後是以較高的價格將所羅門股票賣出，但如果用巴菲特的標準來衡量，所羅門只是產生了非常普通的收益。巴菲特在購買了所羅門股票一年之後，大量取得了可口可樂股票，到 1997 年末，已經膨脹到相當於初期投資額十倍的 130 億美元以上，而所羅門股價僅是上升為原來的兩倍，所以只能說非常一般吧。

讓我們更加詳細地分析一下吧！

巴菲特 1987 年向所羅門的初期投資為 7 億美元，是以購入帶有股票和債券雙重性質的混合商品——帶有轉換權的優先特別股。透過波克夏購入的所羅門優先股共為 70 萬股，每一股的金額為 1,000 美元，將股票數目乘以面額，就等於 7 億美元。從投資開始日的三年後，就可以行使轉換權，取得普通股。但是假如沒有行使轉換權的話，從 1995 年開始，經過五年的時間，每一年將會歸還五分之一的本金給投資者，如果不行使轉換權的話，也就相當於和持有固定利率的債券是一樣的。

首先是在返還第一年的 1995 年，巴菲特將優先股的五分之一返還所羅門，將其現金化。在股價為 40 美元左右的 1996 年，將餘下的五分之一轉換為普通股，以一股 38 美元的價格取得了 368 萬股。而另一方面，從 1993 到 1994 年期間，巴菲特從市場上又以平均價格每股 48.91 美元購入共計 660 萬股的所羅門普通股。究竟是將優先股現金化，還是應該轉換為普通股呢？他自己都搖擺不定，從這一點可以看出他對所羅門的將來並沒有一個明確的看法和認知。

總而言之，初期投資的 7 億美元中，以優先股的形式保存下來的 4.2 億美元以複利的形式產生了每年 16.5% 的利潤，雖然不多，但是也超過了 S&P500 種股票的獲利率 14.8%。包括行使轉換權換來的所羅門普通股和從市場上購入的所羅門普通股，平均購入價格為 45 美元，這比起旅行家收購所羅門計畫發表後的 78 美元，潛在升值達到 74% 左右。

累計在過去十年中，巴菲特投注在所羅門股票的金額達到 10 億美元以上，包括買入之後沒有行使轉換權利的潛在普通股在內，其持有的所羅門普通股市價已增加為 17 億美元左右。雖然說看到了鉅額的增值利益，但是比起九年間成長十倍的可口可樂股票，仍是低得多。

1996 年，巴菲特透過波克夏發行可轉換為所羅門股票的特殊債券，具體而言，波克夏發行總額達到 4.47 億美元、期限五年、票面 1,000 美元的優惠債券，每一張債券上可轉換為 17 股所羅門股票。轉換的對象為波克夏持有的所羅門股票，轉換價格定在 56 美元左右。也就是轉換的債券持有人越多，波克夏持有的所羅門股票將越來越少。

旅行家發布了收購所羅門股票的消息之後，所羅門股票立即上升到 70 美元左右，為轉換帶來了有利的條件。巴菲特也在波克夏債券發行之後，做了「可能等不到返還債券本金，就會有很多波克夏債券被轉換為所羅門股票吧？」的預測。假如波克夏債券全部被轉換，就相當於有 800 萬股規模的所羅門股票可以從波克夏轉移到波克夏債券的購買者手中。這樣，波克夏持有的未轉換部分（之後將轉為旅行家股票），就僅僅相當於原有的三分之一左右了。

2 金融巨人花旗的誕生

　　魏爾在購併有半世紀歷史的旅行家保險公司，並買下所羅門兄弟證券公司後，他的金融帝國儼然成形。而 1998 年旅行家和花旗銀行的合併，更成就了其建立全球最大金融集團的美夢。

　　1998 年 3 月，在紐約銀行家協會的會議上，魏爾充滿自信地演說著。當時所羅門併購案的熱度還沒有消退，聽眾們也認真傾聽他的發言。他談到：「如果要想成為全球性的大玩家，規模就必須龐大。」「在不久的將來，一個案件的總額達到 1,000 億美元以上的購併時代將要來臨了。」

　　在聽眾聽來，不禁會產生「儘管那樣的時代會來臨，不過應該是好多年以後的事情吧！」的想法。在那個時期，歷史上企業購併的最大案件是：1997 年「世界通信公司」併購「MCI 通信」，當時出資達 370 億美元的案件，和限於金融界的 First Union 收購 CFL，當時出資為 170 億美元的案件。對於多數金融從業者而言，魏爾所說的 1,000 億美元都是遙不可及的數字。

　　當時的實際情況是，魏爾正在和美國排名第二的商業銀行花旗銀行董事長兼 CEO 的約翰‧李德（John Reed），交涉合併事宜最關鍵的階段，預計 4 月正式合併，規模將會達到 700 億美元。

　　合併後的新公司花旗集團（Citigroup）股票時價總額達到 1,400 億美元，總資產 7,000 億美元，從經營規模上來看，這絕對是空前龐大的超級金融機構，甚至比起世界最大的複合企業奇異公司更為出色。旅行家與花旗的純利潤在 1997 年合計達到 75 億美元，逼近奇異的 82 億美元。

旅行家和花旗合併的議題開始於 1998 年 2 月 25 日的華盛頓。在當地召開了由很多企業經營者參加的「商務評價會議」，魏爾和李德（John Reed）兩人也都出席了這次會議。魏爾在期間打電話給李德，在未告知意圖的情況下拜訪李德下榻的飯店，開啟了關於合併的話題。

兩人一開始覺得非常突然，一下子難以接受的李德，慢慢聽了魏爾的說明，也開始有了興趣，同意一同商談合併的事情。1984 年，年僅四十五歲的李德已是美國最大型金融中心銀行的首席，被評價為「理性的」、「戰略的」銀行家，就是這樣的他，將要和被形容為「動物的」、「野心的」魏爾攜手合作了。

不過，就組合而言，擁有證券部門所羅門、保險部門 Primerica，以及消費金融部門「廣告信用」等多種金融服務的業務，和花旗的業務幾乎沒有重複，這顯然是個不錯的組合。而和以國內市場為中心的旅行家相對，花旗是進出於世界前一百大國家的國際性資金中心銀行。在花旗比較弱的投資銀行業務和資產應用業務方面，所羅門美邦就佔了市場份額的很大一部分。

在魏爾和李德就合併展開交涉的背後，迪里克・蒙也和巴菲特接觸，探尋今後的方向。即使什麼都不做，巴菲特所保有的旅行家股票將伴隨著合併，自動轉為花旗集團股票，巴菲特也將成為花旗集團的大股東。在旅行家和花旗幹部當中，對和巴菲特關係最近的迪里克・蒙而言，探知大股東巴菲特的意向是當然的義務。

「巴菲特，你打算繼續持有合併之後的花旗集團股票嗎？」

「是啊！如果能夠繼續持有的話，我當然想繼續持有，但是從現在來看，我完全看不清楚狀況呀！」

在和迪里克・蒙的對話中，巴菲特不僅持有花旗股票的意向十分曖昧，也沒有表示要加入該集團公司董事會的意願。雖然說他並沒有反對旅

行家和花旗合併的構想，但是也沒有表現出積極贊成的意思。熟知巴菲特性格的迪里克・蒙，並未進一步詢問巴菲特，就終止了對話。

由魏爾和李德主導的合併事宜逐漸越走越大。3月下旬，兩者達成基本的一致意見，在4月6日的正式發布之前，魏爾和李德打了電話給柯林頓總統、財政長官羅伯特・魯賓和美聯準會主席艾倫・葛林斯班等華盛頓要人。花旗集團的誕生在形式上，構成了對1956年公布的銀行持股公司法的挑戰，因此有事前告知政府的必要。

經營美國民調公司「金融服務專家」、熟知金融界動態的麥可・福拉那剛就旅行家和花旗的合併，發表了這樣的評論：「僅僅在一夜之間，競爭的條件就發生了變化。現在世界上的著名金融機構，無論是誰成為收購的對象都不再奇怪了。」而併購完成後的花旗集團不管是在資本力量、顧客層面、業務多樣性等各方面指標，都遙遙領先於其他的金融機構，可以說已經成為金融之母了。

於是，金融界不得不面對這個突然出現、卻又領先群倫的巨人，開始展開一場你追我趕的競爭。業界重組的加速，是在這股潮流之後必然會來臨的。事實上，在兩者發布了合併消息之後的一週，又傳來著名的美利堅銀行和國民銀行（Nations）合併為美國銀行的消息，在這個過程中，巴菲特僅僅是冷眼旁觀而已。

巴菲特並沒有參與和購併有關的談判，所有的一切均在魏爾和李德兩人的主導下完成了合併。而且旅行家收購所羅門的時候，巴菲特還發表過聲明。這次巴菲特連聲明也沒有發表。

迪里克・蒙在接受採訪時，這樣回憶了當時的巴菲特：「雖然他並沒有明確地說出來自己當時是怎樣的心情，但我大概能夠想像得到。他所說的『看不清楚狀況』這種不表明自己立場的話，正是他沒有積極興趣的訊號。他在當時減少了持有股票的數量，而增加了持有現金的比例，同時

還買入了其他的新股票。他所選擇的方向是明確的。基本上，他是準備將所有的旅行家股票拋出，而這也是典型的巴菲特作風，只要是他決定的事情，無論別人怎麼說，都不可能更改。他和所羅門持續了長達十年以上的關係，我認為將因為花旗集團的誕生而宣告終止。」

事實上，在波克夏1997年版的年度報告書中，波克夏大量持股的清單上已經被加入的旅行家股票，到了1999年春出版的1998年報，就沒有將花旗集團的股票列入其中。

在過去，巴菲特就對投資銀行的業務不抱多大的興趣，他曾經說過：「經營投資銀行這樣的事情，我一次也沒有想過。」

在購入所羅門優先股之後的1987年版《巴菲特致股東信》中記載道：「關於投資銀行業務的方向和今後的收益性，我完全無法說一句明確的話。」顯示出這是與喜歡確實性與可預測性的他模式不合的事業。

1995年版《巴菲特致股東信》也曾記載道：「蒙格和我，就保有所羅門股票這件事所投入的精力顯得過多，對波克夏而言完全沒有經濟上的意義。透過購買確定利率的債券（優先股），我到了六十歲，又不得不背負新的工作（所羅門的臨時董事長），這真是我萬萬料想不到的事情。」

巴菲特的信條之一就是「視經營者之良否而投資」，從這個意義上來說，他並不是購買了所羅門，而是購買了古弗蘭和迪里克・蒙。

他對古弗蘭的評價是：「比我更能經常優先考慮顧客利益的經營者。」即使是在國債不正當交易事件之後，巴菲特也仍然在公開的場合表示他是一位值得尊敬的友人。

1997年版《巴菲特致股東信》再次談到迪里克・蒙：「我們從迪里克・蒙和羅伯特・丹漢姆那裡得到了很大的幫助。第一，他們兩人在1991年的事件之後，將所羅門從破產的危機中拯救出來的過程中發揮關鍵作用。第二，使所羅門恢復活力，把它重建為對旅行家充滿吸引力的企

業，他們倆發揮了很大的作用。正如我常說的那樣，我希望與自己有好感的、能夠信賴的、值得尊敬的經營者一起工作，而要說誰是這樣的經營者的話，最合適的就是迪里克和羅伯特。」

古弗蘭在 1991 年離開了所羅門，迪里克‧蒙也因所羅門被併購，而將首席位置讓給了魏爾和李德，退出了第一線。曾經擔任「波克夏的律師」的丹漢姆，在旅行家收購了所羅門之後，做出了自己已經盡到職責的判斷，辭去了所羅門董事長兼 CEO 的職務。伴隨著花旗集團的誕生，巴菲特覺得自己對該企業的經營者也沒有什麼特別的感情，於是就開始走上了一條與新所羅門從此無緣的道路。

另外，對於擁有強烈個人風格的魏爾和李德的花旗集團，因為採取雙長體制，使巴菲特對其將來抱有疑問，可能也是巴菲特退出的另一個原因。對於魏爾，雖然巴菲特將其評價為「天才」，但是其透過反覆地藉由股票交換來實現企業併購，構築起巨大的金融之母的所謂「魏爾模式」，也有和巴菲特不合的一面。

不管是真是假，假如巴菲特不在的話，所羅門在 1991 年消失的可能性就非常大。如果這樣的話，就不會有旅行家對所羅門的收購和花旗集團這個巨人的誕生。

3

岌岌可危的LTCM基金

雖然華倫・巴菲特以波克夏・海瑟威公司為跳板，取得了很大的成功，但是直到收購波克夏第三十年的九〇年代，仍然處於遠離華爾街的狀態。雖然華爾街上有許多人知道他的名字，但是他依然只是「大眾街」的代言者，而不是「金融街」的代言者。

從八〇年代到九〇年代，巴菲特和代表華爾街投資銀行之一的所羅門兄弟公司之間加深了聯繫，甚至到最後，還因為所羅門兄弟公司的醜聞，成為該公司的臨時董事長。不過，這也是偶然加偶然的結果，他自己並沒有希望成為所羅門母公司的董事長，所以，可能還感到過一絲痛苦。

事實上，除了與所羅門醜聞相關的事件之外，華爾街並沒有直接和巴菲特打過交道。雖然有過例外的情況，但是巴菲特討厭象徵著華爾街的投資銀行家，這已經是公開的事實。在透過波克夏實現的大型收購等案件中，也沒有投資銀行家參與其中。而足以成為象徵巴菲特「討厭華爾街」的事例，以1996年最著名的刮鬍刀廠商吉列對電池廠商金頂的收購為代表。在所有股東成員中，巴菲特是唯一棄權不贊成收購的，因為他公然反對向擔任金頂電池顧問的投資銀行支付高額的併購手續費。

投資銀行家在美國被視為精英中的精英。這些哈佛大學商學院畢業最優秀的學生，紛紛都希望進入高盛證券、摩根史丹利這些知名的投資銀行，而像花旗銀行這樣的商業銀行只能作為他們的候補選擇。在台灣，商業銀行相當於一般的銀行，長久以來，國人都把在那裡工作的商業銀行家看成是精英階層；而在美國，相當於國內「證券商」的投資銀行家才是美

國人心目中最高的金融界精英。

投資銀行家以外國政府或者大企業、法人投資機構、大富豪等等作為交易對象，獲得一般正常人難以想像的報酬。也有這樣的說法：「投資銀行家以大企業的領導者為對象，而商業銀行家則以財務科長為對象。」假如成功了，他們還能夠開出新的道路來。在柯林頓政權下獲得了著名財務長官評價的羅伯特‧魯賓，就曾經擔任過投資銀行高盛證券的共同董事長。

最能稱得上是投資銀行家的人物，是從十九世紀後半期到二十世紀都十分活躍，被稱為當代金融教父的 J.P. 摩根。他率領著摩根集團君臨華爾街，被視為是金融界的代名詞。他的世界，與和葡萄酒比起來更喜歡可口可樂、對昂貴的西裝不感興趣的巴菲特相比，可以說是完全不相容的兩個世界。

然而，巴菲特當時似乎也沒有被華爾街視為值得重視的人物。比如說，很少有股評家認認真真地對波克夏投資公司寫過股評。這是因為波克夏股票的成交量很低，並不能成為其賺取手續費的對象，而投資銀行家也知道即使訪問奧馬哈，也不會得到接待，所以兩者之間很少有所接觸。

簡要地說，巴菲特從沒有借助華爾街的力量，而是完全靠自己取得了投資家的非凡成績。正如中西部安靜的奧馬哈田園生活和華爾街的喧囂一樣，巴菲特和華爾街也是不相容的。假如說巴菲特討厭華爾街的生活，那麼華爾街對巴菲特的態度也是幾近於無視他的存在。

直到 1998 年的夏天到秋天，這樣的關係發生了變化。這並不是因為巴菲特有所改變，而是因為在俄羅斯爆發了突然的通貨貶值，從而引發世界性的金融危機，因此，華爾街改變了態度。一時間著名的投資銀行家們紛紛出動，為了能夠一舉打開局面，他們只能求助於「奧馬哈的天才」。

透過打工賺得的一萬美元，並以此從 1951 年起跑的「天才投資家」

巴菲特，經歷了大約半個世紀，終於被美國資本主義的大本營華爾街奉為救世主。

1998 年 9 月 23 日夜，紐約聯邦儲備銀行的總部內，圍繞在剛從倫敦飛回來的威廉・馬克唐納總裁身邊，集合了高盛、美林、摩根、旅行家等集團十五家有實力的金融機構領導人，他們在這裡氣氛緊張地召開緊急會議。

會議的議題是：是否要對由於俄羅斯的通貨危機等原因，在商業活動中遭遇失敗、遭受了 40 億美元損失的美國著名避險基金——長期資金管理公司（Long-Term Capital Management，簡稱 LTCM）投入資金的問題。LTCM 的淨資產（相當於股東權益）大約在兩週之內減少了 80%，出資者所擁有的股份眼看著馬上就要變成零，呈現資不抵債的情況。

於是，以馬克唐納總裁作為指揮官，LTCM 債權集團的這十五家金融機構共同決議，將馬上追加投資 35 億美元，事實上是將 LTCM 一舉收購。旅行家集團的董事長兼 CEO 魏爾在第二天的財經電視節目中強調說：「過去反應過度的投資家們，今後也將會變得更冷靜一些吧！」

儘管如此，市場的動搖並沒有停止，因為抱有已經元氣大傷的投資基金，必將一下子轉向設法將資金回收，所以市場上投資家的交易萎縮，包括美國在內的主要經濟大國，發生了深刻的信用緊縮。在美國，企業的新股發行（IPO）和債券發行都已暫時停止，一時間，發行市場出現了機能與流動性都停止的狀況。而作為債權者向 LTCM 注入大量資金的金融機構，大多數都面臨著股價暴跌的窘境。

在投資基金業界，由喬治・索羅斯（George Soros）率領的索羅斯基金，和由朱利安・羅伯森率領的「老虎（Tiger）」基金是最有名的。特別是由索羅斯運用的「量子基金」影響力最大，經常成為攪亂世界外匯市場的主要原因，因而成為買空賣空投資基金的代名詞。LTCM 在危

機白熱化的時候，從淨資產的規模來看，索羅斯和老虎各自均已達到了200 億美元左右，在業界居於領頭地位。而與之相比，LTCM 的淨資產在 1998 年初期，僅僅停留在 48 億美元的水準上。

這樣有可能出現大問題，因為 LTCM 透過龐大金額的借款實行著大規模的投資。表示借款等負債已是股東所持股票資本的 N 倍，槓桿比例可以成為一個參考。LTCM 的負債已膨脹到 1,000 億美元以上，槓桿比例達到數十倍。因此，對市場影響程度也就可以和槓桿比例為四倍左右的索羅斯、老虎等匹敵。同年 9 月初，與所具有的 23 億美元相對，透過債券裁定交易的形式，曾經獲得 900 億美元左右的融通資金。

雖然高槓桿比例有可能帶來高收益，但同時也伴隨著高風險。假定有一個股東資本達 10 億美元，負債達 90 億美元的買空賣空基金，那麼基金的可運用資產總額就達到了 100 億美元，槓桿比例為九倍。如果基金整體收益為 5%，也就是說，一年獲得了 5 億美元的利益，那麼對投資家而言，收益率的單純計算就應該為 50%（出資十億美元，一年獲得五億美元的利益），也可以說，股東資本報酬率 ROE 為 50%。

但是相反地，假如資金運用失敗，基金整體的收益率為負 5% 的話，那麼就相當於在 100 億美元的可運用資產總額中，有 5 億美元遭受了損失，那麼這時，就需要使用股東資本來填補損失。也就是說，雖然運用資產僅僅是貶值了 5%，但是就相當於股東失去了擁有股票的一半。如果股東完全失去了自己擁有的股份，那麼基金就將陷於資不抵債的泥淖。因為追加所出現的損失，必須用負債來填補，也就勢必會出現債務無法履行的情況。這時，即便是將所有的資產全部變賣，也不夠還債。

儘管有這麼大的風險，但是華爾街上的第一流金融機構還是紛紛向LTCM 借出資金，這是因為 LTCM 的歷史上出現過一位被稱為「史上最強操盤手」的約翰・梅立威勒。他創立了 LTCM，並在自己經營期間持

續不斷地取得絕對性的高收益。在華爾街的精英中，梅立威勒是一個傳奇人物，與頻繁在媒體上亮相的索羅斯相比，更加令人敬畏。

然而，在這次 LTCM 救援行動的背後，還存在著另一個完全不同的方向。

紐約聯邦儲備銀行馬克唐納總裁，從 LTCM 的債權集團之一的金融機構高盛證券處得到密報：「對 LTCM 的收購表示出興趣的其他投資集團出現了。」接到報告，他馬上中斷了原訂於上午十點開始的債權人集團會議。

這也是由於世界性金融危機，引起了投資家們的危機感增強，在債券者集團當中，願意向高風險的 LTCM 實施再投資的、著重展望未來的金融機構一個也沒有。在毫無選擇的情況下得到這樣的壞消息，馬克唐納當然要取消原訂的會議了。促使馬克唐納取消會議還有另外一個理由，那就是在被告知的「其他投資集團」名單中，還有在金融投資領域有著亮眼成績的巴菲特的大名。

所謂的其他投資集團，除了由巴菲特率領的波克夏以外，還由美國最大的保險公司——美國國際集團（AIG）和高盛證券，這三個公司構成。該集團的收購方案是：投入總額 40 億美元，其中的 2.5 億美元作為 LTCM 的收購資金，剩下的 37.5 億美元作為對 LTCM 的追加投資。波克夏負擔金額最大的 30 億美元，AIG 負擔 7 億美元，高盛證券負擔 3 億美元。

後來，透露出自己當時就像是處於「戰地司令官」立場的馬克唐納，聽到這個消息，一邊撫著胸，一邊感嘆「這下總算解決了一件大事」。於是打電話給巴菲特，得到了「將於近期送上具體的收購方案」的回答。從這個時候開始，華爾街上的精英們開始向「奧馬哈的天才」投以熱烈且尊敬的目光。

　　巴菲特相信對 LTCM 的投資一定能夠取得良好的長期收益。他的專長之一，也就是在不管多麼複雜的條件下，只要讓他看一看數字，就能在瞬間理解並掌握數字的意義。另外，AIG 的董事長莫里斯・格林伯格（Maurice Greenberg）是素有「保險業界中最卓越的投資家」之稱的大人物，而高盛證券的董事長瓊・柯辛（Jon Cozine）也是操盤手出身，是精通買空賣空投資基金業界深富實力的銀行家，以合夥人來講，這個組合還相當不錯。

　　由巴菲特等人提出的收購提案，經由傳真送到了擔任 LTCM 經營者梅立威勒手中。當初 LTCM 希望最遲在中午前得到回答，但最後的要求時間卻延長到半夜零點三十分。傳真傳來時是在夜裡十一點四十分，和梅立威勒的要求相差五十分鐘。

　　當時對巴菲特而言，正是他偕同妻子蘇珊從上週末離開奧馬哈，計畫在阿拉斯加大自然中旅遊一個星期的高潮。巴菲特平常對旅遊並沒有多大的興趣，這次實在是因為好朋友微軟公司的比爾・蓋茲夫婦熱情地邀約，令他無法拒絕。

　　也就是說，巴菲特是從大自然中利用行動電話和馬克唐納、格林伯格、柯辛等人取得聯繫，而且最終敲定收購事宜。當然，這是因為這項在世界市場上罕見的鉅額交易——對 LTCM 投資 40 億美元的收購提案，在市場環境時時刻刻都在發生變化的狀況下，的確是無法再長時間等待下去了。

知識⁺Box 1998 年俄羅斯金融危機

俄羅斯從 1997 年 10 月到 1998 年 8 月經歷了三波金融大風暴，三波風暴的間隔越來越短，規模越來越大，程度也越來越深。它導致兩任政府的垮台，並波及了全球金融市場。

這場金融風暴的遠因是由於俄羅斯政府長期推行貨幣主義政策，導致生產萎縮，財政拮据，只能一直靠出售資源、舉借內外債支撐。由於外匯儲備短缺，盧布終於大量貶值，進一步摧毀國內的經濟體系。

它帶來的後果十分嚴重，不僅讓俄羅斯的經濟雪上加霜，還震撼了全球金融市場。俄羅斯國內居民存款平均損失了 50%，消費物價上升 40%，居民實際工資收入下降 13.8%，整體經濟下降 5%。俄羅斯金融更由於盧布貶值，造成多間商業銀行損失慘重。

儘管俄羅斯的 GDP 佔全球總值不到 2%，但此次風暴讓國際投資者對新興市場的可靠性產生懷疑，紛紛撤資避險，間接衝擊了拉丁美洲等新興市場的經濟體系。以德國為主的俄羅斯的主要債權國也受到了震撼，造成歐洲股市下跌。

美國的避險基金一樣在這場金融危機中遭受了巨大損失，這也是產生全球效應的最主要原因。據統計，國外投資者在此次俄羅斯金融風暴中損失共 330 億美元，其中美國避險基金虧損 25 億美元，索羅斯量子對沖基金虧損 20 億美元，美國銀行家信託公司虧損 4.88 億美元。

無疾而終的收購計畫

4

　　巴菲特在正式提出收購方案以前，就對 LTCM 的經營狀況相當瞭解。最初知道 LTCM 的經營狀況惡化，是在俄羅斯通貨危機爆發的 8 月。根據路易斯的報告，在同月 23 日的星期天，LTCM 的一位合夥人艾力克・盧森福特，就打電話詢問當時正在奧馬哈的巴菲特，能否由巴菲特出資購買 LTCM 運用債券等持有資產的一部分，還有詢問巴菲特向 LTCM 投資的可能性，但他所得到的回答都是「不」。

　　幾天後，盧森福特和梅立威勒又一起打電話給巴菲特，要求巴菲特能夠和 LTCM 的另一位合夥人賴瑞・菲利布蘭德面談。所有的一切，LTCM 的合夥人們都希望在 8 月末能夠解決。因為 9 月 1 日，LTCM 就必須向出資者和債權人彙報這一個月慘澹的經營業績了。

　　梅立威勒他們的想法是：正因為巴菲特是引人注目的第一流投資家，所以在月度報告中，只要加入「巴菲特即將成為出資者」的內容，就能降低危機的擴散程度。在這個時候，雖然巴菲特從菲利布蘭德那裡聽到關於 LTCM 未來營運計畫的詳細報告，但他還是慎重地回答了「不」。

　　8 月份，LTCM 合夥人們的焦慮達到了頂點，由於俄羅斯危機的發生，世界上的投資家們紛紛開始「實質性的逃避」，投資家紛紛將資金轉移到被稱為安全性最高的美國國債市場，這樣的結果，導致美國國債市場飛速上漲，國債的收益率再次創下歷史新低紀錄。

　　相反地，風險較高的股票市場，以及和國債相比安全性較差的公司債券市場，則出現了猛烈的拋售狀況，美國國債和公司債券收益率以極快的

速度拉開了差距。正因為俄羅斯危機爆發的時候，國債和公司債券的收益率差距已經很大，所以LTCM認為：「總有一天差距會回歸到正常水平」，因此毫不猶豫地借資1,000億美元左右，大範圍地進行交易。

而在實際上，僅僅8月份LTCM的淨資產就減少了四成，達到25億美元左右。這就相當於股東和外部投資家們在一個月的時間內，就喪失了所持股份的40%。LTCM於是趕緊向被稱為業界後花園的索羅斯、羅伯森等二人提出出資申請，但卻被拒絕，因此巴菲特成為他們最後的希望。

根據路易斯的報告，巴菲特在和菲利布蘭德會談之後，對波克夏的副董事長查理‧蒙格談到了拒絕LTCM出資申請的理由：「我並沒有要將波克夏變成買空賣空投資基金的投資公司的想法。而且，LTCM投資基金是由平均IQ高達170的十多個有才能的人聚集在一起操盤的，然而現在他們正想要把所有的資產全部丟掉。因此，對他們投資算是一件愚蠢的事情。」

事實上，無論是在人才還是分析技術等方面，LTCM都被自身和外界一致認為是「處在買空賣空投資基金的最高峰」，梅立威勒與其他的操盤手也像是傳說中的操盤手一樣，名氣非常大，再加上LTCM還擁有1997年因為開放理論而獲得諾貝爾經濟學獎的修斯（Myron Scholes）和莫頓（Robert Merton）兩位教授，以及美國聯邦準備理事會（FRB）的前副主席、馬克唐納過去的同事穆林斯（David Mullins）等大名鼎鼎的人物存在。

其過往運用的成績也具有絕對的優勢，在每年的運用期間內，1994年收益率達到20%，1998年達到43%，1997年為17%。而且在每個月的運用報告中，成績也從來沒有虧損過，淨資產始終都在穩定成長，可以說是風險非常小的一支基金。其淨資產在1997年秋季還膨脹到70億美

元，不久 LTCM 還表明：「由於資本規模過大，現在不能有效的運用。」並於同年晚期，向投資家返還了 20 億美元以上的投資金。在當時，還因為強制被返還資產，而令許多投資家對此耿耿於懷。

巴菲特不時被 LTCM 的人相中，不僅是因為他有過許多優秀的投資績效，而且他過去一直和所羅門出身的人（被稱作「華爾街之王」）有著非常密切的關係。梅立威勒、盧森福特、菲利布蘭德這三個人，都曾經是所羅門優秀的操盤手。

巴菲特和所羅門的接觸，要追溯到 1987 年。在那年，巴菲特接受了所羅門母公司的董事長古弗蘭的邀請，透過波克夏向所羅門投資十億美元，成為所羅門的最大股東。波克夏收購 GEICO 保險公司發行的優先股，也得到了古弗蘭的幫助，因此，巴菲特對古弗蘭感恩在心。

就在所羅門因為不正當獲取國債事件而十分混亂、破綻百出的 1991 年，因受古弗蘭的邀請，巴菲特臨時就任董事長的職務。在所羅門的董事長時代，他高度評價了盧森福特、菲利布蘭德等人的經營能力，也熟悉他們的商業手法。

就在巴菲特將前往阿拉斯加旅行，即將離開奧馬哈的 9 月 18 日星期五，情況變得有些不一樣了。在這一天，已經從 LTCM 聽到情況的馬克唐納，派人召集高盛、美林、摩根三大公司的幹部，一起研究對策。有三個選擇，若不是清算，就是讓債權人集團再一次出資，否則就要尋找其他的白武士。

高盛證券的皮特森‧克拉斯打電話給巴菲特：「LTCM 的淨資產已經減少到 15 億美元了，現在我正在為它尋找新的出資者。」但巴菲特的回答與對盧森福特、菲利布蘭德講過的一樣：「沒有興趣。」並沒有表現出要當白武士的意向。

由於並非是所羅門出身的克拉斯出場，令巴菲特在那以後似乎改變

了想法。但在和蓋茲的旅行中，他開始對和高盛證券合作出資、完全收購LTCM的構想表現出興趣。對股東資本規模已經成為全美國最大的投資型企業——波克夏來講，即使要收購巨大的長期投資基金，也必須要具有能夠抵禦市場動向的基本能力。

根據「葛拉漢——陶德理論」，買空賣空投資基金可以說是完全不適合投資的，但是在這個時候，波克夏投資公司已經聚集了至今為止高達 90 億美元的資金。在紐約股票市場急速上升的背景下，巴菲特在進入1990 年代後期，就開始感嘆：「沒有發現讓人眼睛為之一亮的可投資企業。」因此，對巴菲特而言，慎重考慮將手頭巨大的資金朝何處進行有力地運用是十分必要的。

那時，他在 LTCM 的騷動之前就大量購買了無息債券。在向波克夏投資公司的股東們寫的《巴菲特致股東信》當中，他也時常言及買空賣空基金所常用的裁定交易：「經常，我們都不能因為好的想法而得到收益，而只是抱有大量的現金。這時，除了運用短期財務型證券，我們也可以利用裁定交易的機會。因為它可以讓我們期待較高的收益，從長期投資的安全誘惑中解脫出來。當我向蒙格談到關於裁定交易的事情時，他馬上說：『好！至少因為這樣（工作增加），你就不能再到酒館裡喝酒了。』」

不過巴菲特在實行裁定交易時，在絕對不依賴謊言、推測等方面和其他的裁定交易業者有著明顯不同。他所依賴的，僅僅是報紙上的消息。因為在過去，他就對裁定交易不抱有什麼好感，甚至於他還這樣寫過：「裁定交易是關注在不同市場上的價格差而取得利益的行為，這也可以稱作『懦夫』的行為。實際上進行裁定交易的人們都喜歡蠅頭小利，所以並沒有什麼值得驚奇的地方。」

所以，巴菲特可以說是僅僅只是為了將手頭多餘的資金加以短期運用，才關注起 LTCM 來的吧！

　　至於投資，他的條件就更嚴苛了。首先，他將收購價格設定在 2.5 億美元，也就相當於將梅立威勒等股東的股本合計，由年初的 48 億美元減少到二十分之一左右。對巴菲特來說，「股東站在最前面負責任，這是理所當然的事情。」其次，梅立威勒等合夥人必須全部退任，由波克夏、AIG、高盛證券完全掌握經營權。

　　對於這個提案，梅立威勒表示拒絕。對於是否接受這三家公司的收購方案，梅立威勒在和律師商量之後，又跑到馬克唐納那裡跟他說：「在這麼短的時間內，想要讓合夥人們能夠全部理解和接受這樣嚴苛的條件，是不可能的。」梅立威勒表達了 LTCM 的合夥人們也曾經忘我地工作過，不可能因為接受巴菲特的收購方案，而讓其全部退任。由於馬克唐納並沒有將 LTCM 強制賣給巴菲特的力量，因此，梅立威勒的意見最終獲得通過。

　　結果，以巴菲特為中心的「其他投資集團」對 LTCM 的收購構想落空了，儘管華爾街的銀行家們在大混亂中對巴菲特抱有很高的期望，最後的結果卻以失敗收場。銀行家們雖然不樂意見到這樣的情形，但是沒有辦法，只好再次對 LTCM 出資。銀行家們從輿論得到了「富翁救富翁」的一致批評，但是假如巴菲特收購成功的話，又會引起什麼樣的回響呢？這已經不得而知了。

　　10 月 1 日，在華盛頓被傳喚到美國眾議院銀行委員會的馬克唐納，和他的上司聯準會主席艾倫・葛林斯班，受到了議員們一致嚴厲批評，完全成為千夫所指的對象。而最激烈的批評是：沒有妥善運用公共資金，但是又給買空賣空基金的救援行為打上了「政府」的色彩。

　　還有其他的批評：「既然有其他的投資集團好不容易提出了收購方案，為什麼要拒絕？甚至到最後，還要紐約聯邦銀行出面擔任仲介，來救助 LTCM 呢？」雖然他們沒有說出具體的名字，但是除了委員會的成員

之外，甚至連當時在場的多數旁聽者和媒體記者們都很清楚：「其他投資集團」所指的就是巴菲特。

知識⁺Box 避險基金

避險基金（Hedge Fund），又稱對沖基金，是指由衍生性金融產品與金融組織結合後，用高風險投機為手段而以盈利為目的的金融基金。

人們把金融期貨和金融期權歸類為衍生性金融產品，它們通常被利用在金融市場中作為套期保值、規避風險的手段。隨著時間的推移，在金融市場上，部分基金組織利用衍生性金融產品採取多種以盈利為目的的投資策略，這些基金組織便被稱為避險基金。

避險基金原意為「風險對沖過的基金」，最早源於五〇年代初的美國，起初的目的在於利用期貨、期權等金融衍生產品以及對相關的不同股票，進行買空賣空、風險對沖，這樣，在一定程度上可規避和化解投資風險。到了八〇年代，隨著金融自由化的發展，避險基金開始蓬勃發展；九〇年代後，又因為世界通貨膨脹的威脅大減，同時金融工具日趨成熟和多樣化，避險基金進入了百家爭鳴的階段。截至目前為止，全球的避險基金總資產額已達到 1.1 兆美元。

然而，目前避險基金早已失去風險對沖的內涵，相反地，今日的避險基金實際上建立於最新的投資理論和複雜的金融市場操作技巧，人們充分利用金融衍生產品的槓桿效用，在承擔高風險的情況下進行高收益的投資。

動搖道瓊的挑戰者

第一流的企業體制

在美國，從 1992 年到 1993 年，包括通用汽車、IBM、柯達在內的為數眾多的優良企業，紛紛出現了 CEO 更迭的風潮。同時出現了以基金、投資信託為首的法人巨大機構投資者們紛紛抬頭，將能力不佳的 CEO 們從經營者的位置上被拉下來的社會背景。董事會成為為股東的利益而設置的組織，同時，各企業也都為了經營團隊的改革傾注了力量。健全的企業文化、企業制度究竟是什麼？一時間出現了各式各樣的聲音。

華倫·巴菲特也非常清楚圍繞著企業體制改革的新趨勢，他認為在這個時候，面對波克夏·海瑟威的股東們，好好地講述一下自己的企業體制觀點，也沒有什麼不好的。在過去，他曾經不止一次被波克夏的股東們問到：「假如有一天，你突然被卡車撞死了，波克夏該怎麼辦？」因此，他在過去就曾多次想過，正因為自己是處在董事長兼 CEO 的立場上，所以更應該把這個問題視為企業體制的問題來回答。

只不過若只是回答「被卡車撞死了怎麼辦」，那就太不高明了，也無法成為熱門話題而進一步延伸。因此，巴菲特在回答提問的內容時，自作主張地將問題改變為「如果你（巴菲特）沒有被卡車撞死，那麼波克夏的未來會怎麼樣？」他在 1993 年版《巴菲特致股東信》中做了回答。

根據巴菲特的看法，企業制度大致分為以下三種形態：

第一種是股東分散，股東不能行使強而有力的股東權利的企業制度形態，這在美國企業界可以說是最常見的形態。也就是說，這樣的體制是要求股東利益的代言人——董事會的構成人員（董事們），要像股東（老

閥），即使離開了一下，也要馬上回來充滿活力地工作。假如經理人員沒有能夠自動自發的高潔特質，而只是用語言來標榜要為了「長期的股東利益」工作的話，這樣實際上是相當於對股東行使暴力。

簡而言之，如果沒有好的企業體制，董事會就會被經營者控制，股東利益很可能遭受破壞。如果經營者只能夠做出平凡的成績，此時聰明的股東就應該透過董事會採取行動來改變經營團隊。不過，我們預設的聰明股東，在現實中往往不存在，所以也很難想像在董事會裡面能有鼓起勇氣去採取行動的董事長或董事，因為，具有換位思考的董事才會意識到股東們真正的意見，從而努力去說服其他的董事會成員。

基於這樣的觀察，巴菲特揭示了一定的原則。首先，董事會的規模要小，理想的人數應該控制在十人以下；其次，要以公司外部出身的人員為主，來選擇董事會成員，然後由成員商定對 CEO 的評價標準，在不讓 CEO 參加會議的情況下，定期召開會議；最後，要以「具有商業才能」、「對工作有熱忱」、「具備股東的思維意識」等作為董事會成員的選擇標準，而不是以「社會知名人士」等空泛的條件來決定。

第二種是大量持有股票的股東同時兼任經營者的例子。由巴菲特兼任股東和經營者的波克夏，應該歸於這一類。在這種情況下，董事長（董事）不能擔任起連接股東或經營者的橋樑，其影響力也就有限，即使是在股東兼經營者沒有能力或沒有經營成績的情況下，董事長（董事）也幾乎無能為力。在無論怎麼做都無法朝好的方向改善的情況下，董事長只能透過辭職對經營團隊發出警訊。

第二種企業制度形態非常切合波克夏，所以巴菲特在這裡就波克夏的企業體制問題，做了詳細的描述：「波克夏屬於第二種企業體制形態，那麼，只要我還能夠繼續工作，目前的情況可能就不會改變。我的健康狀態現在非常良好，但是不管怎麼說，您（波克夏的股東）是可以隨時當面

和身為股東兼經營者的我接觸的。」

　　進而，他言及了自己去世之後的企業體制：

　　「在我死後，我持有的股票將轉移給妻子蘇珊與慈善團體，在這個時候，波克夏也就進入了第三種企業體制形態。也就是，存在著對公司營運非常關心的股東，但是這些股東不加入經營團隊，而 CEO 等實際經營者會為了股東盡心盡力地工作。為了這種準備，蘇珊在幾年前就已經加入了董事會，我的兒子也在 1993 年加入，這樣的家庭董事會成員，一直到將來都不會參與經營團隊，但是他們至少要作為股東利益的代言人，繼續存在下去。進而，其他的董事會成員也幾乎都大量擁有波克夏股票，具有強烈的股東意識。總體來說，我們對於『卡車』的準備已經充分了。」

　　根據巴菲特的觀點，儘管擁有影響力較大的股東，但這樣的股東並不直接參與經營，像這樣的第三種形態是可以讓企業體制強而有力地運轉，是股東最能在董事會活躍的一種。巴菲特列舉了具體的企業名稱，做了以下的說明：「在企業體制的世界裡，存在掌握著企業大半股份的股東而不直接參與經營的例子，最典型的就是食品行業的好時（Hershey）和媒體業的道瓊這兩家公司。在這樣的企業，公司外部出身的董事會成員從潛在意義上來講，處於一個非常有意思的立場。假如他們發現了專業經理人在能力上有問題，就能夠跑到股東（有時也是董事會成員）那裡，表達自己的不滿，這樣的狀況對於公司外部董事而言是理想的。之所以這樣說，是因為他只需要對董事會表達自己的意見就能夠解決問題了，如果他的意見具有說服力，那麼股東就會採取實際行動，從而改變公司的經營策略。在有第一流經營團隊的情況下，這稱得上是最有效率的企業體制。」

2 道瓊集團興衰史

　　道瓊（Dow Jones）——發行世界知名的經濟報紙《華爾街日報》，也是擁有世界上最著名的股價指數道瓊指數權利的大型媒體公司，而且是紐約證券交易所公開上市公司。該公司的起源要追溯到 1882 年，三十一歲的查爾斯・道（Charles Dow）、二十七歲的愛德華・瓊（Edward Jones）與二十四歲的查爾斯・伯格斯特萊斯（Charles Bergstresser），三個年輕的編輯一起創建了道瓊，主要工作內容是寫一些有關華爾街的新聞和小道消息，然後將這些報導賣給股票經紀人或者投資家。該公司於 1889 年發行了登載有股票及債券行情四頁紙張的《華爾街日報》，當時這份報紙僅僅是以很低的價格為企業刊登廣告來維持收入，距離第一流的報紙還差得很遠。

　　進入二十世紀之後，隨著查爾斯・道等人的去世，經營者在 1902 年將《華爾街日報》和《經濟通訊社道瓊訊息服務》賣給了住在波士頓的編輯克勞倫斯・巴倫，然而實際上的購買人是巴倫的妻子，預付金額為兩千五百美元。巴倫以驚人的能力提升了《華爾街日報》的地位，卻始終沒有擠入第一流報紙的行列。巴倫在經濟大恐慌之前去世，繼承其財產的女兒與修・班克羅夫特（Hugh Bancroft）結婚，所以從那之後，人們就稱其為班克羅夫特家族。

　　戲劇性的變化在戰後出現了，擔任總編輯和 CEO 等職務的道瓊中興之祖——巴尼・切爾戈娃的帶領下，道瓊實施了根本的版面改革，《華爾街日報》於是由「華爾街上的小報」搖身一變成為了「代表全美國的第一

流經濟報紙」。道瓊在那之後，一直以「如實報導」為第一經營課題，即使在 1963 年股票上市之後，比起注重「帶有置入性行銷色彩的商務」等存在著巨大利益，仍然是以優先「如實報導」為重。這樣做的結果自然也同時獲得了「商務分析」上的成功，道瓊在八〇年代迎來了繁榮的高峰。

班克羅夫特家只是繼續保持將家族成員送往道瓊的董事會，而不參與一切經營事務的姿態，表現出只要能夠持續獲取盈利分配的利益就足以滿足的樣子。也就是說，他們只知道在經營計畫上無條件地亂蓋章，正是所謂的「印章董事會」。在這個意義上，就和《紐約時報》的蘇茲伯格一家，以及《華盛頓郵報》的葛蘭姆一家等其他擁有第一流報紙的股東家族，畫出了一道界線。

只要看看道瓊集團的經營團隊，就可以清楚地看出道瓊重視「如實報導」的程度了。例如擔任九〇年代 CEO 的彼得・康（Peter Kann），本來是一名編輯記者，他原來是派駐海外的特派員，後來還獲得了新聞界報導最高榮譽──普立茲獎。在他前任的 CEO──華倫・菲利普斯，也曾經是位海外特派員，同時也擔任過主編職務。道瓊歷代的經營團隊，都不是由職業經理人擔任，而是由擔任過《華爾街日報》的記者出任。

但是，自從八〇年代以後，追求好的報導並不一定能夠實現最大商業利益的想法擴大了。從時間上來講，當時正是 1975 年出任 CEO 的菲利普時代和 1991 年擔任 CEO 的彼得・康時代。自 1996 年起的十年間，道瓊股票在所有關於媒體業的股票中績效最低，該公司的股票市值仍然和十年前一樣：35 億美元。而在當時因為全球的電子資訊競爭而成為對手的英國通訊社路透社，其市價總額則超過 200 億美元。作為媒體公司，道瓊的發展已經完全失速。再加上利益的絕對額和十年前幾乎處於同一水準，當時股價會取得最低成績也是理所當然的。

關於失速的原因，眾說紛紜。在媒體業界風雲突變的八〇年代之後，

道瓊集團放棄了處於高速成長階段的有線電視事業。除此之外，在收購財經電視頻道「Financial News 網路」一案上，也以失敗告終，因此被認為損失了多次重大的成長機會。進入九〇年代後半期，道瓊雖然也積極投資電視事業，但是並沒有什麼具體的成果。在這一點上，和由巴菲特擔任董事長、在業界利益率第一的《華盛頓郵報》正好相反。

最大的問題在於八〇年代後半期，道瓊收購的電子金融資訊服務公司德勵（Telerate）。道瓊向線上提供債券及外匯消息的德勵累計投資額高達十六億美元，可以稱得上是道瓊過去最大的投資案件，但是卻完全看不到投資額回收的希望。在電子金融資訊服務的世界裡，德勵比路透社或者是新興勢力的彭博社實力差了很多，這點是非常明顯的。而在這種狀況下，道瓊為了挽回劣勢，又不得不制定了向德勵追加投資 6.5 億美元的無奈計畫。

來自奧馬哈的先知

巴菲特的《巴菲特致股東信》因富於幽默感和機智而成為著名的文章。大家都認為，如果將過去的《巴菲特致股東信》收集在一起編成一本書的話，那麼作為論述投資及經營的專著一定會成為代表二十世紀的名著之一。奇異公司的 CEO 傑克・威爾許（Jack Welch）在年度報告寫給股東的信函，被視為是「經營者」的必讀之作；同樣地，巴菲特寫的《巴菲特股東信》，也被視為是「投資家」的必讀之書。

那麼，自稱「投資家」的威廉・考克斯（William Cox）會閱讀 1993 年版《巴菲特致股東信》也就不是偶然的了。而且就巴菲特在文章的一節中所觸及到的、關於發行量是美國最大的報紙《華爾街日報》對道瓊的議論表現得特別關注，也是理所當然的。因為他擁有帶有議決權的該公司股票，是支配著該公司 80% 的創業者家族——班克羅夫特家族的一員。

在 1993 年版《巴菲特致股東信》一書出版後的兩年，1996 年春，班克羅夫特家發生了變化，儘管世間對此不太關注。這一年，於 1902 年買下了《華爾街日報》等資產的克勞倫斯・巴倫的九個玄孫之中，貝蒂納・班克羅夫特年僅五十五歲就因肺癌去世了。其以信託形式留下了大量的道瓊股票。

從巴倫開始數來應該算家族第四代的貝蒂納・班克羅夫特，把遺產留給了當時三十二歲的女兒伊莉莎白・高斯（Elisabeth Goth）。高斯是

威廉·考克斯的堂妹，在同屬於第五代的家族成員當中實際上繼承財產的，高斯是第一人。用當時的金額來算，她除了直接獲得相當於 2,300 萬美元的 70 萬股之外，同時也是以信託形式保有、相當於數億美元的道瓊股票受益人。在第四代的家族成員全部去世的時候，其子孫作為信託的受益人，繼承了遺留下來的財產。而高斯所持有的遺產金額是最多的。

高斯和母親一樣美麗，是一名人稱「像模特兒一樣美麗的金髮美人」，一直熱中於騎馬，但是對華爾街的動向和道瓊的經營並不感興趣。突然繼承鉅額財產的她，因身為股東而開始對道瓊的經營產生了一點兒的興趣，並且諮詢了她的個人資產顧問，至此，她才感覺到了現實的嚴峻，因為正在上演歷史上罕見上漲風潮的紐約股票市場，完全將道瓊股票排除在上漲的行列之外。

於是，高斯和過去就對因股價低迷而抱持不滿情緒的道瓊股東——考克斯接觸，尋求他的建議。考克斯馬上就想起了「巴菲特」的名字，不管怎麼說，根據巴菲特的觀察，道瓊和波克夏擁有類似的企業體制構造，完全可以透過董事會的行動來獲得第一流的經營者，而且對於「投資家」考克斯來說，巴菲特就像是一位「投資之神」。

考克斯透過熟人和巴菲特約好見面，在 1996 年夏天他和高斯一起飛到了奧馬哈。雖然主角是剛剛登上舞台的少東高斯，考克斯卻因為能夠全面支援高斯而備感喜悅。兩個人都屬於班克羅夫特家的新一代，高斯的問題遲早也會成為考克斯的問題。透過在奧馬哈的見面，同一家族之間的新一代和舊一代的對立表面化了，這也成為激烈動搖道瓊經營的原因之一。

高斯和考克斯面對著和往常一樣一頭亂髮的巴菲特，迫不及待地開始發問。

「要想提高股東的利益（股東權益報酬率或是股價上升）及改善公

司價值，我們必須如何做呢？我們非常想知道你的想法！」

「你們的公司（道瓊）現在正處在絕佳的位置，你們只需要像股東一樣努力工作就可以了，因為股東才是最重要的利害關係者。就這樣做，以此來改變公司，這沒什麼好猶豫的。關於這件事，你們可以和（美國廣播公司董事長）湯姆·墨菲談談，當然，也可以和我保持聯繫。」

以此為起點，高斯和考克斯為了尋求作為道瓊的股東應該怎樣做才好的答案，開始了長達七個月的旅行。具體的情況，《財富》雜誌的記者約瑟芬·勞塞拉在 1997 年 2 月 3 日做出了詳細的報導，其中披露了班克羅夫特家族內部的對立。

1998 年 1 月的一個星期日，在 CBS 的晨間節目裡高斯忽然出現在電視畫面中，回顧了當時在奧馬哈的訪問。

CBS 的節目主持人開始提問了：

「道瓊股票在媒體相關的股票中成績最糟糕，確實損失不少吧？」

「是的，我們全家族都受到了損失。」

「其他的家族成員是否向妳施加了無聲的壓力？」

「是的。」

「他們要妳堅持下去？」

「是的，不過僅僅堅持可是沒有回報的。」

「是不是因為對於將精力花在騎馬上的妳來說，商界完全是不同的世界呢？」

「確實很不一樣，我回顧過去的一年，覺得能夠接觸商業的世界，是一件很好的事，因為我可以學到很多東西，和各式各樣的人相識，包括非常聰明的、具有影響力的人們都幫助了我。」

「億萬富翁巴菲特也是其中之一吧！他說了些什麼？」

「要像股東一樣努力工作！正如您所知道的，我們這一代身為道瓊的股東，不管是要放任公司，對經營成績的下滑置之不理，還是打算有什麼作為，這都是股東應該做的工作。」

「擔任 CEO 的彼得・康作為一名經營者是否稱職呢？」

「就《華爾街日報》來講，他很稱職。」

「那麼，就道瓊而言呢？」

「我不能說什麼。」

「關於公司的現狀，妳是不是覺得已經不想再多提了呢？」

「我不會！我不會低頭的。」高斯下了這個結論。

結束奧馬哈的訪問後不久，高斯和考克斯又來到愛達荷州的太陽谷，他們將參加大投資銀行家赫伯特・艾倫每年夏天在這裡召開的「媒體會議」，同時，也是為了在這裡直接從艾倫的媒體朋友們口中聽到一些有用的建議。前一年，巴菲特還在這裡和迪士尼的 CEO 麥可・艾斯納在停車場相遇，從此揭開了迪士尼收購美國廣播公司的序幕。

根據勞塞拉的報導，高斯和考克斯見到了艾倫的同僚南錫・普爾曼，並由他的口中得知了很多媒體業界的情況。普爾曼對他們兩人說：「一般而言，大型媒體企業的大股東名單上一定有很多大型法人投資機構的名字，道瓊也許是不夠具有吸引力，所以才會被法人投資機構放棄。除此之外，道瓊的大股東名單裡，還有著名的投機家喬治・索羅斯。」

接下來，透過普爾曼的介紹，高斯和考克斯又飛到了紐約，和律師事務所 Wei Gotshal & Manges 的著名合夥人艾拉・米爾斯坦（Ira Millstein）商談突破之道。

當時已經七十歲、頭髮全白的米爾斯坦，仍然活躍在第一線，他被稱為「企業體制論的教祖」，非常具有影響力。在能夠俯覽中央公園的辦

公室大樓，米爾斯坦迎接了兩人，熱心地傾聽他們的問題，然後說道：「我明白了，那麼，我就接受你們的要求吧！」於是米爾斯坦和兩人簽訂了合同，這對道瓊的經營團隊來說，真是個衝擊性十足的消息。

而之所以選擇米爾斯坦，是因為他在大企業和法人投資機構的領域裡有著廣泛的人脈關係，同時他也是美國數一數二的大律師，遇到過無數的體制問題，可說是經驗豐富。在八〇年代後半期，面對美國最大的公務員年金基金——加州職員退休金基金，他指出：「對於這樣的問題，不只是社會問題，而應該更加關注董事會和運用績效。」因此，他為美國年金基金播下了「行動著的股東」的精神。

在 1990 年，面對著大型證券公司 DBL 瀕臨破產的情況，他重組了獨立性非常高的董事會，取得了債權集團的信賴，除此以外，他還在陷入經營危機的不動產公司 Olympia and Yoke 實行了相同的措施，從具破壞性的破產危機中挽救了債權集團。

其中最具有衝擊性的，是在 1992 年發生的世界最大汽車廠商通用汽車的領導人更迭劇，當時的米爾斯坦雖然不是通用汽車的董事長，但因為他是通用汽車背後的大股東，才使當時的情況得以控制。他激烈批判了通用汽車的企業制度，即使沒有行賄、受賄這樣的犯罪情事，但是經常出現赤字的經營結果，對企業本身就已經構成了大醜聞。

米爾斯坦當時做出了有必要改革經營團隊的判斷。首先，他解僱了作為董事會顧問的 CEO 羅伯特·斯坦佩爾。而進一步，又對具有監督經營團隊作用的董事會結構大刀闊斧地徹底改革。具體而言，就是引入半數從其他績效更佳公司出身者的新體制規定，也被稱為「通用汽車新模型」。該模型引進後，通用汽車從赤字中解脫出來，得到了新生。

美國企業的董事會，多數是採用像米爾斯坦這樣的模式。從一開始，

董事會的成員就大半採用既沒有自己的辦公室，也沒有自己的秘書的公司外部人員。當然，這些董事會的成員也沒有退休年金保障，與公司的聯繫僅限於股票的持有。雖然說他們不太精通日常的業務內容，但是絕對不能向自己的監督對象——經營團隊，詢問或者要求其提供公司的相關情報，因為這樣的話，相關的數據資訊就會不夠中立，判斷起來就不夠客觀。

因此，董事會往往僱用第三方的律師事務所或是投資銀行、商業育成公司、市調或人資公司、會計事務所、資產評價公司等專業機構，根據個別目的的不同來要求以上機構提供董事會所需要的資訊。透過這樣的方式，就能夠獲得更科學化更客觀的企業經營資訊，以確保獨立性。

4 只會蓋章的董事會

對米爾斯坦而言，道瓊的狀況可以說正和 1992 年當時的通用汽車類似，董事長是領導著只知道蓋章的「印章董事會」，企業的經營成績被打上了最差的徽記，不過也正是這樣，才讓他有展現功力的機會。

在與高斯和考克斯會面之後，米爾斯坦又在 1996 年末，與住在波士頓的律師羅伊・哈羅碰面。哈羅擔任班克羅夫特家族大多數信託財產的管理人，是家族利益的代言人。「我是伊莉莎白・高斯的代理人，我和您見面並不是想要挑起什麼矛盾。我想說明的，只是希望您能夠好好思考一下作為財產管理人的受託責任，進而，也希望您能夠幫助我取得和家族成員之間對話的機會。」

所謂的受託責任，是指受委託替他人代為管理信託財產的人，應該承擔起忠實地為信託受益人積極行動的責任。就道瓊來說，擔負受託責任的是哈羅，信託受益人則是班克羅夫特家族。米爾斯坦作為高斯的代理人，敘述了一個財產管理人應該遵守的原則：「財產管理人不應該只為那些一旦得到分配就滿足的老一代去設想，而更應該為那些不是追求分配，而是追求股價升值的新一代工作。要多考慮他們的利益，從而採取必要的行動。」

在美國，受託者責任是遵循所謂「深思熟慮者的規則」規定的，也就是說，接受退休金等他人預存財產的受託者（退休金的管理應用責任者），必須為了受益者（具有退休金的接受以及繼承權的人物）的利益而忠實行動（假如是在股份有限公司的話，董事長就是受託者，而股東就是

受益人）。

正如米爾斯坦所指出的那樣，班克羅夫特家族的老一代和新一代之間，就利益的分配等問題有著很大的分歧。在過去十年間，儘管道瓊的營收和股價都停滯不前，但是，用於紅利分配的股息卻大幅上升，股息總額由 1986 年 5,360 萬美元膨脹到 1996 年的 9,000 萬美元以上。由於這是在營收沒有成長的情況下所出現的紅利成長，所以道瓊的股息派發由此也就上升了 50% 左右。這對於已經進入依靠退休金生活的老一代而言，當然是相當滿足，但是，對於期待獲利進行再投資，以實現股價上漲願望的新一代而言，這是他們所不能接受的做法。

當時，因為道瓊的下一次年度股東大會，預計將於 1997 年 4 月 16 日，在紐約的世界投資中心舉行，到那個時候，至少有四名董事任期將滿。事實上，這是一個能改革董事會的機會，因此，米爾斯坦很早就開始編制候補人員名單的工作。

和米爾斯坦的行動並行，也是令道瓊的經理人們感到頭疼的問題。還有一個，在當時，擁有 280 億美元資產的信託投資公司富蘭克林基金經理麥可·普萊伊斯在市場上開始大量購買道瓊的股票。根據大量持有股票必須公開發布的原則，就在《財富》雜誌刊登了關於班克羅夫特家族的獨家新聞不久，在 1997 年 2 月上旬，普萊伊斯對美國證券交易委員會（SEC）通報其取得道瓊普通股 5% 以上的消息。

普萊伊斯是一位將目光焦點放在較低股價的企業，透過大量買進股票來實現經營業績刷新的「行動著的基金經理人」。之前他最引人注目的計畫，是在大量購買了大型商業銀行美國大通曼哈頓銀行（Chase Manhattan Bank）的股票之後，計畫和美國紐約化學銀行（Chemical Banking）實現大型合併。據說從那以後，普萊伊斯一方面和高斯、米爾斯坦見面會談，交換意見，另一方面也和道瓊的 CEO 彼得·康有過接觸。

根據普萊伊斯的大膽構想，道瓊將和《華盛頓郵報》合併，而《華盛頓郵報》的最大股東巴菲特將會注入新資金。

在世界投資中心召開的道瓊股東大會，並沒有掀起多大的波瀾，可以說是風平浪靜地圓滿結束。哈羅以及包括高斯在內的班克羅夫特家族成員也都在發言中稍稍自我節制。彼得・康對於家族的支持再一次表示感謝，而對於過去被稱為德勵（Telerate）的電子金融資訊服務部門「道瓊市場訊息」的追加投資計畫，股東們也表明了「將長期提高道瓊的收益」的意見，會繼續按計畫投資。

但是，在風平浪靜的表面下卻有著很大的暗潮。這次大會的最大議案──選舉新任董事長一案，作為新任董事候選人的有哈維・科拉布、布蘭克・紐曼、威廉・斯蒂安三人被提名，並在股東大會上都得到通過。其中，科拉布是大型金融服務公司美國運通的 CEO，紐曼是大型商業銀行美國信孚銀行（Banker Trust）的 CEO，斯蒂安是大型醫藥品公司輝瑞（Pfizer）的 CEO。這三人都是和道瓊及道瓊的經營團隊沒有直接關係、獨立性很高的董事，他們既不同於彼得・康的部下──公司內部出身的人員，也不像彼得・康那樣，雖然是公司外部出身，但仍然和道瓊公司有著利害關係的聯繫。因此，他們會為了股東之外的利害關係而採取行動的可能性非常小，並且這三個人都是現任優秀公司的 CEO，商業才能優秀，也具有各自的人脈與影響力。這樣一來，由公司外部著名的三位 CEO 董事，來對經營人彼得・康進行監督作用的企業體制形成了。

在那以後還不到一年的 1998 年 3 月，道瓊決定將「德勵道瓊市場訊息」部門賣掉，買方是其競爭對手「橋資訊系統」，售價為 5.1 億美元。

這個當初投資總額達到 16 億美元，在一年前的資產負債表上有 14 億美元資產的部門，到了被賣掉的時候，價值僅僅為原來的三分之一。而 14 億這個價格，也是由於經營團隊過於樂觀預估的結果，最後的成交價

是在準備賣掉之前提送到資產評估局評估得出的。

　　米爾斯坦面對採訪時，這樣回顧了道瓊的變化：「有一段時間，道瓊對必須撤退出來的德勵還準備再投入 6.5 億美元的資金，這是因為經營者不願意承認自己的失敗，而董事會成員也沒有自己的主見，只知道蓋章。然而這一切，都因為伊莉莎白・高斯的登場而發生了變化。美國運通、美國信孚銀行、輝瑞公司的 CEO 加盟董事會的意義，更是無法估量，他們都是非常有才能的董事會成員，他們從股東的利益出發，約定再次考察德勵部門，於是做出賣掉的結論。所有的這一切，假如沒有高斯的出現，都將無法實現。」

　　當然，米爾斯坦也知道最初刺激高斯的是巴菲特，可以說是巴菲特說的一句話「要像股東一樣努力工作」，使道瓊集團產生了變革。以高斯將行動表面化的 1997 年 2 月為契機，市場上「道瓊將變化」的期待高漲，道瓊股票也開始向上爬升。十年以來都一直是 30 美元左右的低迷狀態，在 1999 年之後，股價開始漲破了 50 美元大關了。

5 道瓊指數一萬點的價值

　　將「Shareholder Value」直譯即是「股東價值」，一般解釋為「追求股東利益極大化的美國式經營哲學」。立足於此的企業經營，到了九○年代後半期，開始擴展到美國以外的國家，但還是會聽到日本或是歐洲的經營者對此提出批判，認為這是「無視員工與社會利益的反社會行動原理」。實際上，這並不是那麼簡單的東西。

　　1999 年 3 月，紐約股票市場一路升高，道瓊平均指數首次突破 10,000 點大關，在短短的三年之間，相當於股價水準上漲了兩倍。以美國線上（AOL）、Yahoo 為代表的網路股的急速成長引起了世界的注目，而也越來越多人抱持著「美國正和八○年代的日本一樣處於泡沫經濟時期，這樣的泡沫終究有天會破滅的。」這樣的看法，特別是在日本，還沒有完全從泡沫經濟的破滅打擊中恢復過來，所以抱持這樣觀點的人也最多。

　　但是，支撐道瓊指數上揚，最直接的並不是網路股。在道瓊平均指數中，不僅不包括網路股，而且連領導世界高科技產業的微軟、英特爾、CISCO 等，都沒有被包括在其中。構成道瓊平均指數的，除了被稱作「巴菲特品牌」的可口可樂、迪士尼、美國運通之外，還有像奇異、IBM、柯達、嬌生、卡特皮勒（Caterpillar）等傳統大企業，正是這些傳統大企業創造了巨額的財富，演出了自九○年代後半段以來，美國歷史上持續時間最長的股市上揚劇碼。

　　1980 年代，在和低價格、高品質的日本汽車與電器製品的競爭中敗

北，美國企業在痛苦之中開始了事業的重新建構。一方面他們貪婪地引進了可以稱為是日本企業專利的品質管理，另一方面又再一次探究「企業到底是誰的？」這個問題。而問題的答案又回到了股份公司的原點——企業發展的結果凸顯了增加股東利益的重要性。透過這樣的再認識，始終背負著鉅額赤字的通用汽車到了九○年代末，又恢復了重新領導世界汽車界格局的獲利能力。

只要採用資本主義運作模式，那麼經濟的核心就是股份公司，如果股份公司不能創造財富的話，國家就不能繁榮。在這裡，與政府部門分配財富、服務業部門消費財富相對，創造財富的是企業部門，也就是股份公司，只要股份公司努力使身為老闆的股東們的財富增加，那麼其結果無論是公司員工、地方社會乃至有業務往來的客戶，大家都能夠富有起來。也就是說，國家的財富也就會因此而成長起來。可口可樂董事長兼 CEO 道格拉斯‧艾維斯特斷言：「股東與員工們的利益並不矛盾。」

讓我們來假想一個不是以「股東價值」，而是以「擴大就業」為其經濟運行指導方針的社會。在這樣的社會裡，股份公司即使已經赤字了，但還是必須盡自己的力量去維持雇傭的義務。那麼，最終的結果將會是出現大量的破產和失業問題，也不會有要購買赤字企業股票的投資家，股票市場也會暴跌。因為破產所帶來的風險增大，企業發行的企業債券也會賣不出去。將資產以股票或是企業債券的形式加以運用的公、私各種基金，資產也會大幅縮水，基金擁有者的利益也會受損。這些雖然都只是單純的推演，但是我們可以看到：如此，資本主義經濟就會喪失應有的功能，那隻「看不見的手」也就不見了。

「道瓊平均指數 10,000 點是泡沫，必將崩潰」，這樣的斷言畢竟太草率了。在美國，確實存在儲蓄率偏低、通貨膨脹壓力增大、貿易收支的赤字不斷擴大、歷史性的股票投資熱潮等等情況。從宏觀經濟的角度看

來，要找出這些經濟惡化的證明資料，想要多少就有多少。但是，「最終決定股票價格的是每個公司的長期獲利能力，而不是除此以外的任何東西。」美國最大的投資信託麥哲倫基金經理人羅伯特‧史坦斯基如是說。宏觀經濟因素只不過是產生間接作用，聰明的投資者們往往關注的都是個別企業的微觀動態。

這和巴菲特的投資思維是一致的。從不打聽宏觀經濟統計資料、也不計較股市動向的巴菲特，在 1987 年全球股價大暴跌的時候，也沒有一丁點兒的憂鬱和恐慌。對他來說，他所關心的是他所選擇的投資企業是否具有超出一般企業的盈利能力。這裡所謂的盈利能力，主要是指反映股東所持有的股票（股東資本）能夠產生多少利益的股東權益報酬率，即 ROE。

總之，「嚴謹的基本分析」是巴菲特的本領，這是一種預測企業的 ROE 和現金收入等微觀水準的科學分析。巴菲特把閱讀企業年報作為自己的愛好，他對個別企業的基本分析也有著與眾不同的方法。在很多新興國家，現在都還廣泛使用的技術分析，是一種藉由分析股市過去的動向，來預測未來走勢的方法。這種方法在美國被稱為「巫師的工作」，早已被一腳踢開了。

巴菲特雖然是以一個投資家的身分而廣為人知，但是他對於證券以外的投資領域並沒有太多興趣。雖然其實他在債券和商品期貨市場方面的造詣頗深，在無息債券的投資方面，也留下了不凡的成績。只是，他抱持著「創造財富的基本是股票」的信念，在債券市場上的投資運用也僅僅停留在多餘資金的活用上。

在美國，曾經有過這樣的研究，可以為巴菲特這樣的信念做出一個註解。最徹底的研究是在後來成為暢銷書的《為了這最後的股票》（Stock's For The Long Run）一書中。這本書調查了過去兩百年間的股價動向，

作者是被稱為市場分析第一人的美國賓夕法尼亞州大學的傑瑞米‧西傑爾（Jeremy Siegel）教授。

　　根據西傑爾教授的觀點，股票所帶來的長期收益是絕對的。如果在1802 年投資一塊美元購買股票，因為考慮到通貨膨脹所帶來的貨幣貶值等因素，到了 1990 年代末，這一美元所帶來的收益將達到 67 萬美元。而按照長期債券來計算的話，帶來的收益為 35 萬美元。而以短期債券的形式投資的話，收益為 29 萬美元，而以黃金的形式，則只有 1 美元。可以這樣說，如果以十七年以上的長期投資作為前提的話，包括剛好在1929 年的世界經濟大恐慌之前購買股票的人在內，都不會有人的利益受損。

　　西傑爾教授還這樣說道：「在股票裡，包含著有形事物本身的資本、工廠、機器，這些是物質資本；而無形的思想和創造性，這些則是知識資本。人的活力不是簡單的貨幣所能比較的，而是比貨幣要強得多。然而在債券或者是黃金裡，卻沒有包含著『人的活力』這樣的東西。因此，股票顯示出能夠長期抵禦通貨膨脹的能力，增加財富，最具耐久力。」也就是說，只要相信人的能力，股票所能創造的財富是其他投資法比不上的。

　　現在，如果我們以長期投資為前提，會發現債券投資並不能取得一定程度以上的高收益。假如我們能夠長期持有到期滿為止，那麼債券的收益早在發行的時候，就已經確定了；而貨幣只不過是交換工具，並不能成為創造財富的工具。只要不能成為索羅斯一樣的投機家，要想透過債券或是貨幣交易（外匯交易）實現超出普通的收益，幾乎是不可能的。操作外匯的企業與其說是「投資家」，不如說是「投機家」。

　　如果是黃金的話，就更加單純。一百年以前的黃金和現在的黃金，在本質價值上並沒有什麼區別，因為黃金本身不能產生現金收入，所以分析黃金的本質價值這件事，本身就沒有意義。和一百年前相比，發生變化

的，僅僅是黃金的供需關係而已。而另一方面，股票的價值，是蘊藏在發行股票企業的事業當中，隨著事業內容的變化，股票的價值也不斷在發生變化。而事業則能夠反應出人的活力與創造力。

投機家借助「直覺」、「謊言」、「預期心理」等，不時親自參與對股市的操縱，以期取得巨大的利益，這些都是普通的投資者做不到的事情。而另一方面，巴菲特式的投資家，採用透過市場購買普通股票這種連零散投資者都能夠模仿的手法，取得不尋常的收益，在這一點上，巴菲特和以外匯交易聞名的索羅斯，有著決定性的不同。

Chapter 10

美國股市的新文化

Warren Buffett

① 世界首富比爾‧蓋茲

「比爾‧蓋茲超越洛克菲勒的日子已經不遠了。」在 1999 年的春天，代表性的股價指數──道瓊工業指數第一次突破一萬點大關的時候，在紐約市場的關心者當中，就已經出現了這樣的預測。以大幅度超過預想收益的消息為契機，由蓋茲創造的世界最大軟體公司──微軟的股價一股超過了 175 美元，並且繼續無止盡地上升。

以每股 175 美元來計算的話，蓋茲所持有的微軟 20% 的股票，時價已經達到 900 億美元，離突破 1,000 億美元大關的夢想已越來越近。在富翁排行榜上，比爾‧蓋茲擊退了原本排名第一的華倫‧巴菲特，成為毫無疑義的首富，就是再算上從十九世紀到二十世紀非常活躍的石油大王洛克菲勒（Jahn Davidson Rockefeller）這樣全部的歷史人物，也能夠排入史上最富的前五位。而在當時，1999 年的夏天，就在蓋茲持有的股票突破 1,000 億美元大關的時候，擁有波克夏‧海瑟威約四成股票的巴菲特，持股時價總值僅為 425 億美元。

根據美國《Heritage》雜誌的試算，將洛克菲勒最強盛時的資產按照 1998 年時的物價指數進行計算的話，大約為 1,896 億美元。蓋茲在當時已經具有遠遠超過汽車大王亨利‧福特的資產，同時也逼近了鋼鐵大王安德魯‧卡內基及航運業、鐵路業大王范德比爾特（Cornelius Vanderbilt）。也正由於微軟的股價一直持續著一年成長雙倍的上升速度，所以超過洛克菲勒也只是時間的問題而已。

在二十世紀末，僅花費了一代的時間就構築起鉅額財富的創業家，

不只是蓋茲一個人，英特爾（Intel）的共同創辦人高登・摩爾、戴爾電腦的創辦人麥可・戴爾及甲骨文（Oracle）的創辦人賴瑞・艾利森（Larry Ellison）等等，這些象徵著九〇年代「美國復興」的高科技產業的寵兒們，席捲了富翁排行榜前面的位置。「新興產業的創業家，佔據了富豪排行榜前幾名的位置，這也是自洛克菲勒時代以來，持續了差不多快一個世紀的事情了。」

除此之外，富豪排行榜上的面孔和一個世紀之前還有一些共同的特點——卡內基為現代化的系統鋼鐵產業掀起了一場革命；戴爾則是透過積極活用網路直銷與客製化，對當時電腦業界帶來了衝擊。儘管時代背景和事業的內容都不同，但是在構築起別人無法模仿的系統並獲得巨大利益這一點上是相同的。

在九〇年代歷史性的股市上揚中，美國聯準會主席艾倫・葛林斯班一方面敲響了「這是毫無根據的狂熱」的警鐘，另一方面又不時地指出：「美國現在經歷著百年一次的變革，現在的情況和過去相比，具有根本不同的特性。」這是注意到電腦、網路，及通訊技術的革新，帶動生產力的提升，以致改寫了歷史的宣言。這樣，所謂的「新經濟」論調就成為道瓊平均指數突破 10,000 點正當化的根據了。

「新經濟」到底是真的還是假的？這只能在事後再做評斷。在甘迺迪政權誕生、美國經濟持續上升的六〇年代（也被稱之為黃金時代），也有過類似的激烈爭論。不過，在九〇年代結束再回頭去看當時的六〇年代，依然是通用汽車或是埃克森這樣的傳統企業掌握著霸權，市場上的競爭也是有限的。在這一點上，確實和現在有很多不同。而在當時，也沒有出現能夠超越洛克菲勒那樣的新一代創業家。

代表著二十世紀九〇年代的「新經濟」，同時也象徵著美國歷史上股價新高的第一人，可以說只有比爾・蓋茲了。他依靠電腦的基本軟體掌握

著霸權，構築高科技業界中最強有力的微軟帝國的過程中，從被稱為「美國最高明的投資家」巴菲特那裡學到了很多東西。當然，那些並不是關於電腦或者網路的技術，而是對於企業經營的觀點和方法。

除了都是大富翁之外，蓋茲和巴菲特之間表面上並沒有什麼共同點。與蓋茲是資訊社會的旗手相對應，巴菲特是一個電腦盲，他往往只選擇報紙、蘇打水、刮鬍刀、鞋和巧克力這樣的低技術產業作為投資標的。而且，蓋茲比巴菲特年輕二十五歲，他們是完全不同的兩代人。

但是事實上，兩人卻是非常親密的朋友，並且會互相感化。蓋茲曾因為巴菲特對橋牌很感興趣，也受到他的影響成為橋牌的愛好者。在另一方面，自稱為「電腦文盲」的巴菲特，也因為蓋茲的推薦而購買了一台電腦。當然，巴菲特並沒有將電腦用於工作，而是將它用在上網和蓋茲等朋友一起玩橋牌。

曾經在公開場合宣稱過「華倫‧巴菲特是最值得尊敬的經營者」的蓋茲，於 1995 年接受《財富》雜誌專訪時做了以下的回答：「巴菲特在理解複雜問題方面，才能非凡。表面上，他可以引用梅伊‧威斯科（美國葛萊美獎女演唱者得獎人）的言論來說明投資哲學，但是在這樣的幽默背後，其實蘊藏著很深的含義。因此，我經常從他那裡學到很多東西。」

實際上，如果仔細觀察作為經營者的蓋茲，就不難發現，他有著與巴菲特相似的部分。首先，蓋茲將個人資產的大半以微軟股票的形式保有，實踐著巴菲特所喜歡的「經營者要像股東般活躍」的原則。也就是說，他在和巴菲特一樣將自己財富的大半以股票保有的形式構築起來的同時，也因為持續大量保有自家公司股票，而和股東們一起共同承擔風險。

當高新科技產業的創業家們紛紛利用自家公司的股票選擇權為自己謀取更多利益之時，蓋茲完全沒有取得自家公司的股票選擇權或其他任何形式的低價購入權。針對自家公司的股票選擇權，巴菲特評論道：「這是

一種比起股東，對經營者其實更為有利的工具。」即使是針對波克夏旗下子公司的經營者，巴菲特也一直貫徹不給予選擇權或購入權的方針。

在貫徹不分配現金股利這一點上，蓋茲和巴菲特也是相同的。假如能夠將從股東那裡籌集來的資本好好運用，那麼經營者就不應該將獲利用於分配，而應用於再投資。只有在有利的投資機會消失的情況下，才會開始進行現金配息，也就是向股東返還資金。在這個意義上，可以說無論是蓋茲還是巴菲特都對自己的經營手腕具備高度的自信。不過目前台灣的情形正好相反，投資機會豐富的高新科技企業（如台積電、宏達電等）往往採取高現金配息，投資機會較少的傳統企業往往採取相對較低現金股息之傾向特別嚴重。

此外，兩人對於要如何運用好不容易積蓄起來的個人財富的考量上，也非常類似。幾乎成為「1,000 億美元身價的男人」的蓋茲，在 1999 年夏天宣布，將會把自己資產中的 50 億美元捐贈給慈善團體，以用於教育或者醫療，這個金額超過了個人捐贈的歷史最高紀錄。他最終打算將自己資產的 99% 以上用於回饋社會。而巴菲特也多次公開宣稱在引退之後，要將自己資產的 99% 以上捐給慈善團體。

巴菲特並沒有像蓋茲那樣，打算在他還活著的時候就開始捐贈，這是因為他認為：「每個人都應該在自己認為最擅長的領域內，盡其所能地長時間拚命工作，越是這樣，社會整體的財富也就會越多。」也就是說，能盡可能長期經營波克夏的話，個人的資產也就會膨脹得越多，那麼將來透過捐贈返還給社會的金額也就會隨之增加。而假如巴菲特馬上引退，將自己資產的 99% 以上捐贈給慈善團體的話，「巴菲特財團」將會超過洛克菲勒或者是卡內基、福特等人的財團，成為歷史上最大的慈善團體。這一點是毫無疑問的。

當然，蓋茲和巴菲特在「都是財富排行榜的常客」這一點上，最為

相近。在《財富》雜誌每一年的財富排行榜上，1992 年的第一名是蓋茲，第二名是巴菲特；1993 年的第一名是巴菲特，第二名是蓋茲。1994 年的第一名是蓋茲，第二名是巴菲特。像這樣，在九〇年代第一和第二的位置，經常是由蓋茲或者巴菲特所佔據的。從 1994 到 2004 年之間，一直持續著第一名是蓋茲、第二名是巴菲特的順序。2004 年《富比士》雜誌公布的世界一百大富豪排行榜，微軟電腦董事長比爾·蓋茲蟬連世界首富，身價 466 億美元，已連續十年蟬連榜首，比前一年的 407 億美元大幅增加。巴菲特位居第二，身價 429 億美元，也是財富增加最多的，其去年財富增加高達 124 億美元，無人出其右，直逼比爾·蓋茲。

　　身為波克夏的股東，也曾經著述了和巴菲特有關著作的基金經理人羅伯特·巴格斯壯，這樣解說道：「巴菲特和蓋茲兩個人，都是對世界具有非常旺盛好奇心的知識巨人，他們彼此間互相學習。巴菲特從蓋茲那裡學到了技術革新與網路代表的意義，而蓋茲則從巴菲特那裡學到了怎樣配置資本、和股東溝通，以及如何鼓舞經營團隊的士氣等。他們兩人可能也就處於這樣的關係，而日益親密起來！」

2 向巴菲特看齊

　　蓋茲是一位從巴菲特那裡受到直接影響的實力派經營者。而在九○年代，也出現了許多與巴菲特沒有直接關係的「巴菲特型企業」。由於他大量持有可口可樂、迪士尼、美國運通、華盛頓郵報等企業的股票，而在這些企業中，著名的經營人層出不窮，並因此得到了成功，「作為一種連鎖反應，大多數的企業都制定了以股東權益為主要考量的經營方針，成為巴菲特型企業。」這種趨勢的存在是不容否認的。

　　象徵著九○年代「美國復興」優良品牌的代表──IBM 可以作為我們的參考指標。

　　在 1997 年 5 月 13 日，從食品、香菸的大企業 RJR 納貝斯克來到 IBM 擔任 CEO 的路易斯‧加斯納（Louis Gerstner），向 IBM 的全體員工發表了一封信：「親愛的同事們，我們今天已經到達了本公司歷史上的一個新的里程碑，接下來，就讓我們回到工作中去，因為我們已經站在一道新的起跑線上了。」

　　在這一天，IBM 的股價達到 77 美元，一下子追上了十年前世界股價暴跌影響之前該公司在股票歷史上的最高值。

　　IBM 由於受到從大型電腦轉向微型電腦這個過渡期的影響，在進入九○年代之後，業績急遽下降。1993 年，IBM 還創下了美國企業史上數額最大的 81 億美元的虧損紀錄，而當時的股價也下跌到 40 美元以下。當時有一種說法：「IBM 是行將就木的巨人。」

　　當時 IBM 請來曾在麥肯錫顧問公司受過訓練的加斯納，打算大肆改

革一番。之後經過了四年的時間，IBM 的股價上升了四倍以上，IBM 股票在華爾街已經被稱為「龍頭股票」（持有 IBM 股票的美國 Cowen 公司基金經理人格李‧卡明斯基），同時，加斯納也開始被視為和奇異公司的 CEO 傑克‧威爾許並列的「明星 CEO」。

IBM 的復活，並不是因為重回高科技產業的盟主寶座。正如最大的半導體企業——英特爾所指出的：「過去由 IBM 做的工作，現在正由我們在做。」（引自共同創業者的安迪‧葛洛夫）當時 IBM 的技術主導權已經被 Wintel（微軟和英特爾的聯合）奪走了。而在股票市場上獲得好評的則是 IBM 堅持追求股東權益的經營模式。

在加斯納的主導下，IBM 實行了宏大事業的再構建工程，到 1997 年為止，比起 1987 年從業人員已經削減了 40%，只留下二十四萬人，這完全可以稱得上是大規模的人員削減。但是與此同時，從股東那裡籌集到的資本規模也同樣減少了 40%。儘管使用較少的勞動力和資本，但是 IBM 的銷售量增加了近 40%，股東權益報酬益率 ROE 也在十一年來第一次回到 20% 以上，可以說是一次「縮小的復興」。

具體而言，IBM 將效益不好的工廠和研究設施等從資產負債表上除掉。在前 CEO 喬‧艾卡茲的時代，IBM 在資產負債表上卻對已經失去價值的工廠做出了誇大的評價。也就是說，艾卡茲不願意承認自己的失誤，固執於樂觀的看法。而繼任的加斯納，以資產負債表再構築的形式清算了負面的資產，重新建構起用更少量的投入資本，產生出更多金額現金收益體制的經營模式。

巴菲特並不喜歡追求大規模的企業併購，因為以個人的利益為優先來實施大型併購，造成資本浪費的經營者很多。而他認為，在自家公司股票的股價大幅下跌時，將剩餘資本投入購買自家公司股票（庫藏股），更能夠體現股東的利益。巴菲特這樣說明：「假如自家公司的股票下降到本

質價值的一半，那麼也就意味著，用一美元就可以取得兩美元的價值，因此，能找到像這樣有利的資本使用法，何樂而不為呢？」

在這個意義上，加斯納可以說是巴菲特經營理念的奉行者。在 1997 年的股評家說明會上，當被問到「你在迄今為止所實行的經營決策中，最重要的是什麼呢？」，他則答道：「我們沒有輸給誘惑，沒有實行企業併購。」事實上，除了在 1995 年投入 30 億美元的 Lotus Developer 收購案以外，IBM 再也沒有實行過大型收購的行動。

取而代之的是，在大規模購買自家公司的股票這一部分，他們取得了突飛猛進的成績。從 1995 年開始的兩年間，他們將總額 132 億美元用於購買自家公司股票，1997 年又再次追加了 35 億美元的回購資金。回購自家公司股票已經成為 IBM 最大的支出案，支出金額高出新增投資與研究開發的經費，以及企業併購。加斯納說明：「回購自家公司股票是將剩餘資本返還給股東，提高資本效率的有效策略。」

IBM 因為沒有進行無效的企業併購而獲得了新生，而其他透過與「企業併購」相反的「企業分離」方式而獲得再生的企業，也有不少具有鮮明的「巴菲特型企業」的特點。

在九〇年代，施行企業分離具有代表性的範例，是全美最大的通信企業 AT&T，其於 1996 年將通信機器部門從企業本體分離出來。該部門的資本和勞動完全脫離出來，成為名為「盧森特技術（Lucent Technologies）」的一家公司。如果考慮到，連歷史悠久的貝爾實驗室也交由「盧森特技術」接管，就完全可以明白，這是超過了 IBM 更為大膽的事業再建構行動。

1997 年 7 月在紐約股票市場上，盧森特股票引人注目的原因是，該公司的股價突破了過去的最高值，股票市值總額達到 500 億美元，和誕生該公司的母體——通信業界的巨人 AT&T 取得了並列的成績。也就是

說在企業分離完成不到一年的時間之內，就出現了親子逆轉的局面，這也成為「部分比全體更有價值」理論的最好證明。

　　企業分離通常採取經營和資本都從母公司完全分離的形式。我們舉個例子，假設從 A 公司裡將 B 部門作為 B 公司分離出來，在這個時候，當 A 公司將 B 公司的股票無償分配給 A 公司的股東之後，企業分離就宣告完成。換言之，在企業分離結束的時候，在此之前一直持有 A 公司股票的股東，就能夠自動地獲得 A 公司和 B 公司的股票。例如台灣的華碩就將其代工部門分離為和碩公司，從此華碩（ASUS）專攻品牌，而和碩則專攻製造與代工，更早的例子還有宏碁。

　　企管顧問公司「企業分離顧問」的科內爾這樣說道：「透過將沒有受到正確評價的部門分離，可以使該部門的潛在價值在市場中解放出來，因此股東全體的財富是很有可能再向上爬升的。」而從公司的經營規模縮小也能夠確定的是，企業分離的作用至少也是在使全體股東的價值增大。

　　在這個意義上，與日本流行的，將子公司上市的情況有所不同。我們來看看若 A 公司將其 B 部門作為子公司，然後股票上市的情況。A 公司繼續持有 B 公司股票的一半以上，經營和資本都沒有分化，並且 A 公司股東不能持有 B 公司股票，也不能充分享受 B 公司潛在價值的解放所帶來的利益。而 B 公司仍然繼續作為 A 公司的子公司，因此經營的自由度受限，潛在價值的顯現程度也受到了限制。

　　當然，A 公司可以透過出售 B 公司股票來獲取收益，並將其用於研發與再投資等，不過儘管如此，在 B 公司的成長潛力要超過 A 公司的情況下，不管 A 公司採取怎樣的方式，透過增強設備或人力來強化自己的事業，要想取得超越 B 公司的收益率卻是非常困難的。這就相當於 A 公司的股東，僅僅獲得了因為拋售 B 公司股票所帶來的那一部分成長的果實。另外，在售出 B 公司股票所獲得的利益當中，將會被徵收所得或利

得稅，這也將成為股東的負擔。

　　盧森特公司的 CEO 理察・馬金，在企業分離完成一年後接受媒體採訪時，他這樣描述了企業分離的作用：「所謂的企業經營，是經營者代替股東去應用資本，持續將最高價值回饋給股東的工作。因此，貫徹有選擇和集中的經營，好好地回應顧客的需要是非常重要的。由於企業的分離，AT&T 和盧森特都各自就自己的戰略事業投下經營資源，希望藉此獲得長期的價值提升。盧森特公司由於獲得了經營上的自由，甚至和 AT&T 的競爭對手也開展了業務往來，AT&T 的股東也因為盧森特股票的升值而獲得了巨大的財富。而子公司的上市，與其說是戰略性的層次，其實更給人一種戰術性的感覺，因為如果還是子公司的話，實際的狀況與之前是母公司的一個部門也沒太大的差異。」

3 股東們覺醒吧！

在九〇年代的美國，出現了「經營者應全力以增加股東價值為目標」的經營呼聲，相對地，股東也開始覺醒自己為企業的主人，對以 CEO 為首的經營者開始了嚴格的督查。於是，企業經營目標的變化也開始了新的構造變化。

透過閱讀巴菲特每年向波克夏股東們寫的《巴菲特致股東信》，就能大概地把握住他所認為的最理想的企業體制。

根據巴菲特的標準，經營者是從股東那裡籌集到資本的管理者。最高的經營者在進行經營決策時，必須像股東那樣來考慮每一個經營策略。而如果像股東那樣來思考問題的話，對股東也就不會具有任何隱瞞，應該會如實地告知股東關於企業經營的實際狀況，而且對於那種一味追求擴大營收規模而造成資本浪費的情況，也會慎重評估。總之，經營者被要求是一個「有能力的、正直的勞動者」。

企業體制中最重要的問題是對 CEO 的評價。因為評價的標準往往非常曖昧，很容易就能隨意變更。其次，由於 CEO 是經營的最高權力擁有者，所以，在應該是 CEO 的「老闆」的董事會獨立性遭受挑戰的情況下，也就任誰都不能客觀地評價 CEO 了。巴菲特所列舉的優良企業體制形態之一，就是董事會能在排除 CEO 的情況下定期召開，並能夠在 CEO 不在的情況下評價 CEO 的企業。

即使沒有以巴菲特為導師，以年金基金和投資信託為首的大型法人投資機構，在從八〇年代後期到九〇年代這段時間內，也逐漸意識到股東

的權利，開始構築能夠客觀評價 CEO 的企業體制。走在最前面的，是素有「行動著的股東」之稱的加利福尼亞州職員退休年金基金。

在九〇年代前半期，由於該年金基金的壓力，IBM、通用汽車和柯達等這些被道瓊工業指數採計的大企業，都相繼解除了當時的 CEO 職務，實行了企業體制改革。即使到了九〇年代後半期，這樣的情況也沒有絲毫改變，企業高層的解聘反而像是理所當然的事，不斷地上演。

例如，由電腦業界的寵兒史帝夫‧賈伯斯（Steve Jobs）創建的蘋果電腦就是如此。在 1997 年，加州職員退休年金基金將該公司評為是所投資企業中，企業體制最差的「印章公司」，並因此施加了巨大的壓力。儘管該公司的經營業績一直持續下滑，但由於董事會疏於對 CEO 基爾巴特‧阿梅利爾的評價採取任何積極行動，因此該公司的董事會被認為是「處於休眠狀態的董事會」。

在接受了加州職員退休年金基金的意見之後，同年夏天，蘋果電腦決定進行根本性的董事會改革。具體而言，蘋果電腦在現有的七人董事會成員中，一下子辭退其中的五人，並從公司外部聘請了四位著名的 CEO 為董事。而除了蘋果公司的 CEO 之外，兼任經營團隊成員的董事會成員一個也沒有，因此，董事會被經營者牽著鼻子走的可能性，就大大減小了。

在新任董事中引人注目的，除了大型軟體公司「甲骨文」的創辦人兼 CEO 賴瑞‧艾利森以外，還有曾擔任過克萊斯勒和 IBM 的財務長（CFO）的吉洛姆‧約克。特別是約克，和蘋果電腦並沒有特別的利害關係，只是因為他曾經在克萊斯勒和 IBM 兩家公司的企業重建中發揮過重要作用，而備受期待。

在迄今為止的蘋果電腦董事會中，從創業時開始就深入參與該公司經營的麥克‧馬庫拉作為元老，君臨一方，而其他的董事會成員，則完全沒有表現出與之相抗的態勢。雖然阿梅利爾的領導能力也備受質疑，但因

為他是馬庫拉特定的人選之故，所以一直沒有遭到解聘。在董事會中，有的成員甚至連一張蘋果電腦的股票都沒有，也因為董事會成員持有的股票數量少得驚人，所以他們應該具有的主人意識也就不會充分發揮作用。

加州職員退休年金基金的企業體制委員會負責人凱拉·吉蘭嚴厲批判了這種情況：「假如沒有將自己的資產置於有風險的環境，那麼對經營狀況漠不關心也是理所當然的。蘋果電腦的董事會成員，既沒有改善經營的動機，也沒有改善經營的時間。」並且開始在成為董事會成員的條件中加入了「熱心的股東」這一條。在很多優良企業的董事會成員，都被要求自掏腰包購買自家公司股票，如果購買數量不夠還要借錢購買的大環境下，蘋果電腦的董事會明顯的就是「印章董事會」的一員。

加州職員退休年金基金，是以加利福尼亞州的政府員工為加入者的公務員年金。公務員年金和所投資的企業並沒有特別的利害關係，因此，「作為促成健全企業體制與企業管理的推手最為合適。」（引自經營美國投資基金 Lens 的尼爾·米諾）。企業年金「不能成為企業體制的主導」，正像通用汽車以身為股東的身分要動搖競爭對手福特電機一樣，是十分困難的。

巴菲特並沒有像加州職員退休年金基金那樣，因為身為「行動著的股東」而活躍異常。這是因為他並不看重企業制度的形態，而是關注於「即使沒有董事會的監督，也能夠拿出最高成果的經營者」，並以此來進行投資的。因此，沒有成為「行動著的股東」的必要。

巴菲特這樣說道：「因為我從事的是以長期投資為前提的工作，因此一旦投資了之後，我至少要放上五年的時間。就像所羅門的情況（發生了不正當國債購入事件），只要沒有特別的事情，我絕不干涉經營，儘管我有隨時準備接受諮詢，出謀劃策的準備。對我來說，最佳的對策，就是選擇能確信絕對不賣的企業進行長期投資。」

隨著股東在企業中扮演的角色逐漸轉型，美國國內也不可避免的掀起一股「全民股東化」的浪潮。

老家在舊金山的公司職員帕拉姆・迪龍，是著名的經濟頻道 CNBC 的忠實觀眾，儘管他的工作與股票市場無關，對經濟也不是特別熟悉，但是只要白天在家就會打開電視，將頻道固定在 CNBC 上。儘管看到的、聽到的全是財經新聞，但他說：「我並不會感到無聊。」

迪龍在 1997 年，透過網路在電子商務網站上開設了股票委託買賣的帳戶，投入 24 萬美元的資金。因為他是三十三歲的單身者，有十分充裕的資金可以用於投資。不知道是因為他居住的地方靠近紐約高新技術創業區，還是因為以 CNBC 為情報源，很快就獲得了買入高科技股票的機會。

「USA（United Shareholders of America，美利堅聯合股東）」——這是新聞記者雅各・瓦依斯巴古在迪龍開始投資的時機，為著名的《時代》雜誌撰寫的報導之大標題。比起正式的國名 USA（United States of America，美利堅合眾國），這個名字可以說更能反映美國的實際狀況。

的確，在九○年代後半期的美國，像迪龍這樣的人物並非例外，在日常生活的各個角落中都能感到他們的存在。在紐約市內的體育館，電視機的頻道也不再被設定在播放棒球或是足球比賽的體育頻道上，而往往是被設定在經濟頻道 CNBC 上。就連進入地處阿拉斯加偏僻小鎮的餐館，能聽到 CNBC 的聲音也不是什麼稀奇的事情。

人們以談論棒球比賽結果的感覺談論著股市行情。用瓦依斯巴古的話來說：「由體育轉向股票的話題變化，進行得非常順利。」這是因為，在提供統計資料所帶來的快樂這一點上，體育比賽的觀戰和股票投資是一樣的。在這個世界上，主角已經不再是小布希總統，而是美聯準會主席艾倫・葛林斯班。

公司員工的股東化，也正以飛快的速度進行著，這是因為以「增大

股東價值」為目標的多數經營者，在「經營者要像股東那樣活躍」的基礎上，增加了一條「員工也要像股東那樣活躍」的條件。特別是在紐約高新技術開發區誕生的創業型企業，員工就都是老闆的情況並不罕見。

道瓊工業指數突破一萬點之後的紐約高新技術開發區，是一個「強烈的高科技文化和強烈的股票文化同居的世界」（當地的投資銀行家是這麼說的）。以和網路相關的創業型企業為中心，新股上市層出不窮，透過股票而聚集了大量財富的「小比爾‧蓋茲」也相繼誕生了。

1998 年春天，居住在紐約高新技術開發區的印度裔創業家 B.K. 強多拉塞卡，正坐在客廳的沙發上目不轉睛地盯著電視畫面。CNBC 正在報導：「今天，引人注目的新股 Exodus Communications，在紐約股票市場上市了，今日開盤價格為 2.75 美元。」聽到這個消息，他興奮地和妻子抱在一起，高興得不得了。

強多拉塞卡是 Exodus Communications 的創辦人兼董事長，在股票上市一年多的時間內，股價上升了十五倍以上，他所持有的股票即使是除去他尚未執行的選擇權不算，按照時價計算，也膨脹到了 2 億美元左右，這時他只有三十八歲。他在已經裝修好的總公司新辦公室裡愉快地談道：「我簡直沒有想到這樣的事情會發生在我的人生裡，可能這是因為我用自身去體驗了古典精神的緣故吧！」

他的話是有道理的。在 1990 年，他離開故鄉印度，第一次踏上美國土地的時候，他還只不過是一個外國來的工程師，既沒有在美國受教育的經驗，也沒有人際關係。在 1994 年末，他抱著「從今以後網路將以爆發性的速度擴大」的信念，創建了 Exodus Communications，在當時，員工僅僅只有十五人，擠在一間小辦公室裡，甚至還沒有空調。當時，他的最大資產，就只有在頭腦中描繪自己事業的發展計畫。

從那以後，在不到十年的時間裡，這家公司發展成為具有一千名以

上員工的「網路企業」，在顧客中，也開始出現了像甲骨文這樣著名的高科技企業名字。公司的 CEO，由曾經歷任過美國國家半導體（National Semiconductor）、IBM 和蘋果電腦經營幹部的實力派女性經營者愛倫・漢考克擔任。

　　獲得了巨大財富的，不僅是強多拉塞卡和漢考克，在 Exodus Communications，包括秘書在內，所有的員工都拒絕以現金的方式領取月薪，而是希望以股票的方式支付，強多拉塞卡同意了他們的要求。強多拉塞卡用帶著印度口音的英語這樣說道：「在這裡，所有的員工都是老闆、都是創業家。大家都共擔風險，實行二十四小時工作制，為了達到目標而拚命地工作。」大企業的所有權從一部分大資本家手中，轉移到一般大眾的手中，因此也能夠聽到這樣的聲音：「在美國，已經實現了具有實質意義的大眾資本主義。」

4 新時代的指標企業

巴菲特大量持有股票的可口可樂、迪士尼、美國運通，都是持續忠實於股東價值的經營模式，因此而成為「巴菲特品牌」的成功代表。這些企業的成功，給其他的美國企業帶來很大的影響，並為他們帶來活力。特別是：可口可樂誕生了羅伯托・古茲維塔、迪士尼誕生了麥可・艾斯納這些著名的 CEO，他們都成為了經營者的典範。

被視為是二十世紀後半期最成功的 CEO 是奇異公司的傑克・威爾許，他在企業年度報告裡寫給股東的信，現在已經成為「經營者」的必讀書；而由巴菲特寫的《巴菲特致股東信》，則被稱為「投資者」的必讀書。但是，巴菲特的信和威爾許不同的地方在於：巴菲特的信在投資者和經營者這兩個族群裡，都被廣泛閱讀著。

既是老闆又是經理的巴菲特可以說是「老闆兼經理」的代表例子。除了他在可口可樂、《華盛頓郵報》擔任董事長間接參與經營之外，在波克夏的旗下還有很多像大型保險公司——國家賠償公司等優秀的百分之百子公司。當然，他還是「最受尊敬的美國十大企業之一」——波克夏的董事長兼 CEO，這是不必多言的了。

美國企業的大多數高階經營人，開始逐漸大量持有自家企業的股票，因此身為「老闆兼經理」的例子已經越來越多，並且還在不斷地增加。按照巴菲特的標準，有能力的經理人要像老闆一樣活躍，「老闆經營者」則往往帶有「將公司據為己有的惡質經營者」之印象，而在實際上，因是創辦人而被視為「老闆」，但實際並不持有多少股票的「假老闆」的情況曾

經相當多。

巴菲特在過去數十年裡不斷闡述了「經理要像老闆一樣活躍」這個原則。這個原則進入 1980 年代後，開始滲透到了美國企業界中，像年金基金、投資信託等大型機構投資法人，在選擇投資對象時，也開始關注經營者是否像老闆一樣活躍。其中最具有代表性的就是在 1999 年，可運用資產高達 1,500 億美元以上的美國最大公務員退休公積金──加利福尼亞州職員退休公積金。例如，退休公積金在 1992 年向通用汽車施加壓力，要求在經營隊伍更迭的同時，實現董事會的根本改革，以此為契機，退休公積金在通用汽車確立了令經營者更具有老闆意識的現代化企業制度，而該退休公積金也被視為「行動著的股東」的冠軍。

從此，就像滾雪球一樣，在九○年代前半期，IBM、柯達、美國運通等大企業也被要求重整經營隊伍，引進現代化企業制度。同時也出現了很多認為「沒有大量持有企業股票的 CEO，就沒有擔任 CEO 的資格」的企業，因而將大量購買自家企業股票視為經營者的義務。即使到了九○年代後半期，由於加州職員退休公積金的壓力，使蘋果電腦、EDS 這樣的大企業也都進行了現代企業制度的改革，而總體趨勢也逐漸發生改變。

巴菲特並不是現代企業制度的旗手，他本人在接受採訪時這樣談到：「身為大股東，我不要求我選擇的投資企業必須變革，因為如果是這樣，我在一開始就不會選擇投資這樣的企業。因此，除了少數的例外以外，我幾乎都沒有直接參與公司的經營。」

話雖如此，巴菲特卻是「掌握著道瓊平均指數 10% 的人」。波克夏的忠實股東，擔任基金經理工作的羅伯特‧巴格斯壯這樣說：「儘管巴菲特自己沒有意識到，不過他的存在，確實給美國企業界帶來很多的變化，大大提升了企業的總體競爭力。」

巴菲特在 1998 年的股東大會之前接受採訪時說：「在日本，引起我

們興趣的投資標的有好幾個。」表明了他當時正在研究向日本一家大企業投資的可能性。結果是，具體企業的名字在尚未披露的情況下，就被其他的投資家接手了。假如這次投資能夠實現的話，換算成日圓，可能是多達幾千億日圓的大型併購案。

一直都以穩定的股東，員工也有穩定的工作和公司間股票的相互持有為企業經營特徵的日本，過去和「股東價值」的世界幾乎無緣。到了1999 年，都還沒有從泡沫經濟的痛苦中站起來，他們將希望寄託於銀行、客戶成為自己企業股票的接受者，寄望將面向第三者的股票增資，讓股東穩定下來，而企業間相互持有股票的動向也並未消失。巴菲特說：「我也曾經嘗試著想要理解日本企業，但是卻不時因為 ROE 的低迷而感到困惑。如果說財務處理方面的錯誤是其原因，還可以接受，但事實上 ROE 持續好多年來都一直處於 5% 以下，那麼作為投資來講，選擇這樣的企業最終是會後悔的。」

在日本，「穩定的股東」長期以來被看成是「好的股東」。但如果回到股份公司的原點，那麼日本「穩定的股東」則是「壞的股東」。這是因為日本「穩定的股東」是企業間相互持有股份，結合成一種聯合企業的制度。這樣就會排除像巴菲特這樣純粹的投資者，因此失去了由純粹投資的股東對企業經營的關注，而形成了閉鎖的系統。

儘管如此，時至今日，在日本還是出現了能夠進入巴菲特視野的個別企業，雖然數目還很少，但是相信這樣以「股東價值的增大」為經營目標的企業，會越來越多。巴菲特如果決定要投資，那麼一下子就會投入鉅額的資金。他在日本的下一個對象會是誰呢？是具備強有力的支援、能夠抵抗不良經濟狀況的消費領域？還是實現「面向股東經營」的金融服務領域呢？如果在日本也能夠誕生「巴菲特品牌」，那麼一定會對日本的企業界帶來不小的影響吧！

　　大眾資本主義的先驅，是每年都在奧馬哈召開「資本主義者聚會」的巴菲特。從二十世紀到二十一世紀，USA（聯合美利堅股東）對他的一舉一動，越發關注起來。

　　從 1998 年夏天到秋天，因為新興市場上的大混亂，波克夏大量持有的可口可樂和吉列股票面臨股價大幅下跌的困境，這是因為以可口可樂為首的國際優良企業，其收益的大半往往預存於海外市場，受到俄羅斯通貨危機等因素影響，新興市場發生混亂，因而被投資家所嫌棄。

　　在 1998 年末，波克夏所持有的普通股時價總值為 372 億美元，其中可口可樂佔了 134 億，吉列占了 46 億。當然，那一年波克夏普通股的運用成績，以低於 S＆P500 股價指數的結果而告終。在紐約股票交易所上市的波克夏股價也呈現下降的趨勢，這可以說是與此相應的聯動。

　　如果將波克夏看成是投資公司，那麼要衡量它的運用績效，用和考察投資信託一樣的每股擁有的淨資產的增加率來衡量，是最適當不過的。波克夏每股淨資產的增加率，在 1981 年之後，一直超出 S＆P500 股票的平均值，在 1998 年達到了 48.32%，遠遠壓倒 S＆P500 的 8.6%。只不過，如果沒有在這一年實行對大型再保險公司通用再保的收購，「將有可能是十八年以來第一次敗給 S＆P500。」（股評家所言）。

　　在迎接「道瓊指數一萬點」時代的二十世紀末，對巴菲特而言，最大的問題不在於可口可樂股價的下跌，而在於累積了越來越多的手頭現金。在道瓊指數以三年的時間上升到原來兩倍的速度中，很難再找到可以以便宜的價格買到深具魅力的企業。因此，處於當時的大環境，巴菲特手頭所累積的現金就越來越多，造成了手頭上可用現金的膨脹。

　　雖然巴菲特能夠確認，在事業規模比較小的企業中確實還存在較為便宜的品牌，但是這樣的企業對波克夏全整體規模的運用績效幾乎不能帶來什麼影響，很難成為投資對象。現在的狀況是，一次投資如果不能超過

100 億美元以上，那麼這樣的投資對波克夏這種超大型的投資公司而言，可以說是沒有意義的。巴菲特二十世紀末在美國最後實行的大型併購，是在 1998 年末對通用再保的收購，投資額達到了 220 億美元。

為了取得股東們對通用再保收購的廣泛許可，在 1998 年 9 月召開的波克夏臨時股東大會上，巴菲特這樣說道：「對我們而言，無論在什麼時候，對股市的下跌都是抱持歡迎的態度。特別是當股市急遽下落的時候，在這樣的情況下，至少我們就不會將 90 億美元的手頭資金一直保留到明年吧！」手頭上有現金 90 億美元的情形，已經達到了過去的最高值。但是在那以後，整體股價的持續上升仍然沒有停止。

如果手上一直持有如此大額的現金，波克夏的運用績效只會繼續惡化。話雖如此，以超出本質價值的價格購買股票，卻又違反巴菲特的投資哲學。也正因為巴菲特貫徹「不投資自己不能理解與預測的高科技股」的原則，波克夏也就沒有從主導當時市場的科技股熱潮中得到好處。

當然，巴菲特是以長期投資為根本，並沒有因此而心浮氣躁。在 1999 年 5 月的年度股東大會上，他以棒球為例，做了以下的說明：「在股票市場上，並不存在打擊手沒有揮棒就要被判出局的情況，縱使不打所有飛來的球，也沒有問題，你可以一直等到對你而言最好的球出現時才揮棒。」在這一點上，巴菲特和那些經常承受「趕快揮棒擊球！你這個懶鬼！」的壓力而盡量要將手頭上的現金變成股票，因而被迫要購買價格很高的公司的基金經理人是不同的。

5 帝國的走向

　　進入 1999 年，華爾街上又發生了一點小小的變化，那就是關於波克夏，第一次出現了認真的股評家報告。作者是大型證券公司普惠（Paine Webber）所屬的女性股評家愛麗絲‧休洛達，她透過直接訪問以巴菲特為首的波克夏幹部，完成了這篇最初的《波克夏股評報告》。

　　儘管從股東資本的規模來看，波克夏已經超過了奇異等巨頭，成為美國最大的企業，但波克夏基本上是被華爾街忽視的企業。要說具體原因，恐怕是因為大部分股東都是長期持有的個人，因此不會出現頻繁買賣的狀況，而容易被股市所忽略。巴菲特幽默地說道：「這對證券公司營業經理人來講，差不多是宣判了他們死刑吧！一支股票一買就是三十年，這恐怕連在以自我犧牲精神自豪的修道院也找不到！」

　　長期持有的股東很多，也就意味著波克夏股票的流動性很低，因此，機動地進行買賣的投資信託等機構投資法人，不會喜歡將波克夏股票列入購買清單。而且，波克夏公司也從不因為企業併購而向投資銀行尋求顧問及諮詢，在這一點上，尤其缺乏作為顧客的魅力。而巴菲特對要求不平衡手續費的投資銀行也是十分討厭的。

　　休洛達在報告中得出結論：「將波克夏僅僅視為單純的 Close End 型的投資信託機構是錯誤的，應該將其作為以保險為中心事業的公司來分析。」她的報告認為，透過不間斷的大型併購，波克夏的業務內容也發生了很大的變化，股評家或是機構投資法人這些所謂華爾街上的精英們，也必須將目光投到該公司的動向上來。而所謂的 Close End 型，是指和普通

企業一樣，股票在證券市場上市的法人型投資信託公司。

　　事實上，波克夏的資產負債表狀況已經發生了變化。在 1995 年末，該公司的普通股合計起來還佔總資產 299 億美元的 76% 之多，而到了 1999 年 3 月末，這個比例已經降到了 32%，這是因為透過對通用再保的收購，總資產大約膨脹到原來的四倍，達到了 1,240 億美元。波克夏旗下子公司的員工總數，也達到了四萬七千人以上，和 1995 年末相比，成長了一倍。因此，休洛達指出這樣的看法：「恐怕已經不能說波克夏的整體收益率是由可口可樂或者吉列等大量持有的傳統品牌的股價來決定其價值的投資公司了。」

　　在市場分析者當中，也有「為了應對股票市場的波動，巴菲特才選擇收購了通用再保」的看法。也就是說，在收購該公司之前，波克夏 465 億美元的投資清單中，有 362 億投向了普通股股票，而在收購完成之後，就成為在 610 億美元的總投資額中，有 397 億仍是透過股票來持有。這是因為通用再保的 220 億美元資產中，有 80% 以上是債券的形式。

　　簡言之，波克夏在收購通用再保的過程中，完全不需要支付轉讓稅，並且將股票的比重由 70% 左右一下子成功的降到 60% 左右。而在同時，又進一步強化了作為保險公司的本質，構築起不受股市波動左右，也能夠獲得安定收益的業務基礎。

　　不過，強化了保險公司的性質，也有伴隨而來的副作用。波克夏旗下的保險公司，作為保險金收入所獲得的穩定資金來源，對波克夏而言，意味著新的現金收入不斷增加。因此，在股市繼續上升的情況下，手頭上的閒置資金將會越積越多，資金的活用將更顯困難。巴菲特對股東們這樣忠告道：「希望大家不要期待超高收益率的情況，在今後仍然會繼續。」

　　身為波克夏的經營者，巴菲特的經營哲學是清晰而明快的。將企業的老闆——股東，視為企業的主人來對待，這是巴菲特經營哲學的基本。

對巴菲特而言，最值得誇耀的，是他將自己資產的 99% 以上都用於無現金收益分配的波克夏股票的持有，以此和股東共擔風險。之所以要維持這種與分散投資相去甚遠的投資方式，是因為「我如果做出了愚蠢的事情，就會和你們（股東）一樣痛苦，所以在這種時候，我希望共同承擔的風險，能夠成為對你們的安慰。」巴菲特還說：「在自己死後，我將會把所有資產的 99% 以上捐獻出來，用於回饋社會。」

在波克夏，巴菲特的報酬是年薪 10 萬美元，身為大企業的 CEO，這樣的報酬恐怕屬於最低的等級。對於流行的「股票選擇權」，他認為那是「相對於股東而言，更加有利於經營者」的，所以一直持否決的態度，因為他自己所保有的股票，既沒有現金分紅，也從未售出。因此，雖然稱他為富豪，卻沒有多大的消費能力，不僅如此，他甚至不雇用保全、司機和傭人，只要具有可以工作的環境就足夠了；這是因為他堅信經營者也必須和股東一樣，必須以股價的上升與分割（無償配股）來取得回報。在大企業的 CEO 中，他被視為唯一由自己進行的 CEO；在私生活上，他也沒有那麼多的豪宅，而是一直住在奧馬哈市內一棟普通的房子裡。

當時，波克夏大量持有美國運通、迪士尼、可口可樂三家公司的股票，是這三家公司的最大股東。這三家公司都是被美國三十大公司構成的道瓊指數採計的企業，因此，可以說巴菲特一人掌握了道瓊工業平均指數的一成，進而對指數有著巨大的影響。也正因為是巴菲特選擇的企業，所以這三家公司都是由美國數一數二的 CEO 來經營，在長期取得超過主要股價指數的股價經營績效這一點上，都是相同的。從 1964 到 2004 年期間，波克夏已經從一家搖搖欲墜的北方紡織公司，蛻變成一個跨足各個產業的大型投資集團，其實質價值大幅超越帳面價值，四十年來，實質價值的成長率甚至遠超過帳面價值 22.2% 的年成長率。

巴菲特每當發現很好的投資對象，都不是以買「股票」的形式來看

待，而是懷著購買「企業」的打算來投資。雖然要完全收購像可口可樂這種國際級別的大企業，在現實上是不可能的，不過如果不是像可口可樂這樣的大企業，巴菲特在實際操作時，就會取得該企業百分之百的股份。比如說：經營巧克力的喜斯糖果公司、經營寶石的博爾許珠寶（Borsheim's Fine Jewelry）、經營鞋類的德克斯特（Dexter），還有《水牛城新聞報》、內布拉斯加傢俱廣場、冰淇淋冰雪皇后等等，都是波克夏百分之百持有的子公司。而以百分之百股份併購方式購買的最大企業，至今為止，是在1998年收購的，全美最大的再保險公司——通用再保。

在投資時，巴菲特並不喜歡複雜的方法。簡言之，就是以經營者從事的是否是「為了股東而經營」為標準，來嚴格地選擇投資企業。換句話說，是不是「將股東視為夥伴來誠實對待」，這是很重要的一點。巴菲特的情報來源，是誰都可以得到的企業年度報告，透過與經營者的面談等形式，來獲取比普通投資者更為有利的情報，這樣的事情對巴菲特而言是不常有的。「從年度報告中就可以得到要評估能否投資這家企業的必要情報。」巴菲特如是說。其購買股票的方法，基本上也是以透過市場去購買普通股票為主，和一般的投資者並沒有什麼區別。

因此，巴菲特被認為不是「金融街」的代言者，而是「大眾街」的代言者，就連他那比起法國料理更喜歡漢堡，比起葡萄酒更喜歡櫻桃口味可樂等，與大富豪迥然不同的「大眾街」的嗜好和性格，都影響到人們對他的印象。1987年，他大量取得了投資銀行所羅門兄弟的股票時，甚至遭遇了「居然和華爾街聯手狼狽為奸」的眾多反對聲浪。

巴菲特的投資對象僅限於他能夠理解的行業。比如說，包括好朋友蓋茲的微軟，幾乎所有高新科技品牌都被摒除在他的投資標的之外，這是因為對於變化快速的網路與資訊科技產業，要預見十年、二十年後的現金收益，是非常困難的，而投資這樣的企業，與他那種「確認了投資企業所

具有的長期安全性之後，才進行投資」的方式是不相容的。

巴菲特關注的不僅是事業本身，還會關注到經營領導者。每年，為了尋找有潛質的投資企業，他都要閱讀多達數百冊的企業年度財報。在這個過程中，如果發現了讓他感興趣的企業，他就會特別加以關注以下的事項：假如自己是該企業百分之百的老闆，對自己想知道的事情，經營者是不是準確地、毫無保留地、並且用容易明白的語言告訴了自己。如果對老闆想知道的事情不能夠很清楚地表達，他就會認為，經營者根本就沒有以向老闆負責的態度來經營企業。他說：「這樣的報告，無論使用了多少漂亮的照片或是圖表，卻缺乏基本的事實，就根本沒有閱讀的價值。」

假如巴菲特判斷出「這是一個有希望的品牌」，他就會完全無視股市整體的動向和宏觀經濟的指標，以購買「企業」的方式一下子投入數十億美元以上的資金。他認為，股票不單純是股票，還代表著所有權。購入股票，實際上等於購買了事業的一部分。而當他發現了真正優秀的企業，就不僅要求擁有事業的一部分，更希望將整個事業完全買入。

對巴菲特而言，依觀察市場的冷熱或是投資者預期心理的動向來進行投資，是非常危險的行為，在這一點上，巴菲特和投機者是完全不同的。他認為，判斷投資價值最安全的做法是：從長期現金收入看出企業的本質價值，並在其股票價格低於其本質價值的時候，大量購入該企業的股票。在實際操作中，他完全優先考慮自己所進行的徹底基本分析，對股評家們的技術分析與消息面的訊息則是不屑一顧的。

局勢動盪的年代

① 屹立於危機中

時間邁入了二十一世紀，巴菲特在自己的辦公桌開始了千禧年的第一個工作日。這一天，他讀到的第一封郵件是來自旗下保險公司通用再保（General Re）的 CEO 羅納德‧佛格森（Ronald Ferguson）。

1998 年，巴菲特以 220 億美元併購了再保險巨頭通用再保，但到目前為止，這間公司沒有帶給他什麼，就只有一些令他難堪的壞消息。那一年，就在波克夏收購通用再保短短幾週內，就爆出這間公司在尤尼卡文公司詐騙案中遭受損失；另一次，某部電影的製片方和出資方共同遊說通用再保公司擔保他們即將在好萊塢上映的電影票房，通用再保也承諾，如果票房未達到預期目標將會進行理賠，離譜的是，他們根本不知道對方打算上映什麼影片，更不知道會有哪位明星出演。幾週後，票房果真成績慘綠，引起的訴訟與相關問題排山倒海而來，得知此事的巴菲特簡直不敢相信自己的耳朵，沒想到自己最看重的經理——聰明的阿吉特‧詹恩竟然會對答應這些可笑的電影票房擔保保險！

不久後，阿吉特推出了再保險 Grab.Com 線上抽獎專案，這件事讓巴菲特又一次大傷腦筋，他發現佛格森有著與自己截然不同的哲學觀：他一向寧可輕鬆躍過眼前的一呎高跨欄，也不要漫無計畫的空等七呎高的跨欄來大放異采。而 Grab.Com 抽獎活動明明是一道可以輕鬆跨越的一呎跨欄，偏偏佛格森卻對此不屑一顧，他說，通用再保只接受有承保利益的業務，而不願透過一點一滴的緩慢累積來獲取利潤。

雖然巴菲特想大刀闊斧的進行一次管理變革，但他一直沒有付諸行

動──通用再保過去的記錄一直很正常，沒有什麼好的理由讓他這麼做，畢竟，一個已經很正常的公司需要的只是逐步完善，而非徹底整頓，再說，在併購一間公司還不久的時候就解雇 CEO，將會引起不小的騷動，況且，巴菲特並不喜歡解雇自己的員工。

這個小插曲結束兩個月後，巴菲特與他的波克夏公司迎來了二十一世紀。這時，佛格森又宣稱通用再保公司由於保險定價策略錯誤，導致公司大幅虧損了 2.73 億美元，面對這一連串荒腔走板的表現，巴菲特再也忍無可忍了，自從他收購通用再保公司後，這個不幸的公司彷彿被上帝拋棄了般一落千丈──在此之前，通用再保一度是波克夏眼中的模範公司。

截至目前，通用再保公司在保險業務、定價機制和風險選擇上所產生的損失已累積將近 15 億美元，如此龐大的虧損在巴菲特旗下的公司中還不曾有過，巴菲特決心出面止血。消息一傳出後，股東與投資者們議論紛紛──難道出資 220 億美元收購通用再保是巴菲特的一大錯誤？於此同時，巴菲特最愛的可口可樂公司也遭遇了經營瓶頸，「股神」的名聲頓時受到了挑戰。

進入 2 月後，風波更進一步擴大。9 日，巴菲特正坐在辦公室瀏覽早報，電話忽然響了，是在紐約證交所負責波克夏股票交易的吉姆・麥奎爾打來的，麥奎爾告訴巴菲特，就在前一晚，Yahoo 網站的網路 BBS 作家在站上刊登了巴菲特病危住院的消息，這個假新聞很快地如病毒般散播開來，短短數小時內，人們紛紛拋售波克夏・海瑟威公司的股票，所有人都以為七十歲的巴菲特真的快不行了，當日，波克夏股票的成交量飆升，股價卻急劇下跌。

巴菲特的個人電話也響個不停，熟人與股東們不停打來關注他的健康，「你還好吧？」「很好，好極了！」之類的對話一整天從未停過。儘管巴菲特信誓旦旦地向人們解釋說一切都很好，但從波克夏・海瑟威股票

的交易情況來看，大部分的人還是選擇相信了謠言，隨著巴菲特即將辭世的謠言甚囂塵上，波克夏的股價一路下滑，無數的股東來電擠爆了經紀人的電話，要求確認巴菲特是否活著，雖然經紀人與巴菲特的朋友拚命出面闢謠，但仍然無法安撫陷入騷動的投資人。

最後，就連美國電視台 CNBC 也報導了巴菲特可能辭世的謠言，而那些試圖澄清謠言的努力反而導致了更多的臆測。有心人士更宣稱，巴菲特編造了自己病危的消息，以藉著投資人恐慌的時機低價買回波克夏・海瑟威公司的股票。起初，巴菲特對這些荒誕不經的說法一笑置之，但在網路逐漸普及的二十一世紀，謠言的傳播速率遠遠超出了他的想像，加上這類謠言嚴重觸及了他在「誠實」與「廉潔」方面的底限，他決定發出一篇聲明：

近來，網路上出現了關於購回股票和巴菲特先生健康狀況的謠言。儘管波克夏・海瑟威對謠言一向不予以評論，但對於近日流傳的謠言，我們決定破一回例——所有關於購回股票以及巴菲特先生健康狀況的謠言百分之百都是假的。

然而，一切都是徒然，波克夏的股價在一週之內硬是跌了 11%，根本無法遏止。3 月 10 日，股價終於跌到了每股 41.3 美元，這一數字幾乎逼近了波克夏公司上市以來的最低價格！巴菲特傳奇似乎已走到了盡頭。

幾乎就在同時，那斯達克指數反而上揚到 5,000 點，與 1999 年 1 月還不到 3,000 點相比翻了快一倍，相關股票的成長總和超過了 3 兆美元。這樣的落差讓人對波克夏公司的遭遇更加冷嘲熱諷，然而，巴菲特仍不打算改變自己的投資策略。

顯然，要是波克夏・海瑟威公司的股東們在五年前選擇了市場指標股，將有可能得到更好的投資回報，巴菲特在過去五年的投資進入了枯竭時期——他在可口可樂公司的投資現在只值 87.5 億美元，儘管過去曾一

度上漲到 175 億美元。即使是到了這麼艱困的階段，巴菲特仍堅定自己的投資原則，決心不偏離「安全邊際」基本原則。雖然，波克夏公司的閒置資金已高達上百億美元，而且巴菲特只是暫時先買些回報很低的短期債券，但他仍不考慮買進任何的科技類股票。他說：「提到微軟和英特爾，我不知道它們在十年後會變成什麼樣子，更不希望參與別人佔優勢的領域，軟體業不在我的熟悉範圍之內，我能深入瞭解的是 Dilly 棒棒糖，而不是電腦軟體。」

2000 年 2 月，波克夏提出對部分持有股份保密的要求，但遭到美國證券交易委員會拒絕，委員會權衡了穩定市場中投資者的各項利益與知情權，最後決定捍衛大眾的知情權，即在人們公開買賣巴菲特的股票之時，巴菲特不能進行秘密地操作，他只能像持有美國運通或可口可樂那樣公開操作。儘管巴菲特一再堅持有些股份一定要保密，美國證券交易委員會還是鄭重要求，他必須向全世界公開投資記錄。從此，將大量資金一次性投入股市運作將越來越困難，波克夏的投資策略不得不由大量持有改為完全併購——雖然這也是巴菲特一向喜歡的方式。

自此之後，開始有媒體戲稱巴菲特是「過去全球最偉大的投資人」。3 月 10 日，《華爾街日報》更寫道：「人人都靠著科技股來獲利，只有固執而小氣的巴菲特不在其中，不過，他的股票已經下跌了 48%。」它還引用了一位近期投資股票上漲 35% 的 AT&T 退休員工的揶揄：「謝天謝地，這支科技股票的投資人確實沒有華倫·巴菲特！」

從 1998 年併購通用再保開始，巴菲特從未在自己的職業生涯中，如此認真思考自己所面臨的考驗。市場的一切跡象表明他的確錯了，公眾、媒體甚至公司的一些股東，看著巴菲特仍固執地用一套陳舊的觀點而堅持不買科技網路股，認為他是不是老糊塗了——儘管他內心十分明白自己的目標和渴望。多年來，他已習慣享有諸多的榮譽，就像每天非喝不可的櫻

桃可口可樂一般。因此，他對大眾的批評非常敏感，盡可能地避開一切公開露臉的機會，並努力捍衛自己的名譽，如同老虎對抗觸犯自己威嚴的任何挑戰。

然而，面對來自各方的攻擊，巴菲特這回始終沒有做出辯駁。他既沒有作出評論反駁，也沒有在集會中指出目前市場上高股價的危險，更沒有透過報章雜誌、電視採訪、或請發言人出面解釋。他只是與蒙格一起，按照過去的習慣與波克夏股東定期溝通，對股東們說在人們過度高估市場的情況下，誰也無法預料這種局面能持續多久。不過，巴菲特最終還是在太陽谷的會議中以非正式的形式，向各界重要人士傳遞了唯一一次警告——他預測未來的二十年中，市場的波動程度將不是投資者所能想像的，很快地，他的這番演講被刊登在《財富》雜誌上到處傳播。

在面對多年的批評和奚落後，巴菲特仍表現出超乎尋常的自制力與勇氣，提出了這番非常誠懇的預言。同時，他也意識到在高科技時代下，「網路泡沫」將不可避免地成為巴菲特職業生涯中全新的挑戰。

兩天後，巴菲特在波克夏的年度報告中，坦承了自己過去一年的失誤，並給自己的表現評了一個 D，但始終沒有承認對科技網路股的漠視是一項錯誤；另外，他宣布自己願意按照投資者的出價來買回公司的股票，如此一來，就能將資金返還給股東們。這一番發言表明了巴菲特對波克夏公司的前景依舊看好，消息公布不久，投資者紛紛重回懷抱，數日間，波克夏・海瑟威的股價又上漲了 24%，飆升的速度讓巴菲特甚至來不及買回任何一股股票。

彷彿是在呼應巴菲特的信心喊話，接下來的一週出現了戲劇性的轉變，由許多科技網路股票構成的那斯達克股票市場出現了衰退，到了 4 月底，跌幅已達到 31%，這也是歷史上最慘重的科技網路股泡沫化的開端！歷史即將證明：巴菲特才是對的。

2 美國最黑暗的一天

　　2001 年 9 月 11 日，巴菲特接到在《華爾街日報》工作的記者朋友戴文・斯伯吉恩來電，要他立刻打開電視，巴菲特照做了，他看到一幅可怕的景象：紐約世貿中心的北大樓正冒著恐怖的濃煙，搖搖欲墜；鏡頭又轉到另一個角度，一架飛機筆直地朝世貿南大樓撞去，瞬間產生巨大的爆炸——這就是震驚全球的九一一事件。

　　巴菲特並沒有像一般觀眾一樣望著電視目瞪口呆，他很快恢復了冷靜，在統合了來自各方的消息後，他打了一通電話到通用再保公司，與高層約好見面討論應急對策，畢竟，不論是通用再保公司還是波克夏再保險（Berkshire Assurance）公司，都是國際上重要的承保恐怖主義損失的保險公司，巴菲特必須儘快決定如何面對這次突如其來的重大變故。在他完成這一連串的處置後，世貿中心南大樓終於倒塌，另一方面，美國聯合航空第 93 號班機在賓州墜毀。紐約證交所因此緊急宣布關閉。

　　在前往會議現場的途中，巴菲特的大腦依然分秒不停地思考恐怖主義的威脅，以及大規模殺傷性武器的巨大破壞力，還有這一切在未來可能對經濟帶來的影響。事實上，巴菲特從很久以前就想到了恐怖主義的風險，早在上個世紀的九〇年代，全球各地的恐怖攻擊便層出不窮，在多個區域局勢愈加複雜的二十一世紀，恐怖攻擊更是防不勝防。

　　九一一事件發生隔天，道瓊工業指數下跌 684 點，相當於 7%，創下了 2001 年單日跌幅的紀錄，美國聯邦準備理事會（Federal Reserve System）開始介入，將利率調降為原來的一半，總計在恐怖攻擊發生後

一週，道瓊工業指數衰退了 14%，這也創下了單週下跌紀錄。巴菲特與旗下的所有保險公司開始評估這次事件帶給波克夏的損失，在經過初步估計後，波克夏損失約 23 億美元，這一數字仍不停上修，這種巨額的損失遠遠超過之前任何一次地震、颶風、龍捲風或是其他自然災害，其中，通用再保公司的損失就佔了 17 億，這讓巴菲特震驚不已，更首度公開批評旗下公司的管理階層未做好防禦措施。

早在 2001 年 5 月，他就曾提醒通用再保公司與波克夏再保險公司在業務方面要縮減受恐怖攻擊風險較大的大廈客戶，更諷刺的是，他當時甚至直接用世貿中心為例，說明一個客戶集中的大廈可能產生的高風險，而這一次，他的先見之明又再一次血淋淋地實現了，幸好，波克夏再保險公司是美國保險業中唯一對恐怖攻擊有所準備的公司。

在美聯準會介入市場，將利率調整到歷史最低水平一個月後，股市已經大致恢復到九一一之前的水準，總市值回到 1.38 兆美元，但恐怖攻擊仍為美國帶來了深遠的後續效應。10 月，美英兩國的軍隊入侵阿富汗，引起了局勢短暫的動蕩；11 月，紐約則爆發著名的「安隆事件」，一家名為安隆的能源公司在二十世紀末遺留的股市泡沫與眾多問題開始顯露，在司法部介入後，最終因嚴重的財務詐欺而宣告破產，這一次事件影響了眾多投資人，對美國經濟造成了重大的影響，也使得眾多債券淪為「垃圾」等級。

如同巴菲特的名言「在別人貪婪時恐懼，在別人恐懼時貪婪」，儘管人們在這最黑暗的時期中失去了勇氣，巴菲特卻蓄勢待發，他選擇在這一動蕩的時期中大膽出手。波克夏公司很快買入了大量的垃圾債券，進行了一系列幾乎零成本的投資；2002 年 4 月起，波克夏陸續併購了內衣製造商鮮果布衣（Fruit of The Loom）、相框製造商拉森——朱赫（Larson Juhl）公司、加藍（Garan）成衣公司，北方天然氣（Northern Natural）

公司、威廉（Williams）天然氣公司、放縱大廚（The Pampered Chef）廚具公司、農具製造商 CTB 工業公司；並與投資銀行雷曼兄弟（Lehman Brothers）聯手借貸 13 億美元給各大能源公司。

另一方面，恐怖主義險的業務拓展也如火如荼地展開，透過對各航空公司、洛克菲勒中心、克萊斯勒大廈、南美煉油產業、北海石油平台和芝加哥的西爾斯大廈進行保險，填補了突然出現的投保空窗期；甚至，波克夏再保險公司還承保了即將在鹽湖城舉行的冬季奧運、FIFA 世界杯足球賽等重大國際賽事的恐怖攻擊險。

但也並非波克夏的所有企業都雨過天晴。旗下的德克斯特鞋業公司業績遲遲沒有起色，隨著時間推移，它更彷彿成為波克夏轉型前的紡織工廠再現，巴菲特事後曾說道，併購德克斯特鞋業是他生涯進行過最糟糕的一次投資，他還引用了鄉村歌曲中的一段話：「我向來只與美女共寢，但睜開眼睛卻沒有美女的蹤影。」經過巴菲特數次努力之後，德克斯特公司最終決定關閉在美國的工廠，轉到國外設廠生產，以降低人力成本。

知識⁺Box　史上最大的金融醜聞──安隆事件

安隆公司（Enron）是位於休士頓的一家能源公司，它擁有約兩萬一千名雇員，是當年全球最大的電力、天然氣以及電訊公司，在 2000 年披露的營業額高達 1010 億美元，在 2001 年之前曾連續六年被《財富》雜誌評選為「美國最具創新精神公司」。然而，真正使這間公司聲名大噪的，卻是公司內部爆發的一件重大弊案。

自 1980 年代起，安隆公司高層就開始涉入內線交易，賺取不法所得。之後，更先後成立多家境外公司藉以避稅。公司高層在境外公

司之間任意調遣資金，掩蓋公司的經營虧損、虛增利潤，就這樣，公司的財務空洞越來越大。

安隆的股價屢創新高，公司高層利用內部消息大把炒作股價，同時大力製造穩賺不賠的假象，慫恿投資者買入安隆股票。

2000 年 8 月，安隆股票達到歷史高位每股 90 美元，熟知內情的安隆董事們開始拋售持有的公司股票，但仍不停建議一般投資者繼續買入安隆股票。最後，公司高層的拋售行為導致了股價回落，2001年 8 月 15 日，安隆的股價已經跌至 42 美元；到 10 月底，跌至 15 美元；直到 11 月 28 日，公眾終於獲知安隆過去隱藏的經營虧損，但這時股價已跌破 1 美元。

安隆公司於 12 月 2 日申請破產，聯邦政府隨即介入調查，多名公司高層，包括安隆公司創始人、董事長、CEO 以及多位高階經理陸續被起訴，並先後因詐欺罪名遭到判刑。

安隆事件帶來的長期影響難以估計，為安隆服務的大型會計師事務所「安達信」因此倒閉，電信巨頭世通公司也受牽連而宣告破產；花旗集團、摩根大通、美國銀行等重要銀行因涉嫌協助財務欺詐，分別向受害者支付了鉅額賠償金。此事件還導致了自 1930 年代以來美國證券法最大幅的修法。時至今日，「安隆」在美國仍是詐欺與墮落的代名詞。

3 # 奧馬哈先知的預言

2003 年 4 月 1 日，一年一度的股東大會在奧馬哈召開，巴菲特在會上宣布波克夏將併購活動房屋製造商克萊頓房屋（Clayton Homes）公司。這次的併購案同樣是在因緣際會下抓住的一次機會——克萊頓房屋是安隆公司倒閉後遺留下的問題資產之一。

過去幾年，由於美國銀行的低利率，促使貸方口袋中的全是低息貸款，雖然對消費者來說，低利率意味著可以用較少的現金買到更多的商品。但是，無論是信用卡、房產還是活動房屋，貸方為了追求成長，都不約而同的將錢借給沒有能力償還卻又想實踐美國夢的人們，於是，銀行將錢借給製造商，製造商再把從銀行貸款的錢借給買方，藉由這種做法，活動房屋製造商也同時消除了不良貸款帶來的風險，這些不良貸款成了投資者的問題。多年來，在人們熟知的證券化過程中，華爾街的金融家一直是這樣將貸款包裝，並透過 CDO（擔保債務憑證），即由抵押貸款擔保的債務，將貸款賣給投資者。後來，甚至將全美的幾千筆抵押貸款綜合起來劃分級別，頂級為 AAA，其次為 AA，以此類推，最高級別的貸款優先取得抵押貸款的全部現金流保留權，低一級別取得次級保留權。

隨著借貸標準的降低，投資 CDO 的避險基金中出現更多槓桿貸款，1 美元的資本卻對應高達 100 美元的債務，這讓 CDO 的品質——即使是 AAA 級，都開始下降。一些投資者對市場華麗外表下的空虛表示憂心，希望採取避險的手法來保證獲利，因此他們選擇參與了 CDS（信用違約

互換）——如果貸款拖欠導致相關證券化產品貶值，CDS 發行方必須進行補償。在這樣的保護之下，投資 CDO 似乎就不存在風險。曾有經濟學家說過：「在錢不值錢的時候，放貸就沒有什麼實際成本，也沒有風險，明智的貸方會繼續放貸，直到人人手裡都有貸款。」

也因為這樣，活動房屋行業想出了降低購屋首付款的點子，讓那些想買屋的人們可以更輕鬆地獲得貸款。隨著房地產市場的繁榮，風險性住屋貸款、商業貸款、公司貸款、學生貸款和其他貸款，就像流行性感冒一樣瘋狂傳播。而活動房屋之類的貸款早已透過 CDS 進行過多次拆分、保險、證券化和其他投機型金融商品。在此過程中，也增加了更多異樣的「衍生性金融產品」。

衍生性金融產品泛指特殊類別買賣的金融工具，主要類型有期貨、期權、權證、遠期合約、互換等。這些期貨、期權都能在市場上買賣，買賣的回報率則與其他金融要素的表現情況息息相關，例如資產（商品、股票或債券），利率，匯率，或者各種指數（股票指數、消費者物價指數、以及天氣指數）等，皆會影響衍生產品的回報率和回報時間。

衍生性金融產品本身無法代表任何資產，因此其買賣也不能視為是一項投資。與股票市場不同，當股市升值時所有投資人皆能受惠，下跌的話則無人倖免，但衍生性金融商品則像一場完全的賭博，一部分人的獲利必然會為一部分人帶來損失，最嚴重者，衍生性金融產品引起的損失有可能大於投資者最初投入的資金。

在 1995 年時，衍生金融工具的投機行為一度產生臭名昭彰的後果。尼克・李森（Nick Leeson）——霸菱銀行（Barling Bank）的一名交易員，造成了 13 億美元的損失，令這家有數百年歷史的金融機構宣告破產。

在 2002 年致股東的信中，巴菲特把衍生性金融產品歸類為異端，甚

至是未經檢查、正在擴散的「定時炸彈」，這些衍生性金融產品的利潤已被過份誇大，隨時有可能引起一系列金融災難。在隔年的股東信之中，巴菲特再次把結構債等衍生產品稱為「大規模殺傷性金融武器」。他寫道，現在已存在太多的衍生性金融產品，並在全球體制內形成一種鎖鍊網。儘管他建議人們在危機時選擇買進而不是賣出，但是在危機真正到來的時候，投資者還是大多倉皇地拋售股票，如同正在飲水的鹿群遭到獅子突襲般，紛紛逃竄。表面上來看，雖然有許多人參與市場，但事實上只是一些大型金融機構透過槓桿作用的假象在主導市場，這些機構雖然也有其他與衍生性金融產品較無相關的資產，然而，在崩潰的市場中，這些資產也必然與衍生產品一同消滅。

恰好的是，通用再保公司也擁有自己的衍生性金融產品──通用再保證券，巴菲特已於 2002 年放棄該產品，包括將部分售出、部分作廢。他甚至將通用再保證券作為衍生性金融產品的反面教材，並在致股東信中詳細地列出了這一衍生產品所帶來的高昂成本和社會問題。截至當時為止，通用再保公司的保險業務損失已高達 80 億美元，而且很多公司承接的業務都是巴菲特絕對不會考慮的。這一切的始作俑者羅納德‧佛格森已經退休，由喬‧布蘭登以及他的助手塔德‧蒙特羅斯（Tad Montross）接任，通用再保公司的競爭對手更進一步落井下石，樂此不疲地在客戶中間散播巴菲特將賣掉或停止交易通用再保旗下的產品的消息。事實上，從所羅門公司的下場來判斷，這些預言並非無中生有。自九一一事件之後，巴菲特已經將通用再保公司的部分新業務轉到阿吉特‧詹恩管理下的波克夏保險公司，沒有在通用再保投入更多資金，他還透過其他管道發行長期債券，支持通用再保公司的競爭對手，不遺餘力的收拾通用再保留下的殘局。這是巴菲特一向的作風──當情況危急時，他總是設法避開風險，如同這一

次，他沒有拋售通用再保的股票，只是極盡所能的躲避通用再保的保險風險、躲避他那 220 億美元投資的風險，和他個人身敗名裂的風險，並將資源與經驗引導至波克夏保險公司。

要讓通用再保公司重新回到巴菲特理想中的經營狀態，必須創造出幾十億美元的盈利，儘管這項目標與其衍生性金融產品沒有多大關係。然而，衍生性金融產品對全球經濟的影響仍是巨大的，巴菲特曾說：「遲早，這類衍生性金融產品必然會出現嚴重的問題，或許不會是很大的問題，但也不會是無關緊要的問題。」蒙格則更為嚴厲地指出：「如果未來五到十年中沒有出現嚴重的崩潰，那我將會非常吃驚。」儘管股票和債券市場中出現了許多保護投資者的安全措施，衍生性金融產品還是很少受到管制，也很少進行公開披露。

當時，銀行和相關機構都會透過衍生性金融產品來放鬆信貸、放鬆監管，並領取高額報酬，巴菲特和蒙格所提出的問題，就是指這種現象造成的一種泡沫，他們說，來自衍生性金融產品大量難以計算的債權問題可能導致金融機構失效，而這些金融機構的龐大損失將可能導致信貸緊縮——全球性的銀行擠兌潮。當出現信貸緊縮的時候，貸方可能會不敢再輕易放貸，惡性循環下又會造成資金短缺，導致經濟急速惡化。過去的歷史中，一旦出現信貸緊縮，經濟必然陷入蕭條。雖然巴菲特也語帶保留：「那不是預言，而是警告。」

2003 年，巴菲特進一步提出：「許多人認為衍生性金融產品減去了系統化的問題，因為承擔不起一定風險的投資者可以將風險轉移到有能力的個體上。這些人相信衍生性金融產品可以穩定經濟、促進貿易、為個人投資消除障礙。」巴菲特指出，這僅是從微觀上來說，但如果從宏觀上來說，衍生性金融產品總有一天會導致曼哈頓、倫敦、法蘭克福、香港或世

界各地的金融彼此衝突。他認為，衍生性金融產品應該進行管制，並公開進行多方披露，且應該通過一個結算所進行交易，美聯準會應該成為大型投資銀行的中央銀行，而不僅僅是一家商業銀行。然而，美聯準會主席艾倫・葛林斯班極力維護不受管制的市場，並嘲笑巴菲特的小心謹慎，至於巴菲特到處引述的「大規模殺傷性金融武器」，則被譏為是反應過度。

但早在 2002 年初的時候，衍生性金融產品的症狀就開始在房屋行業中顯露了。在不良貸款與次級貸款（次貸）的影響下，貸方要不中止發行長期債券，要不將利率提高到不合理的程度。事實上，克萊頓並不是巴菲特首先看中的活動房屋公司，然而，在 2002 年底時，橡木住房公司和康西克（Conseco）房產公司已由於信貸問題破產。巴菲特十分明白，信貸泡沫會從較小型的企業開始破裂，這會是大型企業出手併購的絕佳時機。他借給橡木公司一些資金，藉由這種方式成為了最大股東；接著，他出價併購康西克旗下的金融公司，但卻被博龍（Cerberus）資本管理公司搶去。最後，他鎖定了風評不錯的克萊頓房屋。

4 不受歡迎的股神

　　克萊頓房屋創立於 1966 年，創始人吉姆・克萊頓（Jim Clayton）是一位佃農的兒子，創業之初，公司只是翻修和出售簡單的活動房屋，但事業規模逐漸擴充，到了 1983 年，終於在紐約掛牌上市。後來，吉姆將 CEO 的位子交給兒子凱文（Kevin Clayton）。

　　2003 年初，克萊頓房屋的股價降到了 9 美元，公司極度缺乏資金，所有者凱文・克萊頓已打算賣掉公司。有一天，巴菲特打電話給他，提出了由波克夏併購克萊頓房屋的構想。

　　「我們願意以一股 20 美元的價格全數出售。」

　　「那就太遺憾了，看來我們的出價遠不如您與您父親打造出這個傑出公司所付出的時間與精力，是嗎？」

　　「我們只是融資困難，您可以選擇借給我們一些資金嗎？」

　　「波克夏並不接受這樣的做法，不然您先從朋友那裡湊湊試試看吧，等未來有機會時再把公司賣給我？」

　　巴菲特深知克萊頓父子是想賣掉公司的，因此他這番話無疑是以退為進，果然，魚兒很快地上鉤了，就在不久之後，巴菲特就併購一案與在電話另一頭的克萊頓公司董事會展開談判。

　　「每股 12.5 美元可以成交。」巴菲特說道。

　　「哎呀！華倫，董事會還是希望價格再提高一些，不必 20 美元，17 或 18 元就好了。」

「12.5 美元就成交。」

凱文猶豫了，儘管克萊頓公司在近來的股價僅有 9 美元，但將辛苦創立的企業以每股 12.5 元賣出還是令人難以接受。

「董事會同意接受 15 美元的價格。」在與董事會商量後，凱文再度說道。

「12.5 美元就成交。」巴菲特依舊斬釘截鐵地說道。

凱文又動搖了，他再次回頭與父親和董事們進行討論。

「我們希望能以 13.5 美元──」

「12.5 美元就成交。」

凱文最後一次放下電話。

「好吧，我們接受這個價錢。條件是取得一部分波克夏的股票。」

「對不起，這是不可能的。順帶一提，如果您們打算將公司賣給我，就不能再選擇其他買家，您們必須簽署排他協議，不得再接受其他機構的出價了。」

最終，克萊頓父子決定妥協，或許也是因為他們相信巴菲特的併購能將公司帶往一個好的方向，畢竟，被巴菲特併購的公司後來的發展都不錯。談判結束之後，巴菲特親自飛到克萊頓父子在田納西州的住所商談事宜。就在公司高層對這次併購案感到興奮不已的時候，大量克萊頓房屋的投資人卻表達了不滿，他們認為巴菲特一向在企業價格達到最低的時候買進，總有一天股價會再回到 16 美元以上的高位，現在將手裡的克萊頓股票賣掉無疑是件愚蠢的行為。

然而，這並非巴菲特的本意，他認為活動房屋在市場寬鬆的貸款條件下，將主要的銷售對象定位在那些買不起房子的人們上，這已是體制本身的問題，也因此，若維持這樣的情況，房屋的銷售量將難以回升。而巴

菲特正打算親自負起整頓活動房屋行業方向的重要使命。

　　無論如何，不甘被併購的克萊頓股東們已暗自集結，準備在即將對併購案進行的表決上投下反對票。尤其，被併購的價格越低，這股反對的力量也就越大，股東們都深信巴菲特打算藉著這次併購大賺一筆。波克夏擁有龐大的資本，還有良好的信用等級與運營能力，能夠輕易地開出勝過別人的併購條件，除非政府出面干預。對他們來說，這完全沒有公平可言，於是他們準備醞釀一場長期且巨大的抗爭。這股抵制波克夏的聲音甚至進一步延燒，同類的公司紛紛開出比波克夏更高的併購價格（諷刺的是，在巴菲特提出併購建議前，克萊頓只是一間乏人問津的公司），銀行也同一時間對克萊頓釋出低息貸款的善意；包括布蘭迪全球投資管理公司（Brandywine Global Fixed Income Fund）、施奈德（Schneider）資本公司、加州公共雇員養老基金等資金經理都公開表態反對這次併購。雖然凱文‧克萊頓多方奔走，與各大股東協商，仍無法阻止這種聲浪的擴大。面對這種聲浪，巴菲特只是發出了聲明，說自己絕不會抬高併購價格，萬一真的併購失敗，他只好就此罷休；他還篤定的說道，這個產業未來的經濟情勢中短期內絕不會有任何的好轉。

　　一週後，巴菲特的競爭對手──博龍公司，帶領由數十名會計師組成的訪查團來到田納西州，對克萊頓房屋的真正價值進行評估，之後便發表了一篇非正式的文章，在文中，博龍公司對克萊頓房屋的股價提出了 14 美元的數字，乍看之下，博龍是打算以優勢價格勝過巴菲特，但實際上，他們只打算給予股東每股 14 美元中的 9 美元，其餘的部分則以重組後的股票支付，而 9 美元恰好是當時克萊頓的股價，等同於博龍公司並未對併購多投入一分錢。如果這就是克萊頓房屋真實的價值，那麼巴菲特等於是以超出 3.5 元的現金價格進行併購。

　　事實上，巴菲特從來不想去與人搶那些熱門的低價股票，相反地，他總是購買別人不想要的股票，例如 1998 年併購的 NetJet；多年來，巴菲特的成功不僅僅是靠著低價買入，更靠著長期經營打造出優良的公司品牌，然而，這種長遠的目標也只有波克夏這樣的大型且優秀的公司做得到。

　　在經過四個月的爭論與延宕後，終於召開了克萊頓的股東會議，會上沒有一家公司與波克夏競價併購，博龍公司也宣布棄標，最終，巴菲特提出的併購案低空掠過，52% 的股東投票支持由波克夏・海瑟威收購。除了最大的股東克萊頓父子贊成外，投下反對票的中、小股東佔了三分之二。

5 零售霸主沃爾瑪

　　在 2004 年的股東大會上，一位股東向巴菲特提問道：

　　「你認為最近幾年所犯下的最大錯誤是什麼呢？」

　　「沃爾瑪！」巴菲特不假思索地叫道，「我原本打算在 1996 年每股 11.5 美元時買下一億股，但我當時只買了一些，然後就停下來觀望，也許我認為它會回跌一些。誰知道呢？這實在太笨了，吝嗇這一點的下場害我們損失了 100 億美元！」

　　讓股神氣得跳腳的這一家公司，就是目前全球最大的零售商沃爾瑪（Wal-Mart）。它自創始以來，企業版圖逐步擴及全球，時至今日已是全球營業額最高的公司。

　　1962 年，山姆・沃爾頓（Sam Walton）在阿肯色州羅傑斯（Rogers）創立了第一家沃爾瑪百貨商店，從這個小鎮開始，一步步取得了成功，數年之內分店更迅速擴展到全美各地；七年後，沃爾瑪進一步成立有限公司；到了 1972 年，終於在紐約證券交易所掛牌上市。隨著事業的成功，沃爾瑪也從最初的小型商店，新增了購物廣場、會員店、社區店等營業模式。1990 年，沃爾瑪終於成為美國的零售業龍頭，隔年 11 月，更在墨西哥設立分店，首次將事業觸角伸向了美國境外。

　　創立之初，沃爾瑪的年營收僅 10 億美金，如今這個數字只需要半天就能賺到。回顧沃爾瑪從鄉村的一家小商店，到稱霸全美零售業界的經營過程中，除了美國的人文因素外，商業模式與資訊科技的運用都對其成功有著決定性的影響。

　　與大部分的企業不同，沃爾瑪的經營特點在於重視科技技術的投資與應用。自1984率先引入衛星通訊網路後，沃爾瑪的零售據點就急速增加，短短十年之內，分店數已從500擴張至2,500家，現在更有超過10,000家店，分布全球二十餘個主要國家，這個數目每年都以令人驚訝的速度成長中。

　　為了建構企業內外的資訊網路系統，沃爾瑪甚至在1987年成立了一間擁有上千名資訊技術人員的科技公司，它的主要任務是將全球各地的分店、物流中心、管理中心與供應商以資訊網路作結合。在這項系統的幫助下，管理階層能藉由電腦，將當天全球分店的銷售結果統計出來，並列出各種報表，作為經營決策的參考。這樣的私人網路系統規模在美國可說是史無前例。

　　山姆‧沃爾頓是一位具有開創性格與啟發式的領導人，善於與人相處的他習慣將供應商視為夥伴，並告訴旗下的經理人必須成為顧客的「僕役」。也因此，他不是像大部份的企業家總是想著如何「賺錢」，相反地，他更希望能降低商品的價格，以提供顧客價格更低、但品質更好的商品。

　　山姆從很早就開始思考該如何利用IT網路與供應商連結，提高供貨速度以及商品銷售量。也因為如此，沃爾瑪在1978年導入完全自動化的物流系統，並以此為契機，開啟了利用科技來管理的技術研發；往後幾年，沃爾瑪的科技團隊陸續引進了企業資源規劃（ERP）、電子資訊交換系統（EDI）、網際網路（Internet）、全球企業內部網路（Intranet）、電子條碼系統（Bar-Coding）、衛星通訊網路（Satellite Communication Networks）等。

　　為了提高商品供應的速度，建立高效率的物流運作系統，沃爾瑪將產品製造、運輸、發展、銷售流程全部串連，這麼一來，不僅能提高存貨的周轉率，也能大幅降低全球的營運成本。另一方面，為了提升顧客價值與

服務品質，還特別建立了資料倉儲（Data Warehouse）與資訊採礦（Data Mining）系統，能對商品銷售進行分析，以理解顧客的消費行為，更精準地打動老顧客，開發新顧客。

到了 2005 年，沃爾瑪更是首開先例，將「無線射頻辨視系統（Radio Frequency Identification，簡稱 RFID）」引入賣場的貨品管理系統。所謂的 RFID，就如同時下隨處可見的台北悠遊卡、智慧型鑰匙、身分識別、門禁管制等辨識系統。在沃爾瑪的商品上都貼有特殊的標籤，取代了舊有的條碼，標籤上裝有電路，不需要電池。當盤點人員自一段距離外按下讀取機時，機器會由遠端發射能量給標籤，此時標籤上的電路就會開始通電，將訊息發出，與讀取機交換。經由這種方式，盤點人員能夠迅速掌握賣場內產品的相關資訊、物價波動、以及庫存數量。

為了讓 RFID 系統順利運作，沃爾瑪向所有供應商提出嚴格規定，所有的商品在出貨時都必須逐一貼上特殊的晶片標籤，否則就不簽收。而對於供應商來說，由於沃爾瑪是全球最大的零售商，下單數量往往十分龐大，為了達成一筆筆大生意，也都樂於配合。

隨著分店數激增，營業額與銷售量也逐年飆升，向供應商訂購的商品數量也越來越龐大，因此在價格上也能降低許多，顧客能買到價格遠低於競爭對手的商品，自然也就更願意上門了。而對供應商來說，只要與沃爾瑪維持良好的合作關係，就不必煩惱商品的銷售通路，每當推出新產品時，更能輕易利用沃爾瑪的網路系統迅速宣傳，也能迅速瞭解顧客對於新產品的接受程度。

沃爾瑪是同類企業中的模範案例，它將成功的商業模式，結合成功的科技管理，形成一種快速成長的良性循環。無論是顧客、供應商或企業本身，都在這樣的商業模式中達到雙贏。

2002 年，沃爾瑪被富比士與《財星》雜誌評選為全球營收最高的企

業，成為第一家以零售服務業之姿榮登世界第一的公司，甚至被投資人稱為「全球第一的企業」，是觀測未來全球經濟是否好轉的重要指標之一。

　　就在巴菲特在股東大會上發表以上那段感言之後，僅過了一年，在波克夏向證管會申報的文件中，巴菲特揭露了 2005 年第二季累計持有沃爾瑪股票約 1,560 萬股的事實，買進價格在 46 到 49 美元之間，總金額高達 7.5 億美元。隨後的申報又顯示波克夏在當年第三季又加碼買進 360 萬股，買進價位在 43 到 50 美元之間，累計持有 1,920 萬股。其實早在 2005 年初，市場就盛傳巴菲特已經開始暗中買進沃爾瑪股票，在這之前，兩位知名的價值型投資基金經理人比爾‧尼格蘭與比爾‧朗尼甚至用更高的價位 53 美元買進了將近 100 萬股。

　　從可口可樂、吉列、美國運通到沃爾瑪，這些巴菲特情有獨鍾的企業，都與生活息息相關，巴菲特始終相信，不論世界再怎麼變，人們還是會喝可口可樂，還是會刮鬍子，也還是會上商場買東西，因此他十分願意購買這樣的股票，並且大量持有。事實上，這些投資也從不讓巴菲特失望，截至今日，可口可樂股票已讓巴菲特賺了超過 100 億美元，美國運通則帶來 70 億的獲利，在吉列帳面的投資也擁有 37 億的回報，至於沃爾瑪，打從巴菲特買進前股價就一路上漲，它的高成長與獲利同樣讓股神愛不釋手，因此，波克夏也持續地增持沃爾瑪股票，如今，沃爾瑪已是波克夏旗下第六大搖錢樹，結果再一次證明了巴菲特獨到的眼光。

顛沛流離的金頂電池

金頂電池是一個歷史悠久的電池品牌，在這個品牌存在的長久歲月裡，它像是一個流離失所的孤兒，在各個公司和單位名下不停地流浪，直到 2016 年時成為波克夏旗下的子公司，才正式結束了到處流浪的日子。

要說起金頂電池的起源，必須要從 1920 年代說起。當時有一位優秀的科學家山謬‧魯本 (Samuel Ruben) 在因緣際會下認識了 PR Mallory 公司的老版——菲利普‧羅傑斯‧馬洛里（Philip Rogers Mallory），馬洛里非常欣賞魯本的發明能力，於是便決定運用公司的製造與銷售技巧，將魯本的發明能力有效地運用起來。兩人之間的合作約定很快地拍板定案，當時沒有人知道，這次的合作竟然能創造出一個長達百年的電池傳奇，他們第一個合作發明的項目，就是使用於戰場上的水銀電池。

有別於過去的碳鋅電池，水銀電池具有易保存的優點，且因為含有的電能相對較高，能使用的時間更長，對於需要長時間待在前線的軍人來說是個相當重要的發明。

PR Molly 後來為柯達公司生產新款相機所需要的電池，到了 1964 年，正式為旗下的電池品項取了「金頂電池（Duracell）」這個帶有耐用意義的品牌名，成為一款直面大眾，而非為了特定對象服務的品項。接著來到了 1978 年，PR Molly 被另一家企業收購，於是金頂電池開始了幾十年的流浪史。1980 年時，卡夫集團收購了金頂電池所在的母公司，但沒有幾年，金頂電池又變成了被交易的對象，被卡夫集團賣給了 KKR 投資公司。KKR 投資公司在 1989 年時將金頂公司上市，一直到 1996 年時

以 70 億美元的價格成交，再一次地成為了被交易的對象。

這一次的買主是以刮鬍刀為主要業務的吉列公司，但就算是這麼一個擁有百年歷史、具有企業護城河的公司，也沒法護著金頂，讓它穩定地在公司旗下發展，被吉列收購後不到十年的時間裡，吉列被寶潔公司收購，又再次成為另一家公司底下的子公司。

在寶潔旗下，金頂公司終於有了機會發展新時代所需的特殊產品。2011 年，金頂與以色列的無線充電技術公司 Powermat 共同合作，推出 Duracell Powermat 品牌。這個品牌主打無線充電，希望能解決許多消費者在使用手機及小型電子產品時會遇到的諸多不便，例如：線纏在一起等。在合作品牌誕生的隔年，金頂電池又隨著母公司寶潔的商業策略，與 Powermat 公司成立了 PMA（Power Matters Alliance）聯盟，為了發展更智能、更環保的無限充電而努力。在這個聯盟裡，金頂電池雖然是以寶潔的名義加入，但主要業務依然由金頂負責。

在寶潔旗下的蓬勃發展看起來似乎是那麼的美好，但為何到了 2016 年時，金頂電池又會再次離開寶潔公司，回到老公司波克夏的懷中呢？

寶潔旗下的品牌曾經超過 300 個，但到了 2010 年前後，整體的經營狀況不再成長，即使花費大量廣告與行銷的成本，但每股盈餘依然呈現了不升反降的狀況。對於寶潔公司來說，比起最輝煌的那段時光，這種退步是很可怕的，甚至可以說是一種帶著警戒作用的先兆。逐年下降的營業情況讓當時的 CEO 雷富禮 (A.G. Lafley) 感受到了危機，對於寶潔集團來說，這種狀況無異於暴風雨前的寧靜，現在僅僅是營業情況有些微的減退，但如果不盡快處理，集團走向末路的結局就近在眼前。為了避免繼續走下坡，2014~2015 年間，寶潔內部決定斷臂求生，精簡化內部的品牌，他們計畫留下 70~80 個核心子公司，將相對邊緣的 90~100 個品牌逐步切除、賣出，希望能以此方法挽救失敗策略所導致的衰敗之象。

電子技術相關的業務不是寶潔核心的重要項目，且相比其他品牌來說，金頂電池的發展速度過於緩慢，達不到他們想要的結果，因此金頂電池就成為了被犧牲的對象，被放進即將賣出的名單中。就這樣，看起來發展得不錯，有了一番作為的金頂電池又再次面臨了被拋售的尷尬局面，他們就像是一艘在海中不停飄盪的小船，找不到一個可以停泊的港口。

雖然計畫賣出金頂電池品牌，但從寶潔公司的視角來看，金頂電池就像一個很難脫手的燙手山芋，如果以現金的方式賣出，就必須支付一大筆隨著交易而來的稅金；但如果選擇不賣，發展緩慢的電池業務又會拖累整體，讓公司必須花更多心力與資源去改變現狀。這樣進退兩難的狀況持續了一段時間，但一直都沒有找到更好的解決方法。

當寶潔與金頂電池處於這樣有點尷尬的狀態時，巴菲特與波克夏帝國帶著價值 47 億美元的寶潔持股，再次來到它們的面前，破解了看似無可解的局面。巴菲特主動向他們表示了收購金頂的意願，他提出將波克夏所持有的寶潔公司股票用在這次的交易上，將金頂電池再次納入波克夏的旗下。最終，寶潔同意了巴菲特的做法，收下了波克夏所擁有的、價值 47 億美元的寶潔股票，將金頂公司的所有權換給波克夏，並注資 17 億美元到金頂的業務之中。

對於波克夏來說，他們這次的收購實際上只耗費了 30 億美元，就買到了這家歷史悠久的電池公司，而且相對於將股票賣出取得大量資金的做法來說，這種以公司股票去進行收購的方式，會因為股票屬於未實現損益，所以能省下一筆賣出股票後必須支付的大筆企業所得稅，並因此得到一個有發展潛力的品牌；對於寶潔公司來說，這種做法可以順利解決掉一直以來都讓他們感到苦惱的問題——將品牌直接賣出，必須繳納一筆額外的稅金，但如果是將品牌賣出換得自家的股票，就能避開這一筆多出來的稅務，同時將流通股收回，利於後續進行更好的安排。

　　這一次的交易達成了雙贏的最好結果，寶潔公司成功地將不想持有的品牌賣出，讓給更適合的人去經營；波克夏則避開了股票買賣產生的大筆稅金，換得了在他們心中具有價值、適合他們的口碑品牌。

　　巴菲特在收購金頂時曾經表示過：「做為一名消費者以及寶潔與吉列的長期投資者，我一直都對金頂有很好的印象，金頂是一個擁有高品質產品的全球性領導品牌，很符合波克夏的發展策略。」在他的心裡，金頂是個非常優秀的傳統商標，雖然寶潔與吉列都是很好的公司，但在它們的旗下，金頂電池無法發揮出屬於他們真正的價值，母公司中大量的品牌會讓管理者分身乏術，在無法兼顧所有項目的情況下，它就只能徹底地被埋沒，被眾多更受重視的品牌踩在腳下，苦苦掙扎著找出一條求生之路。

　　巴菲特的慧眼給了金頂電池一個新的機會，讓它有了起死回生的餘地，在波克夏的帶領之下，金頂轉換了經營方針，關閉部分效能不佳的製造廠，開始製造更加優質的產品。到目前為止，金頂與同業的勁量電池幾乎可以說是聯手控制了美國的電池市場，在美國，所有市面上能看到的電池中，至少有四分之三的電池是由這兩家公司所出產的，而剩下的四分之一則是品質低劣的雜牌產品。因為對市場的絕對控制力，金頂電池不再需要像過往一樣以低價出售、在夾縫中求生存，現在的它們有著優秀的產品品質和廣告行銷，成功地讓消費者產生了品牌信任感，即便價格不再像以前一樣低廉，更多消費者還是寧願多花一點錢購買金頂電池，而不是省下小錢去購買沒有保障的廉價電池。

　　金頂電池的收購，再一次證明了股神獨到的眼光。這次的買賣，不但又讓波克夏旗下新添了一個具有價值的品牌，也為寶潔公司解了燃眉之急，移除不適合的品牌、讓資源能用在核心品牌上面。

　　這個交易過程，展現出一種很多企業家都無法領略、學以致用的商業智慧——雙贏的買賣，才是能讓利益最大化的交易模式。

7 顛覆印象的投資——入手蘋果股票

在過去，許多人對於巴菲特的印象是這樣的：不投資電腦、不投資3C產品、不看好科技股、不使用高科技產品。即便在商業上的成就不容小覷，但因為對現代科技的排斥，造成許多新世代的投資者對他都有一種既定的印象，覺得他不但古板，又固執守舊，因此讓很多年輕族群對他不以為然，很難去認同他在商業上的智慧與成就。

股神在經濟史上的重要地位是不可否認的，但他對於新科技有所排斥、不願嘗試的事實一樣無可反駁，就連開始使用電腦，也是好友比爾・蓋茲連哄帶騙地努力說服，才勉強讓巴菲特鬆口，稍微放下成見去嘗試一個新事物，學著用電腦打橋牌。就因為這種極力逃避新科技的過往經驗，所以當波克夏開始投資在科技產業中佔有一席之地的蘋果公司時，許多不同的聲音開始從網路上冒了出來，有些人開始嘲諷，說股神打破了自己的原則，不管以前多麼堅定，還不是要屈服於時代潮流之下；有的人充滿擔心和茫然，思考是否跟進巴菲特的方向去投資，或者思考自己的投資會不會受到波克夏的決策所影響。各種言論不斷出現，然而不管是抱持著什麼心態，大家都有一個共同的疑惑藏在心裡，那就是「股神為何改變了想法」？

在2017年的股東大會上，巴菲特與蒙格因為提問者而談到了關於科技產業投資的問題，提問者提到波克夏曾經說過因為不夠了解而不願意投資科技股，但卻在2011年時投資了IBM、在2016年時買入了蘋果股票，所以想了解他們是如何看待這兩家公司的？

　　對於這個問題，巴菲特當時表示 IBM 是一個錯誤決策的結果，這家科技公司沒有為波克夏帶來理想的投資結果，但蘋果與 IBM 不同，蘋果在他眼中已經跳脫了科技產品的範疇，蘋果公司的 iphone 等產品已經變成了一種日常用品、消費品，他們的客戶與 IBM 的客戶群不太一樣。這個回答可以知道，在巴菲特的眼中，蘋果已經具有極高的普及率和消費市場，他認為蘋果已經處在 IBM 無法達到高度，但兩家公司的差異究竟在哪裡，卻沒有在這次的股東大會上詳細說明。這個問題在股東大會觀眾的心中留下了一個問號，直到後來巴菲特受到 CNBC 的邀請上了採訪節目後，讓所有人疑惑許久的問題才終於被解開。

　　在採訪節目中，巴菲特提到自己透過生活觀察，因此而感受到蘋果是消費品而不是單純的科技產品，他在和晚輩相處時，發現科技產品已經成為了一種生活必需品，所有人幾乎都持有一臺手機，尤其是 iphone 的手機。科技產品的必要性讓手機具有廣大的市場，再加上蘋果特有的消費者黏性，這個品牌因此產生了其他科技公司無法獲得的巨大影響力，已經徹底融入了年輕人的生活之中，很多人的生活圈都是圍繞著蘋果的產品去建立的，只要曾經買過 iphone，未來就一定會再購入，甚至其他電腦、平板電腦等產品的購買也會受到手機使用經驗的影響，優先考慮以蘋果去取代其他公司的產品。

　　這就是蘋果與 IBM 公司的最大差異：蘋果的產品目標客群是廣大群眾，他們將產品設計成普及化的大眾用品，並以品牌效應、專門的系統（IOS）與綁定自家主要產品的周邊商品（耳機、特殊充電接頭等）去區別其他同類型的競爭者；IBM 的主要客群是政府與企業，這樣的客群非常緊縮且有限，無法像蘋果一樣大範圍推廣，公司所具有的潛力並不優秀。

　　巴菲特投資蘋果的決策，對於各個企業、市場與投資者來說等同於一

個訊號——一個即將拋棄舊有框架，去接受新事物的訊號。雖然以巴菲特本人的話來說，他不認為蘋果公司是屬於科技產業的一員，他們已經跳出了這個不穩定且危險的圈子，成為了具有「護城河」的日常消費品，但憑藉著股東大會時波克夏兩位大家長的話去推斷，可以很明顯地看得出來，對於科技產業，他們已經沒有以前那麼排斥了，如果有足夠好的機會，波克夏可能會一改過去的作風，掌握時機正式進入科技股的市場競爭中。

2017 年的股東大會上，回答完針對蘋果公司與 IBM 投資項目的巴菲特與蒙格這麼說到：「我們以前不投資科技股，是因為我們覺得別人比我們更有優勢。不能和比自己強的人比。要說我們在科技股方面，最嚴重的錯誤是什麼，我覺得是我們能看懂 Google，卻錯過了。我們早期在 Google 投放的廣告效果顯著。我們沒投 Google 很不應該，對不起股東了。我們能做到的卻沒做，這樣的錯誤，我們總是一犯再犯。」

除了 Google，他們還提到了幾個波克夏錯過的重要投資：

「我們也錯過了沃爾瑪 (Wal-Mart)。當初沃爾瑪很明顯值得投資，我們是能看明白的，但就是沒投。」

「我們完全錯過了 Amazon，一股都沒有買。」

這幾家公司不是科技公司，就是高度利用科技去轉型、去發展的企業，從蒙格和巴菲特的這幾句話裡可以看得出來，他們已經不再像過往那般保守，而是開始將目光投向這個相對年輕的產業，緊盯著市場伺機而動。波克夏在 2021~2022 年間買入電子遊戲公司動視暴雪以及在 2022 年買入台積電的股份（買入後快速賣出，巴菲特在採訪中提及台積電是家好公司，但地緣政治是無法控制的因素，所以在下一季大量賣出，並在不久後全部出清。）彷彿是在證明這種改變，逐漸轉向年輕產業的市場。

值得一提的是，雖然巴菲特開始有了認同科技業的跡象，但有些包含在科技產業裡的投資項目還是不被看好的，最好的例子就是以比特幣為

首的虛擬貨幣。對於虛擬貨幣，巴菲特這樣表示：比特幣是個不具有生產力的資產，它不像房子、車子一樣，能帶來實質的優點，而且比特幣的價值取決於買家如何定價、願意付出多少去交換，這無異於一場賭博，風險遠比一般的投資大得多。蒙格與巴菲特的看法非常類似，他認為比特幣的價值有歸零的可能性，投資在這類的虛擬貨幣上，隨時有可能賠得血本無歸，同時這類貨幣會打亂市場，削弱一個國家健全的金融系統，所以不應該推崇這種投資方式。

再回到蘋果上面，巴菲特雖然認為蘋果已經建立起了護城河，但他並不認為這個護城河是堅不可摧、無法被破壞的，雖然前景看好，但科技產業的風險依然是比其他產業更大一些的。如果新的技術再次出現，蘋果能不能即時跟上，會成為霸主地位能否維持的決定性因素。

蒙格曾經說過這樣的一句話：「BNSF（美國伯靈頓北方聖太菲鐵路運輸公司）將會在未來十年具備競爭優勢，我們不知道蘋果和石油公司有沒有。」

蘋果公司近幾年內都能靠著過往的積累維持客戶黏性，但如果他們不能即時找到新的發展趨勢，搶先一步找到的即將走向大眾的流行科技，那麼巴菲特與蒙格認同蘋果的點隨時都可能會消失，被其他抓住機會的同類型企業所取代。

Chapter **12**

與西方相異的
東方文化圈

Warren Buffett

1 意料之外的東方之旅

　　1995 年，巴菲特在結束了一場重要會議後，有些疲累的他做了一個令旁人吃驚的決定——進行一趟旅行。

　　巴菲特是個在思想以及生活上都極少做出改變的人，他總是不顧一切地將時間與精力投入在熱愛的工作中，儘管常有朋友或家人說服他去旅行，但憎恨麻煩與改變的巴菲特始終沒有認真地考慮這件事。然而，這一次勸他的人卻是好朋友比爾・蓋茲，他建議巴菲特做一次環球之旅，順道在過程中走一趟中國。為了解決旅途中的不適和麻煩，蓋茲甚至為巴菲特做了一份專案問卷調查，詢問他喜歡吃的食物與一些他生活上所需之物與細節。最後巴菲特讓步，他開出了「不吃中國食物」以及「每天要看到華爾街日報」的條件後，與蓋茲夫婦一同踏上了往東方的旅途。

　　1995 年 7 月，巴菲特一行人抵達北京，下榻在著名的王府井飯店，他見到了自己這趟中國行的嚮導、亞洲協會主席羅伯特・奧斯南（Robert B. Oxnam），兩人互相寒暄了幾句，就來到飯店的宴會廳「翡翠宮」。入座後，各樣中式佳餚陸續上桌，包括樟茶燻鴨、回鍋肉、口水雞、四川火鍋等道地的川菜。由於巴菲特有言在先，蓋茲預先做了安排，早在啟程之前，負責旅遊事宜的肯特公司就派了專員到王府井飯店，傳授飯店的廚師如何製作速食，因此很快地，巴菲特專屬的「美食」——牛肉漢堡和炸薯條，也跟著上桌了，這一點令他相當高興，尤其是晚飯結束後，飯店端上了他喜愛的冰淇淋甜點。

　　隔天早上，一行人參觀了紫禁城、北京大學等地；中午在房山飯店享

用午餐，緊接著下午就前往釣魚台國賓館。當然，每次吃飯時，巴菲特都在一桌人大快朵頤享用中國美食的時候，獨自吃著漢堡與薯條。這一天，比爾‧蓋茲還特別安排了巴菲特和中國的桌球冠軍——一名十二歲的小女孩，進行了一場桌球友誼賽。

第三天，巴菲特一行到長城遊覽，奧斯南向這群美國佬介紹了長城的歷史與民俗，當他們登上長城最高點時，發現慶祝用的香檳正在等著他們，巴菲特最愛的櫻桃可樂當然也沒有漏掉，他就站在這個凝聚中國歷史文化與人類智慧的世界最偉大建築上，一邊喝著櫻桃可樂，一邊俯視著中國的土地。巴菲特被眼前的一切深深地感動了，但他還是不改幽默地說道：「我想說的是，真希望是我旗下的公司拿到了建造長城用的磚頭合約。」

接下來的一天，巴菲特沒有跟著團員去參觀武術表演，而是到當地的可口可樂工廠仔細地參觀了一番。

第五天，他們搭機飛往烏魯木齊，在那裡坐上了一列據說曾是毛澤東專用的火車，按照古絲綢之路的路線，一路穿越中國西北，駛回了西安。巴菲特在沿途騎了駱駝、參觀了敦煌莫高窟、西安兵馬俑等著名史蹟。不過，即使是在旅行途中，巴菲特也不忘偶爾與好友比爾‧蓋茲討論商業問題，像是研究在中國投資什麼股票最好？投資什麼產業最好？

之後，他們參觀了三峽大壩工程現場，隨後登上了「東方皇后號」遊覽長江三峽，那是一艘有五層甲板的高級遊輪，船上設有舞廳、理髮店、按摩室等，旅途中的一切盡是迎接兩位巨富的最高規格。

中國行的最後一站是香港，在機場的麥當勞吃過漢堡後，巴菲特與蓋茲結束了長達十七日的中國行。這一趟旅行讓巴菲特見識到東方國度的美麗，也讓他從中國蓬勃發展的工業建設中窺出了迅速膨脹的投資商機。

　　某些財經新聞上可以看到「A股」、「B股」這樣的名詞，這樣的名稱隨著地點不同，也有著兩種相異的意義。

　　西方很早就有A股、B股之分，公司的經營者會將旗下的股票一股分割為五到十份，分割前的股票稱為A股，分割完的則為B股，這種做法是為了放寬投資限制，以達到更容易籌措資金的目的。但隨著一些企業濫發與分割，A、B股的交易方式在西方逐漸被禁用。二十世紀六〇年代末，香港會德豐公司為了解決財務困境，再次使用了B股，雖然一時引起多家企業仿效，但最後仍因弊端重重而被取消。

　　在中國，正常交易的股票為「A股」，以人民幣認購和交易，中國公民及合格的外國機構法人皆可買賣，是中國股市的主流；「B股」在中國又稱為「人民幣特種股票」，指在中國大陸註冊、上市的特種股票。這些股票以人民幣表示股價，供香港、澳門、台灣居民及外國人或是持有合法外匯存款的大陸人投資，只能以外幣認購和交易。第一支上市發行的B股是上海電真空B股。

　　H股指的是在中國註冊、在香港上市的外資股；N股是在中國註冊、在美國紐約上市的外資股；S股是經營核心在中國、但在新加坡或者其他地區註冊、在新加坡上市的股票；G股則是指在股權分置改革後重新上市的股票。這些都是中國大陸特有的股市名詞。

　　巴菲特為了讓波克夏的股價穩定，防止炒作，因此從未分割過股票，這讓波克夏的股價節節高升，如今已成為全美國最昂貴的股票，一股高達13萬美元，流動性極低。也因此，為了讓波克夏的股票能流入長期投資者的手裡，巴菲特將股票分成了A股與B股，B股為A股的三十分之一，即使如此，價格仍然過高，不易在市場上交易，於是又將B股再分割為五十份。

點石成金！中石油奇蹟

　　2003 年 4 月，香港證券交易所公布了一個驚人的消息：波克夏購買了大量中國大型國有石油公司「中石油」的股票，巴菲特也於 5 月 4 日證實的確有此事，這也是自從 1993 年的吉尼斯公司後，巴菲特多年來首次公開承認、也是金額最大的一筆國外投資。

　　這一年，中國股市持續低迷，巴菲特按照慣例尋找可趁之機。最後，他斥資了 4.88 億美元，買進每股 1.65 港元的中石油股票 23.38 億股，這是他所購買的第一支中國股票。事前，巴菲特謹慎評估過，認為當時中石油市值大約 370 億美元，但內在價值卻有 1,000 億美元左右，因此這樁投資具有極好的安全邊際。果然，到了 2007 年，中國股市長紅，他卻在此時一口氣清倉，將中石油股票以每股 12 港元全數賣出，四年來的投資為他帶來了總計 35 億的獲利，帳面盈利超過七倍。

　　在亞洲尋找機會，是巴菲特近年來的投資新策略，他曾經將目光瞄準日本市場，但日本市場過低的投資回報率，使他轉而注意中國，最後向中石油伸出了投資之手。當他宣布了投資消息後，中石油方面認為，巴菲特應該是基於對中石油贏利能力和高股息回報的看好，才購買其股票的，其他好像沒有多少讓人信服的解釋。巴菲特介入的消息爆出後，中石油的股價連續五天高漲，反映出了投資者對巴菲特選擇的信服。

　　起初，巴菲特不願發表買入中石油的消息與原因，但數年前，香港證監會頒布的證券及期貨綜合條例規定，為加強對上市公司的董事和大股

東的監管，持有上市公司5%（原來為10%）股權以上的股東，必須向港交所披露，就這樣，原來不為人知的「隱形股東」在新的披露規則下無所遁形，人們赫然發現，中石油的股東中多出了股神巴菲特。

對於巴菲特想從中石油得到什麼，很多專家猜測不停，香港的一位專欄作家說：「巴菲特投資中石油，那是他老糊塗了。」香港證券界的一位資深人士說，巴菲特的這次投資反映了實業投資的一種動向，這是他的策略所在。因為巴菲特在股東大會上表示，早在三年前，他就已經在關注能源產業。巴菲特說：「我不瞭解中國，所以不會對中國作出什麼樣的判斷，但我明白石油與其他能源產業在中國的前景會非常好。」很多人認為他購買中石油股票，是為了透過控股進入公司，以他過去的投資歷史來看，確實有相當大的可能性，但是對中石油來講顯然不可能，因為具有國營背景的中石油，政府持股高達85%，以巴菲特6.7%的股份，顯然難以對公司的管理決策充分表達意見。對此，巴菲特幽默地表示：「只要在投票時與中國政府保持一致，那就相當於我們一起控制公司了。」這說明他對進入公司參與運營決策的目標並不抱期望。後來的事實證明，巴菲特的真正目的是「低買高賣」。

不過，有一點可以證明的是，由於當時中國大公司的股價都很低，而中國經濟的發展又極其快速，未來的獲利空間巨大，這應該是巴菲特投資中石油的最重要的動力之一。他在出手之前，應該也是做了周密的部署和詳盡的考察，其中就包括和中石油有關人員的接觸和研讀財務報表。我們再回頭看巴菲特的投資原則對企業的要求：必須是消費型壟斷企業；產品簡單、易瞭解、前景看好；有穩定的經營史；經營者理性、忠誠，始終以股東利益為先；財務穩健；經營效率高、收益好；資本支出少、自然現金流量充裕；價格合理。

　　從這些條件來看，中石油是非常符合的，在他介入的時候，中國股市也正是一個低迷徘徊期，亦符合他「低迷時入市」的原則，因為購入價格相當低，當時中石油僅為每股 1.65 港元。四年後，巴菲特接連七次，以 12 港元的均價拋空了所持有的中石油股票，從中淨賺 277 億港元，可謂大撈一筆。

　　雖然巴菲特曾在事後受訪時表示了後悔，認為過早減持中石油是一次值得商榷的決定，他沒有想到股價仍然堅挺了這麼久，同時也表示：「如果中石油股價大幅回落，我會再買進。」

　　然而，必須重視的是這件事背後的意義，巴菲特對中石油進行了合理的估值考慮，並由此傳達出了取捨信號。只要價格還是這麼高，他就絕對不會購入，畢竟，在低迷時入市一直是股神根本的投資原則。

再訪神州大陸

　　同一年 11 月，巴菲特二度造訪中國，這次他來到大連市，整個旅行既短暫且神秘。《華爾街日報》中的一篇報導僅用一句話提到了這個消息，說他「將在幾週後造訪中國東北的一座城市」。事實上，早在 2004 年，巴菲特就曾計畫來中國，但因為妻子的病逝，這個計畫不得不延遲。他來到中國後，波克夏旗下公司 IMC（Iscar Metalworking）駐北京的代表處早已悄悄請了少部分的中央級媒體趕到了大連，而其他的大部分媒體，在得知消息趕到大連時，巴菲特早已結束在大連的所有行程，離開了中國。

　　短暫的中國行，巴菲特抽空接受了中國央視記者的採訪，發表了對中國股市的看法以及忠告。

　　巴菲特表達了他對中石油的想法：「我們大概投入了不到 5 億美元，賣掉時我們賺到超過 40 億美元。我寫了一封信給中石油，感謝他們對股東所作的貢獻，中石油的記錄比世界上的任何石油企業都要好，我感謝他們。」

　　他欣賞中石油的表現，但他也將所持有的中石油股票全部清倉了，這讓中國投資朋友們感到困惑。更令人意外的是，中石油的股份並沒有因為他的減持而下跌，相反地，隨後的累計漲幅達 35%，巴菲特因此少賺了至少 128 億港元。

　　巴菲特說：「有很多像這樣的很好的企業，我希望我能買更多，而且本應該持有的更久，但是石油利潤主要來自於油價，如果它在 30 美元

一桶的時候，這值得樂觀，但當它升到了 75 美元，我不說它馬上就會下跌，但我就不會像以前那麼自信了。30 美元是個很吸引人的價格……而後者則讓我持中性的態度。」

他說，對於那些偉大公司的股票，永遠不應該賣出，但對於中石油，巴菲特的回答是：「就像你們知道的，中國石油公司的市值是全球第二大，僅次於美孚石油，比奇異公司還要高……但是，中國的股票市場發展非常強勁，而我通常是在人們還不知道股票的價值，或是對股票失去信心的時候購買，但在中國的市場，人們總是很踴躍地購買……我已經不像兩年前那麼容易找到被低估的股票了。」

顯然，巴菲特並不認同中石油是他眼中值得永遠持有的公司，但我們要知道，中國的股票市場，其機制是建立在中國國情基礎上的，與歐美的金融機制並不完全相同。在巴菲特看來值得疑慮的因素，也許在中國市場就完全正常。作為中國的投資者來講，在學習巴菲特投資經驗的同時，也沒有必要對他的一些理念全盤接受。例如對中石油的認識。畢竟，巴菲特的立場或者出發點，是站在西方投資者的角度，而中國投資者們所能依賴的資本市場是在東方、在中國。

不過，中國市場出現了像中石油這樣的世界型企業，並引來了股神巴菲特的關注和投資，這已經表明了中國市場的未來有著巨大的潛力和上升空間，是適合價值投資的市場。對此，暫時的低迷只是一種規律性的波折，越是在這種時刻，投資者越應該去發現背後蘊藏著未來的機會。正像巴菲特說的：「如果中石油的價格大幅回落，我會再買進。」那麼為何我們的投資人總是習慣於在價格回落時逃跑呢？

巴菲特努力地向股迷們傳達他的這一理念：當股市中已經沒有多少人時，就是聰明投資者的機會。人們對股市失去信心的時候，反而遍地是被

低估的好股票。就像他對記者說的：「我不會因為外部宏觀的影響改變投資策略，總會有好的年份和不好的年份，那又怎麼樣呢，假如我找到一家很好的企業，就算美國聯準會的主席對我說經濟要衰退了，我還是會買，因為對我來說長期影響不大。」

這種心態值得學習，恰如他的成功令人敬仰一樣，他成功正是因為他看透了股市的本質並非價格，而是決定價格的那隻「無形的手」，這隻手就是市場先生。如果股市陷入了低迷，說明市場先生開始犯錯，此時不買就將錯過良機。而那些總是在最火紅的時期入市的股友們，從邁出的第一步就已經犯了本質的錯誤。事實是，你應該在最低迷的時候入市，在最火紅的時候離市或者觀望。

巴菲特說：「中國是個有著巨大機會的市場，我很感興趣，我們也會考慮在這裡尋找更合適的機會。」巴菲特還特別看好中國的低碳環保業與消費市場，如果要投資，他將會堅持做長期的股票投資者，而不是短線投機者。巴菲特口中的「機會」就是等待合理的股價。

巴菲特說：「價值投資需要情感和態度！」對於普通人來講，穩定的情感和態度比智慧更加重要。他對記者解釋說：「如果我們選對了市場和趨勢，要做的只是長線持有，耐心等待。另一方面，我們不需要巨大的智慧，因為這對於選擇市場和趨勢來說，作用並不大。」一個投資者，只有眼光的準確是遠遠不夠的，是否能夠長期地堅持基本原則（不管冷熱，只管好壞）才是關鍵。

投資者行動的果敢性，有時決定了他整個投資的成敗。尤其當股市的情況不佳時，更需要我們投資時能夠拿出決斷的勇氣。要知道，這時的一個正確或錯誤的決定，可能會影響你的一生。

對於有中國股迷們將價值投資簡單地等同於長期投資或者特許經營

權，巴菲特回答說：「投資的精髓，不管你是看公司還是股票，都要去看企業的本質，看這個公司在未來五年、十年內的發展，看你對公司的業務瞭解多少，看公司負責人是否是你喜歡並且信任的，在此基礎上，如果股價合適，你就可以持有。」

普通人如何實踐價值投資原則？巴菲特說：「有時候，我說簡單但是不容易，不需要巨大的智慧，一般的智慧就可以，但很多時候，我們更需要一種穩定的情感和態度。賺錢並不是明天或者下個星期的事情，而是你在買一種要過十年甚至更久才能夠升值的東西。所以，其實很多人都知道價值投資的基本原則，但真的去做的時候，卻很難做到。很多人都希望儘快地發財致富，其實我並不懂怎麼樣才能立刻賺錢，我只知道應該隨著時間的增長賺長線的錢。」

以此觀點的推論，巴菲特建議人們對於瘋漲中的股市要謹慎，他說：「任何時候，任何東西，在巨幅上漲的時候，人們就會被表相所迷惑……價格越高，就越要加倍小心，不能掉以輕心，要更謹慎。」

巴菲特希望讓記者感受到這種良好心態的重要性。巴菲特告訴他：「沒有錢但是有目標的人，是否可以借錢做股票投資？我的觀點是，我只希望富一次，如果借錢可能會變成兩次、三次富有，然後又窮了回去，這樣還是不要做比較好。」巴菲特提示了「少犯錯」的重要性，如何少犯錯？就是盡量避免不必要的盲目出擊，做到理性投資：重好壞而不重冷熱！

巴菲特反覆地對採訪記者強調，投資股票就是投資公司，這是不變的理念。但是對不同的地區，不同的國情，又有不同的方法來區分對待。每個人都可以用這種理念去累積財富。重要的是堅持，其次是掌握時機。

他希望投資人們可以將自己想像成公司的經營者之一，以最大的熱

忙去關注公司的經營發展，即使因為某種經濟事件或者政治事件，也不要匆忙拋售，因為追根究柢，投資人手中的股票，並不僅僅只是一紙價格每天都在變動的憑證而已。

在投資人眼中，巴菲特一直喜歡核心持有諸如可口可樂、吉列和美國運通這樣的大型企業的股票，而且這些大公司都有一個共同的特點：經營模式簡單、業績穩定和行業內享有特權。即便在二十世紀九〇年代中後期，網路股和科技股如日中天時，巴菲特也始終沒有購買一股，儘管當時他為此付出了投資業績較差的代價，但事後在網路泡沫破滅後，他依然戰勝了市場，是當之無愧的最後的勝利者。

巴菲特說，他拒絕網路股的理由只有一條——他不懂。對於自己不瞭解的行業，他拒絕投資。

「我們的注意力在公司的賺錢能力上，從現在開始的未來五年、十年的收益，如果我們認為它的價格跟它的賺錢能力相比很值得，我們就會買。但是如果我們不瞭解，看不懂公司的深層營運模式與未來的明確的展望，就絕不會投資……我們要確定，自己的選擇絕對是對的，如果有 1,000 支股票都很不錯，但對其中的 999 支我都無法看清看透，那我只選那支我可以清晰地看到未來的。」

不熟不做，這是他對投資者一貫的忠告。對於中國的投資者，巴菲特在大連時依然意味深長地重複他的這個觀點。如何才能做到這一點，巴菲特說：「實際去調查研究，因為你必須知道你買的是什麼。」所以巴菲特熱衷於閱讀財報，他解釋說：「每年我都讀成千上萬份財報，我不知道我到底讀了多少。像中石油，我讀了 2002 年的年報，又讀了 2003 年的年報，然後我決定投資 5 億美元給中石油。」

至於該關注年報中的什麼內容？巴菲特回答說：「所有的年報都是

不同的，如果你要找個男人的話，什麼樣的條件才會吸引你？是有體育長才的，還是帥的，聰明的？所以看企業也同樣有不同的看法，一個企業到另外一個企業，我看的是不同的東西。根本性的來說，我是看企業的價值。」

巴菲特告訴投資人，投資之前一定要盡可能瞭解公司的情況，正確的投資就是尋找到價值被低估的公司，然後按合理的價格買入。無論什麼樣的因素，都不會影響公司的內在價值。投資者要做的，就是把它的內在價值搞清楚。「不熟不做」就是為了保證這一點。如果能找到一家好的企業，就算經濟衰退要來了，也是值得投資的，因為對於真正優秀的公司來說，長遠看來，這樣的影響並不會太大。這值得那些熱衷於購買自己不熟悉的科技電子股並且由此虧損的投資朋友們深思。

知識⁺Box　巴菲特的第二段婚姻

巴菲特與第一任夫人蘇珊・湯普森在 1952 年結婚，並生下一女二男。雖然這段婚姻持續了五十二年，但其實自 1977 年巴菲特夫婦便開始了夫妻分居生活，蘇珊從家鄉奧馬哈遷往舊金山，專心朝音樂事業方向發展，兩人並未離婚，其後與巴菲特也保持聯絡，更時常一同旅行。蘇珊仍會出席每年在奧馬哈召開的波克夏股東大會，並在 1991 年加入了董事會，擁有波克夏約 3% 的股份。

2004 年 7 月，蘇珊在與丈夫看望朋友時突然心臟病發過世，令時年七十四歲的巴菲特感傷不已。

在鰥居了 2 年後，巴菲特於 2009 年 8 月 30 日，恰好是他的七十六歲壽誕當日再婚，迎娶三十年前在夜總會認識的服務員艾絲翠

‧門克斯（Astrid Menks），並於女兒在奧馬哈市的家中舉行了簡單的婚禮，這個突如其來的婚訊令全球媒體無不感到措手不及。

巴菲特第一任夫人蘇珊在遷居舊金山後，曾為巴菲特介紹不同的女伴，以照顧他的飲食起居，並陪他出遊、解悶，最後巴菲特選擇了拉脫維亞出生的門克斯，她是蘇珊在夜總會唱歌時結識的。在蘇珊離開巴菲特一年後，門克斯便搬進巴菲特的住處，直到如今。巴菲特、蘇珊與門克斯關係甚好，經常一同出席波克夏股東大會，門克斯行事較低調，鮮少在公開場合露面，但卻常陪伴巴菲特參加私人聚會，也活躍於各種慈善活動。

婚禮上，巴菲特穿了一般的西裝，而六十歲的門克斯則穿著淺藍色絲質上衣和白色長褲，手持一束白玫瑰，在道格拉斯郡法官的見證下，完成了短短十五分鐘的婚禮。婚後兩人沒有度蜜月，因為他們已經「天天在辦公室裡度蜜月」。巴菲特宣稱，這是門克斯第一段婚姻，也是他老人家的最後一次。

4 泡沫破滅——
2008中國股災

2007年10月，住在對岸的股民們，提起近來中國 A 股的股市，沒有一個人不面露微笑，從 2005 年起，中國股市最重要的指標——上證指數，從 800 點一路飆升，達到 4,000 點，又突破 5,000 點，到了 2007 年，甚至飆破 6,000 點，最後站上 6,124 點的高位。

但早在當年的 1 月，著名的投資大師吉姆‧羅傑斯（Jim Rogers）訪問中國時，就對中國的資本市場表示了極大的擔心，因為市場太熱了，他看到了太多的泡沫。十個月後，巴菲特在訪問中國後再次表達了類似的擔憂。風險已經存在，可是如何迴避，當時的巴菲特忠告說：「當所有人都在談論股市時，投資者就應該小心了，目前的中國股市過熱，應該引起人們的憂慮了。」然而，即使連當時聽到這番話的採訪記者，都寧願將他的擔心當成是一種短期的風險提醒，而且認為從長期而言，當時絕大多數的投資者都不會認為 6,000 點就是中國股市的頂點。

事實上，當上證指數漲到 4,000 點附近時，中國政府曾多次出面提醒股民存在的風險，入市需三思而行，儘管這番聲明曾引起短暫的盤整，但股市很快又如脫韁的野馬，一路狂衝；當衝破 5,000 點後，那些悲觀者漸漸不敢再出來發聲了，相反地，一種樂觀的評估甚囂塵上，甚至有人斬釘截鐵的指出，指數飆破 8,000 點，甚至 20,000 點都是指日可待的。由於隔年就是 2008 北京奧運，人們都以為好光景將會一直維持到奧運前，紛紛拿出全家積蓄，拿出退休後的養老金、兒女的學費、結婚基金，或是從

親朋好友處借來的錢都紛紛投入股市，要在 2008 年 8 月前豪賭一把「奧運概念股」，畢竟，奧運前股票只會上漲，不會下跌，這可是當時全民的共識。

風險源自於不瞭解，同時也來自於投資本身的性質。巴菲特說：「如果我不瞭解，我就不投資。」他不瞭解中國市場，所以他當時僅投資了中石油一支中國股票，而且後來他還全部出清了，這說明他認為中國的股市存在的風險要比西方股市更大。羅傑斯就曾對中國工商銀行的效率不高、服務不夠完善提出過批評，認為如果不改善將會使風險變成現實，果然，幾個月後，銀行內控不彰的問題就在全國顯現出來。

巴菲特說他自己也犯過錯誤，但是如果遇到問題，卻不會迴避。在他看來，如果可以迴避的那就不叫「風險」了。「如果我的投資是對價值的肯定，即使有風險也是意料之中的，但最可怕的是我們找到的其實是一支壞股票，對價格的判斷也不準確，那將是根本性的錯誤。」

他建議中國投資人，「低買高賣」是價值投資的核心策略，但並不說明只要做到「低買」就可以「高賣」，如果股票本身是壞股票，那也可能跌得更低，不會有讓你「高賣」的那一天。在市場上，確實有些股價是嚴重高估，這需要股迷們有一顆善於發現的心，不僅要善於發現好股票，對那些不容易分辨的壞股票，也要極為敏感，才能與風險保持最遠的距離，切記：股市看漲時會超漲，看跌時會超跌，價值選股與介入時機就是致富與否的關鍵！

如何消除股市泡沫？巴菲特並沒有給出答案。其實就在他表示擔憂之後的不久，中國股市的泡沫就破裂了。2008 年春節後，就在全國一片看好下，中國股市卻一跌再跌，到了 4 月初，已逼近 3,000 點，之後又一路狂瀉，直到 8 月終於抵達谷底 1,000 點。股市在短短幾個月內掉了超過

八成，證券所大廳裡到處可看到人們相擁而泣，捶胸頓足，有人當場氣暈了過去，甚至有人為此跳樓自殺。

當時有人無奈地說道：「股市嘩啦狂洩，我的心也跟著由陰轉雨，再到暴雨不停。東借西湊的錢都像流水般有去無回。剛買就跌，不停的換股，還是一路輸過來。我以為股價從 149 塊跌到 100 塊已經到地板了，沒想到地板下面還有地窖，地窖下面還有地獄，更沒想到地獄還不止十八層！現在都跌到 48 塊了。」由此可一窺中國股市的泡沫破滅下股民們的心聲。

這樣的悲劇，很難歸結於市場本身。因為全球最完善的美國股市，也依然存在似乎有規律性的股市大跌。問題是我們當初為何忽視掉了這些泡沫的危害性，或者說明知它的危害，卻選擇性地失明，心甘情願地期望這個泡沫繼續膨脹下去。我想這與巴菲特的價值投資是完全背道而馳的。還記得他那句名言嗎？「在別人貪婪時恐懼，在別人恐懼時貪婪！」這應該是避免風險的最有效的辦法。

爭議的第二站

　　在此之後全球投資界最關注的話題之一，就是巴菲特在中國投資的比亞迪之股價消長。這項廣受爭議的投資，被部分向來批評他的人譏為是巴菲特「臨老糊塗」的失誤，但巴菲特的搭檔查理‧蒙格仍不改初衷，對比亞迪公司的前景抱著高度的樂觀。

　　自從巴菲特踏足中國市場，並大手筆地投資了中石油後，各方投資者無不摩拳擦掌，對股神在中國大陸的下一步行動拭目以待。2008 年 9 月，巴菲特旗下的中美能源公司宣布將斥資 2.25 億美元，以每股 1.03 元的價格買下中國在港上市公司比亞迪相當於 10% 的股份，此次投資也是巴菲特在美國次貸危機轉為全面的信貸危機之後，對中國企業進行的第二筆重大投資。

　　這一舉可說跌破了許多人的眼鏡，根據巴菲特的投資原則，有一項正是「絕不投資自己不熟悉的行業」，由於恪守這一鐵則，他從未碰過在上世紀九○年代繁榮的美國高科技產業。比亞迪以生產電池、手機與電動汽車起家，恰好屬於巴菲特「絕不沾邊」的領域，各方紛紛猜測，究竟是什麼因素，令向來堅持己道的巴菲特親手推翻自己制訂的投資原則，向他毫不熟悉的行業投資？

　　無可否認，巴菲特的長期戰友蒙格與當時波克夏的第二把手索科爾（David Sokol）對這一項投資起了推波助瀾的效果。早在巴菲特聽說比亞迪之前，蒙格就已手握比亞迪 3% 的股份，並對這間公司的董事長王傳

福讚譽有加，評價他是一位「兼具愛迪生解決問題的能力以及傑克・威爾許完成工作的能力」之人物。在蒙格的大力推薦下，巴菲特決定徵詢索科爾的意見，並派他赴中國考察比亞迪的實際情況。

索科爾飛赴深圳後，與王傳福為首的管理團隊見面交談、並考察了比亞迪的生產線，隨即返回美國。僅僅兩個月後，巴菲特就對外公布投資比亞迪的決定，並以一股約 1.03 美元的價格，透過中美能源認購比亞迪 2.25 億股股份，一夕成為第二大股東，受了巴菲特效應的影響，比亞迪股價一度衝高至將近 90 港元。比亞迪剛上市時並不被看好，眾多分析師對其評價也極不樂觀，巴菲特入股的消息公布後，股價便一路上揚，令各路人馬紛紛感嘆當初看走了眼，並跟著瘋狂買進。

儘管全球市場暴跌，但這三位決策者仍堅持對比亞迪的這筆投資相當有價值，並相信比亞迪未來將通過生產電動汽車，成為世界上最大汽車製造商，進而躍升為太陽能工業的領導者。比亞迪自 1995 年創立以來，靠著在電池產業的快速發展，追過了全球龍頭的日本索尼（SONY），並跨足油電混合車的產業。早在通用汽車、本田和豐田之前，比亞迪就開始銷售帶有備份汽油發動機的電動車，並在 2007 年 10 月宣稱研發出全球首個鐵電池，在全球油價飛漲的情況下，環保產業勢必成為未來的主流趨勢。

但這些都不是巴菲特對比亞迪如此看重的主因，他承認自己不瞭解汽車工業運作原理，但在瞭解了比亞迪十多年來的經營狀況後，他感到相當放心。同時，比亞迪董事長王傳福只同意讓巴菲特持股 10%，遠低於他原先預期的 25%，使巴菲特對於王傳福不願輕易出售企業感到讚許。

然而，儘管巴菲特的團隊對比亞迪的前景相當樂觀，這一舉動在全球投資者的眼中依舊充滿爭議。2011 年 3 月，巴菲特的助手索科爾因涉嫌

內線交易請辭，這位讓巴菲特決定投資比亞迪的重要推手下台，在所有比亞迪的投資人之間掀起了一陣恐慌。其實自巴菲特投資以來，比亞迪的股價在兩年內一路下滑，從買進後的 90 港元跌到了 28.55 港元，這個數字仍被不少分析家持續下修中。而由於比亞迪進軍美國市場後反應冷淡，使管理階層修正了原有策略，轉戰汽車租賃業，蒙格也在股東大會上坦言比亞迪的汽車銷量將「相當有限」。另一方面，比亞迪多次被指控竊取競爭對手的設計方案，以節約研發成本，並用惡意壓低價格的方式打擊對手，且在安全設施方面有偷工減料之嫌。

最令人印象深刻的莫過於比亞迪與郭台銘之恩怨。2005 年，郭台銘指控比亞迪自鴻海旗下的富士康一次就挖角了四百名員工，同時帶走多份重要機密檔案，將富士康的生產流程抄襲沿用，並求償港幣 51 億，此案目前仍在訴訟，但已有多名員工遭到定罪。也因此，郭台銘對巴菲特投資自己的敵對公司感到不以為然，他嘲諷比亞迪與巴菲特是「一個吹牛的一個炒股的」，並在鴻海股東會揚言：「人人都說巴菲特是股神，但是 I don't think so！連巴菲特的助手都涉及內線交易，這種人正派嗎？如果可以內線交易的話，我也是神。」由此可見，比亞迪一事讓兩家聞名國際的企業就此結下極深的樑子。

不僅美國消費者不買帳，比亞迪在中國大陸的經營也陷入了危機。

2010 年，比亞迪爆發了「經銷商退出案」；隔年，又因財務危機大舉裁員。到了 2012 上半年，幾乎比亞迪的所有主要業務都出現了問題！利潤只剩下了公司巔峰時期的 6%。比亞迪最主要的汽車生產業務，受到中國經濟成長減緩，以及政府取消了購車補貼，使得整個行業大幅衰退。手機業務則由於主要客戶諾基亞（Nokia）業績不振，導致訂單需求一口氣減了四分之一。然而，最大的破洞還是在於電池業務，太陽能產業在中

國的供過於求致使行情暴跌，光是半年就虧損了 3000 萬人民幣。

比亞迪這一連串的經營危機，令投資者們改變了原來的想法，紛紛質疑巴菲特是否看走了眼。儘管如此，在 2012 年的股東大會上，巴菲特仍表示自己對這筆投資樂觀其成，以巴菲特向來長期持股的投資方針來看，或許他從不一樣的角度，預見比亞迪將有東山再起的一天。

自創立以來，比亞迪在中國的電動車市場上一直處於領軍地位，中國政府更計畫在 2015 年之前達到國內電動車總數五十萬輛的目標。而在三星電子（Samsung）與蘋果的專利訴訟敗訴後，諾基亞也有機會瓜分到部分三星的手機市佔率，進而使重新帶動比亞迪的手機零件銷量。

至於結果究竟會如何，全世界的股迷與「巴迷」們都在密切關注。

6　股神的東方式智慧

　　在回顧巴菲特的投資生涯時，我們會驚訝地發現，他的很多投資理念，與中國古典傳統文化中的諸多經典思想異曲同工。在生活的很多方面，他清心寡欲，實際上，持有這種觀點的學者也並非一人，非常多的巴菲特相關研究書籍的作者都提到了這一點。看來，用東方式的智慧來闡釋巴菲特的投資理念和處世哲學，對我們理解學習他的投資經驗也會非常有益處，可以從我們的文化角度去貫通一些本質上的東西，比只拿西方的事例在書中硬套要強得多。

　　綜觀巴菲特的投資歷史，「悲觀主義」是他擁有的一筆巨大而獨特的精神財富，使他在投資一開始就立於不敗之地。巴菲特曾經說：「價格低估最常見的起因是悲觀主義，有時它是四處瀰漫的，有時是一家公司或者一個行業所特有的。我們希望在這樣的氛圍裡投資，不是因為我們喜歡悲觀主義，而是因為我們喜歡它造成的價格。樂觀主義才是理性投資者的大敵。」所以巴菲特在別人絕望時反而欣喜若狂，而在人們都歡欣鼓舞時，他常會斷定市場似乎已經沒什麼機會了。

　　在他看來，只有滿目瘡痍的股市才意味著遍地黃金，就像野火燒盡後的草地，才能發出生命力更茁壯的新芽。他的投資策略是不喜歡牛市，反而更樂於看到出現熊市，當股市回落和經濟出現衰退時，巴菲特的眼睛就已經看到了那些被拋棄的優秀企業的種子。

　　這是一種恬靜和善於等待的心態，像《道德經》中的「致虛極，守

「靜篤」。不是滿目荒蕪，而是萬種待萌。悲觀的對立面是樂觀，盲目的樂觀者往往只喜歡看到綠樹成蔭，萬花齊放，卻終究想不到秋寒的來臨是必然的。巴菲特的意思是，不要在夏天入市，而要在冬天的冰天雪地中，以最小的代價獲取一家未來回報最高的公司。有人說，巴菲特這種心態，源於他看透了萬物的循環往復、生生不息，是回到生命本源的大徹大悟。也許這話說得太超過了點，但巴菲特看透了市場的本質，看到了一支股票的真正生命到底是什麼，這應該是真的。所以他是站在金融市場最頂端的那個最從容與冷靜的人，他願意無限期地擁有一支股票，並與它廝守到老。他希望自己可以決定一家公司的命運，而不只是股票的價格。

就像古經典《易經》闡述的是宇宙萬物生死往復的根本至理一樣，巴菲特也抓住了股票投資的根本規律。

巴菲特樂於沉靜淡然的處世之道，讓人想起了中國的莊子。莊子主張修身養性，清靜無為，現實生活中的巴菲特，住著普通的住宅，從不奢華浪費，從不炫耀財富。對於財富，早在年輕時的他就表明了自己的態度：「看著這些數字慢慢地增加，是十分有趣的事情。」他將賺錢當成了一種有趣的事情，而不是出於對金錢的佔有欲望。他喜歡賺錢，卻不迷戀金錢。只有這樣的人，才會將自己幾百億的財富全部捐贈給慈善機構——這個慈善機構還是同樣擁有幾百億財富的比爾・蓋茲所創立。只有真正淡泊名利的人，才能做到這一點。

莊子說：「若一志，無聽之以耳而聽之以心，無聽之以心而聽之以氣！聽止於耳，心止於符。氣也者，虛而待物者也。唯道集虛。虛者，心齋也。」所謂心齋，就是要排除心中的種種雜念，要使人性去除雜偽，完全清靜與自由，要使心胸空曠寬廣，容納萬物。巴菲特完全具備這種格局，就像那些見過他的華爾街大亨們所言，巴菲特有一種水的特質，所

謂「上善若水，至柔亦至堅」是也。在財富的競技場上，只有死神才能夠打敗他，向他亮劍的對手會發現自己無處下手。有一次他去母校內布拉斯加大學發表演講，校方問他是否需要安全保護，巴菲特微笑著回答說：「我不需要任何的安全保護，我只要求在門口檢查來聽我說話的人是否違規帶著食物進來。」

他從來都不是一個不可一世的人，他的公司也從不進行惡意併購。正因如此，美國乃至世界上的絕大部分企業都希望有機會能夠納入波克夏公司的投資標的之列，因為他胸懷寬廣，從來不與被併購企業的管理層爭奪控制權，所以才讓那些企業家們覺得，他是一個值得信賴的人。他看上去，似乎與世無爭，但他偏偏在證券市場上獲得了最成功的回報，而且這個成就幾乎前無古人，也許亦是後無來者。這就是智慧與情商結合的力量，由於上善若水（至柔亦至堅），致心靈富足，對人生和商場看得極為透徹，方能遊刃有餘。

中國的道家講無為而治，西漢王朝在其前期的主要國策就是黃老之學的無為而治，看似無為，卻充實了國力，為漢武帝的帝國盛世累積了巨大的基礎。道德經裡講：「處無為之事，行不言之教。」就是說，用無為的態度對待世間之事，實行「不言」的教導。「無為」和「有為」在表面上是對立的，但卻互為一體，互相轉化，無為亦是有為，有為也可以看成是無為，全看形勢的需要。巴菲特對於波克夏和這個商業帝國旗下公司的管理體現出來的智慧，就充滿了這種古老的東方智慧。

「對於被併購的公司，我們只有兩項工作，」巴菲特說：「一項是使資產能更有效率運用的資源重分配，另一項就是吸引並且留住才華橫溢的專業經理人來管理公司各種各樣的業務，這並不難。」他告訴那些經理人們，對於公司有益的管理策略，他不會做任何干涉，他們完全可以充分

發揮他們的才華，這就是無為而治，既需要胸懷，也需要眼光。巴菲特給予了經理人完全支配自己時間表的權力，「我們取消了通常與 CEO 相伴的儀式性和與經營無關的活動。」他給那些經理人充分實現自己價值的空間。道德經裡說：「我無為，而民自化。」豈不正含有此意？他只是告訴經理們：「我只要求你們考慮做什麼是真正有價值的，而不是怎樣做會被認為是有價值的。」

對於併購公司奉行這種策略的巴菲特，取得的效果是顯著的，在這方面，也許世界上沒有第二個人像他這樣成功。「是以聖人終不為大，故能成其大。」還有一句古云說：「無心插柳柳成蔭。」自己並沒有出什麼力，卻收穫了豐富的果實，這才是最高明的管理之術。比起很多動不動就親自上前線的公司負責人來說，巴菲特也許是很「傻」，很多 CEO 每天都要插手公司的各項內部事務，事必躬親，大事小事都要自己過目，結果是手下的人才反而閒置不少，自己卻累個半死，公司的業績不升反降，這雖然是「有為」，卻極其錯誤。巴菲特雖是「無為」，卻最大化地將手下所有人才的大腦全部運用起來，集思廣益，將公司的潛力發揮到了極致，業績不好才怪呢！

奉行無為而治，最重要的一點就是信任。巴菲特在投資一家公司之前，已經將這個工作做完了。擁有一個值得信賴的優秀管理層，這是他投資的必要條件之一。「圖難於其易，為大於其細；天下難事，必作於易。」有些事看上去很難，其實做起來很簡單，關鍵是看你選擇的是簡易有效的方式，還是複雜無效的方式。巴菲特是那個可以找到簡易途徑的人，簡易，卻並不簡單；真理，也並不複雜。巴菲特這種充分信任的管理方式，使得他的經理人能夠經常處於最佳的狀態為他工作，從這個意義上講，他在管理方面也是極為成功的。

巴菲特說：「在買進一間公司時，我一定會尋找有一流的管理人員的好公司，我只與我喜歡、信任並且欽佩的人做生意……我不希望與缺乏值得敬佩品格的經理人合作，無論他們的業務前景多麼動人，我從未與一個壞人做成過一筆好買賣。」這種策略，既是無為，又是有為，值得我們企業家們借鑒。

「禍兮福所倚，福兮禍所伏。」這句話令人想起中國「塞翁失馬」的典故：從前有個老者得到了一匹好馬，眾人稱之「福」，老者的兒子騎馬摔斷了腿，眾人皆稱為「禍」，結果不久朝廷徵兵，他的兒子因為斷腿，幸運地躲過了去參加戰爭的不幸。也就是說，福的背後隱藏著禍，禍的背後卻也隱藏著福，福禍是可以互相轉化的。中國傳統文化中的福禍觀念是很強的，例如宋代詩人陸游的七言詩遊山西村裡面就有兩句千古流傳的佳句：「山窮水盡疑無路，柳暗花明又一村。」正是體現了「安危相易，禍福相生」的客觀規律。

這與巴菲特的「在貪婪中恐懼，在恐懼中貪婪」豈不是同樣道理嗎？巴菲特的投資原則是在市場低迷時要敢於入市，因為這意味著新一輪的牛市即將到來，而在市場最熱的時候要保持清醒，因為這說明市場即將走到頂點，意味著熊市的可能發生。牛市和熊市是互相轉化的，這讓筆者想到中國的傳統經典易經裡面闡述的「物極必反、盛極必衰」的道理：當事物到達極盛，便是衰的開始，當事物到達極衰，便是盛的開始，事物的發展呈現波峰波谷的形態向前迴圈發展。諸如人，有生有死，死意味著新一輪的生，生代表著新一輪的死，新陳代謝，迴圈不斷，從而萬物生息，生命延續。易經的這一理論，教人認清事物本質，順應天道，並且要懂得居安思危。

或許是無意，或許是必然，巴菲特順應了這種「天道」，從根本上

解決了如何投資股票能夠「接近零風險」的大哉問：那就是當人們都絕望時看到希望，當人們熱情高漲時，要看到危機。其中，戰勝恐懼、克制貪婪是基礎，但是筆者想問的是，如今沉浮在股海中的人們，又有幾個人能做到呢？

「禍莫大於不知足，咎莫大於欲得。故知足之足，常足矣。」巴菲特的風格看上去保守，但他出色的績效告訴我們，策略是否保守並不重要，對於投資來講，績效才是唯一的衡量標準。

易經裡講：「天行健，君子以自強不息。」如何自強，「勤」就是保證。唐朝的大文學家韓愈那句「業精於勤而荒於嬉」，更是明確講明了勤奮的重要性。巴菲特亦是如此，他在十一歲就開始對股票感興趣，購買了生平第一支股票，直到現在為止，依舊每天工作十三個小時。有個美國記者說：「我覺得巴菲特的一生沒有浪費一秒鐘的時間，他從一歲時就在股災中開始研究股票了。」雖然有所誇張，但卻形象鮮明地描繪了巴菲特具有的天道酬勤之一面。

在高中時代，巴菲特做報童時就通過非常合理巧妙的安排，同時承接著五家報社的報紙派送工作，讓自己的月收入達到了 175 美元，在當時，這個收入相當於很多上班受薪族。不可思議的是，他還將自己 1,200 美元的積蓄投資到了一家農場，大約有四十英畝的土地。在學校裡，他和後來的合夥人唐·丹利合作投資彈珠台生意，收入不菲，他幾乎每天都有新的主意誕生，可謂妙思無窮。由於思維活躍，又勤於思考，保證了他在年輕時有充足的時間來思考今後的人生之路，和閱讀理解足夠的理論書籍，為他傳奇一生的投資生涯打下了厚實的基礎。

巴菲特高中畢業前，就已經分發了將近六十萬份的報紙，賺了5,000 多美元。去讀大學之前，他又轉讓了彈珠台生意的經營權，獲得了

1,200314 美元，這時他才十七歲。關於他的勤勞，見證者可謂眾多，像他的親密合作夥伴唐‧丹利，還有農場的布萊恩夫人，就連比爾‧蓋茲都對他從不浪費光陰的生活品質敬佩有加。巴菲特認為自己並沒什麼天賦，但他卻有開闊的視野，高人一等的 EQ 和敏銳的眼光，這些都是從哪裡來的呢？勤奮的學習。勤於學習的巴菲特不僅獲得了豐富的知識，還培養出了自己虛懷若谷的心胸，以及對於商業投資的高明理解。僅在高中畢業的這一年，他就閱讀了不下一百本的商業書籍，還有誰能做到這一點呢？

這讓人想起了古代蘇秦的「頭懸樑，錐刺股」刻苦讀書的故事，青年時代的巴菲特就是這樣的好學。勤奮的學習，成就了巴菲特，而他也要求波克夏公司的經理，每天早上醒來以後必須要做的事情就是研究如何開源節流，以不負股東之所託，要把它當成自己呼吸那樣，時刻考慮，而不能想著做一次就完事。正是由於這種價值觀，波克夏公司的利潤從來都是在美國投資業界名列前茅。既具有典型的西方投資家的智慧，又具有深邃的東方文化的氣質，巴菲特的成功自然水到渠成。

不斷滾動的巨大雪球

天價火車夢

如同每一個男孩，在童年時總對汽車、飛機之類的模型玩具著迷不已，或許就是這些兒時夢想的延續，讓巴菲特在他的投資生涯中，陸續又入股了通用汽車以及 NetJets 飛機租賃公司，如今，年近八十的巴菲特開始想著實現他的「火車夢」。

2007 年 4 月，在波克夏・海瑟威的申報資料中，首度出現了鐵路公司的股份——巴菲特買下了柏林頓北方聖塔菲公司（Burlington Northern Santa Fe，簡稱 BNSF）4,200 萬股，相當於 12% 的股份。一個月後，巴菲特又透露，他還買入了美國第一大鐵路公司太平洋聯合公司（Union Pacific）1,050 萬股，與第四大的諾福克南方公司（Norfolk Southern）636 萬股。

在巴菲特購買柏林頓公司等鐵路股的消息傳出後，S＆P500 鐵路公司指數在 4 月上揚了 35%，創下該指數自 1989 年以來的最大單月漲幅。巴菲特在隔月舉行的年度股東大會上告訴股東們他對鐵路股的熱愛，在國際油價持續上漲的二十一世紀，鐵路運輸的競爭力似乎又將重新凌駕於汽車運輸之上，前一年美國鐵路運輸量甚至刷新空前紀錄，巴菲特坦承自己太晚看出鐵路的潛力，因為鐵路股過去的表現並不出色。

BNSF 分為柏林頓公司（The Burlington Northern）和聖塔菲鐵路公司（Santa Fe Railway Company）兩個子公司。作為美國第二大的鐵路營運公司，它經營了北美最大的鐵路網路，這個網路覆蓋了美國西部三分之二的面積，從主要的西北部太平洋地區和南加州港，延伸到北美大陸

中西、東南和西南部，再從墨西哥灣延伸到加拿大，總長 32,000 英里，經過美國 28 個省與加拿大 2 個省。煤炭運輸是 BNSF 的主要業務，靠著這項業務，它供應了全美國大約 10% 的電力。

之後，巴菲特持續買進柏林頓的股票，2007 年 8 月，巴菲特首次加碼鐵路股，將股份增加至 15%，年底再增加到 17.5%；2008 年，增加到 20%，到了 2009 年底，波克夏持有 BNSF 的股份已達到 22.6%。

2009 年 11 月 3 日，巴菲特忽然發出聲明，指出波克夏將以每股 100 美元，相當於溢價 30% 的價格，買下 BNSF 公司剩餘 77.4% 股權，這將花費 340 億美元，再加上 BNSF 固有的 100 億美元負責，這筆交易總金額一共高達 440 億美元，是巴菲特投資生涯中最巨額的一筆投資案。

對於這令人跌破眼鏡的壯舉，巴菲特說道，鐵路是美國經濟成長的動脈，隨著美國經濟的復甦，他認為鐵路運輸也將隨之成長。他說：「這是對美國經濟前景的全面下注。我認定這個國家將會持續繁盛。」事實上，每週的鐵路運量報告一直是巴菲特過去衡量美國景氣的指標之一。

為了融資以應付這回的併購案，波克夏董事會決議將公司的 B 股再度分割，每一股分拆成五十份，這麼一來，將能讓投資人更輕易地對波克夏投入資金。

隔天，BNSF 的收盤價自 76 飆升至 97 美元，上漲了 27.5%，這一波投資鐵路的熱潮也波及到其他同業，巴菲特手中的另二支鐵路股——太平洋聯合公司、諾福克南方公司也分別漲了 7.9% 與 5.4%。2010 年 2 月，波克夏正式併購 BNSF，在這一次的併購案後，巴菲特也表明，暫時不考慮併購其他鐵路公司。

儘管外界對巴菲特此生迄今為止最龐大的收購案感到嘖嘖稱奇，但質疑的聲浪很快也蜂湧而至。多數人認為，在航空、汽車的日益普及下，傳統的鐵路運輸只會更加走向沒落，巴菲特此番對於舊時代的產業投注如

此高額的資金實在太過冒險。

然而，事實很快又向這些存疑者證明巴菲特的睿智。自 2009 年衰退暫緩後，經濟復甦的力道逐漸增加，失業率已大有改善，加上國際油價節節攀升，鐵路在運輸業的地位又逐漸追上公路運輸。在買入 BNSF 後的十三個月內，BNSF 就配給了大股東波克夏將近 22.5 億美元股息；到了第十五個月，波克夏在這條鐵路上的投資已得到了 32.5 億美元的回報。BNSF 的 CEO 羅斯（Matthew Rose）更趁勢將資本支出提高為其他大型鐵路公司的數倍，大量添購火車頭，並增設許多轉乘設施，以便於鐵路貨櫃能迅速在卡車及火車間轉運。到了 2012 年，全美國的燃煤供應量略有衰減，此時 BNSF 卻另開闢出油頁岩開採的新業務，從而帶來比過去更多的獲利。

羅斯定下了長遠的目標，希望 BNSF 這間美國第二大鐵路公司的競爭力能在持續提升下，最終超越長途貨運卡車。他認為，由於油價近年漲幅已超過 30%，目前在美國西部以卡車載貨的花費，實際上已高過鐵路，且兩者間的價差正在擴大，在這樣的情況下，耗油少的火車競爭力終將勝過卡車。

羅斯信心滿滿地說道：「人們不會想到鐵路也可以提供像卡車一樣的服務，我們正在說服顧客改變這個觀點。」

隨著 BNSF 公司的運輸業務蒸蒸日上，巴菲特富有遠見的眼光又再一次為世人讚嘆不已。

② 慈善——
取之於社會，用之於社會

　　2011 年 9 月中，美國總統歐巴馬向國會提出對富人增稅的法案，希望達到增加稅收以及削減赤字的目的。該法案針對年收入超過百萬美元的富人，要求將這些人的最低稅率提高為 30%，歐巴馬援用了巴菲特的理念和名字，將這項提案命名為「巴菲特條款」，藉由這項措施，可望在未來十年內每年至少對富人增加 3 億元的稅收以彌補赤字。

　　然而，這項法案在隔年 4 月在參議院遭到否決，原因是共和黨擔憂增稅將會嚇阻投資，反而不利於經濟發展，「巴菲特條款」因而胎死腹中。雖然美國政府未如願從百萬富翁身上徵到更多的稅，但事實上，許多富人早已默默地在捐贈與慈善事業上不餘遺力，華倫・巴菲特就是其中之一。2011 年，巴菲特在全球富豪榜上的排名已落至第三，但身價仍有 440 億，他在法案提出前八個月就曾在《紐約時報》發表文章，表示對增稅的贊成。除了向國內的富豪提倡共體時艱外，數年來，巴菲特早已在許多的民間慈善機構投下了大量捐款，從不吝於將自己的財富分享給困窘的人群。

　　巴菲特擁有波克夏投資公司 36% 的股份，每年能獲得鉅額的投資回報。他曾表示，如果他在世的時間超過了蘇珊，那麼在他死後，他和蘇珊的全部股權將歸家族慈善基金會所有。巴菲特也對自己的子女明確表示：「如果能從我的遺產中得到一分錢，就算你們走運。」此話絕非戲言，因為巴菲特在公司召開的股東大會上，也曾經提到他對孩子們的告誡：「那種以為只要投對娘胎，便可一輩子衣食無憂的想法，損害了我心中公平的觀念。」當時他話才說完，台下立刻響起一片掌聲，而巴菲特接著說：「我

的孩子們也在這裡！他們是不是也在鼓掌？」

　　巴菲特並在遺囑中宣布，將自己超過 400 億美元的個人財產捐出 99% 給慈善事業，用於提供貧困學生獎學金，以及提供計畫生育與醫療方面的醫學研究基金。他並不打算將這些財產捐給著名的大學當作學校的建設經費，因為「這些大學有自己良好的資源和來自政府的補助。七十五年前，洛克菲勒把鉅額資金捐給了黑人學校，洛克菲勒做了一些重要的事情，這些對我來說是有意義的。」

　　2006 年 6 月，巴菲特宣布將約 1,000 萬股的波克夏公司股票，捐贈給比爾與美琳達・蓋茲基金會，以當時的股價來計算，這相當於 433.5 億美元的價值，是美國史上最大的一筆捐款，而儘管巴菲特並未答應積極參與基金會的運作，但他還是成了基金會董事之一。同時，他將價值約 67 億美元的波克夏股票轉移到以妻子命名的蘇珊・湯普森・巴菲特基金會，以及三名子女成立的基金會名下，這與巴菲特過去所作出「不會讓子女繼承太多財產」的聲明完全吻合。

　　正當許多人對這筆天文數字般的捐款感到目瞪口呆時，巴菲特卻心平氣和的表示，他能有今天的成功與財富，全因「社會」這個最大的幕後功臣，正是由於他生在自由市場的美國，才得以一展長才，萬一生在孟加拉或秘魯，一切才智都無用武之地。人們願意付給拳王泰森（Mike Tyson）1,000 萬美元的獎金，也願意付給打擊率高達三成六的棒球選手一份優渥合約；相反地，卻沒有人願意付錢獎勵一名出類拔萃的教師，或一位不可多得的護士。巴菲特希望能改變這樣的社會價值系統，讓每一個有才能且無私地貢獻出來的人都能獲得發光的舞台，也正因他的成功是取之於社會，他意識到自己必須竭盡所能的回饋社會。

　　「我對自己所擁有的財富，並無任何的罪惡感，因為這些錢，代表了無數未來將由社會來兌現的支票。我不過是擁有許多支票，可以轉化成

消費。如果願意，我可以僱用一萬個人，每天只要幫我作畫就好，如此一來，國民生產總值（GNP）便可提昇。但這些事是毫無意義的，只會讓那些原本可以進行愛滋病研究、頂尖的教學、教育的提昇，或相關的醫護人員減少許多支援而已。所以，我不會做這種事，因為我很少去兌現支票，物質生活原本就不是我所追求的。因此，在我和妻子離開人世時，我會將這些支票全部捐獻出來，作為慈善之用。」

2010 年 6 月，巴菲特更與微軟創辦人比爾‧蓋茲合創了「贈與誓言（Giving Pledge）」慈善組織，廣邀全球富豪加入。兩人約定在死後或生前捐出一半的財產投入慈善，並鎖定《富比士》雜誌的前四百名大富豪一一邀請，儘管他們碰了不少釘子——約半數的富豪並不認同此行動，包括身價 110 億美元的「金融巨鱷」索羅斯和身價 90 億美元的億萬富翁投資人艾康（Cael Icahn）。但仍在短短一年內聚集了 69 名富豪參與這項盛會，其中有銀行家大衛‧洛克菲勒（David Rockefeller）、紐約市長麥可‧彭博（Michael Bloomberg）、名導演喬治‧盧卡斯（George Lucas）、甲骨文公司執行長艾利森、臉書創辦人馬克‧祖克柏（Mark Zuckerberg）等。這些億萬富翁齊聚一堂，討論的不是如何讓他們早已富可敵國的財產更加膨脹，而是如何將一輩子都花不完的積蓄用於協助弱勢與改善社會問題。

巴菲特承諾將在有生之年捐出總財產的 99%，他說，儘管這數字看起來很龐大，但實際上，有很多人每天付出了更多在身體力行慈善工作上。許多人必須省去不必要的家庭開支、犧牲看電影與上館子的樂趣，才能湊出用來捐獻的金額，而他雖然捐出了大部分的財產，但對於自己與家人生活的影響卻微乎其微。甚至，他鼓勵子女付出時間與所長來幫助他人，這將比捐贈金錢更有意義，因為對一個逆境中求生的孩子來說，獲得充滿愛心的撫養和栽培，價值遠遠超過一張支票。

自 2000 年以來，巴菲特開始透過網路拍賣「慈善午餐」為葛萊德基金會（Glide Foundation）募款，底價由 2.5 萬美元起拍，得標者可獲得與他共進午餐的機會。雖然以這樣的價格吃一頓飯似乎有些匪夷所思，但每年還是吸引許多有志者踴躍下標，得標價甚至逐年增加，當然，下標者的目的或許不全是為了慈善，還包括了名聲、人脈等難以衡量的附加效益，事實上，巴菲特最終都會讓他的得標者感到物超所值。2012 年，巴菲特的慈善午餐甚至喊價到 346 萬美元的天價，創下歷年來最高紀錄，靠著這項拍賣，巴菲特至今已募得將近 900 萬美元的善款。

也有許多富豪對巴菲特大張旗鼓的慈善形式不以為然，部分的人認為慈善屬於個人的自由與隱私，他們更希望以「行善不欲人知」的心態投身其中，無論如何，巴菲特的義舉已經在全球上產階級中起了拋磚引玉的效應，越來越多的人響應這一系列由世界首富發起的捐款運動，一齊為協助弱勢族群及支援教育與醫療等志業付出心力。

3　是股神，也是父親

　　近來，國內許多「富二代」經常在公開場合招搖炫富，其囂張拔扈的行徑常令觀者感嘆不已。追究其原因，許多富人忙於拓展事業與聚斂財富之餘，並沒有付出足夠的心力與智慧在後代的教育之上，造成這些懵懂無知的孩子在還沒有金錢概念的情形下，輕易地墮入了物質的誘惑之中，並在個性與價值觀上產了極端的偏差。腰纏萬貫的巴菲特，雖然身為全球數一數二的富豪，但他的三名子女卻並非遊手好閒的紈袴子弟，除了皆事業有成外，也同樣在慈善事業上不遺餘力。

　　巴菲特的長女蘇珊‧巴菲特（Susan Buffett）是奧馬哈一家針織品店的老闆，她所成立的舍伍德基金會（Sherwood Foundation）多年來致力於教育、愛滋病、低收入戶、非洲落後地區等環境的改善；長子霍華德‧巴菲特（Howard Buffett）則是伊利諾州的農民，在農業學、傳播業以及農產品物流業經營上皆有極高的成就；次子彼得‧巴菲特（Peter Buffett）是美國著名的音樂製作人，曾創作電影「與狼共舞（Dance With Wolves）」的配樂，獲得過美國最高榮譽艾美獎。三名子女皆擁有令人讚嘆的成就，也都成立了自己專屬的慈善基金會，這一切作為都與巴菲特的教育理念息息相關。

　　「我不會將財產留給子女。」這是巴菲特很早就在媒體上作出的聲明，事實也證明，他對孩子的愛從來就不是透過金錢付出，巴菲特只留下了足以讓子女追逐夢想、但不足以遊手好閒的數額。他常說，讓子女習慣伸手等於害了他（她），因此，從小到大，巴菲特的孩子就是「流自己的

汗，吃自己的飯。」舉凡零用錢到生活以外的花費，都是以貸款的形式取得，孩子們必須在外從事勞力工作，自己賺回想要的東西。他們十分清楚，從父親那裡只能獲得精神上的支持，無法得到金錢上的支援。

我們可以從巴菲特的小兒子彼德‧巴菲特的人生經驗中，歸納出他的教育理念。當彼德還在讀小學時，有一次學校舉辦飛機模型比賽，為了參加比賽，他到父親的公司當了十五天的清潔工，才存到那一筆購買飛機模型的錢。十九歲那年，他將一筆不多的積蓄轉成了父親旗下公司的股份，後來，他將這些股票變賣，得到約 9 萬美元，作為投入音樂事業的基金，這些股票若是當時沒有賣掉，如今可是擁有 7,200 萬元的價值。面對許多朋友不可置信的眼光，他只是微笑以對，認為自己用錢買到了時間，那才是無法取代的，這種不貪圖金錢的精神，與父親巴菲特如出一轍。

當彼得從學校退學，打算開始他的音樂之路時。他忐忑不安地與父親討論自己的計劃，巴菲特以一貫的風格，只專注的傾聽，並不做出評論。直到有一天，他忽然對孩子說：「彼得！你知道嗎，你和我做的其實是同一件事情。音樂是你的畫布，公司是我的畫布，我每天都在上面畫上幾筆。」巴菲特對於子女的決定，不是一股腦兒的反對，也不會過度的贊同，而是樂觀其成的默默支持，這其實才是一個孩子真正需要的。

他三十歲那一年，再度感受到了父親的「吝嗇」。當時，彼得在事業上小有所成，想買一棟房子，希望能從父親那裡借到一筆錢，得到的答案卻是「我們父子不要談錢」這樣的婉拒，他氣得跑到銀行貸款，多年後，他才明白父親真正的用意。要是當時借到了錢，他就無法體會到靠著自己的努力達成願望的成就感了。

2008 年，巴菲特到了洛杉磯帕利媒體中心，第一次觀賞兒子在公開場合的音樂會。會前，他只發表了一句話：「我是來看看我給兒子鋼琴課的投資，得到了什麼報酬。」台下頓時掌聲雷動。事實上，儘管巴菲特在

兒子身上投注的金錢遠不如在事業上的投資，卻在社會上造就了超出股票價值的成果。

對巴菲特來說，「富不過三代」這種事絕不會發生在自己家裡，因為他從不考慮將家產留給孩子，而是在他死後全數捐給慈善機構，以發揚他熱愛生命的精神。2006 年，巴菲特將 400 多億美元捐給蓋茲基金會，同時給了每個孩子 10 億美元，但這筆錢卻不是用來供他們享受，而是投入了各自的慈善基金，讓他們依據自身喜好和規劃來進行慈善事業。

大女兒蘇珊利用這 10 億元在奧馬哈建立了基金會，致力於贊助當地的學校和教育系統，並補助貧困家庭的生活開銷；大兒子霍華德對農業與環保情有獨鍾，立刻將這筆錢投入了印度豹的拯救行動，他在南非買下了一塊地，作為印度豹的保育區域；小兒子彼得則將錢用在落後國家的女孩身上，協助他們對抗早婚早孕以及不安全的性行為。

三名子女自父親巴菲特處獲得的最大傳承不是龐大的財產，而是「自食其力」的真諦，事實上，這種精神已在巴菲特家族延續了三代，自巴菲特的父親開始，身為國會議員的他，極少給予初進金融圈的巴菲特財力幫助，卻在精神與思想上給予了莫大的支持，這也影響了巴菲特對於後代的培育方針。

「只有透過自己的努力，才能獲得真正的滿足感，這是父母的財產絕對無法給予的。經濟局勢起伏不定，唯有人的價值觀是最穩定的貨幣，它永遠不會貶值與破產，並為我們帶來最豐厚的回報。」這是巴菲特在那不可一世的豐功偉業背後，留給世人最大的精神寶藏。

儘管名列全球前五大富豪，巴菲特仍然心懸著如何將自身的智慧傳承下去，他認為，只有將理財教育從基礎上做好，才能使一個人脫離貧困，並成為具有競爭力的人才。而這些理念包括「如何投資」、「如何辨別生意好壞」、「該做哪些功課」、「哪件事情最重要」等，而巴菲特除了傳

授價值投資的理論，也教導大眾為人的基本原則，一個富有又具有高尚人格的人，才能真正為社會帶來助益。

2010 年 5 月，巴菲特在全球矚目的波克夏股東大會上，獻給全世界一份大禮，他將畢生的投資智慧與企業經營哲學製作成一部二十六集的動畫，並親自為動畫配音。這一部取名「巴菲特神祕俱樂部（Secret Millionaires Club）」的動畫中，有著三名個性迴異的小孩，他們面臨各種投資理財的問題，而卡通造型的巴菲特則會在最後出場，以深入淺出的方式講解枯燥難懂的投資概念。巴菲特將畢生的投資智慧蘊含在動畫中，希望能將理財教育的概念傳承到後代的心中。

巴菲特自小就是理財高手，五歲那年，他就在地攤賣口香糖；八歲與朋友到離家不遠的高爾夫球場當撿球童，並轉手賣給球商獲利；十一歲時，他用存下的 100 美元買了生平第一張股票。小小年紀就靠著自己的能力存了一筆積蓄，並靠著買股賺了一小筆錢，這些小時候就透露出的智慧，正是巴菲特未來在股市大放異采的最大關鍵。

在一次與中國大學生的對話中，巴菲特提到，成功的秘訣在於做自己喜歡的事，唯有找到自己的熱情與興趣，才能有效發揮天賦，他也正是這樣教育孩子的。他的三名子女分別踏入紡織業、農業、音樂界，沒有一人繼承他的衣缽，正是因為他鼓勵孩子選擇喜歡的道路，並不過度干涉，才造就了他們成功的人生。

當然，選擇了自己的道路後，還需堅持到最後，除了夥伴的幫忙與良師的啟蒙外，腳踏實地的一步一腳印尤為成功的不二法門，在「難吃的餅乾（Tough Cookies）」這一集動畫中，餅乾因為孩子們少放了一些配料而變得難吃，巴菲特藉此提示觀眾「成功絕不能抄捷徑」的道理，值得做的事，一定要做到盡善盡美。對於這樣的敬業態度，我們會很輕易的聯想起過世的蘋果前執行長賈伯斯，他對於產品的設計、性能、外觀皆有著

超乎常人的標準，就算是一顆小螺絲也不得馬虎，這樣的堅持最終打造了蘋果電腦的黃金品牌。

　　沒有一個人從不失敗，即使是被世人尊為股神的巴菲特，也有誤判與虧損的時候，他在佛羅里達大學演講時，對於一名學生希望討論他投資上的失誤，他莞爾回道：「你有多少時間？」顯見他對於錯誤並不畏於承擔，相反的，他所恐懼的是明知錯誤卻不願承認，反而極力抵賴與粉飾太平的逃避心理，那才是導致毀滅的最大原因。事實上，巴菲特就坦承他當初收購波克夏根本就是個錯誤，過去原是紡織廠的波克夏在中國的低成本競爭下，逐漸走向沒落，這筆投資看似血本無歸，巴菲特卻勇敢面對自己的誤判，停止了對紡織本業的投資，轉而用公司名義購買其它優質行業的好公司的股份，使波克夏轉型，一躍成為世界金融業巨頭。

　　巴菲特在選擇股票時，優先評估的不是一家公司當時的股價與聲勢，而是潛在於內部的核心價值，因此，在教育上，他也鼓勵人們持續學習，提升自我競爭力，如同他在每一集動畫劇末都會說的那句名言：「最好的投資就是投資自己，知識越多、財富越多。」他一直對自己定下標準，規定自己要在每晚就寢前，得到比當天早上醒來時更多的知識。

　　巴菲特以他的親身經驗傳授畢生智慧，不僅希望啟發人們正確的理財觀念，也希望人類的後代能夠擁有對金錢的正確認知與處理方法，他透過這些傳達出的愛，遠遠勝過他手裡那些鉅額股票的價值，值得全天下的父母們借鏡。

4 商業帝國的繼承人

出生於 1930 年的巴菲特，今年已達九十三歲高齡。各方除了關注這名老翁今後還將做出什麼驚人之舉外，也關心在他退休後，會將執美國投資業界牛耳的波克夏公司交給誰。近來，巴菲特在訪問中也曾透露出，自己此生僅掛念兩件事，一件是理財智慧的傳承，另一件則是懸而未決的接班人課題。

事實上，在 2011 年 3 月 30 日之前，一提到「股神」巴菲特的接班人，專家們幾乎都能不假思索的說出「索科爾」的名字，但就在這天，索科爾忽然閃電遞出了辭呈，而巴菲特也立即批准了，這突如其來的消息震驚了全球，許多投資者為此議論紛紛。

追溯整件事的原因必須回到 3 月中的一項併購案；波克夏公司宣布將斥資 97 億美元，以每股 135 美元、溢價 28% 的超高價格，收購世界添加劑生產巨頭路博潤公司（Lubrizol）。這椿交易最早是由索科爾穿針引線，並說服巴菲特拍板定案，然而隨著交易案的部分內幕浮上檯面，有人發現索科爾在去年底曾買進了路博潤公司約 2300 股，1 週後賣出，1 月初又再買進 10 萬股，買進後不久就向巴菲特提出了收購路博潤的建議。經過調查，索科爾經由這次併購案，讓自己名下的股份獲利約 300 萬美元，卻也同時蒙上了內線交易的陰影。

早在一開始，巴菲特就曾聽說索科爾購買了路博潤股票，但當時並未察覺有何不妥，因此未進一步追問此事。但隨著案情逐漸明朗，面對來自各方的質疑與批判，使巴菲特開始重視這件事，詳加了解之後，他認定

索科爾的行為違反了波克夏・海瑟威公司的道德標準，並果斷的批准了索科爾的辭呈。

巴菲特身為全球股市投資者的指標，繼承股神大位的人也同樣必須受到各方放大檢視，除了在投資上的才能與眼光是無可非議之外，巴菲特尤其注重接班人的道德品格，正如同他在評估任一間投資公司的管理高層一般，這名接班人無疑需要對於金錢誘惑的高度抵抗力。巴菲特向來重視企業的誠信文化，而體現在波克夏公司的企業文化中，最重要的莫過於「誠實」，這一點是巴菲特自傳《雪球》的作者艾莉斯・施洛德在長年採訪巴菲特與波克夏集團後，所得出的結論。

我們先來回顧索科爾過去在巴菲特麾下所立下的顯赫戰功：

2000 年，索科爾為波克夏收購了中美能源（Midamerican Energy）約 80% 的股份，之後逐漸將中美能源擴充，並獲得了良好的盈利績效。他協助波克夏經營中美能源數年以來，年獲利逐年上漲，2008 年中美能源年度贏利達 17 億美元，2010 年則有 12 億美元。對比剛入股時的 1.09 億美元，如此成績無疑令人驚嘆，這一番豐功偉業因而受巴菲特讚許是「史上最出色的表現」。

早在 1998 年，波克夏就收購了飛機租賃公司 NetJets，但直到 2009 年索科爾上任執行長之前，這家公司在 11 年內已累計了 1.57 億美元的虧損。很快地，索科爾利用他高明的手腕使 NetJets 公司轉虧為盈，2010 年，經過一番裁員、資產出售以及管理流程重組後，NetJets 的稅前盈餘達到了 2.7 億美元，這一段起死回生的事蹟經常令巴菲特在公開場合津津樂道。

備受爭議的比亞迪投資也是在索科爾的推薦下定案，並以他所管理的中美能源的名義入股，2009 年 7 月，索科爾參觀比亞迪位於中國的廠房，隨後即向巴菲特提交建議書，最終促成了這樁投資。以比亞迪當時收

盤價 46.05 港元計算，這件買賣使得巴菲特獲利了 85.6 億港元。同時，這一次入股還有著無可取代的意義，它打破了巴菲特長久以來堅持的投資法則，也就是絕不投資自己不熟悉的產業，而以汽車科技業為主的比亞迪則正在此限，足見巴菲特對索科爾的信賴程度。

索科爾一向有著極強的企圖心，他常向熟人推薦有關匈奴王阿提拉的書，顯示出其野心與自傲，他曾在 2007 年出版的自傳中相當自信地提道：「如果我認真工作，當遇到裁員狀況，我將會是最後一位被解雇的人。」同樣的，他也每月為手下員工作出優先淘汰的排名表。這個害怕失敗的男人無論做什麼事都以 110% 的衝勁執行，但他剛愎自用且獨樹一幟的行事風格也為他帶來了負面的影響。奧馬哈勞工領袖穆爾就曾評價道：「索科爾完成一盤漂亮的炒蛋，它很美味，但也因此打碎許多蛋，留下一團亂，我認為，他並不在乎別人怎麼看那一團亂。」

巴菲特一向擁有良好的投資名聲，重視良好的經營團隊與體系聲譽，因此許多企業都希望被巴菲特收購，索科爾與部份高層看出了其中的可趁之機，希望在為巴菲特賺進大筆利潤的同時也能從中獲利，但卻忽略了其中的爭議性。2010 年秋天，花旗集團某高層給了索科爾波克夏可以收購化學企業的建議，索科爾於是在 12 月與花旗人士碰面，當時他也向該高層透露了波克夏可能收購路博潤的消息，隨即就在公開市場下單買進 2300 股，並在一週後賣出，之後花旗相關人士「據說」也進場了！隔年 1 月，路博潤管理階層開會商議出售事宜的前一日，索科爾再度買進 10 萬股。他曾向巴菲特報告自己持有股票的事，但對於自己已與花旗人士談過的部份則隱晦不談，因此產生了內線交易的爭議，最終自毀長城，在各方關注下黯然下台。索科爾的離去對邁入暮年的巴菲特無疑是一大打擊，原先幾乎抵定的接班人選再度虛懸，同時，索科爾的錯誤也讓巴菲特不得不以更高的標準來選擇繼承人。

在巴菲特一手打造的企業體系內，繼任人將會分為兩個方面：一為管理波克夏公司巨大投資組合的首席投資長；另一則是最重要的，也就是管理公司旗下數十家子公司的首席執行長。至今為止，首席投資長的人選已大致抵定，預計將由前康乃迪克避險基金經理人康姆斯（Todd Combs）與前對沖基金經理人韋斯勒（Ted Weschler）包辦，但首席執行長的接班人卻仍讓巴菲特猶豫不決。除此之外，巴菲特還指定長子霍華德在自己退休後擔任波克夏的非執行董事長，肩負維護波克夏企業文化的重責大任。

康姆斯是 Castle Point 資本管理的執行長及投資組合經理人。Castle Point 為價值導向的長期股市策略投資基金，主要投資金融服務業；雖然知名度不高，但部分同業卻對康姆斯在金融業的投資表現給予相當高的評價，另外，他與巴菲特還有一個共通點，也就是擅長寫文情並茂的信給投資人。2010 年 7 月，康姆斯在寫給股東的一封長達七頁的信中寫道：「在 Castle Point，我們喜歡把公司業務當作自己的資產來處理。」一席話與巴菲特的風格頗有類似之處。2010 年 10 月底，巴菲特欽點康姆斯為首席投資長之一。

另一名首席投資長韋斯勒出線的過程頗富戲劇性：2011 年，巴菲特在自己一年一度的慈善餐會上，發現眼前的這位得標人十分面熟，詢問之下，才知道原來這位名叫泰德·韋斯勒的先生已連續兩年競標下自己的慈善午餐了，甚至，當年的得標價格更是史上新高的 262.6 萬美元，這讓巴菲特有些驚訝，忍不住多看了這名男子幾眼。

巴菲特的摯友，同時也是資深記者的卡羅·盧密斯一樣發現了這個事實，他立刻為巴菲特調查了韋斯勒的來歷，原來韋斯勒是避險基金公司 Peninsula Capital Advisors 的投資經理人，在 2000 年初曾在基金公司創下總獲利 1,236% 的紀錄，同時期波克夏只獲利 146%。此外，韋斯勒也

曾在 2009 年初的金融海嘯下，大舉買進 200 萬美元美國銀行股票，持有一年後出售得到兩倍以上的獲利。獨到的投資眼光與手段讓盧密斯大為讚賞，並主動向巴菲特推薦此人。在暢談多次後，巴菲特十分肯定韋斯勒的能力，立刻在 2011 年 9 月公布了讓韋斯勒成為接班人選之一的消息，而韋斯勒也立刻表態清算自己的避險基金，並在 2012 年初加入波克夏。

至於波克夏的繼任首席執行長人選，由於巴菲特遲遲未對外公佈，各界紛紛作出猜測，例如波克夏再保險集團主管詹恩（Ajit Jain）、中美能源執行長阿貝爾（Gregory Abel）、柏林頓北方鐵路執行長羅斯（Matthew Rose）、執行長奈西利（Tony Nicely）等人的接班呼聲都極高，然而巴菲特始終不願說出正確答案。2012 年 5 月，在年度的股東大會中，巴菲特終於宣布接班人名單確定的消息，卻拒絕透露此人的姓名，令外界依舊宛如霧裡看花。

到了 2023 年 5 月 6 日的股東大會時，關於繼任者的秘密才終於有了答案。2021 年，巴菲特在新聞採訪中曾提及阿貝爾（Gregory Abel）會在自己遭遇不測時接手全部的業務，這幾乎等同於宣布了阿貝爾為繼任者。2023 年的年會，巴菲特再次提到這件事情，正式地讓所有人知道繼任者的身分。另外，從巴菲特的描述中，可以發現另一位曾經的繼任者候選人詹恩（Ajit Jain）極有可能成為如查理‧蒙格一般的角色，在未來協助阿貝爾進行決策與經營，以副手的身分與阿貝爾一同扛起擔子，帶著波克夏走入一個新的時代。

5 繼續滾動的雪球

　　所有熟知巴菲特的人都知道，巴菲特不喜歡麻煩，他厭惡研究新科技、網路以及其他新興產業，因為他無法預料這些產業在十年後將會是什麼樣的光景。他一向從人類最基本的需求為出發點——吃的、穿的、住的、用的，因此，他在數十年的投資生涯中，買進了可口可樂、吉列公司、沃爾瑪、卡夫食品、美國運通等。事實證明，這些最「簡單」的行業也是讓波克夏賺進最多鈔票的搖錢樹，也因此，他更加對挑選這類型的傳統企業樂此不疲。

　　媒體業也是巴菲特愛不釋手的一類產業，尤其是報業，與巴菲特家族的淵源極深，巴菲特的外祖父執掌過《卡明郡民主報》，父親曾是《內布拉斯加報》的編輯；至於巴菲特本人，打從年少時為《華盛頓郵報》派報開始，他就一直對報業有著特殊的情感。1969 年至 1977 年，巴菲特透過波克夏公司，先後投資了《太陽報》、《華盛頓郵報》和《水牛城新聞報》（Buffalo News）等報紙。但到了 1990 年代初，由於市場競爭過於激烈、廣告收入下滑以及定價權的日漸式微，巴菲特對於媒體的投資欲望大減。他甚至說過：

　　「只要是報紙，就算再便宜，我也不會買！」

　　「我們砍下樹木、買下昂貴的印刷機、再買幾支卡車運輸隊，就為了讓人們掏錢去閱讀昨天的新聞——這多可笑！」

　　隨著報業在巴菲特眼裡失寵，他也越來越常在公開場合對報紙的意義嗤之以鼻。2009 年，巴菲特在致股東的信中寫道：「讀者都轉向了網

路等新興媒體，報紙已是一種過時的形式，將持續虧損且無法翻身。」

然而，2011 年 11 月，波克夏卻突然發出聲明，宣布以 1.5 億美元的現金併購巴菲特老家奧馬哈的《奧馬哈世界先驅報》（Omaha World Herald），同時為該社承擔 5,000 萬美元的債務。《奧馬哈世界先驅報》是奧馬哈市普及率最高的報紙，同時，它也是美國擁有最多雇員的一家報紙，光早晚班編輯就一共有 200 多位，全部員工有 1600 位，每日發行量約為 13.5 萬份，週日發行量為 17 萬份。《奧馬哈世界先驅報》在美國排名第 49 位，大部分的美國人都沒聽過，但經過股神的加持下，瞬間在全國打開了知名度。

在面對記者時，巴菲特一改過去的冷嘲熱諷，侃侃而談道：「報紙在過去二十年內發生了很多改變，不過，對於你我來說，有一樣東西始終不變，那就是我們都愛報紙。在二戰期間，年紀還小的我就送過幾年報紙，我還當過晚上的『送報之星』。我那時總共送了大約五十萬份報紙，一份報紙能掙得一分錢，我也因此賺了一筆。在這裡，我能很自豪地發誓，沒有人像我一樣熱愛報紙！」

「儘管多年來我在各地東奔西走，但奧馬哈始終是我心中的家鄉，我也長期居住在這個地方。我認為，報紙可以為社區的福祉做很多事情，它仍有一個光明的未來。」

當時，由於面臨印刷廣告收入下滑、發行量不斷萎縮，全美各地的報業都在困境中掙扎。就在巴菲特宣布收購《奧馬哈世界先驅報》的消息後，波克夏的股價瞬間上漲了 4.87%。然而，大部分的人仍對紙媒的未來感到憂心，或許巴菲特的判斷有一定的道理，但在波克夏股東以及大部分的投資者眼裡，這一樁併購案充滿了濃濃的「家鄉情結」，也更讓巴菲特的這些行為更像是支持家鄉媒體產業的慈善活動。

但巴菲特解釋道：「如果我認為世界先驅報將會滅絕的話，我是不

會投資的。」他表示，自己看中的是報紙的盈利能力和良好的運營管理。事實上，除了這些之外，巴菲特看好的是隱藏在媒體背後的資源，例如旗下的員工、與地方社區的關係和企業文化等。另一方面，如果持續經營的話，內容載體的形式也是可以改變的。巴菲特在這幾年的評估後，看出報紙這種傳媒的手段其實已被嚴重低估，於是他趁勢選擇了報業式微的階段低價買入。

以《水牛城新聞報》為例，它在 1977 年被巴菲特與蒙格以 3,250 萬美元收購後，在後來的兩年內，虧損了 730 萬美元，1980 年則遭遇工人大罷工，令當時的巴菲特與蒙格一度不知所措，但巴菲特仍然耐心地等待時機。1982 年，競爭對手宣告破產，《水牛城新聞報》成為鎮上唯一的報紙，這一年的盈利就高達 1,900 萬美元，到了八〇年代更是蒸蒸日上，每年皆擁有 4,000 萬美元的獲利。

另外，巴菲特更看重報紙與社區之間的關係，以及報紙這種媒體具備的內容累積與訊息聚合功能。在一個城市或社區，訊息聚合具有很大的商業開發功能以及輿論功能，而這些資產都是可增值的。雖然報紙本身的價值很容易評估，也許它的資產價值越來越遞減，但隱含在它背後的潛在資源更是重要的資源。即使在網路普及的現代，報紙也能經由新的經營模式成為利潤的泉源。

2012 年第一季，巴菲特再次出手，以 210 萬美元購入擁有 48 家中小型地區報紙的李氏報業（Lee Enterprises）公司；5 月，巴菲特又宣布斥資 1.42 億美元投資 Media General 公司旗下的 63 家報紙；7 月，買下了《布萊恩——柯利奇站鷹報》（Bryan-College Station Eagle）和《韋科先驅論壇報》（Waco Tribune-Herald）。在不到一年之內，巴菲特竟投資了 115 家報紙。

事實上，巴菲特在這一波投資行為中，集中收購的並非全國性大報，

反而全是社區性中、小型報紙，他認為，社區型報紙具有更加穩定的經濟基礎：「我相信那些集中報導他們所在社區新聞的報紙將有一個很好的未來，畢竟，沒有人會在閱讀一個有關他們自己或者他們鄰居的故事時中途停了下來。」

「未來波克夏還會收購更多的報紙。我們偏愛那些具有強烈社區意識的小鎮或城市報紙，因為要是市民對自己所在的社區漠不關心，他們也不可能關心所在社區的報紙。一般說來，對當地社區事務感興趣的程度，與人口規模成反比，但卻會與社區人口居住年數成正比。於是，我們將集中關注屬於歷史悠久社區的小型和中型報紙。」

歷經過去二十年的數次金融危機後，美國報業持續低迷，但地方報的景氣卻一直比全國性大報要來得好，這是因為地方型報紙的廣告收入相對來得高，收入下降速度也較慢，尤為重要的是，社區性報紙的客戶忠誠度十分高，這也是巴菲特看好地方性報紙的關鍵原因。巴菲特在對報業的密集投資上，不僅顯露出對於弱勢社區與地方文化的感性關懷，也再次利用自己的理性作出了正確的投資判斷，也引導了新一波的投資趨勢。

6

充滿活力的不老股神

2012 年 4 月，巴菲特在致股東的信函中提出，自己被診斷出罹患第一期前列腺癌，死亡率極低，同時也表示他宣布將於 7 月開始接受長達兩個月的每日放射治療。面對人人聞之色變的癌症，巴菲特除了致信安撫股東與公司管理階層外，也保持樂觀與幽默，並未讓罹癌的事實影響他的例行事務。

5 月初，波克夏公司的年度股東大會在奧馬哈舉行，八十三歲的巴菲特在罹癌後首次出席大規模會議，他一一回應各方關於投資事務的問題，包括比亞迪投資案的爭議、對中國市場的看法，以及接班人選等；最後，記者不得不提起全世界都在關注的巴菲特的健康問題。

「這是個難以啟齒的問題，但你的身體到底感覺怎樣？」

「非常好。」巴菲特一派輕鬆地回答，激起全場一片掌聲。

「我覺得他身體比我還好。」蒙格忍不住在旁打趣道。

「我的夫人和女兒一直在照顧我，我還有四個醫生，他們給我的治療建議，並不會耽誤我任何一天的工作。最重要的是，這些醫生全是波克夏的股東！哈！」

一席話令在場人士捧腹大笑，對照巴菲特在會上的狀態，這些人終於相信了巴菲特的身體狀況並無大礙，他的思維依舊敏捷、講話快速且洪亮，包攬了全場將近九成的發言，一點都不像一位病懨懨的癌症患者。

巴菲特總是鼓勵貧窮、病弱的人樂觀進取，使他們重拾信心、恢復健康。而如今即使疾病降臨自己身上，他也沒有陷入沮喪，或許，這樣的

健全心理也正是巴菲特保持長壽與智慧的秘訣。

　　9月中，巴菲特在接受四十四次的放射線治療後，完成了整個癌症療程，雖然未來還需忍受副作用之苦，但他仍笑著說道：「我的下一個目標是成為美國活最久的人。」

　　曾有記者在觀察了巴菲特的私人生活後，戲稱巴菲特是個集股神、食神、歌神於一體的奇妙人物。

　　除了在投資事務上的斤斤計較外，嘴饞的巴菲特對於「美食」也是難以抗拒，在股東大會上，隨時能見到巴菲特嘴裡塞著食物，有時從吧台抓起一根雪糕，邊走邊吃，有時又向工作人員要來櫻桃可樂，或是跑到他最喜愛的喜斯糖果吧台含起棒棒糖，簡直像一名貪吃的小孩。

　　雖然巴菲特十分愛吃，但他平常盡量不去高檔的飯店吃飯。一位曾和他一起用餐的友人琳達・格蘭特這樣描述了他的飲食習慣：「他點了一杯櫻桃可樂作為開胃酒，又點了一客牛排、幾個厚厚的多汁漢堡，根本沒有考慮當時令人談之色變的膽固醇恐懼症。最近的一個晚上，在奧馬哈市他最喜歡的格拉特牛排餐廳裡，他在丁骨牛排上撒了厚厚的一層鹽後，說道：『你知道我們的壽命長短取決於父母這件事嗎？我認真觀察過我母親的運動和飲食情況。她在跑步機上已經走了四萬英里。』說完他笑了起來，一邊把手伸向薯餅和義大利麵條。」可見「吃」這件事在巴菲特的心裡早已凌駕了一切，包括健康。

　　巴菲特從不使用任何藥物，但有一種藥品除外，那就是咖啡因。他對這種藥品非常上癮，因此，他也經常喝可樂。剛開始時，他只喝百事可樂，後來，他只喝可口可樂。巴菲特夫人對於巴菲特愛喝可樂的這個習慣曾經這麼說道：「每一個認識巴菲特的人都知道，他的血管裡流淌的不是血，而是可樂。他甚至在吃早餐時也喝可樂。」或許，他在飲食上的這項愛好，也可以用來當作他之所以購買大量可口可樂公司股票的理由之一。

基於同樣的理由，他在投資生涯中買下了喜斯糖果與冰雪皇后乳品，一方面收購了優秀的公司，另一方面也滿足了口欲。

巴菲特喜愛唱歌也是眾所皆知的，在股東大會上公開獻唱更幾乎成為波克夏的一項傳統。2010 年，在旗下 GEICO 公司的大會上，巴菲特化身「槍與玫瑰」的主唱艾索羅斯，替公司做廣告。廣告中，GEICO 的員工自彈自唱，巴菲特則成為壓軸主唱，戴上了及腰的假髮、搭配紫色髮帶與黑夾克，爆笑的表現一反平常的成功企業家形象。2012 年的股東大會上，巴菲特更作出勁爆的表演，演唱風格從由往年的鄉村風轉為搖滾風，演唱時還摟著四位身材火辣的女啦啦隊員，連台下的愛爾蘭老牌樂隊 U2 主唱波諾（Bono）都感到印象深刻。

巴菲特善於抗拒誘惑，因此一直過著極為樸素的生活，他的生活中幾乎沒有晚宴、沒有雪茄、沒有高檔料理，連飲料都只喝櫻桃口味的可口可樂。他不能容忍別人吸菸和飲酒，因為他不覺得這麼做有些什麼意義，甚至他認為，吸菸和飲酒有時是會侵害他人的一種不道德行為。

另外，巴菲特也不愛太耗費體力的運動。有一次，他為失眠所苦，打電話給一位曾經失眠過的朋友，向他請教如何才能睡著。然而，當這位朋友告訴他一天要跑三到五英里的路程才能入睡時，巴菲特猶豫了一下，問道：「還有其他的建議嗎？」巴菲特也承認自己的飲食和運動習慣不太好，即使如此，他看起來還是十分的健康，並且一直充滿著活力。

巴菲特總讓人覺得他是一個含蓄內斂的人。他的女兒曾這麼描述他：「他和不熟悉的人在一起時，會感到不自在，甚至有些羞怯。他不喜歡各式各樣的聚會……在只有一個房間的公寓裡，只要有《華爾街日報》、一台電視機、一瓶可口可樂，他就會覺得很幸福。」

一位曾和他一起參加新年晚會的好友也說，他看到巴菲特幾乎一整個晚上都待在同一個角落裡，除了吃吃喝喝外，話並不多。

巴菲特的鄰居們也很少看到他，因為他是一個居家型的宅男，並不怎麼喜歡到庭院裡活動。他通常都是待在室內靜靜的看書，或是去參加波克夏公司的會議。他的辦公室平常也很少有人光臨，一星期內可能只有兩三個人會和他有短時間的會晤，當然，這其中並不包括股票經紀人和股票分析師們。

　　但是，巴菲特其實有許多朋友，他經常和他們通電話和寫信。偶爾，他也會在一些大學，比如哈佛、耶魯、麻省理工學院或是奧馬哈的科瑞頓大學演講。

　　巴菲特的外表並不會給人很深刻的印象，當他說話時，談笑間也總是帶著中西部的口音。他看起來像一個心不在焉的教授，因為他有一頭亂髮，以及滿是皺褶的衣服。但是當他開始談話時，人們都會不自主地停下手上的工作，認真傾聽他所說的每一個字。即使大家都說他很羞怯，但那並不表示他對自己的能力沒有信心。有時他也能一個人滔滔不絕，侃侃而談，控制所有的談話主題。就如他所說的，他從很小的時候就知道，自己將來一定會是個富有的人。

　　在對外談話上，巴菲特表現得非常謙虛，但他那威嚴且令人印象深刻的個性，是他具有超越一般人的智力和能力的真實反映。「我曾刻意地注意自己的一舉一動，不過，實在是不怎麼樣。」他曾經這樣開玩笑地說。儘管如此，我們都很清楚地知道他是當代資本主義的英雄人物，人們也會一直密切注意著他舉手投足間的任何一個動作。

菲特的精彩人生

1

龐大金庫的由來

1980 年代的某一天，巴菲特在電梯的地上撿起了一分錢，所有人都驚訝不已，大富豪還在乎這一分錢嗎？但是巴菲特微笑說：「這是下一個十億美元的開始。」

這個故事告訴我們，錢能生錢，不管是一分錢還是上千萬元，都可以通過合理的操作獲得滿意的回報，而巴菲特，就是那個點石成金的人。作為投資界奇才、股友們心中的股神、戰無不勝的投資大師，他一生的投資理念總結出來其實就是八個字：低價買進，長期持有。在這個基礎之上，他以超低的成本換來了豐厚的回報。就像在二十世紀六〇年代他收購波克夏公司時，它只是一個即將破產的紡織廠。現在，波克夏已是全球最大的上市公司。

讓我們回顧巴菲特投資生涯中最具代表性的成功案例。

 ## 可口可樂（Coca-Cola）

總計：目前持有 4 億股，持有三十五年，價值 24,392,000,000 美元。

自 1988 年開始，巴菲特大量買入可口可樂股票 5.93 億美元，1989 年再大幅增持一倍，增至 10.24 億美元；這些投資在 1991 升值到了 37.43 億美元，投資的前兩年就漲了 2.66 倍。1994 年繼續增持，總投資達到 13 億美元，這全部的股份在 1997 年底上漲到 133 億美元，到了

2012 年時，更逼近 170 億美元，是波克夏最大的籌碼，當時排在第二位的是富國銀行，第三位是資訊公司 IBM。其中，巴菲特持有可口可樂三十五年，賺了十倍以上，贏利超過了百億，這個數字至今仍在高速成長中。

巴菲特開玩笑地說他為了等待購買可口可樂股票的最好時機，花了五十年的時間。他從小就對可口可樂感興趣，但是直到 1988 年，五十八歲的巴菲特才等來了良機，開始買入該股，最終購得了公司 7% 的股份。次年，將持股數由 1417 萬股提高到了 2,335 萬股，與此同時，波克夏公司的股價也從每股 4,800 美元漲至 8,000 美元，巴菲特的資本淨值增至了 38 億美元。1990 年，他繼續增持，持股數達到了 4,670 萬股。到了 1994 年，巴菲特再次增持了可口可樂的股票。這一年，可口可樂公司總計賣出 2,800 億罐飲料，每罐大概能賺一美分，波克夏公司單從飲料中分到的盈餘就高達 2 億美元。

在 1991 年波克夏公司的年報中，巴菲特這樣評價可口可樂公司的價值：「我們受惠於可口可樂與吉列刮鬍刀公司本益比的大幅攀升，光是這兩家公司，就合計貢獻了我們去年 21 億美元淨值成長中的 16 億美元。三年前，當我們大筆敲進可口可樂股票的時候，波克夏的淨值約為 34 億美元，但是現在光我們持有可口可樂的股票市值就超過了這個數字。」

巴菲特說，可口可樂與吉列公司可以說是當今世上最好的兩家公司，我們預期在未來幾年他們的獲利還會以驚人的速度成長，相對的，我們持股的價值也會以等比例的程度增加。後來的事實證明，可口可樂確實是巴菲特的投資生涯中對投資價值貢獻最大的一家公司。

美國運通（American Express）

總計：目前持有151,610,700股，持有五十九年，價值 23,232,823,668 美元

巴菲特投資美國運通的歷史其實可以追溯到很久以前，而且包含了很多插曲。1964 年，趁著美國運通為沙拉油醜聞所困時，巴菲特將當時合夥人聯盟 40% 的資金全押在了這支股票上，這是合夥人聯盟有史以來最大的一筆投資，總計花了 1,300 萬美元買進了該公司 5% 的股票。

1992 年，巴菲特又投資了 3 億美元在美國運通的固定收益證券，每年可以獲得 8.5% 的股利收入。到了 1994 年的年底，他又繼續增持美國運通。1964 年，美國運通的獲利為 1,250 萬美元，到了 1994 年，則暴增至 14 億美元。巴菲特對美國運通 IDS 部門的投資則更早，早在 1953 年的時候，他就第一次買進了成長快速的 IDS 股票。到 2012 年為止，該部門之盈利已經佔了波克夏公司整體獲利來源的三分之一，巴菲特總計向美國運通投資 14.7 億美元，贏利達 73 億美元，翻了五倍之多。

 # 富國銀行（Wells Fargo & Co）

總計：現已清倉，持有時長三十三年

美國富國銀行在波克夏公司的持股排名中曾經位列第二。1990 年，巴菲特購入了富國銀行 500 萬股，將持股比例增加到了 10% 左右，而到了 2007 年，波克夏對身為美國第二大房貸銀行的富國銀行繼續增持，大幅增加了 8%，之後就一直保持第一大股東的地位。

早在 1994 年波克夏的年報中，巴菲特就稱讚富國銀行說：「在擁有

530 億美元資產的富國銀行，我們持有的 13% 的股權大概就等於是一家擁有 70 億美元資產同時每年獲利 1 億美元的銀行。」

在二十一世紀的次貸金融危機過後，巴菲特又向富國銀行增加持股，並一度增加至 3.94 億股，讓他坐上了該公司第一大股東的位置。實際上，在次貸危機爆發前，巴菲特已經加大了向金融股的投資力度，截至今年，波克夏持有的最多的十支股票中，金融股就佔了三家，幾年來，巴菲特在富國銀行投下的資金一直有增無減。

巴菲特對富國銀行的投資曾經達到 46 億美元，而贏利將近 90 億美元，是十足的一隻大牛股。

2016 年時，富國銀行的醜聞使波克夏逐漸減持其股票，至 2022 年時正式公布清倉。

 ## 吉列公司（Global Gillette）

總計：已於 2005 年併入寶潔公司，波克夏持有寶潔公司股份 315,400 股，價值 44,720,566 美元

巴菲特對吉列的投資也是透過波克夏進行的，1989 年 7 月，巴菲特以救命恩人的姿態出現，投資 6 億美元買下了吉列股票 9,900 萬股，協助吉列成功地抵擋了投機者的惡意併購。在優秀企業遇到危機時出現的戰略再次奏效。隨後的十幾年中，巴菲特堅定地持有吉列股票，即使在二十世紀九〇年代末期的股市危機，吉列股價因為大跌導致了其他大股東大規模地拋售股票，巴菲特也沒有動搖。

他對吉列品牌的穩定性深信不疑，他說：「每天晚上我都能安然入睡，因為我能夠想到，第二天早上總會有三十億的男性要刮鬍子。」長

期持有讓他得到巨大的回報，吉列因為之後寶潔想要購併，股價猛漲，從575美元增至5,160美元，使得波克夏公司手中持有的吉列股票總市值超過了49億美元。

在二十三年的持股中，巴菲特當初6億美元的投資如今已經增值接近50億美元，年均投資報酬率高達14%。如果投資者在1989年拿6億美元投資於S&P500指數基金，現在只能拿回22億美元。這就意味著巴菲特的投資收益比S&P500指數基金高出了一倍以上，他總是能夠跑贏大盤。

同樣，透過對吉列的持股，波克夏公司可以分得全世界刮鬍刀7%的營收市場佔有率，這個銷售額約為每年25億美元。

 # GEICO
（Government Employees Insurance Company）

總計：已於1996年併入波克夏。

早在1951年，巴菲特還是二十歲的年輕業務員時，就已經對GEICO保險公司產生了極大的興趣，曾佔他個人投資組合的70%，同時它也是巴菲特第一次賣掉的股票。但是二十五年後，趁著該公司面臨倒閉的危機時，波克夏買下了它一大部分的股票。

GEICO全名為美國政府雇員汽保險公司。巴菲特曾感嘆說：「GEICO是我投資生涯的初戀。」他們之間的戀愛史至今長達五十七年，初戀、再戀，直到永不分離。巴菲特評價GEICO說：「它之所以能夠成功的最重要因素，在於該公司能夠將營運成本降到最低的水準，這使它與其他所有同類的保險公司相比，都是鶴立雞群。」的確，GEICO公司重點拓展政

府雇員和軍人等穩健保守、交通事故率很低的駕駛人，採取直接郵寄保單等直銷方式，相對於保險行業中的主要通過代理人進行銷售的傳統方式，這種成本優勢無疑是巨大的。

1951 年，巴菲特先後四次總計投資了 10,282 美元大量買入 GEICO 股票，到年底市值就增長為 13,125 美元。但是次年，巴菲特以 15,259 美元的價格將其全部賣出了。二十年後，這些相等數量的 GEICO 股票市值高達 130 萬美元，使巴菲特經歷了一次重大的教訓：絕不能賣出一家顯而易見的優秀公司的股票。

1976 年，由於 GEICO 公司陷入了困境，幾乎瀕臨破產，巴菲特果斷出手救援，當年的下半年大量買進 GEICO 股票，到 1980 年底，總計投資了 4,570 萬美元，擁有了該公司三分之一的股權。他說：「公司整體仍然擁有非凡的競爭優勢，不過，在局部有一個完全可以切除的腫瘤，當然，這需要一位經驗豐富的外科醫生。」

到了 1995 年，巴菲特投資 GEICO 公司的股票在二十年間已增值了五十倍，賺了 23 億美元。同時由於公司不斷地回購股票，巴菲特的持股比例已經超過了一半。他決定與 GEICO 再也不分開，永久性持股，他在 1996 年又花費 23 億，買下了剩餘一半的股權，成為了百分百控股的全資子公司，因為巴菲特認為 GEICO 實在是太優秀了。他說：「GEICO 的經營業績記錄是全世界的保險公司中最好的。」

從 GEICO 公司的資料表現上來看，巴菲特此言確實不虛。

 大都市／美國廣播公司（Capital Cities/ABC）

總計：已於 1996 年併入迪士尼公司，波克夏未持有迪士尼股票，持

有時長 11 年

1985 年，巴菲特在美國廣播公司與大都市通信公司之間展開了購併。3 月，大都市公司計畫收購美國廣播公司，收購價為每股 121 美元，總資金高達 35 億美元。為了籌集這麼一筆龐大的資金，大都市於 1986 年向波克夏公司以每股 172.5 美元發行了 300 萬股股票。就這樣，巴菲特投資 5.175 億美元買下了大都市總股份的 18%。1993 年，大都市表示願以每股 630 元回購股票，這代表波克夏當初買下的 300 萬股在十年內翻了 3.65 倍，總價高達 18.9 億。最後波克夏答應將 300 萬股中的 100 萬股賣出，就算如此，剩下的 200 萬股總價仍高達 12.6 億美元。

1996 年 9 月 5 日併入迪士尼，波克夏在迪士尼收購大都市／美國廣播公司得到 3.6% 的股份，但在交易後迅速脫手，現在並未持有其股份。

 ## 華盛頓郵報（Washington Post）

總計：現已清倉，持有時長 45 年

巴菲特曾經回憶說，他第一筆用來投資的資金就有一半來自發送華盛頓郵報的收入，那是 1940 年代。三十年後的 1973 年，股市大跌，四十三歲的巴菲特趁著郵報上市兩年後的股價低檔，以 1,062 萬美元買下了其 13% 的股權。他採取的策略是慢慢蠶食，以避免被收購方容易產生的敵意。最後，巴菲特成為該公司董事長凱薩琳・葛蘭姆女士的親密朋友。

巴菲特選擇華盛頓郵報，原因在於他說過的一句名言：「一份優秀的報刊，就相當於一座過路收費的橋樑。」具體到郵報本身，它長期穩定的業務流量、持續的競爭優勢也是被股神看好的不可或缺因素。另外，華

盛頓郵報的持續高贏利能力，也給巴菲特帶來了物超所值的回報。

作為美國主要城市之一華盛頓地區最大、最悠久和最具有影響力的報紙，由於它具備市場壟斷地位，利潤率高出報業的平均水準甚多，光從 1975 年到 1991 年，每股的收益就成長了十倍。巴菲特持有該股四十年，這 1,000 萬的投資膨脹到了 6 億美元的價值，總計賺了 60 倍，這是巴菲特宣布的「永不放棄的股票」之一。

2013 年時，亞馬遜（Amazon）公司 CEO 貝佐斯（Bezos）收購了經營慘澹的華盛頓郵報後，將其改為網路媒體。或許是報業衰敗、或許是大幅轉型，波克夏於 2018 年出清所有華盛頓郵報股票。

💲 中石油

總計：現已清倉，持有時長 4 年

2003 年 4 月初起，巴菲特透過波克夏不斷地增持中石油股票，到了 2004 年底，他手中持有的中石油 H 股佔了總額的 13.35%，投資成本為 4.88 億美元。購入均價為每股 1.65 港元。到了 2007 年 10 月，巴菲特通過分批減持的方式將中石油股票全部清倉，贏利達到了 35 億美元。

有專家評論說，巴菲特在中石油股票上的策略擺明是低買高賣的投機行為，但不管怎麼說，這四年的持有確實為巴菲特帶來了高額的回報。因為中石油正符合他眼中的幾大投資原則，比如它是中國銷售額最大的汽油與天然氣運輸和銷售公司，並且在原油和天然氣生產方面具備強大的壟斷地位，而且也是亞洲最賺錢的公司，業績持續地大幅成長等等。

　　2013 年起開始穩居全球市值最高銀行的富國銀行，在 2016 年時因盜開賬戶而遭監管部門重罰，其股價因此大跌，最高市值的地位在 9 月 13 日被摩根大通取代。

　　2016 年 9 月 8 日時，美國消費者金融保護局（Consumer Financial Protection Bureau）在一份聲明中披露：富國銀行員工在客戶未授權的情況下，為了銷售目標和業績獎勵，於 2011 年到 2015 年 6 月間額外開設客戶未要求的 150 萬個賬戶、發行 56.5 萬多張信用卡。這種作為使富國銀行付出了 1.85 億美元的巨額罰款為代價，這張罰單創下美國消費者金融保護局歷史上最高金額的紀錄。

　　富國銀行解僱了涉事員工 5300 名，秘密開設賬戶和信用卡產生的年費開支約 260 萬美元也一一歸還。

　　關於偽造賬戶的原因，前員工在 CNN 的訪問表示「來自管理層的銷售壓力難以承受」，銷售經理為了業績，對觸犯倫理及法律的做法視而不見。富國銀行首席執行官 John Stumpf 稱已採取措施阻止，但部分員工依然選擇了錯誤的做法，這並非公司的銷售驅動型文化導致，公司不想要「不合理方式賺來的少量的收入」。

2

千億美元的秘密

　　巴菲特從一個報童做起，白手起家，直到成為後來的世界首富，創下了無數的奇蹟。人們對他的投資歷史一直興趣斐然，渴望從他身上學到些一步登天的訣竅，甚至去競拍與他共進午餐的機會，和巴菲特一起吃頓飯的收費超過了比爾·蓋茲。他公認的可以讓人發財致富的能力，以及樸實的傳奇魅力，贏得了所有人的仰望。有一個名叫帕波萊的得標者為此支付了六十五萬美元，他說自己是巴菲特理財方式的忠實信徒，但是他爭取這個機會的主要目標顯然不只是為了結識名人，而是作為一項對自己未來的投資。至於這些人從這頓飯中得到的答案是否讓他們滿意，那就另當別論了。因為巴菲特從不告訴任何人應該如何具體投資某一支股票，他只是說：「做投資者，不做投機者。」這句話是不是代表了巴菲特對於人們寄希望一頓豐盛的晚餐就能得到投資聖典的行為之否定呢？

　　我們怎麼樣來衡量巴菲特的成功？作為財富的製造者，他是優秀的，是這個世界最成功的投資者之一。正像一開始的小故事說的，給他一分錢，或許他就能帶來下一個十億美元。財富的成長無疑讓人興奮，巴菲特就具備這種能力。如果我們深入其中，在他幾十年的投資生涯中細細挖掘，我們會發現財富的滾動只是一些數字的疊加，他展現給我們的投資哲學，他對待金錢「求而不貪」的超然態度，更值得宣導。

　　來看他是如何將 100 美元變成千億美元的：

　　1941 年，十二歲的巴菲特購買了自己的第一張股票，賺到了 5 美元。

這個年齡的孩子，大多數都還在玩家家酒的遊戲。

1947 年，他到賓夕法尼亞大學攻讀財務和商業管理。兩年後，他拋棄了那些只會講些空泛理論的教授，返回了內布拉斯加大學。

1950 年，著名的哈佛大學拒絕了這位未來股神的入學申請，巴菲特轉而進入哥倫比亞大學，師從於著名投資學理論家班傑明・葛拉漢。這是他人生中最重要的一次轉變，他從反投機的葛拉漢那裡學到了價值投資的理念，並且對這一理念的正確堅信不疑。

1951 年，二十一歲的巴菲特以 A ＋的最高成績畢業。

1956 年，經過一番準備，巴菲特的合夥人聯盟公司，總投入資金 105,000 美元，其中只有 100 美元屬於巴菲特，但他在公司擁有絕對的權威，可以支配每一分錢的使用。

1957 年，巴菲特掌管的資金達到了 30 萬美元，到了年底，這個數字變成了 50 萬。錢開始生錢，如滾雪球一般，越滾越大。

1962 年，這個數字又變成了 720 萬美元，這裡面有 100 萬美元是巴菲特的個人資產。

1964 年，合夥人公司的總資本達到 2,200 萬美元，巴菲特的個人財富是 400 萬美元。短短八年，像火箭一樣的速度，空前快速的擴張。

1966 年，美國股市牛氣沖天，股票飛漲，人們都陸續湧入股市。巴菲特卻感到了不安，因為他很難再找到符合標準的廉價股票。「在別人貪婪時變得恐懼。」巴菲特的這一特質凸顯無疑。

1967 年，巴菲特掌管的資金額達到了 6,500 萬美元。

1968 年，合夥人聯盟的股票創造了歷史上的最好成績，成長率為 59%，而道瓊指數的成長率僅為 9%。這使得巴菲特的個人資產達到了 2,500 萬美元，而合夥人公司的資本首次突破 1 億美元。

1969 年，看似最美好的時光來臨了，巴菲特卻解散了合夥人公司。隨後的事實驗證了巴菲特的預感，股災發生了，每種股票的價格都下跌了 50% 甚至更多。

1970 至 1974 年，這四年之間的美國股市毫無生氣，經濟低迷，通貨膨脹持續上升，然而，巴菲特卻看到了即將滾滾而來的財源。「在別人恐懼時貪婪」，巴菲特發現了太多便宜的價值型股票，他又開始大舉入市。

1972 年，巴菲特對報刊業產生了興趣，他比喻說：「一家名牌報刊就像一座收費的橋樑，誰想要通過都得留下買路錢。」

1973 年，他以蠶食的方式開始收購華盛頓郵報和波士頓環球報。此時，正是這兩家報刊最困難的時候。而在十年後，巴菲特投入華盛頓郵報的 1,000 萬美元變成了 2 億。

1988 年，巴菲特買進了可口可樂 7% 的股份，金額為 5.93 億美元。

1991 年，在可口可樂的投資總額增為 37.43 億美元，翻了七倍。

1994 年，波克夏公司已經不再是一家瀕臨破產的紡織廠，而是擁有 230 億美元的投資王國，是巴菲特旗下空前龐大的投資金融控股集團。

在此之前的三十年間，巴菲特的股票平均的年增值率為 26.8%，比道瓊指數高出了 17%。也就是說，你在三十年前向巴菲特的公司投資一萬美元，到 1994 年的回報將是 1,130 萬美元。選擇巴菲特，就是坐上了發財的火箭，擁有一根可以點石成金的手指。

2000 年，巴菲特坦誠公布，波克夏公司的純收益率在 1999 年下降了 45%，股價從最高價起算下跌了 20%，是整個九〇年代的唯一的一次下跌。同時期，波克夏的利潤成長為 5%，遠低於 S＆P500 指數 21% 的成長，這是自從 1980 以來近二十年中的首次落後。

2006 年，波克夏公司創下經營佳績，利潤率成長為 29.2%，贏利達到了 1,102 億美元，遠高於 2005 年同期的 853 億美元。其中每股的贏利為 7,144 美元，高於去年的 5,338 美元。截止到 2006 年，波克夏公司淨資產的年均成長率達到了 21.4%，同期的 S＆P500 指數成分公司的年均成長率僅為 10.4%。數據資料再次證明了巴菲特的巨大成功。

2006 年，巴菲特以 2.7 億美元購入 780 萬股奇異公司的股票，這是一家高科技國防工業公司。當年底，該公司的股價就上升了 28%，是 S＆P500 指數漲幅的 2.3 倍，也是近四年最高。

2007 年 3 月 1 日，波克夏公司 A 股的股價上漲了 410 美元，收盤價為 10.67 萬美元，創下了世界最高股價的紀錄。

2008 年 3 月 6 日，新一期的富比士全球富豪排行榜公佈，巴菲特超過了霸佔王座十三年的前世界首富比爾·蓋茲，成為全球財富統計的新王者。

人們對他有各種的評價，有褒有貶，有抑有揚，但有一點是統一的，沒有人否認他是有史以來最偉大的投資家。他並不依賴買賣業或是製造業，而是依靠股票和外匯市場的投資成為名列前茅的世界級富翁。他的價值投資理論引領了全球理性的投資風潮，堪稱一代宗師。

2008 年 9 月，巴菲特斥資 18 億港元以每股 8 港元的價格認購了 2.25 億股比亞迪股份，佔比亞迪股份約 10% 股權。

2009 年 11 月，股神巴菲特完成五十年投資生涯中最大的一筆收購案，他所掌管的波克夏·海瑟威投資公司（BerkShire Hathaway），以 440 億美元收購鐵路公司 BNSF。

2010 年 9 月，巴菲特與好友蓋茲展開為期約近十天的中國行，其中四天巴菲特訪問大陸新能源科技巨擘比亞迪，從南到北把比亞迪重要單位

全部走透透。

2011 年 1 月，外電報導，「股神」巴菲特將於 5 月底任期屆滿時，離開《華盛頓郵報》的董事會，不再參與重選董事。但他表示，離任後仍將樂意接受該報的任何諮詢要求。

2011 年 11 月，巴菲特重新盯下報業股，買下《奧馬哈世界先驅報》，之後在不到一年的時間內，一口氣購入 115 家報紙。

2015 年 5 月，第一次入手蘋果股票。

2016 年，正式收購金頂電池。

2020 年 8 月，買入日本五大商社股票：三菱商事、三井物產、住友商事、伊藤忠商事、丸紅。

巴菲特說，價值投資無非就是三點：把股票看成很多微型的商業單元、把市場波動看成朋友而非敵人、購買股票的價格應低於所認知的價位。他說：「利潤有時候是來自對朋友的愚忠，並不一定是好事。」告誡人們要看清繁榮景象的下面隱藏的危險。價值投資並不複雜，原理非常簡單，但巴菲特同時也承認，能夠長期堅持並不容易，重要的是要數十年如一日地堅持下去，直到你跟這個市場告別。他成功了，是因為他堅持了。理性堅持的光輝，對美國和全球經濟趨勢的宏觀判斷，讓巴菲特的成功史變成了一段傳奇。

上面我們列舉了波克夏公司大致的成長史，從資料的成長來看，這個金融投資帝國的擴張速度有些驚人，但是事實是，作為最成功的國際投資集團，它的總部卻只有 138 人，其中最獨特的八個人是每週只工作四天的會計師。這樣的事情令人難以置信，但卻實實在在地存在。巴菲特在波克夏的辦公室裡，只有兩支電話和一大堆的報表，這是他常用的聯絡工具和工作方式。早在 1995 年時，波克夏公司就透過企業併購接收了一萬

一千名新員工，可是公司的總部只增加了一名新雇員，從十一人變成了十二人。有人開玩笑地說：「這沒必要瘋狂，在所有的世界級企業中，波克夏是最遲擁有傳真機的大公司。」

　　巴菲特就是靠這樣小小的團隊創造了很多奇蹟，他舉例說：「2000年，我們處理了與八個企業併購活動有關的全部細節，編制了大量的納稅申請表，厚達 4,896 頁，順利舉辦了一場門票數量為 25,000 張的股東年會，還把支票準確地送到了股東所指定的 3,660 家慈善機構。」他在辦公室裡閱讀財報，並和經理、朋友及經紀人保持著聯繫。對於來信，他認真地閱讀，非常喜愛這種交流方式。這是工作中的巴菲特讓人尊敬的一面，他從不忽視任何一條資訊，哪怕這是千里之外的一位普通投資者寫給他的耶誕節賀卡，他都會懷著感謝的心情鄭重地將它放在合適的地方。

　　價值投資理念成功的秘密在什麼地方？巴菲特說：「我們喜歡簡單的企業。」波克夏公司控制著眾多可以獲取鉅額利潤的企業，但沒有哪家從事複雜的研究和開發工作。這已經成為巴菲特選擇企業最重要的標準：簡單永恆。一切都要顯示出可視的前景，能夠讓他看清在市場上整個銷售和獲利的過程，他不喜歡那些模糊而且容易讓人判斷出錯的企業，哪怕它的潛力更為巨大。所以，巴菲特對那些擁有大型工廠、技術變化很快的企業退避三舍，盡量遠離它們。

3 股神的誤判

　　巴菲特坦言自己也犯過不少錯誤，但是作為世界級的投資大師，他也婉轉地拒絕承認自己在某些投資上的失敗。他認為錯誤並不在於投資的正確與否，而在於對股票的認識有時存在偏差。巴菲特說：「我的一個錯誤是讓情緒左右自己的投資決策，我過去經常堅持拿著已經失敗的股票，近乎絕望地希望它們遲早能回到我買它們時的那個價位。我打賭，你們也有過這種情況。」巴菲特認為，錯誤也是投資遊戲的一部分，即使應該避免，但我們總是逃避不了。在面對這種狀況時，很多人逃離市場，產生了懼怕的心理，巴菲特偉大之處在於他不會讓同樣的錯誤持續太久。

　　他說：「我的第一個錯誤是沒有精確地記錄自己的收益，我總是想，哦，我的投資收益跟大盤應該一致吧，但實際上卻不是那麼回事。」這些錯誤出現在巴菲特投資生涯的早期，後來當合夥人聯盟公司面臨潛在危機時，他開始思索自己投資路線的正確與否，並最終毅然決定解散合夥人公司，重新上路。巴菲特上面這句話，很多投資朋友們想必也有心得，為了對失敗自我安慰，有些人就會把具有高度投機性的股票從「精神帳簿」中刪除，彷彿沒有這回事，但這樣做卻會帶來兩個極其有害的結果：一是你會在前一個錯誤中自我麻痺，二是你可能會開始一種不理性的投機傾向，越來越偏離正常的投資判斷。

　　巴菲特說：「精確記錄自己的投資表現會帶來一個最大的好處，那就是你可以完全體會到由錯誤帶來的痛苦，可是如果你拿到的是一支正確的好股票，為何又會對短期的投資收益一個勁兒地斤斤計較呢？」

一般的投資者往往只會每天盯著股價，而巴菲特以前最關心的則是公司的持續競爭優勢，這使得他即使犯下短期、股價上的錯誤，也往往會在長時間的市場考驗中得到真金火煉般的投資回報。1989 年，巴菲特在年報中反思了他在前二十五年犯下的一些投資失誤，他的結論是：以一般的價格買入一家非同一般的好公司，要比用非一般的好價格買下一家一般的公司好得多。前者是基於持續競爭優勢的巴式價值投資策略，後者則是葛拉漢的價值投資策略。巴菲特開始重點尋找購入企業的安全邊際，以規避可能再次出現的策略失誤。

　　「在犯下新的錯誤之前，我覺得要對以前的那些錯誤好好反省，這是一個非常不錯的主意，所以，讓我們稍微花些時間回顧一下過去二十五年中我所犯的錯誤。」在巴菲特看來，第一個錯誤是當年買下波克夏公司的控制權，紡織業在當時看來並沒什麼發展前景，他買入的最大動機是它的價格太便宜了，讓他無法抵擋這種低價的誘惑。在收購後的早期，巴菲特獲得了不菲的回報，可是隨後他發現這種投資策略並不理想，只好把它的紡織本業結束，並轉型為投資控股公司。巴菲特解釋說：「以相當低的價格買進這家公司的股票，一般情況下，公司的經營會在短期內得到極大的改善，讓你有機會以不錯的獲利把股票出手，儘管它的長期表現可能會非常的糟糕。我將它稱之為雪茄煙蒂投資法：在大街上撿到了一支雪茄煙蒂，短得你只能再抽一口，也許冒不出多少煙了，但是買便宜貨的動機卻使你要從這僅有的一口中發掘和榨取最後所有的利潤，這就像一個癮君子，想從這短得只能再抽一口的煙蒂中獲得天堂一般的享受。」

　　問題在哪兒呢？巴菲特認為這樣的投資策略的錯誤在於，只重視對你來講極為有利的價格，卻忽視了公司本身未來存在的問題。對於一個陷入長期困境之中的企業，一個問題還沒有解決，另外的問題還在冒出，問題非常多，多到影響它生存的地步。他比喻說：「就像你在廚房裡看到了

一隻蟑螂，但廚房中絕不可能只有你看到的這一隻蟑螂。」對購買這類公司投資方法的愚蠢之處，巴菲特提到了兩個後果：

一、買進時看起來非常便宜的價格，到最後可能會一文不值，雖然損失很少，但依舊會損失。

二、最初買進的低價優勢，會很快被企業過低的投資報酬率所侵蝕。

對於第二點，巴菲特舉例說，假如你用八百萬美元買下一家出售價格或者清算價值達一千萬美元的公司，那麼馬上出售的話，你會賺到還算差強人意的投資回報，但是如果你等到十年後才出售這家公司，而這期間該公司的贏利很少，只能派發給你相當於投資成本很少的幾個百分點的股利的話，那麼該項投資的回報就會非常地令人失望，時間越長，你的虧損就越大。

由此，巴菲特說出了那句非常有名的話：「時間是優秀企業的朋友，卻是平庸企業的敵人。」除非是以清算為目的，否則如果投資回報率過低的企業，哪怕價格再低，這也是一個會讓你後悔的錯誤。

巴菲特說他經歷了慘痛的教訓，才明白了這個其實很淺顯易懂的道理。無論是天才還是庸才，不管是投資大師還是普通股友們，都會或多或少經歷這樣的過程、這樣的彎路，有些道理，只有在明白之後，才發現它是多麼的簡單通俗。在買下波克夏之後，巴菲特又通過後來併入波克夏的多元零售公司，買入了一家名為霍赫希爾德——科恩（Hochschild-Kohn）的百貨公司，這又是一個後來被認定的錯誤。當時他以低於帳面價值相當大的折扣價格購入，公司的管理層也非常優秀，而且這次的交易還帶來了一些額外的利益，例如：以原始成本入帳的不動產之增值、大量採取後進先出法的存貨庫存。但是三年後，巴菲特只是幸運地以相當於買入成本左右的價格脫手了這家公司。

後來巴菲特幽默地形容說：「我的老婆跟我最好的朋友跑了。」由此

他感慨，只顧著買便宜貨，是一種更愚蠢的行為，從此他開始堅持尋找那些一流的公司，不僅要有過低的價位，還要具備超額的盈利能力，當然，這種公司為數不多。他吸取了費雪專注投資於優秀企業的投資思想，擺脫了葛拉漢只投資普通企業廉價股的侷限。這是巴菲特飛躍的開始，他說：「葛拉漢教導我挑選廉價股，查理‧蒙格則不斷地告誡我不要只買進便宜股票，這是蒙格對我最大的教導，他讓我擺脫了葛拉漢觀點的侷限，他拓展了我的視野。」巴菲特的很多見解開始向查理‧蒙格的觀點靠近，他笑言：「我在進化，我在以非同尋常的速度從猩猩進化到人類。如果我只學葛拉漢一個人的思想，就不會像今天這樣富有了。」

為了盡可能避免錯誤，巴菲特將葛拉漢與蒙格兩個人的觀點進行了完美的融合，並融會貫通，最終形成了他的「以合理的價格買進優秀的公司」的投資策略。為了避免犯錯誤，特別是致命的錯誤，在投資的過程中，就要盡可能地關注企業本身的核心競爭力，而不是市場股價的波動。

巴菲特說：「選擇股票的本質是選擇公司。」這種偉大的經驗是他用幾十億美元的學費換來的。即便如此，巴菲特在其後的投資中犯下的錯誤也並不少見。例如有時候他也會猶豫，雖然看到了該企業的投資價值，但卻最終沒有行動。巴菲特承認他雖然看好零售業的前景，但是並沒有加碼投資零售大王沃爾瑪，他的這一次猶豫，使得波克夏公司平均每年少賺了 80 億美元。

1988 年，巴菲特計畫買入 3,500 萬股的房利美股票，但是當他吃進了佔計畫五分之一的 700 萬股之後，股價突然開始出人意料地上漲了，巴菲特只好失望地停止了購買。巴菲特說：「更愚蠢的是，我因為討厭持有這些小額股票，而把這 700 萬股賣掉了。」這次太早拋售的錯誤讓巴菲特錯失了 20 億美元的收益，因為他買得太少，卻又賣得太早。後來巴菲特說：「謝天謝地，當可口可樂股票在我們購入的過程中攀升時，我們

沒有再犯同樣的錯誤。」

1989 年，巴菲特犯下了又一個策略性的錯誤，他投資了一項在當時屬於極不景氣的產業：航空。他以 358 億美元投資了美國航空公司的優先特別股，然而隨著美國航空業持續不景氣，經營業績一路下滑，他的投資也宣告虧損逐步加大。巴菲特事後懊惱不已。後來，有人問他對發明飛機的萊特兄弟的看法，巴菲特半開玩笑地回答：「應該有人把他們打下來吧！」

1998 年，波克夏公司完成了對通用再保公司 220 億美元的購併，通用再保是全美最大的產物險再保險公司，在全世界的 124 個國家都設有營業據點。巴菲特在那年的致股東信中，對通用再保公司讚不絕口，說它是正直與專業的保證，「關於通用再保公司的專業，波克夏實在沒有太多的東西可以給他們，反倒是他們應該有很多的東西可以教給我們。」他還曾經以智者的口吻對其他很多失敗的併購案進行嘲笑，他講了一位擁有跛腳馬的主人的故事，說：「這個人牽著病馬去讓獸醫看，『你可以幫幫我嗎？我實在是搞不懂這匹馬的表現為什麼時好時壞。』獸醫的回答正中了要害：沒問題，但你應該趁牠表現正常的時候趕快把牠賣掉。」巴菲特說：「在購併的世界中，這樣的跛腳馬往往被裝飾成聖物，到處行騙。」但是通用再保公司最後的表現恰似一匹跛腳馬。

2003 年，巴菲特對這次收購進行了反省，他承認當時他的估計完全錯誤，因為「該公司當時嚴重誇大了自己的價值，包括我在內的波克夏管理高層對此並不瞭解……這種風險是致命的」。

可見，沒有人不犯錯誤，即使是世界上最偉大的投資大師，他也是人，而不是神。重要的是，如何保證自己終究戰勝自己？只有先戰勝自己，才能戰勝市場。這是巴菲特的名言。儘管他也犯過錯誤，但他卻不迴避有可能再次發生的問題。他的投資是對價值的認定，只要當他認定了投

資對象的價值之後，就不會輕易放棄，直到最後的成功，這是巴菲特值得我們仿效與學習的明智之處。很多人說：「買高，賣得更高。」那這些人就在不斷地犯錯誤，而巴菲特堅持「低買高賣」，並長期持有優秀股，那麼他儘管會犯一些錯誤，但卻總能找到最理想且被市場低估而又有價值的股票，分享全世界最高的紅利。

更值得我們注意的是，大多數的投資者分不清價格和價值的關係，巴菲特卻絕對沒有犯過這樣的錯誤。他或者是少賺，或者是錯過某些時機，可他總是能避免對投資成本的虧損，也就是說，巴菲特從未真正賠過！正是因為他在核心問題上的認識非常正確。就像巴菲特自己說的：「現在，我也可以無情地對待自己投資組合中的爛股票。根據自身的經驗，我深知它們對投資組合的巨大危害。」

巴菲特認為，虛心是其中一條特別重要的投資原則，要勇於承認錯誤，同時對一些事情保持沉默是金的態度。有一次演講的時候，記者提問巴菲特，問他：「聊聊您在投資上犯過的錯誤吧！」巴菲特的回答是：「你有多少時間？」可見，在股票市場，每個人都會犯錯誤，也都犯過錯誤。對投資行為來說，錯誤就會帶來危機，而要擺脫危機，就需要有海納百川的度量，需要對自己的錯誤不斷地反省。

他說：「在投資過程中，不要關心你已經知道了多少，最重要的是，你要真實地知道自己不知道什麼。」學會虛心的態度，專心地從事自己瞭解和熟悉的行業，而且在實際的投資過程中，他建議投資者將股票適當地集中，把手中的股票控制在二到五支以內，以便於長期追蹤。如此，可以減低風險，十分清楚地明白自己在幹什麼，在市場中保持清醒的頭腦。

當投資人被套牢，甚至傾家蕩產時，很少有人會認真自我反省，而總是將責任推給市場、上市公司甚至政府，有的更是歸咎於運氣。聽聽巴菲特的這句忠告：「股市與上帝一樣，會幫助那些自助者，但它與上帝不同

的是，它不會原諒那些不知道自己在做什麼的人。」股市本身並沒有錯，因為股市有它運轉的規律。作為投資者來說，一定要格外注意市場給予自己的信號，比如某些公司的虧損，要真切地看清是暫時的景氣變動，還是公司本身的經營或產業基本面的問題。

正因為此，在投資中，我們一定要將眼睛盯在市場背後的深層部分，不斷地深入研究，找出錯誤的地方，改變不正確的投資習慣，每日三省己身，才能保本、增值、贏利，從而獲得良好的投資回報。尤其是對股市的整體趨勢要有概念，不要懼怕市場的低迷。相反地，市場的低迷反而意味著新的投資機會已經出現。如何把握這樣的機會？那就是反省以前的策略，重新整合手中的資源，堅定信心，明確自己可以做什麼，還有什麼是不知道的，虛心、善省，做一個理性的投資者。

巴菲特經常反省說：「我的貢獻不一定比別人多，但卻得到了不成比例的財富。」因此他留下遺囑，將鉅額財產捐給了慈善基金會，而且他還聯合一百多名美國富豪，反對政府通過的「降低遺產稅」的法令，呼籲政府給窮人的孩子一個機會。作為這項法令的實際利益獲得者，此舉誠屬難得。

4 下一個十億美元

作為全球富豪榜排名前三名的有錢人，巴菲特的生活到底怎麼樣？他說：「我的西裝是舊的，錢包是舊的，汽車也是舊的，從 1958 年以來，我一直住在一棟舊房子裡。」他的錢包裡只放著 1,000 美元左右，在很多人看來，他的生活比一些薪水階級還要節儉，他是名副其實的超級大富翁中的「山林隱士」。

時至今日，巴菲特仍舊親自出任波克夏公司的董事長和首席執行官，旗下的美國運通、可口可樂等大公司的股票仍在不斷增值，擴張還沒有結束，這說明巴菲特的財富成長速度並沒有放緩。六十年的投資生涯，巴菲特將數百人帶入了千萬富翁的行列，成為百萬富翁的更是數不勝數，這樣的投資傳奇難以複製。巴菲特夯到了什麼程度？他一年一度致股東的信，都成為了全世界傳閱最廣的來自企業 CEO 的信件；他即將購買或者拋售某支股票的傳言，不管是真是假，都會引起股價的大跌或者大漲。人們開始研究他，分析他，試圖從他身上找到他點石成金的指揮棒。

不過，巴菲特似乎一直在向人們重複他那個唯一的道理：尋找被市場嚴重低估的股票，就可以了。挑選價值股，是投資成功的基本保證。但是巴菲特說：「如果不懂，就永遠不做。」他希望人們不要盲目投資，要看清所要投資的股票的性質，要選擇自己瞭解的行業。幾乎所有的投資者都認為「雞蛋不能放在一個籃子裡」，以便分散風險，但巴菲特卻建議人們「把所有的雞蛋都放在同一個籃子裡，然後小心地看好它」。如何理解呢？巴菲特說，一個人一生中能真正找出值得投資的機會也就是四到五支

股票，一旦找到，就需要集中資金大量買入，注意力要集中在幾家公司身上，如果投資組合太過分散，反而會分身乏術，容易陷入被動而致部分套牢。

巴菲特集中投入的股票，基本上都是一些優秀且具備長期成長性的世界級大公司，比如可口可樂、美國運通、迪士尼和吉列刀片等。道理看似簡單，但未必人人都可複製，這正是巴菲特的過人之處。他說：「只有在潮水退去的時候，你才能知道誰沒有穿褲子。」沒有人可以一直正確地預測未來，他希望每個人都能保持理性的投資思維。

2007 年 10 月 24 日，巴菲特造訪了中國大連（當時大連市的最高領導人便是後來赫赫有名的薄熙來），出席波克夏公司旗下 IMC 大連分公司一個 2,000 萬美元專案的啟動典禮。這是巴菲特首次進軍海外，購入一家總部不在美國的企業，也是他在中國投資的第一家企業。此前，巴菲特曾透過股票收購成為了中石油第二大股東，但在中石油股價正處沸點時，他卻意外地售股將回報落袋為安。不過巴菲特很快感到後悔，他認為很難再找到中石油這樣的投資機會，過早減持是他的一次失誤。但是巴菲特同時表達了對中國 A 股市場的擔憂。中國的經濟正在高速發展，巴菲特承認這一點，認為中國經濟仍然有著巨大的發展潛力，但他同時從微觀的方面對中國股市進行了評估。

巴菲特當時說：「投資者要留意中國股市的不理性上漲，市場目前已經過熱。人們應該考慮用更合理的價錢去購買，而不應該興奮過度，因為每個國家的股市都會有一天要走到極端，就像美國的高科技熱潮。當很多人對股市趨之若鶩，報章頭版只刊載股市消息的時候，就是應該冷靜的時候了。」他對在中國內地的 A 股市場能否物色到優質的吸納目標表示了懷疑，「中國的股市可能還有小量的價格相對便宜的股票，但要點石成金相當困難，所以投資者對中國股市要持更審慎的態度。」

就在巴菲特的這番冷靜的告誡不到三個月後，中國股市便進入了前所未有的低迷，再次證明了巴菲特的眼光之敏銳，對問題根源的把握之準確。

2009 年，巴菲特耗費 440 億鉅資併購了 BNSF 鐵路公司，在業界普遍認為傳統的鐵路終將為日益普級的航空、汽車取代的當下，他的這筆生涯最昂貴的併購案顯得太過輕率了。但 BNSF 在被巴菲特併購後的短短幾個月，就在經濟復甦的力量下突飛猛進，在十五個月內為波克夏帶來了 32.5 億美元的獲利。到了 2012 年，BNSF 公司更開闢出開採油頁岩的新業務，在油價飆漲的時代中殺出一條血路，讓公司業績蒸蒸日上，各方口中的「夕陽產業」一瞬間成為了替巴菲特製造財富的金山。

從過去到現在，每一筆投資、每一樁併購案，巴菲特都讓世人見識其眼光之卓越與判斷之精準。無論是旁人爭相吹捧、還是棄若敝屣的股票，巴菲特從不偏離自己堅持的投資原則，也因此創造了一次次的奇蹟！

如今，巴菲特仍然走在「下一個十億美元」的路上。他的傳奇還在繼續上演中。

5 巴菲特與索羅斯——
Of Course 巴菲特！

　　在全球金融界，巴菲特與索羅斯經常被人拿來對比，並得出很多火花四濺的結論。兩個人之間的差異確實很大，幾乎代表著兩種截然對立的投資觀點。我們是需要索羅斯，還是巴菲特？實質上，金融投資界與索羅斯相似的投機主義者和短期炒家不少，而能夠真正奉行巴菲特式的價值投資概念的理性投資者反而很少。

　　很顯然，環境的改變需要所有的市場參與者的努力，而我們自身的投資策略選擇，則完全要由自己做主。一般的投資者應何去何從，答案早已塵埃落定，只不過最正確的答案上面似乎卻披著最厚的一層灰塵。

　　巴菲特擅長而且一生追求以低價購買有競爭力有發展有前景的公司，他對目標公司的要求極為嚴格，不僅要經營業績和發展前景佳，負債要低，而且價格也要合理，時機要合適，對公司管理高層的檢驗標準也非常之高。而索羅斯一貫被人尤其是亞洲金融界貶義地稱為國際大炒家，他經常根據金融市場風向的變化出沒於各國股匯市，以期適時地在市場上自由行動，以投機為手段，以短時間內賺取巨額利潤為根本目的。巴菲特買賣股票，長期控股優質公司，索羅斯則經營證券和貸放並不時進出匯市。巴菲特專注于優秀的個體公司，喜歡和那些簡單易瞭解的高回報公司打交道，按照規矩辦事，嚴格遵守並尊敬市場規則。而索羅斯則放眼於全球金融市場的發展大趨勢，就像一個獨身的單刀遊俠，不講究規則，不在乎是否正義，只追求快速賺取巨額利潤。他曾說：「我不只是要賺第一桶金，我要持續賺取很多桶金！」

索羅斯的經典名言：「經濟史是一部建立於假象和謊言上的連續劇。」經濟史的演繹從不基於真實，但卻鋪平了累積財富的道路。我們應該認清其假象，投入其中，在假象被公眾識破之前及早退出。

再來看巴菲特基於恩師葛拉漢的投資原則：如果你的邏輯是正確的，而你所用的資料也是對的，那麼，你的結論就必定是對的。

有人說，巴菲特是古典學派規範經濟學的典範，而索羅斯則是投機本質的博弈論。兩者不但不能交融，反而勢如水火。巴菲特極度痛恨波段操作的短線投機行為，對那些擁有高智商卻依賴技術分析工具進行投資判斷的人士嗤之以鼻，認為這是「聰明人做蠢事」。索羅斯卻正好是利用短期波段的差價進行炒作的高手，同時也是全球金融界的投機至尊。

這二者猶如陰陽兩極，巴菲特是陽光至極的赤道區，索羅斯則是寒冰覆蓋的北極區。一個是火，一個是冰。雖然馬克‧泰爾（Mark Tier）在《巴菲特和索羅斯的投資習慣》一書中，認為兩人幾乎擁有完全一致的思考習慣和方法，總結了這兩位大師致勝的二十三種習慣，並急切地想讓人們看到，投資習慣是如何造就了成功或者導致了失敗。但在筆者看來，除了這些表面上的共同之處，他們兩人最根本的差異決定了一切，那就是，巴菲特是資本市場的建設者，而索羅斯則是破壞者。

巴菲特與索羅斯在決策過程中的共同之處，用幾句話即可完全代表：獨立思考、逆向思維，化繁為簡，抓住本質，積極心態，果敢堅定。正如有人說，成功者所俱備的素質幾乎都是一樣的，而失敗者的失敗原因卻各有不同。就像巴菲特投資 GEICO 保險、富國銀行，索羅斯投資迪士尼，都是在看似危機四伏的局面中，保持了客觀而正面的心態，並能夠作出果敢的決斷，從容出手，把握住大方向的機遇。看看當今的財經形勢，我們是不是也需要這樣的心態呢？

與索羅斯相比，我們顯然也更需要巴菲特可以看透市場基本規律的

優秀素質，學習他的寶貴經驗和積極的心態，養成一個健康的投資習慣，徹底擺脫之前對股市的不良認識。用客觀而冷靜的思維態度去看待現在與未來的股市，勇敢地在低迷時入市，將先機握在手中，你會發現，原來不論何地的股市也都仍然是遍地黃金。

一個健康的投資習慣。我想這就是巴菲特帶給投資大眾的，經過了濃縮的投資精華。習慣會改變一個人的命運，會改變一個企業、一個民族和一個國家的命運，同樣，投資者如果都持有健康的策略和原則入市，一個國家的股市也會隨之煥發生機。

巴菲特說：「習慣的鏈條在重到斷裂之前，它輕得難於察覺。」他說：「在企業經營與投資中，我最驚人的發現是一種我們稱之為『習慣的需要』──這種壓倒一切的、看不見的力量之存在。在商學院裡，我從不知道這種東西的存在，而且在我進入商界時，我還不能直觀地理解它。那時我想，正派的、聰明的而且有經驗的管理人員會自動作出理性的業務決策。但是，長期以來我意識到事實並非如此。相反地，當『習慣的需要』起作用時，理性之花屢屢枯萎凋謝。」

股神的這段精闢論述，應該引起我們的重視。在投資過程中，EQ 比 IQ 要更重要，這已是不二共識。巴菲特多次強調過這一點，我們為何不能拋開那些股市的表面資料，來從根本上解決對股市的認識問題呢？投資成功並不取決於高等教育、神秘技巧或好運氣，而是屬於虔誠地、持之以恆地去實踐那些簡單而投資習慣良好的人。

巴氏投資法則

Warren Buffett

1 持有的時間是永遠

世界上只有一個巴菲特，沒有人可以複製他，但他的價值投資理念卻是全球通用的至理。有些事情說明白了，其實很簡單。比如投資，巴菲特說：「投資股票就是投資企業，要把自己當成企業的一部分。」只要我們堅持這個理念，雖然我們不是巴菲特，也有可能取得一樣的成功。麻雀雖小，五臟俱全，業績有大小，理念卻可以一脈貫通，成功者沒有優劣之分。東方社會一向集體至上，我們的文化和社會制度束縛了一些人取得巴菲特式成功的可能性，但巴菲特理念的種子卻是可以無限制播撒的。

縱橫股市六十年，巴菲特擁有著名的三大秘訣：一路走來，他始終信仰這三句無懈可擊的箴言，也因此，儘管數十年來全球歷經多次金融風暴，「股神」的成就與地位始終屹立不搖。這三大秘訣就是：長期投資、集中投資、投資高價值的企業。

「我最喜歡持有一支股票的時間是永遠。」

巴菲特用這句話來表明自己長期持有的態度，他奉勸投資者在購買股票後不要再把目光放在短期的股價波動上。「對於優秀的公司，短期的股價波動沒有任何意義，你應該關心的是它長期的經營業績，這才是最切身的利益。」巴菲特在長線投資方面，一直是全球股友們的典範，他從不把自己當做市場分析與技術分析方面的專家，而是堅持自擬為企業的經營者去選擇投資對象。比如他會瞭解這家公司的產品、財務狀況、未來的成長性、市場擴充的空間、面對的瓶頸、還有潛在的競爭對手等等。

巴菲特要確定的是這家公司是不是優秀的，是否具備長期投資的可

能性。他說：「如果你問我願意持有一隻股票多長時間，我的回答是永遠。」他從不打算在買入股票的次日就賺錢，他甚至先假設第二天股票交易市場就關門，一直到許多年以後才重新打開，恢復交易。他反對短線的操作，認為那只是無謂地浪費金錢和時間，那種行為享受不到投資帶來的樂趣，短線的操作績效長期來看並不會理想，甚至會影響人的身心健康。

巴菲特的長期投資之道很像龜兔賽跑，兔子雖然跑得快，但牠跑跑停停，思維過於活躍，目標並不專一，以至於在路上睡起了大覺，而跑得慢的烏龜卻一直堅持自己的節奏，步步前行，成為了最終的勝利者。在股市中，跑得慢的烏龜同樣會戰勝跑得快的兔子，以短線的操作頻繁進行不同股票買賣的投機者，就好比對目標無法堅持的兔子，時而進市，時而出市，短時期內累積了大量的買入和賣出的次數，消耗掉了過多的交易費用與稅金。而長期持有的投資者，則是一直向著既定方向努力地不斷前進並到達目標的烏龜。有人說，巴菲特就是那隻世界上最成功的投資烏龜，他長期以一倍多的優勢戰勝市場大盤，這個秘訣就是長期持有優秀公司的股票，最終收穫的大牛股。要知道，在過去的三十年中，全球 70% 的基金經理人連市場的平均獲利水準都達不到。

他的九支核心股，都是在買入後一直持有，十幾年甚至幾十年都一動也不動。巴菲特對優秀股票的持有時間，比很多人的婚姻維持時間都要長。對企業準確的判斷，對投資標的的前景充滿信心，讓他的收益率一直遠遠高過市場的平均水準。

巴菲特的投資之道是尋找業務、管理和業績一流的好公司，長期持有，就像對待自己最心愛的人，要有和她過一輩子的打算。雖然這看起來有點像龜兔賽跑中的烏龜，但卻是一隻坐上升值火箭的幸運烏龜。因為時間會給你最好的答案，只要你的選擇是正確的，它從來不會欺騙你。

巴菲特說過：「時間是優秀企業的朋友，卻是平庸企業的敵人」對

於這句話，他解釋說：「以一般的價格買入一家非同一般的好公司，要遠遠勝過用非同一般的好價格買下一家一般的公司。」他告誡投資者，優秀企業的前景和回報會隨著歲月的流逝和經營時間的加長而越來越高，而一家平庸的企業，則會在光陰的逝去中逐漸露出它並不值得投資的價值，甚至會讓投資者遭到重大且不可挽回的損失。「把錢放到壞公司的身上，你持有的時間越長，對你就越不利。」巴菲特進一步向人們解釋，表明了長期持有的投資法則中，有一項基本原則要格外注意，那就是對投資目標的選擇是否正確，是否合理，將關係到你的成敗。

時間給了巴菲特最好的回報：他在 1976 年以 4,570 萬美元買進了 GEICO 保險公司，持有將近四十年後，贏利達 23 億美元，增值了五十倍；1988 年，巴菲特以 13 億美元買入可口可樂的股票，持有二十三年後，贏利高達 147 億美元，漲幅為十一倍。1989 年，巴菲特投資 6 億美元買入吉列刀片公司的股票，直到如今，持有二十三年，賺了 41 億美元，投資收益率高達七倍；1973 年，巴菲特以 1,062 萬美元買入華盛頓郵報，持有四十年，2012 年底，增值為 6 億美元，投資收益率高達六十倍。這也是他持股期限最長和投資收益率最高的一支股票。如果你的選擇是正確的，時間就會像一瓶真正的好酒，越久，它的芬芳就越是醉人。相反地，如果你的選擇是錯誤的，那麼時間就是一粒帶著甜味的慢性毒藥，當它毒發的時候，滲入五臟六腑，你已經無藥可救，損失也將無法彌補。

在全球的投資界，沒人比巴菲特更理解這一點。或者說，只有他是決心最堅定的長期投資者，相信時間是上帝賜予理性投資者最完美的財富列車。他甚至說：「對於好的股票，死了都不賣，我們希望與企業終生相伴。」他還公開地聲明，像華盛頓郵報、GEICO、可口可樂這三種主要的股票，他希望能夠永久地保留，絕不賣出。

1987 年，巴菲特在波克夏公司的年報中引用了恩師葛拉漢的話，表

達了他對股價波動規律的看法：「從短期來看，市場是一台投票機，但從長期來看，它則是一台秤重機。」短期市場中的投機成分儘管可以決定股價的高低，但在長期範圍內，企業的品質才是股價根本的決定因素。

股價總是在波動著，這無可避免。但在巴菲特看來，葛拉漢的這句名言就是股價波動的永恆規律。股市給予投資者最大的回報，是股價在長期的波動中表現出來的向上趨勢，而不是短期的漲跌帶來的收益落差。葛拉漢認為，影響股票市場價格的兩種最重要的因素是內在價值和投機因素，這兩者之間的交互作用，使得股票的市場價格圍繞著它的內在價值不斷地波動，或高或低。短期內，內在價值只有部分地影響市場價格，況且價值因素受公司經營的客觀情況影響很大，並不能夠被市場或交易者直接地發現，要看清真相，必須通過大量謹慎而深入的分析。所以，投資者往往通過感覺或者第三者提供的資訊來進行判斷，這些情況都間接影響了市場價格。

因此，市場價格經常偏離股票的內在價值。這一點不用懷疑，問題是如何理性地比較股價與內在價值，進而把握長期的投資機會。投資者要明白的是，在目前的波動中，價格是在價值之上，還是在價值之下。

葛拉漢的解決辦法是「市場先生」理論，他說，假如一個投資者擁有一家公司兩千美元的小額股份，同時他還會有一個非常樂於助人的夥伴，就是市場先生。市場先生每天會把自己對其股份價值的判斷告訴投資者，並且根據這個判斷提出建議。投資者根據自己對該公司業務發展的前景作分析，有時會覺得市場先生的想法是正確和合理的，但是更多的情況是，市場先生過於興奮或者過於憂慮，以至於投資者覺得它的建議有些不合時宜，甚至是愚蠢至極。如果投資者足夠聰明、自信和理性，那麼他就不會每天按照市場先生的建議來處理自己的股份，而是明智地根據公司關於其內部經營和外部經濟狀況的報告，來形成自己最正確的判斷。「市場先

生」的寓言出現在葛拉漢於 1949 年完成的著作《智慧型股票投資人》中，對股市中的價值規律作出了非常具體的描述，這一理論被巴菲特接受並發揚光大，形成自己獨特的堅持長期持股的價值投資理論。

短期來看，市場是投票機，股價由大家的預期心理「投票」決定之，這意味著市場在短期內的價格波動會給投資者帶來很大的風險。但是從長期看，市場又是一台秤重機，故而在長期的趨勢內，市場價格的總體走勢是穩定上漲的，必然會對企業的真實內在價值作出正確而合理的反應，這對投資者來說又是好事。

葛拉漢說：「股票市場本身並沒有時間進行這種最接近於科學的思考。儘管沒有什麼正確的價值衡量方法，它仍然必須先把價值確立起來，然後再尋找其根據。因此，股票價格不是精心計算的結果，而是不同的投資者反應在股市中反映出來的的總體效應。它對實際資料並不作出直接反應，只有當這些資料影響買賣雙方的決策時它才作出反應。」

巴菲特汲取了這一理論的菁華，提出了自己更新的看法，他認為最佳的持股方法就是對短期內的價格波動不予理會，不去關注價格的暫時動盪，只需盯住企業本身的發展走向。他說：「在可預見的長期內，市場終究會給你一個真實的答案，那些偏離真實價值的現股價格，最後會向它的內在價值回歸。」所以，他鼓勵投資者根據自己的實際情況，盡可能地做長期投資，不要沉溺在短線投機的泥塘裡。

正如同巴菲特說過的一個精妙比喻：「股票從短期看是投票機，而從長期看則是秤重機。」什麼意思呢？這句話的精髓即是：買入一支公司的股票，需要耐心持有，在一定的時間內，不要去關注價格的變動，甚至要忘掉股市的存在。要相信這一點，股市的資金永遠只流向好股票，只要你選對了一支股票，就不要有任何猶豫，更不要把眼睛盯在交易大廳的數字上，理性的投資者不會因為價格的波動而驚慌。

　　這種恐慌本質上來自於對即時股價的過於關心，曾有心理學家將這種心理畸形稱為「主動壓迫」，對於股票短期走勢的過度重視，神經過度緊張，以及對「股票本質」的不瞭解，都會使股友們被眼前跳來跳去的資料和線圖所迷惑，而且還會深深地沉溺在裡面不可自拔，乃至到了一日無缺的地步。這跟網路上癮其實很類似，很多人一天不上網，就情緒失落，感覺少了些什麼，但是實際上你什麼都沒失去。

　　看看巴菲特怎麼做，他購買投票的基礎是：「假設第二天股市就會關閉，而且五年之內不會再重新開放。」似乎巴菲特從不試圖透過股票買賣價差賺錢，所以才會漠視股市的存在，其實他在這裡提示我們他對投資股票的兩個基本觀點：給我們回報的不是股票，而是企業本身，所以股市關閉並無妨，只要企業仍正常營運就沒有什麼好擔心的。因此，急功近利的短線操作並不可取。

　　這兩點合二為一，顯現出堅持的重要性。遇到價格的波動，投資者應該保持平靜，把市場波動看作是朋友而不是敵人。他說：「利潤有時候是來自對朋友的愚忠，會欺騙我們的眼睛。」股票是由商業單位組成，而不是數字的投機單位，只要購買股票的價格低於投資者能夠承受的價位，那麼價格的波動是可以忽略的。巴菲特就是這樣一位忽略價格波動的投資大師，他認為這其實是集中投資的必然副產品，而集中投資的追求是成功的，可以在長時間的持有和耐心地經營中獲取不受股市價格影響的最佳回報。站在長期的角度看，公司的經濟效益必定會補償因為短期的價格波動造成的損失，而且是完全彌補。持有這種觀點的還有波克夏公司的副總裁蒙格，他們彼此支援，互相補充，在投資理念和觀點上出奇地一致，兩人同為彼此的良師益友。

　　巴菲特說：「重要的是選擇一支好股票，只要事情沒有變得很糟，那麼原封不動地保持你的投資五年以上，股價的短期波動就不會對你造成

任何影響。」有時休息就是為了更好的趕路，短期的沉默並不妨礙我們在未來獲取更大的利益。難道不是嗎？巴菲特對每支股票的投資和持有平均都有十年以上的時間，他喜歡選擇一塊肥沃的土壤，埋下一顆生命力頑強的種子，然後泡一杯茶怡然自得地等待它發芽生長，開花結果。這期間他有時會忘了這兒埋著一粒種子，因為這是他生活的一部分，是他的樂趣所在。「短期股市的預測是毒藥，應該把它擺在最安全的地方，遠離兒童和那些在股市中的行為像小孩般幼稚的人。」巴菲特的成功經歷也告訴我們，專注於長遠回報，不受短期價格波動的影響，才是正確投資的應有心態，所以他才作出必須有勇氣接受股市休市三到五年的假設。

巴菲特在一次波克夏的股東大會上說：「我們已經好久沒找到值得一提的股票了，還要等多久呢？我們要無限期的等！我們不會為了投資而投資，別人付你錢不是因為你有積極性，而是因為你能作出正確的決策。」這是巴菲特的警世名言。如果無事可做，就什麼也不做，寧可一直等待，也不要單純為了投資而出手。他告訴投資者：最重要的是尋找符合標準的投資機會，不能盲目妄動，要善於等待時機的出現。有人花了幾百萬美金競標和巴菲特一起吃頓飯的機會，向他求教如何投資，但從他那裡得到的就是這幾句話。

核心就是「尋找值得投資的股票」，而不是「單純累積投資次數」。出手的次數並不重要，關鍵是機會是否合適，目標是否值得出手。深諳這一點的還有索羅斯，他為了打垮英鎊等待了五年的時間，在機會來臨時憑藉七十億美元果斷出手，同時又用五十億美元做多德國馬克和法國法郎，然後大賺了二十億美金收場。真正的投資大師就是這樣的，機會來臨時決不錯過，沒有機會時寧可做冬眠的熊，也不做在森林裡光著屁股亂跑卻摘不到桃子的猴子。

對比他們，很多的投資者都應該感到汗顏。大量的股友們在交易大

廳終日忙碌，在海量的資訊面前迷失了腳步，以至於慌不擇路，急於出手，卻缺乏耐心鑒證一下時機是否合理。我們用一個月的時間來分析一支股票，一家企業，判斷它是否值得買進，要遠遠強於在同等的時間內急不可耐地吃進十支股票，以期量變達成質變。記住這個道理：在股票市場，量的累積說明不了任何問題。找到一支十倍潛力股要勝過你擁有一百支普通的股票。勤奮對於投資者來說並不是十分必要的品質，關鍵是眼光和可以埋頭等待的恆心。相反地，盲目的勤奮往往還是有害的。巴菲特說：「市場就像上帝，會幫助那些努力的人。但與上帝不同的是，市場也絕不會寬恕那些不清楚自己在幹什麼的人。」

巴菲特推崇「一種近乎懶惰的沉穩式投資風格」，這是他的投資標準，他認為每一個投資者都會有找不到任何投資標的的時期，這時候就需要無限充足的耐心，睜大眼睛仔細繼續尋找。如果找不到，就繼續再等下去，只有在發現了誘人的目標時再果斷出手。「不要理會任何不合格的東西。」巴菲特說：「要是我們的錢已經堆積如山了，那就讓它堆成山吧！一旦發現了有意義的東西，我們會迅速採取非常大的行動。」

在巴菲特看來，這樣沉默和沒有行動的時期對投資者來說是非常需要的，並不會讓人擔憂無事可做，相反地，投資者應該儘量尋求這樣的時光，這是可以自由支配的時間，從而為自己提供足夠的思考和觀察。「我堅持在行動之前將問題解釋清楚，因為覺察到一種市場趨勢是需要時間的。」巴菲特的這句話說明，對於投資者來說，謹慎的出手並不能完全說明對於風險的畏懼，而是要做到為自己的每一次行動都找到足夠清晰的理論依據。

「一年一個好主意，就足夠了。」我們只需要把這個好主意變成滿山豐收的果實。巴菲特正是這樣投資，並因此而收穫了巨富之果。

巴菲特的這個理念從根本上解決了股票回報的來源問題。投資的報

酬來自於市場價格對其內在價值的兌現，也就是增值，而不單純是股價的波動。股市的本質是「買股票後就成為了公司的股東」，賺錢的原因是公司的效益產生給你的紅利，並因而推動的股價上漲。

為此，巴菲特為自己定下的投資標準是：判斷一家企業在餘下的壽命中可以產生的現金，並將其折現後即為該公司的價值，儘管是模糊的概念，但卻在不確定的預測中給投資者提供了「價值的計算方式與佐證」。

當然，折現率會影響折現值，不同的時點，針對不同的投資人與不同的產業，不同的折現率會產生相當懸殊的差距。

巴菲特強調：購買價格遠低於實際價值的企業，並且「永遠」擁有它們，從出發點很容易理解，問題就在於投資者如何判斷買入價格是否低於它的內在價值。巴菲特的計算方式是上述標準的第一條：找到現金流的折算數字。不過，儘管巴菲特常常提到現金流量，卻很少有人看到他做過計算。並沒有一種完美的公式為此提供合理的解釋，一切的基礎應該來自投資者對一家公司的價值拆分。巴菲特將投資標的分為市場價值、帳面價值和內在價值三塊。市場價值是股市價格，帳面價值是企業財務報表所呈現的淨值，而內在價值則是對投資者最重要的企業真正價值。

巴菲特說：「算出一家公司的內在價值，只要價格低於它，你就可以買進。」這是最基本的投資條件。然後，投資成功的關鍵在於長期地持有，等待它不斷地升值。

他告誡投資者：「若你不打算持有一支股票達十年以上，那麼你當初根本就不要買進。」只有樹立投資的信心，抱著長期投資的態度，堅持到底才會取得成功。其中，耐心和毅力非常重要。

1987 年的 10 月 19 日，美國股市大跌，史稱「黑色星期一」，大盤當日暴跌了 508 點，跌幅達 22.6% 以上。這又是一場拋售浪潮，數不清的人扔掉手中的股票，逃離股市，如同以往的任何一次股災，人們漲則蜂

擁而至，跌則哄散而逃。巴菲特管理的波克夏公司在這次大跌中損失了近 35 億美元的市值，但是巴菲特卻沒有絲毫的驚慌失措，仍然跟平常一樣平靜地待在辦公室看資料和下屬公司的財報。他的員工們發現，巴菲特可能是股市崩潰那天唯一不去關注股市行情的投資機構管理者，他鎮定得讓人不敢置信。他只從辦公室出來了一次，對員工們說：「股價下跌對公司沒有什麼影響，大家做好自己的工作就可以了。」能夠冷靜到如此的地步，恐怕全世界也只有巴菲特可以做到，居然擁有如此坦然的心境。

隨後大盤便開始反彈，不僅將暴跌的點數補了回來，全年還上漲了 5%。那些匆忙逃離的人們後悔得要撞牆。巴菲特當年的贏利高達 20%，而接下來的兩年，美國股市上漲了 48%，巴菲特賺了 64%。他大幅度地戰勝了市場，無論這個市場在短期內是跌還是漲，長期持股的巴菲特成為了最終的贏家，那些投機者卻已換了一波又一波。因為不管是牛市還是熊市，對於手中的幾支核心股，巴菲特一直持有。他在乎的不是股價，而是公司面對的實際市場。比如華盛頓郵報，巴菲特 1973 年買入，到現在已經持有了四十年，當時投資的 1,000 萬美元，如今已變成了 20 億美元，整整上漲了兩百倍。他的投資時間之長，讓那些癡迷於短線操作和抱有賭博心態的人為之汗顏。但是只有這樣做，才能獲得最穩定的利潤。巴菲特還將華盛頓郵報列為永久持有股，他說：「不管市場如何高估他們的價值，我將永遠不會賣出。」有首歌唱道：不經歷風雨，怎麼能見彩虹？巴菲特與他看中的企業和股票同甘共苦，最終他看到了那道最燦爛的彩虹。

巴菲特成功的關鍵就在於，將一個具備優秀潛力的企業不斷地從小做到大，陪伴著這個企業不斷地壯大，然後跟著發大財。正如巴菲特說過的這句名言：我們要對看好的股票堅定地持有，並且在下跌的時候不斷買進，不輕言放棄。如果沒有持有十年的勇氣，那麼就算只投資十分鐘，也沒什麼意義。正因如此，巴菲特才被美國財富雜誌評為「二十世紀八十大

投資大師」之首，稱他為「當代最偉大的投資者。」

再回頭看看台灣的股友們，當股市巨幅震盪時，有多少人可以保持一個穩定的心態呢？大部分人的心情都隨著股市行情大漲大跌，巨大的心理落差讓人們很容易就作出愚蠢的決定。於是賭博性質的投機就出現了。缺乏理性成熟的心態，對市場沒有長期的判斷，導致台灣與中國股市都難以誕生像巴菲特這樣偉大的投資家。

巴菲特的這一成功秘訣告訴我們，投資其實很簡單，找到好公司，然後長期持有它。要長期戰勝市場，並不在於是否能夠預測股市會跌會漲，關鍵在於你持有股票的上市公司是不是一家非常優秀的好公司。對值得信賴的好公司長期投資，戰勝通貨膨脹和大盤指數是極容易的，而且也是投資成功的王者之道。在長期內，複利可以戰勝一切，這比短暫數天的投機成功來得偉大。長期持有，與喜歡的公司終生相伴，獲得雙贏，是巴菲特一直宣導的投資哲學。

② 把雞蛋放在同一個籃子

　　巴菲特的集中投資策略簡單說起來，就是當遇到比較好的市場機會時，最理智的做法是大舉投資和集中投資，也就是將股票適當集中成少數幾支，然後大量買進，長期持有。巴菲特說：「手中的股票有多少種才算合適呢？我建議控制在五支以內，以便於長期深入追蹤。」很多投資人們僅投入幾十萬的資金，但卻買了十數支以上的股票，如此分散的持有就非常危險。這麼多的股票，以個人的能力，對整個盤面很難做到正確而全面的追蹤，容易造成資訊的混亂。聰明的投資者應該學習巴菲特的方式，核心參與最有把握的幾個市場機會，將風險降到最低，同時也將回報成長到最大化。筆者查過國內外都辦過的「模擬投資競賽」，發現最後的冠軍幾乎都是一共只投資了一或二檔股票的「集中投資者」，可為巴菲特觀點之佐證。

　　集中投資策略的另一個特點是把大量的資金投到自己熟悉的公司上，因為這類公司的基本面的資訊容易收集，易於瞭解，它具體的經營情況也較好掌握。那麼如何才能最客觀地瞭解到公司的情況？巴菲特主要通過兩方面來做這項工作，一是對上市公司的現狀進行分析，二是對公司未來的發展進行評估，綜合評估股票的價值和股價升值的潛力，最後作出是否投資的決定。

　　例如可口可樂公司，巴菲特是在 1989 年投資的。當時在巴菲特眼中，可口可樂的基本面是：最大的碳酸汽水銷售商、全美甚至全球最強的品牌、擁有最好的分銷管道、有最低成本的生產商和瓶裝商，高現金流，

高回報，高邊際利潤。估算未來十年內，可口可樂的收益可達到 35 億美元，成長三倍。當這六種資訊這麼一攤在面前，就清楚地反映出了可口可樂強勁的發展前景，和它高收益率的投資回報，幾乎各個基本面都是無懈可擊的。透過這樣的研究，就可以確定該股具有很大的投資價值，於是再進行集中投資，核心參與，這就符合了巴菲特說的「一鳥在手勝過十鳥在林」。你雖然只有一隻鳥，但已經在手中了，是切切實實在手的利益。如果鳥兒都在林子裡，就算有一百隻，也是不切實際的。

集中投資原則類似於一夫一妻制：找最優秀的企業、最瞭解的行業、最小風險的機會。持有股票的種類越少，組合業績也就越好，而且是在勝率最高時投下最大賭注，獲得的回報也是驚人且無可比擬的。

「雞蛋和籃子」是投資界關於資產分配這個關鍵性投資概念的一個著名的比喻，出自 1990 年諾貝爾經濟學獎得主哈里‧馬可維茲（Harry Markowitz）的口中，並由此形成了以他為核心的規避風險理論。他們的主張是：把財產看做是雞蛋，增值方式是選擇籃子。人們應該將雞蛋放在許多不同的籃子裡，再放到不同的地方，萬一不小心碎掉了其中一籃，你至少不會損失掉全部的財產。這是分散投資策略的理論基礎，他們認為，單一的集中投資遠不如投資組合的分散投資的總體風險低。並舉例說，不同的資產類別，像股票和債券，兩者之間的相關性並不強，甚至很低，他們的表現彼此關聯不大，不會受到對方低迷的影響，這就給了人們通過分散投資來降低風險的機會。就像有時股市很瘋狂，債券市場卻非常的平靜。如此一來，雞蛋最好放在不同的籃子裡，使投資分布在彼此相關性很低的資產類別上，以減少總體收益面臨的風險。這也就是說，不管什麼時候，你都留有後路，就如同狡兔三窟。

許多投資者都贊同馬可維茲的觀點，事實上全球大部分股友們都在這麼做。但是巴菲特反對這個理論，反對過於分散的投資，他說：「投資

者應該將所有的雞蛋都放在同一個籃子裡，然後小心去看好它。」巴菲特的理由是，在時間和資源都有限的情況下，決策的次數就成了投資成功的重要因素，決策次數少的成功率自然比決策多次的投資成功率高，就好比獨生子女，他總比在多子女的家庭中受到的照顧要好，受到的教育也更優質，可能打到九十分甚至更高。如果你一口氣生上十幾個孩子，你很難讓他們都能接受全面、良好和公正的教育，總會顧此失彼，無法兼顧，結果就是這些孩子平均發育不良，每個人只能得到六十分甚至更低。巴菲特說：「人們由於自身精力和知識的侷限，很難對太多的投資標的有專業且深入的研究。」

美國的財富雜誌曾經做過一項調查，證明了巴菲特的觀點有著巨大的事實依據，那就是這個世界上很少有人因為分散化的投資策略，進入億萬富翁俱樂部。這份雜誌因此得出結論說：透過分散投資獲得巨大的財富，是今天這個世界最大的投資謊言之一。

實際上，分散投資面臨著很多的不足，第一，當出現投資的系統性風險時，比如投資組合被市場證明是失敗的，那麼就難以規避資產的大幅度縮水，一切無法挽回；第二，這種分散作戰的投資策略在很大程度上，降低了資產組合的利潤提升能力。畢竟，在巨大的市場中，十萬元的單股投資就好比水滴之於大海，收益率並不會高，而一億則有著質的不同。比如，同樣為十元的初始資金，股價一元，組合 A 由十支股票組成，每樣股票買一股，組合 B 則由五支股票組成，每樣股票買兩股。假設 B 組的五支股票，A 組也都購買了，隨後，這五支股票的價格翻倍，其他的價格沒有變化，那麼 A 組和 B 組的收益率則分別為 50% 和 100%。

顯然，A 組由於投資過於分散，那些沒有上漲股票，將整個投資組合的平均收益水準拉低了。

再舉一個例子，接替被《經濟學人》稱為「擊垮英格蘭銀行的

人」的喬治‧索羅斯的量子基金管理人史丹利‧朱肯米勒（Stanley Jukenmiller），以德國馬克去做空美元，當投資出現贏利時，索羅斯問他的投入是多少，史丹利回答說：十億美元。索羅斯對數目之少感到驚訝，他說：「當你對一筆交易感到有很大的信心時，你必須全力出擊，需要足夠的勇氣，或者說，用巨額槓桿挖掘利潤需要勇氣。如果你對某件事情判斷正確，那麼你投入多少都不應該算多。」在這裡，即使是投機之王索羅斯，也肯定了大資金進行集中投資的顯而易見的好處。

究竟應該把雞蛋集中放到一個籃子裡，還是分散地放在許多個籃子裡，這種爭論從來就沒有停止過，也永遠不會停止。歸根結底，這是兩種截然不同的投資策略。集中看管一個籃子總比看管多個籃子更容易，因為成本更低，但問題是，能否將看管唯一的籃子的風險降到最低？巴菲特之所以將所有的雞蛋都放在同一個籃子裡，是因為他在投資之前總是會花很長的時間、付出最多的精力去考察投資的合理性。當他在瞭解了所有的細節，解決了所有的問題後，才會作出投資的決定。作為普通投資者，我們也應該向巴菲特學習詳細周密的分析，拒絕那些道聽塗說的小道消息，避免過於匆忙地將手中的雞蛋扔到自己不瞭解的籃子裡。在這裡，其實多少個籃子的問題其實並不是關鍵，最重要的是不要放錯籃子。

對一般的投資朋友們來說，應該採用集中投資的另一個理由是：如果你的錢並不太多，分散它還有意義嗎？

對於投資組合的集中和分散，巴菲特的評價說：「如果你有四十個妻子，你不會對其中任何一個有清楚的瞭解。」這和「生孩子」理論是一致的，獨生子總是讓父母印象深刻。儘管投資的組合原則是集中還是分散更加有益，人們到現在尚無明確定論，簡言之，分散投資者通常不會是最後一名，但也絕不會是第一名！巴菲特的觀點是建立在自己確實已經發生的事實依據之上。他絕大多數的資產都是從為數不多的幾支股票上獲得的，

而不是「娶四十個老婆，從每個老婆身上獲取一點微薄的利潤」。他反對分散投資，說：「分散投資是無知者的自我保護法，但對於那些明白自己在幹什麼的人來說，分散投資是沒什麼意義的。」

集中投資一直都是巴菲特的重要策略，他堅信上帝只幫助那些自己努力的人，而「市場就像上帝」。他說：「但是與上帝不同的是，市場從不會寬恕那些不清楚自己在幹什麼的人。」將資金分散在許多不同的投資組合上，看起來儘管十分壯觀，但真正的實效到底有多大呢？投資者的精力和能力總是有限的。多樣化分散投資最大的弱點，就是使得人們缺乏對眾多企業進行充分的瞭解、長期的追蹤，以及理性正確的監督，最終可能會迷失自己，損失財富。

巴菲特也曾經採用過老師葛拉漢的投資策略：由百種以上的股票構成投資組合。但巴菲特後來發現，他就像擁有了一座動物園，而失去了股票多樣化組合的原始目標。隨後他轉向了蒙格和費雪的理論，開始著重瞭解並選擇他所投資的企業，進行集中投資。費雪便表態說他贊同將雞蛋都放進同一個籃子裡，而不是到處都擺放著籃子，那樣只會使投資力量過於分散，並不足以規避風險，更不足以展現實力。

美國經濟學家歐文・費雪（Irving Fisher）說：「投資者為了避免風險，最後的結果卻是許多籃子裡裝的全是破雞蛋，而且，投資者也不可能照顧到所有這些籃子裡的全部雞蛋。由於投資者過於迷信多樣化的投資理論，結果他們對自己所投資企業的性質與遠景一無所知，或者知之甚少，這無疑是個悲劇。」

巴菲特說：「就像一個人娶了很多老婆，結果最後連她們的面容都記不清了。」他信奉集中資產進行投資並經營的理論，只持有少數幾個企業的股票，而且對這些企業深入地瞭解，長時間的持股，均衡穩定地獲取收益。這就好比一夫一妻制，兩個人甜蜜地過日子，互相瞭解，彼此協助，

生活越來越幸福。而且，集中對少數企業進行長期持股，也有較充足的時間來研究並思考是否要更換或新增投資標的。他相信，以這樣認真負責的精神來考慮投資什麼、以什麼價格投資這兩個問題，就可以最大限度地降低風險。在這一點上，巴菲特還深受英國經濟學家凱因斯的影響。凱因斯主張將大部分資產都投在幾種可以計算出投資價值的企業身上，而不是像蜜蜂一樣到處亂飛。

在 1991 年波克夏公司的年報上，巴菲特引用了凱因斯的話：「隨著年齡的增長，我更加相信，正確的投資方式是把大量的資金投入到那些你瞭解、且對其經營深具信心的企業身上。有人將資金分散在一些他們所知有限的投資上，以為這樣就可以降低風險，這種觀點其實是錯誤的。」巴菲特同時表明，他希望能夠在市場上同時發現兩到三家可以讓他具備充分信心的優秀企業。這就又回到了巴菲特的「妻子」理論：娶四十個讓你記不清面容的普通女子，不如只擁有三個絕世美女。

集中投資的標的由於是經過仔細研究與審慎思考的結果，所以必須也是長期投資，提到持股的最理想期限，巴菲特的回答當然是「永遠」。在他眼中，那些前景很差的企業，價格再低也不能接手，反觀優秀的大公司，則千萬不能出售。既然你的妻子聰明貌美，為何還要離婚呢？

3 看過了底牌再出牌

買股票就是投資企業，你決定要買一支股票，要做的第一件工作就是去分析它背後代表的企業，把自己當做企業分析家，而不是股票分析師。巴菲特告誡投資者說：「不做研究就投資，跟不看底牌就玩紙牌遊戲一樣危險。」他說，聰明的投資者在評估一項潛在交易，或是買進股票時，都會先從企業經營者的角度出發，來衡量企業的價值，進而確定股票的價值。

核心的第一步是正確解讀公司的財務資料，但是不要迷信其提供的收益資料。巴菲特的方法是繞開收益，看收益獲得的成本和是否具備可持續性。也就是說，即使再高的收益率，也要看它的可持續性。因為公司的收入成長是可以在短期內通過很多虛胖的辦法獲得的，比如大規模舉債，不斷發新股融資或者併購資產及業外收益，但是這種「高財務槓桿或因偶發而產生的收益成長是不可持續性的」。只有健康的收益成長，才具備可持續性。有一個財務指標可以判斷這點：股東權益報酬率（ROE），這個指標可以反映該公司資本運用的效率、品質、團隊的管理運營水準，以及贏利成長的可持續性。

巴菲特說：「要透過前面的玻璃看公司，而不要透過後照鏡看公司。」這是什麼意思呢？關注現金流。一個公司的現金流就是透視該公司的前視窗，透過對公司未來現金流的預測，來判斷它的潛在價值，尤其是營運現金流。

分析企業，關鍵是判斷它的內在價值，這是尋找好公司的關鍵。同時，要研究該公司的贏利歷史、經營模式，以及管理高層是否誠信，是否值得信賴。這些答案可以幫助我們下定決心，如果答案是 Yes，那麼你有最大的希望獲得最好的回報，因為它是一支好股票，巴菲特說：「你只需耐心持有，在這中間，堅持是你唯一要做的工作，因為資金永遠流向好股票。」其次，要關注企業的生命週期，看它是否具備長期的競爭優勢，結合它所在的行業進行綜合分析，如果該公司並不能長期存在並持續發展，風險將會非常大，再高的贏利率也不能抵消這一風險。但是這點，僅通過看報表或是走訪並不能保證分析出來。巴菲特認為真正的好企業是公開的，沒有秘密的。

　　對企業的分析，最關鍵的不是定量的方法，而是定性的研究。你選擇股票的標準越高，想要投資的時間越長，找到的好企業就越少。所以巴菲特才選擇很少的投資目標，手中持有的股票家數並不多，但每家都重倉持有。

　　巴菲特經常說的一句話是：「如果你不瞭解這個產業，那麼就不要買太多的股票。」言下之意，對於不熟的行業，最好不要涉足，因為你一無所知，即使進入，也是門外漢，無法掌控。那將是可怕的情景，你就像買了一件明天不知會變成天使還是魔鬼的禮物。

　　人們對自己不懂的事情，大多時候都會感到陌生和恐慌，在心態上就會失去應有的把握和自信。這時，你就很容易被企業陌生的發展前景套牢，變成瞎子和聾子，最終會被市場行情欺騙或背叛。所以巴菲特的核心持股數量，一向只維持在十支以下，都是他最熟悉的行業。他不熟不做，盯著那些透明度較高、易於洞悉且前景明朗的行業，一旦買下來，就長期持有，長久賺取成長且可持續性的回報。這是我們普通投資者應該學習的

優點，買股票不是打遊擊戰，也不是遭遇戰，更不是抱著槍衝進一片到處都是迷霧的叢林亂打一通，而是要步步為營。股票的價格不是我們可以掌握的，但公司的經營模式卻一定要做到了然於胸。

巴菲特最喜歡投資像可口可樂等經營方式在十到二十年之內幾乎不需要任何改變的企業，它們簡單易於瞭解，但卻能達到長期業績優異的雙重標準，平均股東權益報酬率持續居高，而且在投資者看來，不需要怎麼管理或監控就能夠賺很多錢。巴菲特說這才是他想投資的行業。比如他旗下的華盛頓郵報和政府雇員保險公司，還有吉列等運營模式簡單、市場前景明朗、易於掌控的大企業。

資料可以體現巴菲特的這一標準是多麼正確！ 1990 年到 2000 年的十年間，世界五百強中能夠保持連續贏利成長競爭優勢的企業，恰恰就是這些十幾年間經營方略變動最小的行業，它們同時也是股市中的超級明星，像可樂、石油、刮鬍刀、金融、媒體、大眾消費品，這都是日常生活中比較熟悉的領域，甚至像可口可樂、華盛頓郵報、吉列刮鬍刀片等，都是隨處可見的名牌產品。

巴菲特的這一策略幾乎屢試不爽，源源不斷地為他帶來投資收益。正是借助這一策略，他才如此快速地攀登到財富的金字塔頂。然而，這一策略的具體操作並不像我們想像中的複雜難學，簡而言之有三點：投資最瞭解的行業、遠離陌生的行業、盡量不碰所謂的高新科技股。

巴菲特對諸如網路公司此類的高科技企業一直避而遠之，他的原則是慎重對待，保持距離。我們看他投資的企業：可口可樂、吉列、華盛頓郵報、中石油，基本都是長期經營穩定，技術革新和經營模式的變化並不快的大公司。這些企業都是行業內的龐然大物，就像一艘航空母艦，在大海上航行，雖然運行速度慢，但卻穩如泰山，再大的風浪也奈何不了它。

他最不喜歡的就是那些短期內成長可能驚人，長期內卻存在巨大風險的高科技公司。它們就像一艘小船，在大海上飛快地航行，雖然速度奇快，可是抗風浪的能力卻很低。所以，他很少進行網路科技類股的投資，或者說：巴菲特並不熱衷於投資自己不瞭解或無法掌握未來走勢的企業。

巴菲特對於高新科技類股的漠視，源於他做過的充分的調查。早在1998年，巴菲特就表示自己看不清網路公司的發展前景，他並非網路股的專家，所以他拒絕進行投資。隨後果然發生了全球網路泡沫的崩潰，大批的網路公司倒閉，從市場消失。當然，巴菲特並非不認同新經濟時代產生的新興行業已經步入收穫期，有些也值得投資，比如電腦產業，像微軟公司。但巴菲特最主張的投資標準是「投資對象必須具備創造大筆現金流的能力」，大部分科技股不具備這一點。哪怕是微軟股票，巴菲特都不敢買進，因為他無法預知微軟的明天會怎樣，然而對於人們無比熟悉的刮鬍刀產品，他曾經笑言：「我每天晚上都能安心地睡覺，因為我知道第二天早晨醒來，全球有三十億的男人需要刮鬍子。」這就是他投資吉列的理由，務實而穩固的回報基礎，清晰而可見的市場前景。

現在來看，如果巴菲特當年買進了微軟的股票，現在肯定大賺。但他當年沒有，因為微軟在他眼中屬於高風險型企業，如果當時他投資了微軟，就意味著他改變了自己的基本投資理念，那就肯定會有其他的企業隨之進入他的投資組合。這是巴菲特所不願見到的。對於微軟公司，巴菲特的意見是他難以估算它的現金流，無法準確預測像這類與網路有關的科技公司的發展前景，因為這個行業的技術發展太快了，競爭對手無處不在，而且危機總是躲在暗處。

巴菲特說：「我不能投資一個不確定的未來。」這個信條就是，只做自己能把握的事情，並且紮根下去，不懂的行業，盡量不要去碰。

　　「如果有 1,000 支股票，其中的 999 支我都不了解，那我只會選那支我瞭解的。」這是巴菲特嚴格遵循的規則，投資的標的必須讓自己看得明白，如果一個公司的財報使他感到迷惑，那麼這家公司的誠信度就是讓人懷疑的，也許在隱藏什麼不良資訊，因此堅決不能投資。巴菲特在這個問題上的堅定性，值得我們學習。他在意不容易改變的東西，這決定了回報的穩定性和持久性，所以，難以預測的股票和經營方式或獲利模式難以看懂的公司，他從不涉足。而像中石油這樣既龐大又易於看清本質的壟斷型跨國能源集團，則成為他鍾情的投資目標。

　　「我們的重點在於希望找到那些在未來的十年甚至二十年後，企業的經營情況是可以預測的企業，然後核心持有。」這就是巴菲特的「自我了解能力原則」，對投資標的創造回報力的理解，必須建立在自己的理解和掌控能力的基礎之上，否則，即使回報率再高的行業，如果自己一無所知，也要避而遠之。

　　尤其很多新興國家的股市只有十餘年歷史，對於巴菲特的這一準則，投資者亦是需要根據國情全面的瞭解和運用。比如企業的存活年限與國營企業的特質和所謂的「主旋律」等問題，要和我們對行業的瞭解程度緊密地結合起來，才能將風險降到最低，才能確保我們在做長期投資時擁有百分百的把握，並獲取源源不斷的持續性收益。

　　「寧可要模糊的正確，也不要精準的錯誤。」這是巴菲特引用凱因斯的話。我們知道，以數學工具為基礎的技術分析固然可以在某種程度計算出一支股票的詳細資料，為我們提供一張精確全面的走勢分析表，但卻無法為這支股票的特性作出解釋和定位，尤其是未來。資料的分析總是基於過去，基於這支股票的歷史。這就很容易產生巴菲特所言的「精準的錯誤」。而巴菲特對於股票的判斷，是站在更高的高度從最基本處去審視問

題，不是定量，而是定性，即使性質是模糊的，然而卻能夠在複雜多變的表像下，抓住公司價值的本質，在股票的投資中立於不敗之地。這就是「寧可要模糊的正確，也不要精準的錯誤」之含意。

為什麼這樣說呢？很多問題我們是說不出所以然的，無法追根究柢，例如這支股票將來會怎麼樣，是漲還是跌，我們不能精準判斷，雖然它的過去是精確的，是可以反映在歷史資料上的，但它的未來卻極為模糊。而投資者卻需要對它的未來作出判斷，判斷的方式有兩種：一是基於對過去資料的分析，二是對該公司內在價值的定性評估。前者是精準的，後者是模糊的。因此我們就清楚了，為什麼說精準的卻有可能錯誤，而模糊的卻會更貼近於正確。對公司或企業內在價值進行評估是一個模糊的過程，一種模糊的推理，但卻能抓住該支股票的本質。對過去的資料進行分析儘管可以落實到每一個精準的數字，卻很難對未來作出定位。因為即使最精密的分析，對未來也是建立在想像或外插的基礎上，往往是空中樓閣。

例如，我們無法回答出「太陽是早晨還是中午離我們最近」這樣的問題，但卻明白「太陽永遠給我們光明和溫暖」這個模糊而正確的道理。模糊學理論與此類似，有些事物並不是非此即彼，其概念存在很大的模糊性，例如一個人是漂亮還是醜陋，是好還是壞，怎能精準地評價給分呢？這樣的事物具有可變性，而人們只需抓住它變化的趨勢，它是正在變得越來越漂亮，還是越來越醜陋；它是正向善邁進，還是正向惡走去。從而，忽視它的兩面性，看到它的趨勢。就像一支股票，有時不需要去在意它具體而精確的資料，而是要看到它向未來變化的趨勢。

巴菲特的方法就是評估股票背後企業的內在價值，模糊卻最大限度地接近正確。巴菲特並列舉了一些如何給一支股票定性的評估標準：
（一）公司的真正價值沒有公式可以精確計算，只能依據「葛拉漢——陶

德」等理論或經驗值模糊概算。

（二）精準的資料並不能幫助我們徹底瞭解這家公司——尤其是它未來的變化。

（三）投資焦點應該偏向那些可以產生大量現金流入而不是支出現金的公司，能否產生穩定的現金流，即是該公司股票是否具備較高內在價值的重要標準。

（四）判斷公司營運模式是否容易瞭解，並在未來十幾年內的獲利都能很穩定。

（五）買入價格相對於未來價值是否合理。

以上這些標準並不需要很精準的數字計算，甚至在某些方面計算與分析一定會有誤差。但巴菲特認為這並不重要，在他的想法中，內在價值也始終是一個模糊的大概值，無法精確到數字可以詳細表述的數學算式中，但並不會阻礙他判斷的正確性。

當然，模糊性的判斷有時也存在著風險，風險來源於未來的不確定性。巴菲特的應對之道是「安全邊際」，對一支股票的價值進行評估，其標準是投資目標具備被低估的價值，市場價格相對它的內在價值大打折扣。這個折扣就是安全邊際，而且它也是模糊的，並非完全精確。

也可以這樣說，「精準」只能解釋過去，是「現象解」，而「模糊」卻針對未來，是「根本解」，可以抓住事物的根本。現象解對過去發生的事情進行解釋，卻只能解釋表面的東西，一直跟著事實的變化而變，去適應事實，而不是預測事實。根本解卻可以深入事物的本質，為投資者詮釋事物的變化規律，從而對未來作出大概的判斷，這個判斷即使是模糊的，也足以保證我們投資方向的正確；而只對過去作出解釋，分析資料，假設未來，哪怕它無比精確，也可能是個天大的錯誤，使我們投資失敗。錯誤

越精確，後果就越嚴重。因為有時過去的因素並不能主導未來，過去與未來並不存在絕對的線性關係。

　　巴菲特的這種策略，可以舉個鮮明的例子來加以佐證。一種軟體在用戶下載的時候彈跳出頁面讓你填寫一些問題，例如：你下載的原因，你的評價……等，然後公司專門統計哪一種原因的比例居多。如此這個調查就做到了資料上的絕對精確，但是卻沒有實質用途，因為用戶的心態是永遠無法固定且精確化的，你得到的精準答案只是某一過去時段的隨機統計，對未來缺乏足夠的幫助，倒不如把調查頁面設計得簡單一些，給出一些開放性問題，例如只讓用戶填寫對產品的建議，根據建議，公司隨機聯繫這些提供有價值建議的人，進一步瞭解用戶的實際需要。這種調查是模糊的，但卻會收到實效。所以，模糊的正確，永遠強過精準的錯誤。

4 # 細節中看出企業價值

　　古人云：「返璞歸真」，一種事物發展到了最高境界，展示出的往往就是最質樸的一面。投資也是如此，真正的大師們所採取的策略和投資理念往往驚人地一致，而且幾乎所有的投資成功人士，他們所走的路線也都是殊途同歸的。我們來看看巴菲特挑選公司股票的一些重要依據。

 ## 行業──容易理解的消息壟斷行業

　　巴菲特主張人們尋找自己心知肚明的企業：「一定要在自己能力允許的範圍內投資，能力高低並不重要，關鍵是正確地瞭解和客觀地評價自己的能力。」對於投資行業充分瞭解，是巴菲特最重要的投資哲學，他的判斷標準是該公司的業務簡明、易懂，有著穩定的經營歷史，經營模式變化不大，發展前景廣闊，令人滿意。他並不由高深的市場理論角度去研究他的投資標的，而是基於以上這些簡潔扼要的標準來思考問題，把投資行為與企業的營運結合起來，去瞭解企業的深層次因素，以掌控投資對象的一切。他尤其偏愛容易瞭解的消費性壟斷行業。

　　例如可口可樂公司，是全球最大的碳酸飲料生產和經銷商，歷史悠久，早在 1886 年就已在美國銷售，如今更是佔據兩百多個國家與地區的市場。同時，飲料的生產和銷售模式並不複雜。還有華盛頓郵報這種美國報界的龍頭老大，作為人們每天必不可少的新聞提供平台，超高的知名度和巨大的資訊壟斷地位，以及報業並不複雜的銷售方式，也是巴菲特十分

鍾意的投資對象。其他的，還有吉列刮鬍刀這種成年男子的必需品，它的製造技術並不複雜，製造原理在未來幾十年內可能都不會改變，這個行業是十分易於瞭解的。

產品——產品簡單、易了解、前景看好

產品簡單、易瞭解，這一點上面已經講到，例如像飲料、刮鬍刀這樣的常用消費品。除了這些，巴菲特還極為看重該公司的產品在市場上的銷售前景，例如，該產品目前有著非常強烈的市場需求，沒有比較接近的替代產品，沒有政府的管制，相關的研發銷售管道暢通無阻。這些都決定了一種產品的市場空間和容量，從而決定了未來利潤的大小和持久的發展空間，可口可樂、華盛頓郵報和吉列刮鬍刀都是這樣的產品。

前景——具有長期令人滿意的發展潛力

企業的發展潛力無疑是極其重要的。巴菲特在選擇投資標的時，首先排除的便是那些問題企業，哪怕它的產品再好，也要謹慎對待。巴菲特的淘汰法則是：是否正想改變經營方向，而且過去的經營方針並不固定。目前遇到了很多難題，急需解決。如果一家公司出現這樣的問題，巴菲特便很可能拒絕進行投資。他認為如果要獲得豐厚的投資回報，就應該努力避免經常性的變革出現，尤其在投資初期。公司的現狀和問題在很大程度上決定著它的發展潛力。在這方面，巴菲特鍾情於那些有著特許經營權的企業，也就是具備壟斷性質的公司。在他看來，特許經營權就意味著公司擁有很好的聲譽，對市場風險的抵禦能力就強，同時，在價格的競爭上，也就具有普通公司無可比擬的優勢。巴菲特說：「對投資者來說，我們要

看到的投資前景比買進價格更為重要，沒有前景的公司哪怕價格再低，產品再好，也無異於畫布上的美景。」

 ## 管理——由既誠實又有能力的人來管理

出眾的管理者就像一艘大船的領航者，這個道理對於任何一家公司都是重要的。巴菲特尤其尊重那些敢於誠實對待企業問題並誠實面對大眾的優秀負責人，特別是敢於全面真實地披露公司的財務狀況，且不會利用會計準則與技巧來隱瞞和包裝企業的業績。對於需要披露的資訊，巴菲特認為必須能夠回答三個問題：公司的價值；公司將來償還債務的能力；管理人員的身心狀態與工作能力，是否能順利完成他們的任務。

樂觀有餘而坦誠不足的管理者，就不受巴菲特的歡迎。他在收購一家企業之後做的第一件事，就是把公司交給那些既有能力而且誠實的人。例如像可口可樂的前總裁羅伯特·古茲維塔，在他上任後的第一次公司高層酒會上，極其真誠且率直地說：「告訴我，我們到底錯在哪裡，必須知道問題並馬上解決它，我要求你們開誠佈公，不要掩飾。」

除了能力和誠實之外，巴菲特認為一家公司的負責人與管理者們是否尊重股東的權益也很重要。在他看來，一家公司最重要的管理行為就是公司的資產配置，對資產的分配在某種程度上反映一個公司管理者的理性程度和戰略眼光。在這一點上，公司管理者一定要尊重股東的權益，以股東權益至上為原則。

 ## 財務——資本支出少、現金流量充裕

關於企業的財務，巴菲特首先重視的是企業的利潤產生，必須是現

金利潤而不只是虛空的報表利潤。而且，他並不關心具體某一年的經營業績，而是過去四到五年這麼一段時期內的平均數字，這最能說明是否有問題。同時，隱藏在利潤背後的，是資本支出的多少，以及現金流量是否充裕。巴菲特對財務資料強調的準則是：

（一）計算股東收益

聚焦於股東權益報酬率（ROE），而不是每股的收益。

尋找經營利潤高的公司股票，這一指標反映了公司獲取利潤的能力，也在另一個側面可以判斷公司的現金流量。

實際產生的市場價值，例如每一元的保留盈餘，必須確認公司已經產生出至少一元的市場價值。可口可樂公司在 1980 至 1987 年，每一美元的保留盈餘產生了 466 美元的市場價值，這正是巴菲特於 1988 年斥資購入可口可樂股票的判斷標準之一。

（二）資本支出的成本

資本支出的多少，與產生的利潤息息相關。成本越低，越受歡迎。

巴菲特認為，其中最重要的指標是權益資本的收益狀況（股東權益報酬率），而非每股收益。但是需要注意的是，有價證券應該用投資成本而不是市場價格來評估，在排除掉所有資本性的收入和損失以及其他的特殊情形後，其次需要考慮的是經營利潤。再者，公司是否在沒有負債或者負債很少的情況下用股東權益資本獲得了高收益。巴菲特提醒人們，高負債的公司在碰到經濟衰退時，抗擊景氣低迷的能力是非常脆弱的，投資者應該睜大眼睛發現公司的潛在負債問題。

我們舉個例子，可口可樂公司的股東權益資本收益率 ROE 一直超過 20%，在 1988 年時達到了 31%，如此迅猛的成長源於當時的總裁羅伯特·古茲維塔的經營戰略，即拋掉任何不可能產生可接受的權益資本收益率的業務以及資產，轉而尋求有足夠成長潛力的項目。權益資本收益率決定

了企業財務的很多問題，就在這個指標達到 32% 的時候，巴菲特開始購入可口可樂的股票，可見他的眼光之敏銳。

至於巴式股東收益，則是巴菲特自己創立的指標，它決定了公司利潤、攤銷、折舊這三者總和減去資本性支出和其他運營成本的資料，對於判定企業的內部活力十分重要。

股票價格——股價低於其內在價值

在巴菲特看來，確定公司的內在價值，並且以較大的折扣買到該公司的股票，才是理性的投資。只有價格低於其內在價值，該股票才會有獲利空間，才能夠長期持有，這是投資股票的基本條件。那麼如何評估呢？

巴菲特提供了三種方法：清算價值、永續經營估算、市場綜合判讀。

巴菲特說：「如果用永續經營的辦法確定公司的價值，就必須知道公司的現金流和折現率，而這兩個數值在不斷變化中，難以確定。如果你不能確信這家公司到底會產生多大的現金流，就不要再去進行評估。」正因為微軟公司的現金流難以估算，所以巴菲特才堅持不買微軟股票，哪怕微軟的情況其實相當好。

那麼如何以一個具有吸引力的價位買入呢？以可口可樂公司為例，1988 年的 6 月份到 1989 年的 4 月份，巴菲特連續購買了 2,335 萬股，總共花了 10.23 億美元。當時，可口可樂公司的市場價值約為 151 億美元，而巴菲特對它的內在價值估計至少是 207 億美元，甚至最高的可能是 483 億美元。如此計算，其安全邊際在 27% ～ 70% 之間，這是多麼划算的一筆投資，但在當時，很多投資者卻認為可口可樂公司的股票被高估了，只有巴菲特清醒地看到了它在未來的巨大價值。他利用的就是葛拉漢的安全邊際法則，既要避免價格下跌帶來的風險，又能保證自己獲取高

額回報的可能。如此投資的方式自然是理性的、合理的。

企業歷史——過去經營狀態相對穩定

巴菲特認為理性的投資者必須去理解企業的過去，而且企業也是可以被理解的。它的歷史，它過去成功與失敗的歲月，都能夠給投資者帶來足夠決定性的資訊。不能夠只去剖析單一的股票本身，而是應該把主要精力放在研究企業過去的經營狀態上：要對企業的過去、現狀和未來的發展作出全面的判斷，這樣才能盡可能減少犯錯誤的可能性。巴菲特傾向於那些在過去十幾年間經營模式穩固且發展良好的優質企業，以規避在投資後可能發生的動盪和風險。雖然穩定的過去並不能保證一定會有穩定的將來，但企業經營的大趨勢是可以預測的。沒有人希望自己從地上撿到的是一塊可以燙掉手指的寶石，哪怕它價值連城。

商譽——企業美譽度比有形資產更「值錢」

優秀的企業不僅具有良好的資本回報率，還要擁有知名的美譽度以及出眾的市場影響力。巴菲特非常看重企業在這方面的無形資產，有時候它決定了該企業產品在市場上的生存空間和壽命到底還有多長。例如，該公司的售後服務、媒體形象，管理體制有無嚴重弊端，是否會做假帳，是否會欺騙消費者。這些綜合的無形因素聚集起來，會比有形資產更能左右企業生存，進而影響股價走勢。這方面的條件不能滿足，其市場形象就會非常脆弱，也容易被競爭對手找到切入點。

巴菲特尋找的不僅是能夠賺錢的股票，更是一家社會形象良好、能夠讓人放心的企業。當成為這樣的投資者時，才能真正做到巴菲特所說的：「將手插在口袋裡，過一種非常悠閒而愜意的生活。」

5 巴菲特教你讀財報

 讓巴菲特成為超級富豪的企業類型

20世紀30年代早期，班傑明‧葛拉漢發現華爾街大多數的基金經理在大量買進賣出股票時，不考慮公司的長期經濟運行情況，他們所關注的只是股票價格在短期內是上漲還是下跌。他還發現，瘋狂投機的主流股票投資者追漲殺跌時，會將股票價格推到非常荒唐可笑的地步，有時也會將股票價格打壓到非常低的價位，完全忽視一家公司良好的長期發展前景，這些嚴重被低估的股票讓他看到了一個美妙的賺錢機會。

葛拉漢的說法是，如果在股價低於其長期內在價值買入這些處於超賣狀態的公司股票，終有一日，市場會承認它的錯誤低估，然後將估價糾正過來。一旦價格向上調整，他可以賣出這些股票，並因此獲利。

葛拉漢不在意他所買的公司屬於什麼行業，他認為所有公司都有一個內在的均衡價格。當他在30年代後期開始實踐價值投資時，他著重尋找交易價格比公司庫存現金一半都少的公司。此外，他從不買股票價格超過其每股盈利10倍的股票、當一檔股票股價漲幅超過50%時就賣出，如果股票價格在兩年內沒有上漲也會堅決賣出。

20世紀50年代，巴菲特在哥倫比亞大學讀書時追隨葛拉漢學習價值投資，並進入葛拉漢的華爾街公司開始了分析師生涯。在那裡，他在著名的價值投資者沃爾特‧施洛斯身旁工作，通過閱讀成千上萬份公司財務報表，他練就了一雙發現價值低估的慧眼。後來巴菲特回到家鄉奧馬哈，在

那裡，巴菲特認真研究老師的投資理論和方法，並發現葛拉漢投資法存在著一些問題。

首先，並不是所有的低估值公司都會價值重估上漲，某些公司甚至會走向破產的結局，也不是所有投資都能都符合葛拉漢的理論，虧損的部分也可能超過盈利。此外，葛拉漢還會處理掉兩年內沒有上漲的股票，但最後期限來臨時，大部分「低估股票」仍停留在低估狀態。

巴菲特發現，他和葛拉漢買入的股票按葛拉漢「50% 收益法則」賣出後，很多股票在隨後幾年內還保持著上漲的勢頭，他發現這些公司的股票價格攀升到遠遠高於葛拉漢拋售時的價位。

巴菲特決定對這些明星股的經濟動力進行進一步探究，希望能再提高投資報酬率。於是，他開始研究這些公司的財務報表，探究這些公司具有如此美妙的長期投資價值的內在原因。他瞭解到，所有「明星股」都具有某種競爭優勢，這些優勢為它們帶來類似壟斷的經濟地位，讓它們能比競爭對手賺取更多利潤。他同時發現，如果一個公司的競爭優勢具有穩定持續性，公司的價值就會一直保持成長。既然公司價值會保持成長，那麼盡可能長久地持有這些投資，能有更大的機會從這些公司的競爭優勢中獲取財富。

巴菲特還注意到，通過價值投資者和投機者的綜合參與，被嚴重低估價值的股票一定會有反轉上升的一天，正視這些公司的持續性競爭優勢能讓它們的投資者搶佔先機。

此外，巴菲特還發現了另外一種更神奇的事情，由於這些公司具有長期的經濟優勢，所以它們不太會瀕臨破產，這代表著這些股票的價格壓得越低，巴菲特買進這些股票後虧損的風險就越小。更低的股價意味著更大的潛在上漲獲利空間。在低位持有股票的時間越久，能從這些價值低估公司獲利的時間就越長。

這些發現推翻了華爾街的一條格言：要獲得更多的利潤，必須加大你所能承受的風險。巴菲特發現了使風險最小化，卻能帶來潛在收益成長的投資。

更重要的一點是，巴菲特意識到他不再需要等華爾街提供一個便宜的價格。如果投資足夠長的時間，他就可以為這些公司的股票支付一個公平合理的價格，並且一直持有。如果進行長線投資、不賣掉這些股票，還可以有效地將資本利得稅推延至遙遠的將來，只要一直持有，他的投資就能以複利率速度成長，並且免稅。

巴菲特清楚知道，只要投資了一家具有持續性競爭優勢的公司，他就最終會成為一個坐擁億萬美元資產的超級富翁。

巴菲特的淘金之地

當我們開始尋找具有持久競爭優勢，並可以讓我們發財致富的公司時，知道從何處著手會大有益處。

巴菲特得出的結論是，頂級公司不外乎三種基本商業模式：

＊某種特別商品的賣方，如：可口可樂。

＊某種特別服務的賣方，如：美國快遞公司。

＊大眾有持續需求的商品或服務的賣方與低成本買方的統一體，如：
沃爾瑪。

「持續性」是巴菲特打開金庫的鑰匙

競爭優勢的「持續性」創造了一切財富。

在過去的 122 年裡，可口可樂公司一直銷售著同一種產品，未來的

122 年裡可能還會繼續銷售這種產品。

　　產品的一致性創造了穩定的利潤，公司無需頻繁更換產品，就不必在研發上面花費幾百萬資金，也不必投入幾十億資本去更新設備。如此一來，公司不必承擔繁重的債務，也不必支付高額的利息，最終可以節約一大筆錢，用以拓展公司業務或者回購公司股票。

　　因此，當巴菲特查看一家公司的財務報表時，他總是在試圖尋找這種「持續性」。這個公司是否保持著較高的毛利率？其盈利是否保持穩定，或者持續穩定地成長？財務報表所表現出的「持續性」可以讓巴菲特瞭解這個公司競爭優勢的「持久性」。

　　判斷一家公司是否具有「持續性」競爭優勢，就要看公司的財務報表，這就是巴菲特的做法。

 ## 財務報表概述

　　通過財務報表，巴菲特挖掘出具有持久競爭力的優質企業。

　　財務報表分為三類：

　　一、損益表

　　損益表反映企業在一定會計期間內的經營成果。一般來說，在每個會計期間，企業的會計人員會為股東編制季度和年度損益表。通過閱讀和分析損益表，巴菲特能對企業的財務資訊進行判斷，例如：利潤率、股權收益、利潤的穩定性和發展趨勢（這一點尤其重要）。在判斷一個企業是否得益於持續競爭優勢時，這些因素是必不可少的。

　　二、資產負債表

　　資產負債表反映企業的資產和負債情況。從資產中扣除負債，就能算出企業的淨資產。企業可以編制一年中任何一天的資產負債表──它能

反映出企業在特定日期持有的資產和承擔的負債，以及這天的淨資產。

通常情況下，企業為股東編制每個季度和會計年度的資產負債表。通過分析資產負債表中的各個專案，例如，現金資產和長期債務，可以判斷該企業是否具有持續的競爭優勢。

三、現金流量表

現金流量表反映企業的現金流入和流出情況，有利於我們瞭解企業在改善資本結構方面所花費的資金。它同樣能反映出債券和股票的銷售情況，以及股票回購情況。企業通常會將現金流量表同其他財務報表一起公佈。

（1）損益表

巴菲特在分析公司持久競爭優勢時，會先從公司損益表開始著手，他通過分析企業的損益表，能夠看出這個企業是否能夠創造利潤，是否具持久競爭力。

巴菲特分析損益表主要關注以下 8 個指標：

1. **毛利率：**只有具備某種可持續性競爭優勢的公司才能在長期運營中一直保持盈利，尤其是毛利率在 40% 及以上的公司，查找公司過去 10 年的年毛利率，才能確保是否具有「持續性」。

2. **銷售費用及一般管理費用占銷售收入的比例：**銷售費用及一般管理費用越少越好，占銷售毛利的比例保持在 30% 以下最好。

3. **研發開支：**巴菲特會回避必須經常花費巨額研發開支的公司，尤其是高科技公司。巨額研發一旦失敗，前景將受到很大影響，這意味著公司業務不穩定，持續性不強。

4. **折舊費用：**巴菲特發現，具有持續性競爭優勢的公司相對於那些陷入過度競爭困境的公司而言，其折舊費占毛利潤的比例較低。

5. **利息費用：** 具有持續性競爭優勢的公司幾乎不需要支付利息，甚至沒有任何利息支出。在消費品類領域，巴菲特鍾愛的具有持續性競爭優勢的公司，其利息支出均小於其營業利潤的 15%。

6. **稅前利潤：** 指所有費用開支扣除之後、所得稅被扣減之前的利潤。巴菲特經常談到稅前條件下的公司利潤，這使他能在同等條件下將一家公司或投資與另一項投資進行比較，稅前利潤也是他計算投資回報率常用的指標。

7. **淨利潤：** 淨利潤是否能保持長期成長態勢、占總收入的比例是否明顯高於它們的競爭對手；淨利率是否一直保持在總收入的 20% 以上。

8. **每股收益：** 連續 10 年的每股收益資料足以讓我們明確判斷出公司是否具有長期競爭優勢。巴菲特所尋找的是那些每股收益連續 10 年或者 10 年以上都表現出持續上漲態勢的公司。

　　巴菲特在分析公司是否具有持久競爭優勢時，會從公司的損益表著手。一般企業會在每個季度末或者年末披露這些資訊。每張損益表上總是會標出會計期間，例如，從 2007 年的 1 月 1 日到 2007 年的 12 月 31 日。

　　損益表包括三個基本要素： 企業的營業收入，需要從收入中扣除的支出，損益情況——我們可以看到該企業到底是盈利還是虧損。

　　在研究那些頗具魅力的優質企業時，巴菲特發現，通過分析企業的損益表能夠看出這個企業是否能夠創造利潤並具有持久競爭力。企業能否盈利僅僅是一方面，還應該分析該企業獲得利潤的方式，去觀察它是否需要靠大量研發保持競爭力，或者需要通過財務槓桿以獲得利潤。通過從損益表中挖掘的這些資訊，可以判斷企業的經濟成長原動力。對於巴菲特來說，利潤的來源比利潤本身更具有意義。

（2）資產負債表

當巴菲特判斷一家公司是否具持續性競爭優勢時，公司擁有多少資產、多少債務，是必要的資訊，必須查看公司的資產負債表。

巴菲特分析資產負債表，主要關注以下指標：

＊**現金和現金等價物**：企業經營遇到困難時，現金越多越好。這時最理想的狀況是有大量現金庫存且幾乎沒有債務、沒有出售股份或資產、公司過去一直保持盈利。

＊**存貨**：對於製造類企業，要查看其存貨成長的同時淨利潤是否相應成長。存貨在某些年份迅速增加，後來又迅速減少的製造類公司可能處於高度的競爭中，這類型的公司沒有任何一家能讓人變得富有。

＊**應收賬款**：一家公司持續顯示出比其競爭對手更低的應收賬款占總銷售的比率，那麼它很可能具有某種相對競爭優勢。

＊**流動比率（流動資產÷流動負債）**：很多具有持續性競爭優勢的公司流動比率都小於 1，大大異於傳統的流動比率指標評判標準。因為它們的盈利能力足夠強勁、融資能力強大，能夠輕鬆自如地用盈利或融資來償還其流動負債。

＊**房產、廠房和機器設備**：優秀公司的產品經常穩定不變，無須為保持競爭力而耗費巨額資金去更新廠房和設備。

＊**無形資產**：巴菲特能發現其他人所不能發現的、資產負債表外的無形資產，那就是優秀公司的持續競爭優勢，以及由此產生的長期盈利能力。

＊**資產回報率（淨利潤÷總資產）**：多數分析師認為資產回報率越高越好，但巴菲特發現，過高的資產回報率可能暗示這個公司的競爭優勢缺乏持續力。

***短期貸款**：投資金融機構時，巴菲特會回避短期貸款比長期貸款
　多的公司。

***長期貸款**：巴菲特發現，有持續性競爭優勢的公司通常很少或壓
　根沒有負擔長期貸款。這是因為這些公司有超強的盈利能力，當
　需要擴大生產規模或進行企業並購時，它們有能力自我融資。一
　般而言，它們有充足的盈餘在 3 ～ 4 年時間內償還所有長期債務。

***債務股權比率（總負債 ÷ 股東權益）**：好公司的盈利能力很強，股
　東權益越高，總債務越低。除非是金融機構，債務股權比率要低
　於 0.80，越低越好。

***留存收益**：公司留存收益的成長率是判斷公司是否得益於某種持
　續性競爭優勢的一項好指標。道理很簡單：公司留存的收益越多，
　它的留存收益成長就越快，這會提高公司未來收益的成長率。

***庫存股票**：如果資產負債表上出現了庫存股票，表明公司曾經回
　購股票，那這家公司可能具有一種有利的持續性競爭優勢。中國
　法律規定回購股份必須註銷，因此資產負債表中沒有庫存股票。

***股東權益回報率（淨利潤 ÷ 股東權益）**：巴菲特發現，那些受益於
　某種持續性或長期競爭優勢的公司往往有較高的股東權益回報率。

***財務槓桿**：財務槓桿指公司通過借債來進行投資以擴大利潤。巴
　菲特會儘量避開使用大量槓桿來獲取利潤的公司。

　　判斷一家公司是否具有可持續競爭優勢時，要去查看公司擁有多少
資產（包括現金和財產）、承擔多少債務（包括公司對供應商的應付款、
銀行貸款以及債券）。要瞭解這些資訊，必須去查閱公司的資產負債表。
　　資產負債表不像損益表有固定的報表期間，我們能在一年中的任何
一天創建一張資產負債表，但一般只在特別的日子裡派上用場。公司的會

計部門一般會在每個會計期間的最後一天編制資產負責表，它相當於是特定時刻公司財務狀況的一張「快照」。

資產負債表包括兩個部分：第一部分列出所有的資產，包含現金、應收賬款、存貨廠房和機械設備等資產項目。第二部分是負債和所有者權益。

負債可以分為兩種類型：流動負債和長期負債。流動負債指一年內到期需要償還的借款（包括應付帳款、預提費用、短期債務、到期長期負債以及其他流動負債）；長期負債是指那些一年以後或更長時間到期的負責，包括公司欠供應商的貨款、未繳稅金、銀行貸款以及其他流動負債。

用所有的資產減去所有負債，將得到公司的淨資產，資產－負債＝淨資產或所有者權益。

（3）現金流量表

巴菲特發現，當我們判斷公司是否得益於某種持續性競爭優勢時，現金流量表能提供有用的資訊。

巴菲特分析現金流量表時最關注兩個指標：

1. **資本開支：**指購買廠房和設備等長期資產（持有時間超過一年以上）的現金或現金等價物支出。我們可以簡單地將公司 10 年來的累計資本開支與該公司同期的累計淨利潤進行比較，以真實的反映公司的長期發展前景。那些具有持續性競爭優勢的公司資本開支占淨利潤的比率都非常小，如果一家公司將領利潤用於資本開支的比例一直保持在 50% 之下，可以把它列入具有持續性競爭優勢公司的候選者名單。如果該比例保持低於 25% 的水準，那這家公司很可能具有與之有利的持續性競爭優勢。

2. **回購股票：**巴菲特發現，一個公司具有持續性競爭優勢的特徵是

公司曾經回購過自身股票。通過使用公司多餘的閒置資金用於回購股票，會減少流通股數量，從而提高每股收益，最終推動公司股票價格上漲。在現金流量表上仔細查看其投資活動產生的現金流。在那裡你將看到名為「發行（回購）股票，淨值」的一個帳戶。該帳戶列出了公司發行和回購股票的淨額。如果一家公司每年都進行股票回購，那麼很可能這是一家具有持續性競爭優勢的公司，因為只有這樣的公司才有充裕的資金從事股票回購。

附錄：術語彙編

應收賬款（Accounts Receivable）：公司出售產品時還未收到的貨款。較高額度的應收賬款是件好事情，但大量現金收款更讓人心情暢快。

累計折舊（Accumulated Depreciation）：資產所有折舊費的加總值，或者資產價值的中損耗。財務人員會記錄一切會計事件，包括資產折舊費的數額。累計折舊就如同一個廢品箱，你可以從中得知有多少公司資產被折舊損耗。

資產（Asset）：公司所擁有的、被用以產生未來收益的一切資產。資產雄厚是件好事情，如果公司持有大量資產並能利用其資產創造巨額收益，那將是更令人喜悅的事情。

資產負債表（Balance Sheet）：在某個特定時期（通常在會計年度的最後一天）對公司資產、負債和所有者權益的一個概括表。資產負債表被看作是在某個特定時刻公司財務狀況的一張「快照」，它體現的不是一個期間，而是某個時間點。資產負債表可以告訴你公司有多少資產和負債，將這兩者相減就能得到公司淨資產。

債券（Bond）：代表長期債務的證券。具有持續性競爭優勢的企業不會發行大量債券，因為它們根本無需多少借款。企業債務負擔不重是好的。

現金流（Cash Flow）：公司在特定時期所產生的現金。現金流反映公司現金的流向。

競爭優勢（Competitive Advantage）：相對其競爭對手，公司所擁有的優勢，並能以此賺取更多利潤。公司收益越多，其股東越愉快，巴菲特只對具有長期競爭優勢的公司感興趣。

流動資產（Current Asset）：現金或在一年內可以變現的資產。在資產負債表上，流動資產項目包括現金、現金等價物、應收賬款、存貨和預付費用。

流動負債（Current Liabilities）：一年以下的債務款項。

流動比率（Current Radio）：流動資產除以流動負債的比率。流動比率在尋找具有持續性競爭優勢公司方面作用甚微。

折舊（Depreciation）：有形資產在使用過程中的損耗。當資產損耗時，就應該提取資產折舊費。

持續性競爭優勢（Durable Competitive Advantage）：可以長期保持的相對競爭優勢。

財務報表（Financial Statement）：資產負債表、損益表和現金流向表。它們能展示一切美好的東西，但你最好多看幾期財務報表，以確定公司發展走勢。

毛利潤（Gross Profit）：產品銷售收益。總收入減去銷售成本等於毛利

潤。最好將毛利潤與其他資料配套使用。

損益表（Income Statement）：反映公司在某一時期的收入和支出情況。單獨一年的損益表不能告知我們多少資訊。我們需要找出公司在過去5～10年期間的損益表，這樣才能找到具有持續性競爭優勢的公司。

無形資產（Intangible Assets）：專利權或版權之類的資產，我們觸摸不到它們，但它們能夠創造收益。這就像被法律保護的壟斷企業，具有一種持續性競爭優勢。唯一的問題在於，專利權是有使用期限的，期限一過則不能被保護。到時候，世界上所有公司都能生產這種產品，公司則失去了過去由專利權所帶來的競爭優勢。這是巴菲特始終對製藥業不感興趣的原因。

利息支出（Interest Expense）：公司為其長期或短期貸款所支付的利息。不具有長期競爭優勢的企業，其利息支出通常較高，因為它們持有大量的債務。而具有持續性競爭優勢的公司的債務負擔較輕，因此也無需支付很多利息。

存貨（Inventory）：公司準備銷售給顧客的產品或者半成品。倘若一家公司的銷售在減少而存貨在增加時，你就要小心了。

槓桿（Leverage）：與公司股東權益相關的債務。公司長期槓桿越多，通常意味著該公司不具備持續性競爭優勢。

長期債務（Long-Term Debt）：償還期超過一年的債務。具有持續性競爭優勢的公司，其長期債務一般很少，甚至沒有。

營業利潤（Operating Profit）：公司持續經營的收益，它是扣除利息支出和所得稅之前的利潤，也被稱為息稅前收益或營業收益。

流通股（Outstanding Shares）：投資者持有的普通股。它不包括庫存

股票，但包括公司管理層和內部人員所持有的限制股。如果公司的流通股數量在幾年時間內大幅增加，但其盈利卻提高的話，通常意味著公司在發行出售新股票以補充資本，試圖掩飾其平庸的業績。巴菲特對這類公司避而遠之。

留存收益（Retained Earnings）：公司累積的淨收益。公司留存收益的持續增加是具有持續性競爭優勢的表像之一。

每股收益（Return On Equity）：公司淨收益除以所有者權益。公司尋找具有持續性競爭優勢公司的重要指標之一。每股收益越多越好。

所有者權益（Shareholders' Equity）：公司的淨值。公司總資產減去總負債就等於所有者權益。

庫存股票（Treasury Shares/Treasury Stock）：是指由公司購回，但沒有註銷，並由該公司持有的已發行股份。庫存股沒有投票權，也沒有分紅權，它們不包括在流通股之中。如果公司擁有庫存股票，説明其可能是一家具有持續競爭優勢的公司。

龐大財富積累的秘密

遠離虧損的秘訣

①

如何投資才能獲得安全的回報？巴菲特認為，在購買一家公司的股票之前，一定要確保該股長期內可以獲得至少 15% 的年複合收益率，如此才能保證自己的投資安全。這就是巴菲特神奇的「15% 法則」。經驗告訴我們，要是找到正確的股票，並且以一個最合理的價格來買下它，這個收益率是非常有可能達成的。但是巴菲特說，如果你選擇了錯誤的收購價格，即使股票業績很好，也有可能獲得比較差的年複合收益率。投資價格和投資收益是相互關聯的，價格越高，潛在的收益率就越低。但是，大部分投資者似乎並沒有意識到這一點，君不見追高者眾，而股價低迷時買家就變少了嗎？

也就是說，只要能確保 15% 的年複合收益率，就能給予自己該項投資最大的安全係數。可是怎樣才能做到呢？巴菲特的辦法是盡可能地來對該股十年後的交易價位進行估計和預測，並在測算平均收益率和公司的獲利成長率的基礎上，和當前的價格進行比較。巴菲特說：「如果將來的漲升價格加上可以預期的紅利無法實現 15% 的年複合收益率，那麼我建議將它放棄。」

15% 的年複合收益率的測算，牽扯到幾個基本的資料變數：

現在的每股收益水準

截至到你開始估算之前，該股連續十二個月內的每股收益。也可以

再往前推一年，以兩年內的每股平均收益來作判定。

 ## 利率成長率

可以使用該股過去的成長率來對未來的成長率進行估算，也可以運用分析師對未來預測的成長率進行估計。

 ## 股票交易的平均本益比

假定現行的本益比會繼續維持下去的想法是錯誤的，必須對經濟過熱和低迷階段的不同的本益比進行通盤考慮。因為無法預測今後十年內的市場情況，所以最好選擇該股長期以來的平均本益比為參考值。

 ## 公司的紅利分派率

對該公司將來可能分派的紅利進行估算，這是必須做的事情，因為這些紅利將被加到你的總收益中。比如該公司曾有將 80% 的年收益作為紅利的歷史，那麼就可以預期在下一個十年平均會有這個比例的年收益返還給你。

掌握了這四項基本面，就可以對這家公司的股票未來具有多大的收益率進行模糊但卻正確的估算。巴菲特提出的「15% 法則」是建立在投資回報安全線之內的不敗原則。

巴菲特說：「我的第一條投資原則是，永遠不要虧損，第二條是，牢記第一條！」這句話被華爾街人稱為經典的「一號投資法則」。多麼質樸的道理，投資者沒人想做讓自己虧損的生意。事實上，永不虧損也是很

難做到的，但作為投資者來說，這是最高的也是最安全的境界。

　　1965 年到 2012 年，巴菲特經歷了四個熊市股市長期走跌之市況，遭到了四次全球經濟危機，但他的投資組合只有在 2001 年時出現過負收益。那年他虧損了，可是他仍舊戰勝了大盤，這麼輝煌的業績被人稱為奇蹟。巴菲特給初級投資者的忠告是：在保本的基礎上賺錢，這是保護自己的重要原則。他比喻說：「如果投資一美元，但一開始你就虧了一半，那想再扳回來就需要 100% 的收益，這麼大的反差幾乎是不可能達到的。」

　　他主張選股的標準首先是「安全」，其次才是「收益」。可是，大部分投資者卻將這個次序顛倒了，人們只看到猶如鏡花水月般的收益，尚未到手的巨大利潤，卻忽視了安全的基礎。就像一個人只看到萬丈深谷的對面長滿了香甜的果子，卻沒有注意腳下的獨木橋是否結實。巴菲特的意思是，追求收益一定要建立在安全的基礎上，不然那些建立在沙灘上的漂亮別墅很快就會被潮水捲走了。

　　「永遠不要賠錢！」巴菲特的這句話，索羅斯不止一次地引用。他們都是世界上最成功的投資者，都非常重視避免無謂的損失，有人說也許這是他們兩人唯一的相同點。第一制勝的投資習慣是什麼？是保住本錢！任何人的投資策略都必須把這一項作為基石，因為巴菲特以他的實際行動為人們指明了這樣做的關鍵意義。「投資首先要學習如何保護本金，而不是如何賺大錢。」華爾街人都知道這句話，能夠保住本金，然後再來談如何取得投資利益。不能做到這一點的人連踏上華爾街土地的資格也沒有。

　　巴菲特從不認為這個世界上存在著最完美的投資，相反地他也認為所有的投資都是有風險的，無風險的投資是永遠不可能達到的。他最大的追求不過是能得到「接近零風險」的投資機會。故而，投資者對於原始投入的保護就成了首要之重，要讓自己的投資組合通過合理的配置，減少總

體風險，並且達到預設的收益目標。在他看來，市場帶來的短期風險並不可怕，如果自己的選擇是正確的，短期風險不會對自己的資本造成根本性的損傷，只有長期投資路線的錯誤才是我們應該警惕的，發生一次就足以血本無歸。所以巴菲特才一生堅持價值投資，選擇那些最優秀的大企業，盡可能地規避長期風險。

在一般人眼中，如果賠了錢，大概都會計算損失了多少錢。但是巴菲特不僅會計算損失掉的錢，還會將本來可能賺到卻沒有賺到的錢包括進去。他在波克夏的一次年會上說：「我最糟糕的決策就是二十歲的時候去了一家加油站上班，讓我損失了 20% 的淨資產，我估計那家加油站讓我一生損失了大約八億美元。」他採用「機會成本」（Opportunity Cost）的觀點，所以看到的不僅是現實的，而且還有因為去加油站上班而錯過的機會，某一部分的資金損失總會涉及到另一部分可能發生的資金損失，疊加起來是一個龐大的數目。

巴菲特認為，如果一家公司失去了它在行業內原有的位置，競爭力出現了根本性的下降，或者你已不再想像對待自己的伴侶一樣擁有這家公司，那麼你的最好選擇是馬上將它賣掉。否則，必然就會帶來一系列的資金損失，造成對該股投資的虧損。長期持有並不是不管三七二十一地死抱到底，對於股價的短期波動可以不關心，但一定要密切注意該公司的長期經營情況。

對一般的投資者來說，保證本金的安全，才可以給我們更大的投資信心。你連本錢都保不住，還談什麼掙錢呢？這是最基本的道理，先保本，再求贏利。巴菲特為我們作出了很好的榜樣，一號法則的投資者只要牢記價值投資理念，辛苦總不會白費，永遠在市場價格低於內在價值的時候買入，即便暫時虧損，也能夠緩慢爬升，最終的優秀業績亦會是令人驚訝的。

巴菲特告誡大家，在投資中要珍惜財富，因為財富的累積是從一點一滴的小事做起的，不要總是幻想一夜致富。巴菲特在投資和生活中也一直堅持這個原則，他的生活方式簡單、傳統、節儉，有時甚至讓人覺得不可思議。在公司內，即便擁有如此高的身價，他也從不鋪張浪費，三十多年來，他的年薪一直都維持在十萬美元，沒有獎金分紅，也沒有股票選擇權。在財富五百強企業的所有 CEO 中，他的薪水是最低的。

這一點在所有人眼中看來，可能難以想像，一個擁有幾百億財富的人，竟比全世界大部分的高階白領拿的薪水都低。可是，他又是全球業績最好的基金經理人，也是美國大公司任職時間最長的一位首席執行官。他優秀的生活作風就像一個大大的特寫，呈現在波克夏公司的股東們面前，很容易讓人聯想到中國人最常用的書畫用語：高山流水。就是這種淡然低調的意境。他讓股東們都知道，巴菲特是你的合夥人，在為你勤奮地工作。而且，他沒有把股東們的共同財產拿去為他自己建造任何紀念物，購買任何私人用品，沒有徒勞地浪費公司任何一分錢。

生活低調的巴菲特不喜歡張揚，不愛拋頭露面，他幾乎所有的時間都用在了閱讀公司財報和分析資料上，私生活十分的低調和安靜。

巴菲特說：「我住在一個似乎有損市容的地方，過著我最喜歡過的簡單、傳統和節儉的生活。」他在奧馬哈市東面的辦公區域正是被當地政府宣布為有損市容的地區，這裡既有富人區，也有貧民區。可是巴菲特一點也不在意，他堅持著量入為出的生活原則，堅持以最低的成本進行投資運作，哪怕是手中持有著最充足的現金。在他看來，現金越多越是對自己有利的資本，但最好一分錢都不要浪費。他對公司的經營理念是：「很少負債或者最好別負債。」例如直到他成為一名百萬富翁以後，才為自己的合夥人公司添置了一台價值 295 美元的打字機。奧馬哈共同基金副總裁威廉・奧康納（William O'Connor）回憶說：「他總是說他不需要打

字機，一點都不需要！我擔任 IBM 推銷員達三十年之久，向他推銷了很長時間，很久之後他才勉強答應，但他並沒有購買昂貴的總裁型打字機，而是選擇了標準型打字機，每家公司的職員辦公室都會放上十台八台的那種機型，巴菲特的公司卻只買了一台！」

無疑的，在巴菲特眼中「保住現有財富」永遠是第一順位的，他說：「不管你有多少錢，少花點錢！」這已經成為了巴菲特投資制勝的習慣：總是在市場低迷時入市，總以最低的價格收購最好的企業。他把錢包看得緊緊的，是「簡單和精明的投資者」之典範人物，為全球所膜拜。他從不承認自己是個天才，而是將成功的關鍵歸結於自己的理性和常識，他認為是自己找到了一條「殊途同歸的投資至理」，「只不過是大部分人都沒有這樣做，而我恰好這樣認真地做了，才獲得了成功。」

「安全邊際」是巴菲特的老師葛拉漢提出來的價值投資的核心，是為了將交易的風險降到最低，對公司內在價值的衡量和估算，找出內在價值與公司股票價格之間的差價。當兩者之間的差價達到某一程度時（即高安全邊際），就可以對該公司股票進行投資。葛拉漢說，儘管公司股票的市場價格漲落不定，但很多公司都具有相對穩定的內在價值，這個變化是穩定的，如無意外，長期內不會明顯變化，除非公司迅速擴張或迅速衰落。合格的投資者，就應該可以精確而合理地去估測這一內在價值，以便與市場價格作出對比，然後決定是否投資。

在《智慧型股票投資人》中，葛拉漢首次提出了安全邊際的概念，他說：「我大膽地將成功投資的秘密精煉成四個字：安全邊際。」巴菲特贊同並且遵從了這一原則，他的收購和投資，都在是以價值投資理念作為操作的核心，以安全邊際的概念作為收購時機的參考。安全邊際的概念可以被用來作為試金石，能夠區分開什麼是投資，什麼是投機。只要是真正的投資，都會需要一個真正高的安全邊際，這個安全邊際是可以通過實際

的資料和正確的推理得到證明的，以求將風險降到最低。

巴菲特說：「安全邊際是投資中最為重要的概念。」他特別贊同葛拉漢在《智慧型股票投資人》最後一章中對匕首理論的反對，作為所謂匕首理論的反方：「安全邊際」的概念，巴菲特說：「我讀過這句話已經五十年了，至今我仍然認為安全邊際的概念非常正確。很多投資人忽視了這個非常簡單的投資座右銘，從而導致他們從二十世紀九〇年代開始遭受重大的損失……我們在買入的價格上堅持留有一個安全邊際，如果我們計算出一支普通股的價值僅僅略高於它的價格，那麼由於安全邊際過低，我們將不會對買入產生興趣。」

其實在正常的情況下，為投資而去購買的一般的普通股，它的安全邊際也就是其大大超過了現行債券利率的預期獲利能力。假設我們以十年為一個週期，股票贏利率超過債券利率的典型超額量有可能達到支付價格的50%，這個資料所提供的空間對投資者來說就是非常安全的。這個安全邊際可以讓投資者避免損失，至少會將產生損失的可能性降到最低點。再延伸可知，如果有二十種或者更多種的股票都存在著如此高的安全邊際，那麼投資組合獲得理想結果的可能性將是很大的，風險也是最低的。在明確安全邊際的基礎之上，對於成功的概念幾乎不用去做任何精確的預測，因為安全邊際往往決定了一切。

沒有使用過安全邊際概念的投資大師費雪也指出，成功投資的根本，在於發現和利用市場嚴重低估某支股票的錯誤。他所稱的這個「錯誤」就是安全邊際，市場對股票和公司低估的錯誤越大，其投資的安全邊際也就越大，這正是所有的價值投資大師都在強調的根本規律。股票價格低於其內在價值，就會形成安全邊際，這個差額越大，安全邊際就越大。於是，價值投資總是能夠持續地戰勝市場，因為它利用的投資機會本身就是市場的錯誤，而市場終究是會改錯為正的，當市場改錯為正的時候，就是價值

投資獲得回報之時。這個回報會源源不斷，絕非短線的價差投機者可比。

　　明確安全邊際，就是減少風險，同時增加投資回報。只有明確了安全邊際，才能對股票市場巨大的波動性和不可預測性作出預防，保證自己的本金不受虧損，降低投資風險。圍繞著安全邊際，買價越低，未來贏利可能性越大，虧損的可能性就越小，同時戰勝市場的可能性也就越大。

2

投資 V.S. 投機

巴菲特說：「股票不應該是我們人生的全部，因此，帶著賭徒心態走進交易大廳的行為是極為危險的。」他告誡人們：即使股票價格存在著不可預知性，買賣股票也絕不是賭博。他主張股友們把股票當做一種正當的投資行為，而不是幻想通過短期的冒險投機達到一夜暴富的效果。事實上，不少股友都是希望一朝發跡，跨入富豪的行列。只要股票稍有漲勢，就會像賭徒一樣不斷地下注，把全部身家都壓在上面。也許偶爾會贏，但更多的結局是傾家蕩產，輸掉全部。

世界各地都一樣，每當股市最火紅的時候，人們賣房貸款湧進股市，就像瘋了一樣，很多人都沒想過股票的價格是不可能一直向上飛升的，它早晚會到達極限，會有跌落的那天。這就是危險的賭徒心態，是不成熟的投機行為。在西方已發生過十數次這樣的案例，股市大漲則人流如梭、群情激昂，大跌則人去樓空、彷徨不安、洗盡泡沫。但是股票的本質是一種成為公司股東的工具，這決定了投資股市只能是一種投資行為和理財方式，絕不是豪賭運氣的俄羅斯輪盤賭。誰清晰地認識到這個道理，誰就擁有更多在股市成功的機會，巴菲特無疑是最早明白這一點的投資大師之一，他一直努力把股市的本質告訴全世界的投資者：「買賣股票決不是奧運賽場上的運動或賭場中的賭博，單靠殊死的一搏根本不可能取得成功。」巴菲特幾十年潛心經營幾支優質股票的成功經歷告訴我們，飛漲的牛市固然可以讓很多人短期內獲益，但能夠在熊市進入股票市場的投資者才是真正值得敬佩的專業行為。牛市雖有，終將一瀉千里，而股票的實際

價值永遠不會只體現在這些變化莫測的數字上。

「只有退潮的時候才會發現誰沒有穿褲子。」這是巴菲特的至理名言。大多數股票市場的投機者最終都會一無所有。那麼什麼是投機？什麼又是真正的投資？巴菲特認為，投機者只關注股價的起伏和變動，並希望上帝賜予足夠運氣，讓自己能從中獲取暴利。可是從長遠看，股票價格不會永遠高於其企業本質的價值。因此，那些把目光放在股票背後代表的企業身上、希望保本並獲增值的人，才是真正的投資者。買賣不是投資股票的目的，而只是手段，營利目標應該透過該企業的增值與獲利來得到實現。而且，巴菲特認為投機者的業績永遠不會超過真正的產業投資者。

作為投資依據的「穩固基礎理論」與「迴歸分析」和「外插法」可以為投資對象找到它內在價值的穩固基點，無論是不動產還是股票，抑或是各類債券和各大公司，都可以根據過去和現狀分析出未來某種模糊走勢，投資者再根據走勢的發展決定自己在哪一點買進或賣出才是有利的。先找到不變的價值，再根據價格的變動，兩者作出比較。巴菲特一直在這麼做，事實上，任何優秀的投資者都在採取這種辦法。而投機理論則完全基於選股與買賣時點的冒險，賭博的目的是單純的暴利，這種心態決定了投機者無法對股票背後的企業產生根本上的興趣。

在投資市場上，想投資的人永遠多過已經開始投資的，收益少的人多過收益高的，落魄失意的人多過點石成金的。是什麼造就了這個殘酷的事實呢？巴菲特認為，正因為投機看起來輕易可得，才讓大部分人都帶著博取最大利益的想法走進股市，他們不是懷著投資的目的，而是抱著一賭定輸贏的投機心態。有太多的人想成為暴發戶，希望第二天早晨醒來可以一夜致富。但真有這等美事嗎？造物主一向公平，祂給你最大誘惑的同時，也會埋下一枚毒性最大的尖刺。在你通往金山的路上，那條看似最快捷的道路下面，往往就是一個巨大到足以讓你萬劫不復的陷阱。

「那將是危險的開始，永遠不要有博取最大利益的想法。」巴菲特說，「短線投機往往依靠市場的機率，這註定了成功者只是少部分人，大部分人都會淪為市場的犧牲品。」他說到了本質，少數人投機成功的收益，來自於大多數人投機失敗的損失！只不過是總量不變的財富在一瞬間換了主人罷了。所以投機者們理論上最終是「零和」（Zero Sum）的！若再扣除交易成本和稅費，大多數投機者的報酬為負數也就不足為奇了。

巴菲特杜絕投機，就是因為短線靠機率，中線靠技術，而長線操作和集中投資才能展現投資者的智慧和眼光。那才是投資家的遊戲。對於市場來說，集中長期的投資也是有益的，利於鞏固金融市場的穩定，推進整體經濟的真正發展。

投資大師羅傑斯（Jim Rogers）也從一個側面同意巴菲特的這句話，他說：「我總是發現自己埋頭苦讀很有用處，我發現如果我只是按照所理解的行事，既容易又有利可圖，而不是需要別人告訴我該怎麼做。」羅傑斯呼籲投資者要抵禦表面的誘惑，遵從內心的判斷，而不是頭腦發熱，跟風投機，做那些膚淺和有傷體面的事情。那些最熱鬧的場面，獲利者其實寥若晨星，大多數都是去趕場的看客，既損失時間，又浪費錢財。

巴菲特和羅傑斯一樣，都講究規避風險的重要性。對於成功的投資者來說，這是財富累積的基礎，為了並不確切存在的市場機會，如果你去冒大險，你更有可能以大損失而不是大贏利來收場。你全身傷痕累累，卻仍舊兩手空空，除了獲取了慘痛的教訓，你一無所獲。

索羅斯說：「在金融市場上，生存有時候意味著你必須及時撤退。」必要的時候，保守反而是安全的。明知上空到處都是熾熱的子彈，你偏要端著槍躍出坑道，殊不知勇敢的精神和壯烈犧牲的美名從來不是戰爭的真實目的。戰爭的目的是勝利，不是讓你變成死人。這和資本市場一樣，投資的目的是賺錢，而不是無謂地燒錢。

巴菲特說：「如果證券的價格只是真正應有價格的一個零頭，那購買它們就毫無風險。」

該如何理解這種觀點呢？本世紀最出色的兩位投資大師給予我們的忠告恰恰就是如何避免冒險，即便一個投機的市場機會看起來回報是那麼的美妙，我們也要看到它背後蘊藏的不動聲色的市場波動——它也有可能是市場先生為我們精心準備的騙局，是一場名符其實的鴻門宴。然而，嗅到一絲風險就馬上撤出也是不對的，想做到絕不沾風險的遊戲，前提是對投資目標的分析能像巴菲特那樣準確，或是像索羅斯那樣敏銳。

很多投資常識方面的專家教導我們：一分風險一分回報。但在巴菲特看來，這是不對的，最大的風險也常常意味著毫無回報，而最大的回報，或許它的風險係數是最低的。「一切取決於你的投資性質，你對投資對象的分析和對市場的調查，你是否願意與它終生相伴，是否做好了長期承擔責任的準備。」巴菲特告誡全球的股友們，「你一生要幹的事業無非是，尋找一個在風險極小甚至不存在風險的機會，把所有的本金都投進去，然後跟著它一輩子賺大錢。」

說白了，這依舊是價值投資理念的無限擴展。相反的例子則是索羅斯，他是利用市場的泡沫或缺陷進行投機的對沖基金之代表，也許他對巴菲特的這句話並不認同，但事實證明，索羅斯每隔幾年的確就有大傷元氣的時候，例如他成功偷襲了英鎊，但在東南亞卻遭遇慘重的失敗。這說明再高明的投機者都無法保證自己次次都贏，哪怕是最輕而易得的機會，風險往往就躲在裡面等著你，伺機給你重重的一擊。當巴菲特已成為股神與世界首富，把大筆現金往外推的時候，索羅斯的財務狀況卻陷於低潮，正對外募集資金中……所以，投機很難持續幾十年地高複利成長，而價值投資法卻可以做到，在財富高速成長的同時，也不會影響自己輕鬆愉快的生活。巴菲特說，關鍵在於克服各種機制的缺陷，以及人性的弱點，找到好

企業，集中投資，長期擁有，就會獲得滿意的回報。

投機很複雜也很痛苦，一旦失敗往往意味著巨大的損失。投資則是一項智慧的行為，它是生活化的商業活動，而非投資者的人生負擔。

巴菲特不喜歡冒險，堅決不做任何投機，但他的價值投資法依舊回報驚人。有人曾做了統計，證明巴菲特已經成功地在市場上先後吸收一兆美元以上的資金，幾乎沒有遇到過讓他傷腦筋的地雷公司。他的投資生命也很長，五十年後仍然屹立不搖，而且累計獲利已達千億美元。

正因為投機理念與投資價值觀有著截然不同的分析系統和操作路線，所以分清投資和投機的區別，是從業餘股友走向專業行家的第一步。但是這兩者之間的概念又很模糊，你說在你認為的低價位買入五百元的宏達電股票是投機還是投資呢？也許你起初的願望是在高價位時賣出獲利，但隨著價格的不穩定，你賠了錢，只好變為長期持有，而且不能保證將來的某一段時間內肯定會漲，此時的你其實已經從一個投機者變成了某種意義上的投資者。你開始去關心企業本身的基本面，不再把焦點對準股價K線圖之類的玩意兒。這說明投機與投資之間也會發生轉化。投機者在遭受挫折之後有可能變成理性的投資者，而投資者也會因為失去耐心而作出盲目的投機行為。判斷的標準正是巴菲特說的是否產生了「賭徒心態」。當股友產生了這種心態時，往往就會失去理智，孤注一擲，贏了還想賺得更多，輸了則急於翻本，於是陷入一種惡性循環，不可自拔。

喜歡去賭場玩吃角子老虎拉霸機的人對此會有較深的體會，哪怕是中獎的期望值高達投入的90%，最後在算總帳的時候一定還是賭場賺錢，因為它穩賺那10%，中獎的這部分其實只是一部分幸運兒去瓜分。其中有人賺了錢，但更多的人則是賠錢，他們都是投機者，而賭場老闆才是投資者。就是這個道理，無數的投機者擁入股市，其中絕大部分的人只是進來送錢，這些錢小部分進了投機成功者的腰包，大部分則歸於理性和成功

的投資者。可以說，這是一條食物鏈，投機者處在最底端，翻身的機會極小，除非改變思路，讓自己變得聰明務實，不再急功近利。

區別投資和投機的關鍵在於它們獲利的方式，投資是以長期增值的方式獲利，而且有著理性的預期，具備時間和收益的可預測性。投機卻不然，就算是最大膽的天才賭徒，當他走進股票市場，在排除他知情即將發生的重大資訊等內線消息的前提下，他不可能預測出對某一支股票的投機行為是否會在未來兩個月內給自己帶來豐厚收益。不把主要精力放在股價上的人才真正具備大智慧。在股票市場耍小聰明的人，從長期來看，大多沒有好下場，即使短期獲利，最後往往也會受到傷害。

巴菲特深以為然，也因此他努力使自己遠離任何的投機行為，但是該如何具體區分哪項買進不是投機，卻也沒人可以做到。環境在不斷變化，投資成功的轟動效應會引來投機的盛行，投機的過度又會產生市場的強烈反應，比如股災或大範圍的熊市，這時，市場又蘊藏著新一輪的投資機會。它們不斷在發生轉化。巴菲特建議我們注意判斷股票市場當前正處於這個迴圈的哪一階段，以決定自己應該要耐心等待還是果斷出手。至於「短期之未來某一階段的行情」這種賭徒預測心理，巴菲特認為是一種投資還不成熟的表現。事實上，股票的價格波動永遠具備不確定性，沒有人可以預測，巴菲特也一樣，因此這是一個不必考慮的問題。

3

抓住機會來的一瞬間

　　最好的投資時機在哪裡？巴菲特說：「當優秀的公司暫時遇到困難，就會導致這些公司的股票被錯誤低估，這時就是巨大的投資機遇。」在他看來，股價大跌恰好會形成巨大的安全邊際，是投資者低價買入的最好時機。當企業解決問題以後，市場重新認識到它的實際價值，股價就會大幅回升，從而讓投資者立於不敗之地。就像一首歌：「陽光總在風雨後。」巴菲特總是在尋找這樣的優秀企業。

　　這是巴菲特一直奉行的「反向投資策略」，股價下挫反而應該加強買進股票的決心，保證低價位的成本付出，一旦公司的經營狀況好轉，其利潤回報是極為豐厚的。當然這也存在著風險性，如果對情況判斷失誤，公司倒閉，股票清盤，投資者往往會遭受重大損失。巴菲特提出的解決辦法是「強調選擇性」，即股價下跌並不能成為投資購買該股的充分理由，操作的關鍵在於：確定是業績優秀的公司，只是遭到了市場的誤解，股價的表現正好與公司的實際價值和優異的業績相反。股友們尤其要記住這兩個標準，不要以為只要價格低就是機會來了。

　　當優秀的公司暫時地被市場誤解後，由於擔心這家公司解決不了存在的問題，贏利能力會大幅下降，市場就會在股價上產生過度的反應，結果是大量存在著投機行為的人們紛紛拋售股票，造成股價的下跌，所謂「跌時超跌，漲時超漲」。市場先生一向是勢利眼，它無情地將這支股票拋棄了，但其實這家公司完全有能力度過危機，而人們卻看不見。這就像一張嶄新的千元大鈔被踩到了腳下，弄髒了，踩爛了，揉皺了，愛好體面

的人們忽視了它的存在，但是撿起來把它撫平以後，它還是可以流通使用的。巴菲特找到的就是這樣的公司，他希望這些掉在地上被弄髒的錢越多越好。

危機的真正含義在於「危」與「機」並存，危險的存在同時也意味著機會的蘊藏。只有那些最理性的投資者，才能從一家卓越企業的危險中看到機會，並抓住機會進行投資。挽救一家這樣的企業，就等於為自己預定了未來的鉅額利潤。巴菲特幾乎所有的核心股，都是在這些大公司遇到重大危機時低價買入的，例如像 GEICO 公司，當它面臨破產時，巴菲特低價買入，在二十年的時間內贏利超過五十倍。

反映巴菲特的這一投資哲學的最著名例子是美國運通銀行，它是全球歷史最悠久、實力最強大的銀行之一，創下了很多世界第一。1891 年，美國運通率先推出了通行全球的旅行支票，1958 年，又是它第一個推出了信用卡，引領了一場信用卡代替現金的銀行消費革命。這是一家偉大的企業，但到了二十世紀六〇年代，美國運通遇到了極大的危機，遭受了重大的詐騙事件，損失金額接近 2 億美元。危機爆發後，華爾街出現了拋售美國運通股票的高潮，1964 年初，短短的一個多月，股價就從 60 美元跌到了 35 美元，跌幅 40%。這時，巴菲特出手了，他通過實地調查得出了美國運通並不會被打垮的結論，隨後拿出了自己公司 40% 的資金大筆買入了美國運通的股票。果然，危機解除後的美國運通在接下來的兩年內股價上漲了三倍，五年內上漲了五倍，巴菲特的判斷得到了驗證。

投資時機非常重要，即使它是一家最優秀的企業，也要選對投資良機，你就等於成功了一半。這也是巴菲特最重要的投資技巧之一。他說：「投資藝術其實就是對時機把握的藝術，選擇了錯誤的時機，註定是失敗的投資，而抓住好的時機，就等於成功了一半。」那什麼是好的時機呢？

第一，卓越企業遇到了危機，看上去似乎前景黯淡，飽受質疑，其實只是暫時的困難，這時你大膽介入，往往最後能夠大獲成功。如果一家企業非常優秀，但它這時一帆風順，在市場上火得燙手，紅透了半天邊，股價高得嚇人，這時你再投資，未來的回報空間其實就很小。

第二，買價的高低，巴菲特認為，當優秀企業的市場價格遠遠低於它的真實內在價值時。買價的高低直接決定了投資回報率的高低，最好是可以用一般的價格，買入一家非同一般的好企業。合理的價格，也是巴菲特在投資前必會考慮的首要因素。

要記住這句話：**優秀企業並不意味著你隨時都可以投資，並隨時可以獲得高額回報。**

如果手中的股票不再符合自己的投資標準了，你怎麼辦？巴菲特的建議是，當這個企業的經營模式與特徵發生了變化，管理層迷失了方向，或者說，企業失去了它的「護城河」，已經不符合你的投資理念，對你來說繼續持有就意味著風險的不斷加大，那麼你應該果斷地將其賣出。但是我們很多股友們，此時往往會犯情緒主義的弊病，寧可被套牢，寧可冒著天大的風險，也要死死抱著，最後出了問題，就只能怨天尤人了。

如何判斷這樣的企業？第一，堅持安全邊際原則，這是價值投資的核心，可以確保你的投資永不虧損，是成功投資的核心。如果這支股票、這家公司不再符合你的安全邊際的標準，你不要猶豫。第二，對風險的規避原則，要確保資金安全，盡量進行零風險投資。巴菲特所有的投資投入，都是遵循「接近零風險」的投資理論。這個理論建立在股市的非短期股價波動之上，投資者可以從企業本身的經營狀況去發現，但不能僅由股票價格去決定。第三，停損原則，如果損失即將發生，你怎麼辦？巴菲特認為，投資者應該根據自身的情況，在投資前合理地制定一套停損計畫，確定合適的停損幅度。停損原則的最好選擇點就是一經發現股票的危機時，

主動停損，保存實力，比贏利更重要。

巴菲特與一般投資者最大的不同之處，就是他很少去注意股市的股價與指數起伏和市場的買賣熱潮，他只參考各大企業的年度財報，從中估算出每個公司真正的內在價值，並利用「葛拉漢──陶德理論」，算出最佳的安全邊際，由此來判斷最理想的入場時機。他常說，這就是「投資」與「投機」的差別。

藉由以下的示意圖，我們希望能讓讀者明白「投資者」的巴菲特與其他「投機者」的不同之處。

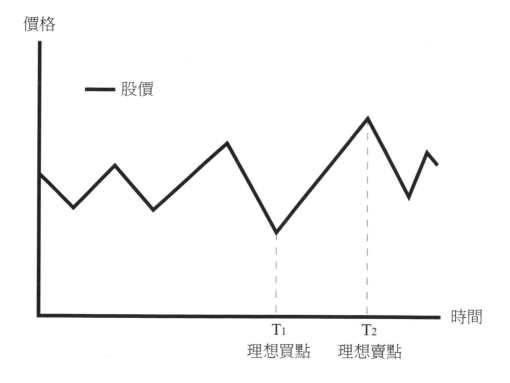

以上圖為例，這條曲線代表某企業的股價在一段時間內的起伏變化。在這個區間中，股價的最低點位於 T_1 這個時間點，最高點則發生在 T_2，

若以最直觀的角度來判斷，一般人都會認為最佳的買入點應該在 T_1，而最佳賣出點則是 T_2，但這些人或許還不知道，自己在不知不覺間已落入了「投機者」的窠巢，因為大部分的「投機者」來到 T_1 時間點時，真的敢買嗎？

由於此時並不知 T_1 時點之後，未來的股價走勢，所以大部分的人均會錯過所謂的「理想買點」。反之，不言可喻：當時間來到 T_2 時，股友們真的願意賣股嗎？

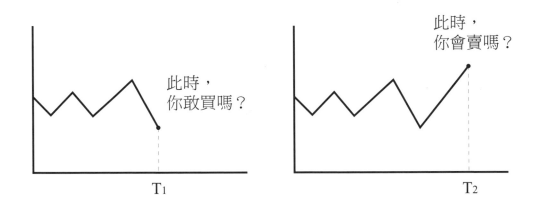

一名如同巴菲特一般的「投資者」，不會僅根據一時的股價輕率決定買進點與賣出點；由於市場往往會過度反應投資人的信心以及企業的真正價值，若是傻傻地被人牽著鼻子走，那十分有可能錯過最佳的操作點，落得「事後諸葛」的遺憾。

巴菲特在決定買入或賣出時，除了參考股價之外，更會對企業的「內在價值」進行一番考察、鑽研。現在，就讓我們加入這間企業的「內在價值」來比較：

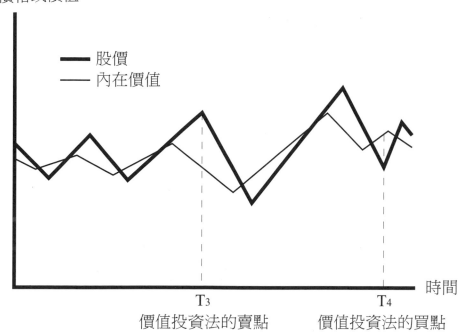

真正的「巴氏投資者」在判讀買賣時機時，必須對照兩種數據通盤考量，從圖上，我們可以看出股市往往對市場諸事過度反應，例如公司捲入醜聞、經營者過世、大環境或行業的不景氣等發生時股價會大跌！此時股價並無法正確地代表一個企業的實際價值。然而，一個真正優良的公司，股價絕不會永久低迷不振；一個虛有其表的公司，股價也絕不會一直站在高檔。也因此，熟悉企業的本質與真正的價值對於投資而言必然是重要關鍵之一。藉由「股價」與「內在價值」的比照，我們能尋找出投資風險最小、也最有機會賺進最大獲利的買入點與賣出點。

上圖除了較粗的股價線以外，又多了較細的「內在價值」曲線，這兩條曲線在任一時間點的縱向差值，即代表了「股價」與「內在價值」的差距，也就是巴菲特時常提到的「安全邊際」。如圖，在時間點 T_3 時，

這間公司的股價被嚴重高估，雖然股價未必會是最高點，但可以預期，隨著時間經過股價遲早會降回符合企業本質或更低的價格，因此，為了規避股價隨時可能下跌的風險，T3 正是最理想的賣出時機，也正是巴菲特會選擇出市的時機。

　　同樣的道理，在時間點 T4 時，儘管股價並未跌破前段低點，但這間公司的股價已受到過份低估，隨時有可能回漲到與內在價值相同或更高的價格，因此，睿智的投資人應該選擇在這個時候買入股票，此時安全邊際高，風險就低！這也是巴菲特會選擇的入市時機。

　　事實上，在巴菲特的投資原則裡，「安全邊際」是十分粗淺且理所當然的論點，若是想更深入探討股神的投資智慧，就不得不進一步對圖形作出處理。筆者以自身擅長的數學推導對這張圖做出以下處理：

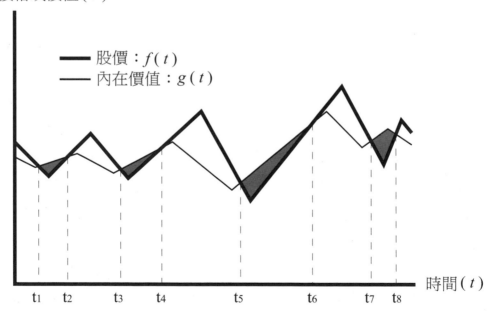

　　如圖所示，定義「股價」函數為 $f(t)$，定義「內在價值」函數為 g

（ t ）， t 為時間，兩者相減的值 $g(t)-f(t)$ 即代表「安全邊際」。一般來說， $f(t)=G(g(t))$ ，也就是說股價的波動會直接受到內在價值影響，但會有時間延遲（time lag）之現象，且「漲時超漲，跌時超跌」，例如三星與蘋果的官司敗訴，須賠償約 300 億，但市值卻因此跌了 9,000 億！所以價格的起伏比價值的起伏劇烈甚多（所謂過度反應是也）。然而，這只是一種理論性的說法，在現實中，兩線極難完全吻合百分百的函數關係！

圖中兩曲線之間塗灰了的區域，安全邊際 $g(t)-f(t)>0$ ，意即這些區間內股價遭到了低估，因此理論上，股價在未來的趨勢應該是上漲的，對於持有股票者而言，此時它就是一支未來具有「潛力」的股票。

那麼若我們採用數學上的積分計算，將這些灰色區域的面積加總：

$$\int_{t_1}^{t_2}[g(t)-f(t)]\,dt+\int_{t_3}^{t_4}[g(t)-f(t)]\,dt+\int_{t_5}^{t_6}[g(t)-f(t)]\,dt+\int_{t_7}^{t_8}[g(t)-f(t)]\,dt+\cdots$$

加總後的值即是圖中所有灰色區域加起來的總面積，它代表了「安全邊際」之總和，即巴菲特所說的「護城河」之水量。當護城河的水量越充足，代表投資這家企業的安全屏障就越高，所要承受的風險也就越低；反之，護城河水量越貧乏，投資這家企業的風險就相對提升，此即為價值投資法的精髓，也是巴菲特在選股上與眾不同的參考依據。

巴菲特說過：「投資的秘訣在於，在別人貪婪時恐懼，在別人恐懼時貪婪。」他告誡大家，在投資中要戰勝人性貪婪和恐懼的弱點，敢於「人棄時我取，人取時我棄」，這種逆勢而為的投資策略能夠保證自己長期站在冷靜理性的少數人的那一陣營中。

1968 年，巴菲特第一次碰到大牛市，他的選擇是退出股市。儘管當

時美國股市的氣氛近乎瘋狂，日均交易量高達 1,300 萬股，比 1967 年的最高紀錄還要高出 30%，但是巴菲特卻敏感地意識到了潛伏的危機，這種喪失理智的股價攀爬絕不可能持久，一定會重重地摔落下去。最後他拿定了主意，解散他的合夥人公司，以便規避風險，避免所得的贏利付諸東流。在牛市的高潮中，他發布了退出宣言：「我無法適應這種市場環境，同時我也不希望試圖去參加一種我不理解的遊戲，而使自己像樣的業績遭到損害。」事實證明他是對的，1970 年，股市大跌，人們紛紛逃散，聞「股」色變，但這時，巴菲特卻又進場了，因為他看到了可以讓他接受的價格，看到了那些暫受傷害的優秀股票。後來全球股市繼續大跌，人們又像患了恐懼症一樣四散而逃，作為理性的投資者，此時你們怎麼選擇呢？是跟著一起恐懼喪失機會，還是像巴菲特一樣，在別人恐懼時貪婪，抓住天賜良機？

到了 1972 年，巴菲特碰到的第二次大牛市，他作出的決定是賣出大部分的股票。他「見好就收」，搶在價格反轉之前，保住已得的利益，能夠如此果斷，又一次證明了他所講的投資秘訣是屢試不爽。當時，所有的投資基金都集中到一群市值規模大和聲名顯赫的成長股上，像寶麗來、柯達和雅芳等，它們的平均本益比上漲到了驚人的八十倍。巴菲特的苦惱在於股價太高，他難以買到價格合理的股票。故而，他大量拋售，只保留了16% 的資金投放在股票市場，其餘的 84% 都去投資債券或者以現金方式持有。他的判斷如此精確，1973 年，股價大幅下跌，道瓊指數不斷回落，整個市場都搖搖欲墜。在別人貪心時，巴菲特再一次用自己的「恐懼」戰勝了市場。

隨後的 1974 年是罕見的股市低迷期，道瓊指數從 1,000 點跌到了500 多點，幾乎每一支股票的本益比都是個位數，人們都在紛紛拋售，想盡一切辦法逃離，沒有人願意繼續持有股票。在市場的悲觀聲中，人們聽

到的卻是巴菲特的高聲歡呼，他再次進場，當別人「恐懼」時，他用他的「貪心」表達了對股票上揚趨勢的信任。他對富比世的記者說：「我感覺我就像一個好色的小夥子到了女人國，投資的機會來了！」這是理性的歡呼！

他不僅堅持這種「熱則退市，冷則進市」的逆向投資原則，而且在對待高科技股票時的態度，也體現出了自己高人一等的判斷和近乎神奇的固執。從 1995 年到 1999 年的幾年間，美國股市上漲了近 150%，又是一個前所未有的大牛市，這其中最大的推動力來自於網路和高科技股票的迅猛上漲。大部分的投資者都湧向了這一類股票，巴菲特卻拒絕投資科技股與網路股，他堅決地繼續去持有美國運通、可口可樂和吉列等傳統產業公司的股票，並不因為別人的貪心而貪心，相反地，他對高科技行業表達了看不懂的「恐懼」。1999 年，巴菲特敗給了市場，虧損 20%，是他在四十多年的投資生涯中業績最差的一年。面對股東的指責，巴菲特不為所動，他作出了後來被奉為經典的分析：「儘管這一年的經營業績十分令人失望，我們仍然相信這些公司擁有十分出眾的競爭優勢，而且這種優勢能夠長期持續保持，而這種特質，是取得長期良好投資業績的保證。……儘管我們也同意高科技公司提供的產品與服務將會改變整個社會的這種普遍觀點，但在投資中我們根本無法解決的一個問題是，我們沒有能力判斷出，在高科技行業的眾多公司中，到底哪些公司擁有真正長期可持續的競爭優勢？」

早在 1986 年，巴菲特就已經清楚地表達了他對大牛市的看法，其中包括他上述對高科技股的這一論述觀點：「沒什麼比參與一場牛市更令人振奮，在牛市中公司股東得到的回報變得與公司本身緩慢成長的業績完全脫節，看上去那是暴利。然而不幸的是，股票價格絕對不可能無限期地超出公司本身的價值。實際上由於股票持有者頻繁地買進賣出以及他們承擔

的投資交易成本與稅費，在很長一段時期內他們總體的投資回報必定低於他們所擁有的上市公司的業績。如果美國公司總體上實現約 12% 的年淨資產收益率，那麼投資者最終的收益率必定低得多。牛市能使數學定律暗淡無光，但卻不能廢除它們。」

這正是他拒絕在牛市時陷得太深的原因，也正是基於這一點，跌到谷底的熊市往往令他興奮。時間到了 2000 年，事實再次證明巴菲特是正確的，他的原則不容置疑。美國股市從 2000 年到 2003 年連續三年大跌，累計跌幅超過了一半，同期的巴菲特公司的業績卻上漲了 30% 以上。1999 年他暫時敗給了市場，但四年後的結果表明，長時間他還是戰勝了市場。

巴菲特說：「大牛市不可能一直持續，過高的股價最終必然回歸於各公司真正的內在價值。」這是他與眾不同的投資信條，他始終以股價與公司內在價值的對比作為參考。就像溫度，正午時，室外溫度達到四十度，說明已經遠遠超過了室內溫度，到達了極限，這時再企盼它繼續上升是不可能的，過了正午它馬上就會下降。而在夜間的凌晨時分，室外溫度往往只有十度甚至更底，已經低到了谷底，這時再感到恐慌就是完全沒有意義的，因為隨著太陽的出來，它馬上又會上升了。

4 在紛雜的市場裡保持理智

巴菲特在 1950 年讀到了葛拉漢的大作《智慧型股票投資人》。後來他坦言：「這是對我一生影響最大的一本書。」這本書使巴菲特建立了一個最主要的信條：只有當投資有明確目的性的時候，才是最明智的。巴菲特解釋說：「投資不應該受感情、希望和恐懼以及潮流的擺佈。」這是投資的真諦，他在讀完這本書之後馬上就領悟到了，也讓他暗下拜葛拉漢為師的決心。

感情、希望、恐懼、潮流，這是人類本身極為正常的情感。人類有追逐潮流的欲望，總是希望有某種風尚指引自己前進，免去自己的苦思之勞。而在受到不確定的未來之考驗時，人類又通常對困難變得恐懼和過度擔憂。在成功似乎馬上變成現實時，在形勢越來越好時，人類也會失去理智，貪念佔據大腦，主宰意識，控制自己的行動。對投資者來說，這些豐富的情感活動絕不亞於「最邪惡的魔鬼」，它們經常會在最關鍵的時刻跳出來，干擾投資者的決策，從而使他放棄正確的策略，作出錯誤的舉動。

股市是個充滿迷信和內幕消息的領域，到處都有不明就裡的人在頻繁臆測，大量而複雜的消息就像無源之水，充塞著投資者的耳朵。沒有人確定哪一條消息是千真萬確的，也沒人敢保證自己的想法就一定是正確的，似乎每個人都是騙子，包括自己。這時候，心理素質的穩定就成了成敗的關鍵，誰能以最快的速度理清思路，排除外界不利因素的干擾，在多變的市場裡比別人快一步，就能夠擁有更多成功的機會。

巴菲特無疑就是這樣一位心理素質出色的投資大師，當大部分的人都相信別人的嘴巴時，巴菲特卻能相信自己的研判。在股市中，有時大多數的人都認為對的事情，到最後經常就是錯誤的。群眾的眼睛並不總是雪亮的，真理並不在大多數人手裡，事實往往掌握在少數人的手中。各種真假難辨的資訊在眼前晃來晃去，影響著人們的判斷力，這種情況下，很多人的表現比他們真正的智商低得多。但是巴菲特卻是最冷靜的那個人。

　　葛拉漢說：「投資者的頭號大敵不是股票市場，而是他們自己。你可能擁有出色的數學、金融以及財會知識，但如果你不能控制自己的情緒，就絕不可能在投資過程中獲利。」我們要明白，投資不是消費，我們最好找人少的那條路走，大家都聚集的地方未必就是好地方，投資不能跟風盲動，一定要像巴菲特那樣，找到並且堅持最適合自己的投資方式，所謂「謀定而後動」是也。

　　我們在巴菲特的投資歷程裡，會發現很多葛拉漢的影子，那就是絕對的理性。葛拉漢在自己的兩部著作《證券分析》和《智慧型股票投資人》中，都用大量的篇幅解釋了投資者的群體感情是如何像傳染病一樣影響著股價的上下波動，以及感情的投資情緒是如何使股價波動變得不正常的。巴菲特同樣看透了這一極具欺騙性的市場假象，正是無數投資者的熱情使得市場出現了這種非理性的狀況。

　　「如果你保持著清醒的頭腦，就可以從中找到最佳的投資機會。」巴菲特指的是由群眾心理變化導致的股價被高估或被低估。價格的這一變動，很大程度上取決於人們的心理狀況。葛拉漢據此創造出了「市場先生」理論，講述了市場的多變，並希望投資者理性地看清這一點。

　　巴菲特說：「絕不能因為一支股票漲了就買入它，或者是看到它跌了就賣出。恰恰相反的是，我們應該保持清醒的頭腦，在一支好股票持續

下跌時買進，而在它持續上漲時賣出……作為我來說，我會在人們都逃出股市的時候進入，而在人們都湧進股市時退出。」巴菲特的這一觀點來自於他對「市場先生」的充分認識，如果只依靠市場的冷熱進行買入或賣出，早晚有一天會被市場欺騙。這是對市場的盲從，投資者應該克服自己對價格的恐懼感，在大多數的時間內對市場的行為不要給予太多關注，只需要去確定市場給你的價格是偏高還是過低，然後依此作出最適合你的決定。

巴菲特對「市場先生」從來都是不信任的，他告誡我們：「真正理性的投資者，應該能夠忘記股票交易市場，而只去關心他的分紅，還有這家公司的經營業績就好了。」同樣的觀點在葛拉漢那裡也能夠找到。如此理性的心態，保證了他們從來都不會與大部分的「市場人士」為伍，最後的事實往往表明他們這些特立獨行者是市場中的勝利者，即便是在市場都潰敗了的時候。

兩位投資大師告訴我們，在資本市場的投資，必須是理性的。首先，要有自己的投資理念和策略，在力所能及的範圍內進行投資，拒絕投機行為，以合理的方式賺錢；其次，要堅決地克服盲目的強烈的經常出現的買賣欲望，把所有的雞蛋都放到同一個籃子裡，小心地看管好。巴菲特同時說：「如果我們太敏感，小道消息就會對我們造成傷害，我的建議是，拿著股票回家，關閉門窗，戴上耳塞，最好十年後再出來。」他的這句話，反映了一個極其冷靜的心態，只有像巴菲特一樣時刻保持著清醒的頭腦，不受市場表面現象的誤導，才能將風險降到最低。

對自己將要投資的股票背後所代表的公司及業種要做到心中有數，知道該產業未來發展前景，弄明白基本面。所謂「不熟不做」，即是此理。瞭解最基本的投資分析方法，對於如何瞭解公司的基本面，要有一套

最正確的判讀方法，當然，對財務報表分析要有基本的知識。

對自己的經濟實力要有自知之明，不做超出自身負荷能力的投資。要確定投資的風險是自己可以承受的，對投資目標的盈利水準要有瞭解，也就是以「不虧損」為基本原則。

不要將投資當成賭博行為，不要將全部的寶都押在一次的勝敗上。擺正心態，將目光看長遠，堅持長期持有，不受市場的短期波動的影響，像巴菲特說的「我們要做投資者，而不是投機者」。

不要迷信華爾街並聽信謠言

1989 年，麥哲倫基金的經理人彼得‧林區專程去拜訪巴菲特，想看看比自己業績更好的巴菲特是如何做投資的。他進入巴菲特的辦公室，左看右看，越看越納悶，最後忍不住問道：「巴菲特先生，我很奇怪，你的辦公室怎麼沒有電腦，難道你從不看行情嗎？」巴菲特笑說：「我從來不關心股價走勢，也沒有必要關心，如果我看了，或許它會妨礙我作出正確的選擇。」

巴菲特勸誡人們不要迷信華爾街，不要聽信謠言，要堅持內心的投資原則。很多正在跌價的股票被華爾街的專家戲稱為「煙蒂」，但是巴菲特卻積極地追蹤購買，並不會計較這些股票短期的得失，更不去理會華爾街的各種小道消息。因為在他看來，謠言越多，就越意味著市場中存在著大量的介入的機會，越是被華爾街看低的股票，它的安全邊際可能反而越大。

葛拉漢也曾說：「一個人離華爾街越遠，對其所謂股票市場預測與選擇買賣時機的主張也就越發懷疑。對於真正的投資者來說，華爾街並不值得真正信任。」巴菲特對這句話深以為然，他將公司總部放到了偏遠的

奧馬哈市，遠離紐約，表明了他對市場預測毫不相信的態度。他不去預測市場的短期動向，也不相信華爾街的任何人能夠完全準確地預測這一點。而對於市場的長期走勢，他認為也是不必要去預測，因為經濟大勢總是會向好的方向駛去。巴菲特說：「股票預測的唯一價值是使財富的統計數字好看一些，如此而已。」對於某一支股票，他從不去預計在什麼時間內，它的市場行情會上漲或下跌，他的目標並不在這上面。由此，他總結出了「在別人貪婪時恐懼，在別人恐懼時貪婪」這樣的經典投資名言。

巴菲特的理由是，由於機構投資者（例如華爾街的那些專家們所代表的法人）的行為往往不穩定或者不合邏輯，而個人只要堅持考慮簡單的企業基本面的情況，就能夠輕易地獲得收益。所以，個人與專業法人機構投資者競爭時，並不意味著必然會處於不利的地位。倒是相反，華爾街經常犯下讓人啼笑皆非的錯誤。按照巴菲特的說法，個人只有在迫不得已的情況下，必須要盡快賣出股票時，才會處於不利的地位。對於華爾街的資訊，巴菲特建議個人投資者有選擇性地進行參考即可，而不必全盤依附在上面，就像寄生在宿主的身體內，一旦這個宿主死亡，那作為寄生者的投資個體，也將會無處可逃。

投資者必須為市場的變動做好財務和心理上的準備，必須能夠料到股價是經常會波動的。那麼，如果你進入股市，你就必須具備承受價格跌落一半還可以毫不慌亂的能力。做到這些的巴菲特最終取得了成功，他甚至不時地對華爾街不以為然，他經常在幾乎整個華爾街都仇恨或漠視某個好企業的時候收購它、購買它的股票。換言之，他經常與華爾街的「仇人」親密有加，而不是像大多數人那樣聽從華爾街的「判決」而遠離這樣的企業。例如在二十世紀八〇年代，巴菲特購買可口可樂和通用食品公司的股票時，整個華爾街對他嗤之以鼻，幸災樂禍，等著看他的笑話。然而事實證明巴菲特的這兩次收購都是大獲成功，股價早已翻了四到五倍。當年的

主流言論，如今看來不過是可笑的短視之語。

　　即便在金融恐慌期間，巴菲特也不怕作出重大的購買決策。此時在他眼中，依舊不會正眼瞧瞧所謂華爾街的專家們一眼。他說：「造成證券低價最普遍的原因是悲觀主義，有時是瀰漫全部股市的，有時又僅侷限於一家公司或一個行業。我們希望在這樣的環境下投資，不是因為我們喜歡悲觀主義，而是我們喜歡由此產生的價值價格差（安全邊際），樂觀主義是理性投資者的敵人。」巴菲特笑言：「如果大家都是樂觀的，那我就沒飯吃了。」

　　「風險是來自於你不知道自己在做什麼。」巴菲特以此告誡大家，學會投資，再做投資，不要做沒有素質的糊塗投資者，更不要做隨風倒的牆頭草，要理性地去看待投資與市場的關係，要與市場的主流想法保持一定的距離。

不要擔心經濟形勢和股價漲跌

　　在巴菲特看來，災難同時意味著機會。巴菲特早就提醒過他的股東，想要投資成功，就必須對企業具有良好的判斷，並且使自己免受市場先生控制的「市場情緒」來影響。巴菲特說：「那些可以擺脫市場情緒的感染和左右的人，才是理性的投資者，他們具備成功的條件。」他將眼睛一直盯著企業本身，而不是它的股票所在的股市。

　　可是，投資者們入市後卻經常容易受到股價變動或經濟短期形勢的影響，心態的急劇頻繁變化，控制著投資者的買入或賣出。人們的投資行為仿佛變成了一種本能，無法理智思考，大腦作出決定的動力完全來自於行情的變化。這是股友們群體中經常發生的投資心魔。巴菲特早就瞭解了這一點，他一直重複著自己的投資觀點：不要關注股價的短期變化，不要

理會經濟形勢的短期波動。他說：「人們習慣把每天短線進出股市的投機客稱為投資人，就像大家把不斷發生一夜情的愛情騙子當成浪漫情人一樣。」

巴菲特告誡人們不要試圖利用股票的漲跌進行短線價差的炒股，這只是帶有對市場傷害性的賭博，不可能會贏，幻想著每天都賺 7% 是絕對不現實的！「如果你能做到，那就是說你肯定比我巴菲特更有錢。」他開玩笑地說，「想要從股市贏得每一次的波段操作，那是神做的事，可不是人做的事。」那麼面對風雲變幻的股市，人們應該怎麼辦呢？巴菲特的建議是：在投資中拒絕完美主義，因為莊家洗盤是必然的，也是不可預期的，不要因為小利益而耽誤了大行情，不要因為小變動而迷失了大方向，要鼓勵自己並培訓自己戰勝貪婪和恐懼的人性弱點。

巴菲特經常說：「我從不試圖透過買賣股票賺錢，我購買股票的依據是，假設股市在次日就關門大吉了，或者五年之內絕不會重新開放。」

他把目光放在未來的十年。既然如此，市場的短期變化對投資的成敗就不是那麼重要，市場的反應是否足夠有效也就不是關鍵了。巴菲特說：「股價波動導致的風險存在與否並不重要，唯一重要的是企業長期經營並獲利的能力。」他的核心理念正是如此，投資股票從根本上來講是投資企業，既然是投資企業，那麼最應該關注的是企業本身的經營，而不是股市的動向。

 ## 不要投機、切忌衝動

巴菲特說：「投機是最危險的行為。如果你說我成功在什麼地方，我覺得非常重要的一點是，我從不讓個人感情影響我對市場的判斷。」這句話告訴人們，他從不衝動，也從不投機，因為這兩項行為在市場上換來

的，是許多人都經歷過的、血淚一樣的教訓。

投機者的投機行為源自於人性的貪婪。貪婪是人性的弱點，要克服貪婪的心理，唯一解決的辦法就是強制設定贏利目標。當投資收益率達到心理預期的時候，馬上出局，不要回頭，更不要猶豫。比如說，中線獲利30% 便停利出場，短線獲利 5% 就停利出場，如果做到這一點，或許投資成功的機率會相應提高。可是，事實上人們很難做到，因為貪婪經常會鼓勵他的主人繼續向前走，但他卻不知道究竟在哪一步會遇到一個深不可測的陷坑，可是他就是要這麼走下去。

盲目跟風的行為經常來自於投資群體對市場的過度信任，人們不知道某一個熱點在什麼時候會結束，總是一廂情願地以為露天的炭火將永遠是熱的，卻不知道市場的溫度永遠都是有高有低。或許當你開始跟風的時候，這支股票已經到達了其價格上升的最高點，已經沒有了再攀升的空間，而你卻是以最高價購入了它的股票。那麼它一旦開始下跌，你的損失將是最慘重的，而且沒有任何挽回的機會。巴菲特說，解決的辦法是對自己選定的投資業種要有充分的理由，做好充分的調查和分析（不完全以別人的意見為基礎的獨立分析），不要看到有的股票漲得快，就急不可奈地去購買。只有純粹的投機行為才會去追逐那些漲速最快的股票，而且每當買進一支股票，就期待它下個禮拜馬上漲到最高點。巴菲特說：「這是十分愚蠢的行為，對於中長期投資者來說，買進股票後，不要期望它立刻上漲，而是應該關注它在未來到底會有多大的市場機會與長期獲利的成長。」

巴菲特曾說過，市場機會就等於上漲空間，當下的股價並無法說明未來的任何機會。巴菲特說：「人們總是會像灰姑娘一樣，明明知道午夜來臨的時候，馬車和侍者都會變成南瓜和老鼠，但他們仍不願錯過盛大的

舞會。他們在那裡待得太久了。現在，人們應該瞭解一些古老的教訓了：第一，華爾街販賣的東西是參差不齊的；第二，投機看上去最容易的時候也最危險。」

對於自己的投資，巴菲特最後說：「我只能給大家（股東）帶來合理的回報。既是最合理的，也是最安全的。」

情商（EQ）比智商（IQ）更重要

許多人以為成功者必須具備高智商，這種觀點其實太過絕對。想成就一番事業或賺大錢，智商當然不能太低，這裡是有個底限問題，例如不能是傻子，不能是植物人，不能笨到連一加一等於二都不知道。但全世界高智商的人何止上千萬呢，巴菲特、索羅斯和比爾‧蓋茲這類的人物又有幾個？我們縱觀巴菲特的投資歷史，挖掘他的經驗總結，分析他的投資策略，也沒見他有多少讓人無法理解的高智商的投資算計（本書中最難的積分計算是筆者自己加入的，巴菲特並沒有如此算！）。相反的是，他的投資哲學恰恰通俗易懂，猶如在紙上信手拈來，幾乎就是一些生活基本常識，例如堅持、信心、耐心等，均是放之四海皆準的道理。那麼為何好像只有巴菲特能夠執著地堅守這些原則，並把它們運用於投資領域呢？因為高 EQ 的他比我們更瞭解生活，更瞭解人性的優點和弱點，所以他成功了，我們卻還在觀望。

網路界巨擘李開復先生曾到北京向大學生發表演講，他說：「大家都以為，在高新技術企業中領導人的智商很重要，但實際上，情商的重要性遠遠超過了智商。」情商是智商的驅動力，是智商的發動機，沒有情商則智商毫無用處。美國一家著名的研究機構透過對兩百家績優公司的調查，

測試公司的高級主管的智商和情商與工作表現之間的聯繫，結果發現，情商的影響力是智商的九倍。這說明什麼？說明沒有高智商的人如果擁有更高的情商指數，同樣可以成功。

情商到底重要在什麼地方，李開復說：「情商的好壞，意味著你挑戰可以克服困難的勇氣，接受不可克服的困難的度量，以及分辨這二者不同的足夠智慧。」勇氣、度量和智慧，它們與知識是相互綜合與關聯的，單純的智商甚至只能起到一些微薄和模糊的作用。高情商的人善於與人交流，富有自覺心、同理心，對自己的素質、潛能、特長、缺陷和經驗有一個清醒的認識，對自己的角色有一個清楚明確的定位，能夠輕鬆正確地作出關於自己未來的決定。自覺心就是自知之明，同理心就是將心比心，這三項標準充分展現了一個人的外在的包容力和內在的自省能力。這些東西，不是靠背書和考試就能學到的。

高人一等的情商賦予了巴菲特足夠的耐心。對於尚未出現的好時機，對於看中的好公司、好股票，能夠耐心地等待和持有，是巴菲特戰勝市場的簡單絕招。無論市場和股價如何變化，對於自己鍾情的企業，他從不放棄，和它們做一對患難與共的夫妻，同甘共苦。像華盛頓郵報、可口可樂，都已經持有了三十年的時間。從這點來說，世界上只有一個巴菲特，甚至今後也很難再出現另一個巴菲特。他只不過充分發揮了 IQ 與 EQ 結合的綜效，卻是獨一無二的。

附　錄

1

在哥倫比亞大學的演講

　　巴菲特很少接受電視台的採訪，他似乎並不喜歡拋頭露面，寧願和朋友們聚在一起，更多的時間，他用來讀書和研究學問，是一位終身學習的典範。偶而去參加公眾聚會，巴菲特也寧願坐在無人留意的角落，自行打發時間，直到可以離開。有人說他是個害羞的人，但他有時也可以滔滔不絕、大談特談，掌控所有的談話主題。當他開始講話時，所有的人都會停下手中的工作，認真地傾聽他的每一句話。在他身上，從來都具備這種高壓放電般的超人魅力。

　　1984 年是葛拉漢所著《證券分析》一書發行的五十週年，為了慶祝此事，巴菲特在美國哥倫比亞大學做了一場精闢的演講，並說明了葛拉漢的門徒如何利用其「價值投資法」，在股票市場獲得傲人的成就。

　　葛拉漢追求「價值遠超過價格的安全邊際（Margin of Safety）」，這種投資方法是否已經過時？目前，許多撰寫教科書的教授認為如此。他們認為，股票市場是有效率的市場。換言之，股票價格已經充分反應了公司一切已知的事實以及整體經濟情況。這些理論家認為，市場上並沒有價格偏低的股票，因為聰明的證券分析師將運用全部的既有資訊，以確保適當的價格。投資者能經年累月地擊敗市場，純粹是運氣使然。如果價格完全反應了既有的資訊，則這一類的投資技巧將不復存在」，一位現今的教科書作者如此寫道。

　　或許如此！但是，我要提供一組投資者的績效供各位參考，他們長

期的表現總是超越S&P500股價指數。即使他們的績效純屬巧合，這項假說至少也值得我們加以審查。審查的關鍵事實是，我早就熟識這些贏家，而且長年以來便視他們為超級投資者，最近的認知也有十五年之久。我必須說明，所有的這些紀錄都經過稽核，確實符合既有的記錄。

在進行審查之前，我要各位設想一場全國性的擲銅板大賽。讓我們假設，全美國2.2億人口每天擲出一枚銅板，並猜銅板出現的正面或反面。如果猜對了，他們將從猜錯者的手中贏得1美元。每天都有輸家遭到淘汰，獎金則不斷地累積。經過十天十次投擲之後，全美國約有2.2萬人連續十次猜對擲銅板的結果，每人所贏得的獎金約超過1,000美元。

現在這群人可能會開始炫耀自己的戰績，此乃人的天性使然。他們也可能仍保持謙虛的態度，但在酒宴中，他們偶爾會以此技巧吸引別人的注意，並炫耀其對擲銅板的奇異洞察力。

假設贏家都可以從輸家手中得到適當的獎金，再經過十天，約有215個人連續二十次猜對擲銅板的結果，每個人並贏得大約100萬美元的獎金。輸家總共付出2.2億美元，贏家則得到2.2億美元。

這時候，這一群人可能完全沉迷在自己的成就中。他們可能開始著書立論：我如何每天工作三十秒，而在二十天之內將1美元變成100萬美元。更糟的是，他們會在全國各地舉辦講習會，宣揚如何有效地擲銅板，並且反駁持懷疑態度的教授說：「如果這是不可能的事，為什麼有我們這215個人呢？」

但是，某商學院的教授可能會粗魯地指出一項事實，如果2.2億隻猩猩參加這場大賽，結果大致上也是如此，會有215隻好運的猩猩將連續贏得20次的投擲。

然而，我必須說明，猩猩的故事跟我即將提出的案例，兩者之間存在著若干重大的差異。因為，經過二十天的競賽，只剩下215隻贏家，如果你發現其中有40隻來自奧馬哈的某個動物園，則其中必有蹊蹺。於是，你

會詢問猩猩管理員各種問題：它們吃甚麼飼料？作什麼特殊的運動？閱讀什麼書籍？換言之，如果你發現成功案例有非比尋常的集中現象，則你一定會希望判定此異常的特色是否就是成功的原因。

科學的調查也遵循此一研究型態，試圖分析某種罕見的病因。知道有些絕不是隨機因素（Random Chance）所造成，雖然未必瞭解病因，但卻知道從哪裡著手調查。

除了地理因素，還有其它方式可以界定起源，即我所謂的「智力的起源」（Intellectual Origin）。我認為各位將在投資領域發現，不成比例的銅板投擲贏家來自於一個極小的智力村莊，它可以稱為「葛拉漢村」，存在著許多贏家，這種集中現象絕非巧合所能夠解釋。我所要考慮的這群成功的投資者中，有一位智力族長：葛拉漢。這些離開智力家族的孩童，他們各自前往不同的地方，買賣不同的股票及企業，但他們的綜合績效絕對無法用隨機因素加以解釋。他們做類似的選擇，並不是因為領導者下達某一項指令，因此也無法用這種方式解釋他們的表現。族長只提供了智力的理論，每位學生都必須自行決定如何運用這項理論。

來自葛拉漢村的投資者所具備的共同智力架構是：他們探索企業的價值（value）與該企業市場價格（price）之間的差異。實質上，他們利用其間的差異，卻不在意效率市場理論家所關心的問題：股票究竟在星期一或星期二買進，或是在一月份或二月份買進？當企業家買進某家公司時（這正是葛拉漢村的投資者透過上市股票所從事的行為），我懷疑有多少人會在意交易必須發生於某個月份或某個星期的某一天。如果企業的買進交易與時間沒有太大差異，則我無法瞭解學術界人士為何要花費大量的時間和精力，探討代表該企業部份股權的交易發生時間的差異。無庸多說，葛拉漢的門徒並不探討 β 值、資本定價模式（Capm），或證券報酬率的共變異數（Covariance）。這些都不是他們關心的議題，事實上，他們大多難以界定上述的學術名詞，他們只在乎兩項變數：價格與價值。

　　面對技術分析師所研究的價量行為，我始終感覺驚訝。你是否會僅僅因為某家公司的市場價格在本週或前一週狂漲，便決定購買該企業呢？在目前電腦化的時代，人們之所以會大量研究價格與成交量的行為，理由是這兩項變數擁有無數的資料。研究未必是因為其具有任何功用，而只是因為資料海量存在著，學術界人士便必須努力學習操縱這些資料所需要的數學技巧。一旦擁有這些技巧，不去運用便會帶來罪惡感，即使這些技巧的運用沒有任何功用，或只會帶來負面功用，也在所不惜。如同一位智者所說的：對一位持鐵鏈的人來說，每一件事物看起來都像是釘子。

　　我認為，這一群具有共同智力起源的投資者非常值得我們研究，雖然學術界不斷地研究價量關係、時間序列、貨幣供給額，以及其它各種變數對股票績效的影響，但這群以「價值」為導向贏家的方法居然毫不受人關心。

　　關於這項績效的研究，我首先要回溯到從 1954 到 1956 年間，工作於葛拉漢紐曼公司的四位伙伴。我們總共四個人，我並不是從數以千計的對象中挑選這四個人。我在哥大選修葛拉漢的投資學課程後，我要求進入他的葛拉漢紐曼公司擔任不支薪的工作。但葛拉漢卻以價值高估而拒絕了我的要求。他對價值看得非常嚴重！經過我不斷地懇求，他最後答應雇用我。當時葛拉漢紐曼公司有三位合夥股東，以及我們四位學徒。公司結束經營之後，我們四個人陸續在 1957 年離開公司，以下就是我們四位的投資記錄。

　　第一個案是華特·史羅斯（Walter Schloss），他從來沒有讀過大學，但他在紐約金融協會參加葛拉漢的夜間課程。他成立的 WJS 公司，二十八年來年複合報酬率是 21.3%，同時間的 S&P500 複利報酬率是 8.4%。在《Super Money》一書中對他的描述是：他從來不運用或接觸一般的投資資訊，在華爾街幾乎沒有人認識他；他只參考財務報表上的數字，並要求企業寄年報給他，情況便是如此。他從來沒有忘記自己是在管理別人的資

金，這進一步強化他對於風險的厭惡。他有高尚的品格，並以務實的態度自持。對他來說，金錢是真實的，股票也是真實的，終身接受且信仰「安全邊際」的原則。

史羅斯的投資組合極為分散，目前擁有的股票超過100支。他瞭解如何選股，將價格遠低於其價值的公司股票買入，這便是他所做的一切。他不擔心目前是不是一月份，不在乎今天是不是星期一，也不關心今年是不是大選年。他的想法非常單純，如果某家公司值1美元，若我能夠以0.4美元買進，我遲早會獲利。他便是如此不斷地行動。他所持有的股票種類遠比我的多，而且比我更不關心企業的本質。我對他似乎沒有太大的影響力，這是他的長處之一，似乎也沒有人能夠對他產生足夠的影響力。

第二個案是湯姆·奈普（Tom Knapp），他在普林斯頓主修化學，大戰結束後，他經常在海灘遊蕩。後來他參加葛拉漢在哥大的夜間投資課程。產生了對投資學濃厚的興趣後，於是正式進入哥倫比亞大學商學院，並且獲得了MBA學位。當他離開葛拉漢紐曼公司後，成立Tweedy Browne公司。15年來年複合報酬率是20%，同時間的S&P500年平均報酬率是7%。Tweedy Browne公司的投資高度分散，他們也會從事控制股權的投資。我發現他仍然在海灘遊蕩，唯一的差別是，他目前擁有一大片海灘。

第三個案是華倫·巴菲特，也就是我。我本人在1957年成立合夥人聯盟公司，並在1969年擴充為波克夏·海瑟威公司，一直從事相關的投資業務。波克夏公司的投資績效，不論各位如何考驗它，它的表現一直都令人滿意。波克夏公司四十年來年複合報酬率是23.8%，同時間的S&P500的年複合報酬率是7.4%。

第四個案是比爾·朗尼（Bill Ruane），他在1951年參加葛拉漢的投資講座，從1951年到1970年間，他管理的資金規模非常小，績效卻遠比大盤來得好很多。後來他成立了美洲杉（Sequoia）基金公司，全部的合夥股東不僅繼續委託他管理，還投入更多的資金，而且對他的表現十分激

賞。基金公司十五年來年複合平均報酬率是18.2%，同時間的S&P500複合報酬率是10%。

我必須指出，截至目前我們所觀察的紀錄，投資組合在整段期間都幾乎沒有重疊。他們都是根據價格與價值間的差異來選股，選擇的標的也截然不同。史羅斯的重要持股是紮實的企業，奈普所選擇的則是名不見經傳的企業，朗尼選擇的則以大型企業為主。他們的紀錄並非由某人主導的，也極少出現選擇重疊的現象。

第五個案是查理‧蒙格，他畢業於哈佛法學院，並且成立一家主要的法律事務所。我大約在1960年認識他，並鼓吹他瞭解葛拉漢的價值投資理念。於是，他成立一家投資公司，十三年來平均獲利率是19.8%，同時間的道瓊指數的年報酬率是5%。他的投資組合集中在極少數的證券上，但仍然依據相同的價值計算從事投資。他可以接受股價的上下擺盪，而他恰好是一位精神極度集中的人。他同時也是波克夏公司的副董事長，當他自己經營投資事業時，他的投資組合和我或任何先前所提到的人完全都不同。

第六個案是：瑞克‧格林（Rick Guerin），他畢業於南加州大學的數學系。在我網羅蒙格之後，蒙格又網羅了他。他成立了太平洋合夥小公司，從1965年到1983年間，S&P500的總成長率316%，而格林的績效為22,200%。即十九年來其年平均複合成長率是32.9%，而同時間的S&P500則平均是7.8%。

這兩位都沒有商學院教育背景，但是認同「價值投資法」，可以視為具統計上的顯著性。

在此撇開主題：以0.4美元的價格買進1美元的紙鈔，人若不能夠立即接受這項概念，就永遠不會接受它。它就像注射某種良藥，如果它無法立即抓住這個人，則我認為即使你長期地說服他，並且展示各種以往的紀錄，你也無法讓他接受，這是很單純的概念，但他們就是無法領悟。類似

格林這樣的人，他完全沒有正式商學教育的背景，卻可以立即領會價值投資法，並且在五分鐘之後便加以運用。我從來不曾見過任何人，會在十年之後才逐漸地皈依這種方法，它似乎和智商或教育背景無關，它是頓悟，否則就拒絕。

第七個案是史丹‧波爾密特（Stan Perlmeter），他畢業於密西根大學的藝術系。他經營的廣告公司就在我的奧馬哈波克夏公司的同一棟大樓內。1965 年，他也認同葛拉漢的觀點，認為我所經營的事業比他的行業要好，於是離開廣告業。再一次地，波爾密特於五分鐘之內就接受了價值投資法。

他的合夥公司持股和我們的都不相同，它們都有獨立的紀錄。公司十九年來的年複合成長率為23%，同時間的道瓊指數報酬率不到7%。

波爾密特買每一支股票時，都是因為他所獲得的價值高於他所支付的價格，這是他唯一的考量。他既不參考每一季的盈餘預估值，也不參考明年的盈餘預估值，他不在乎當時是星期幾，也不關心任何的投資研究報告，他無視價格動能、成交量與其它類似的變數。他只提出一個問題：該企業理應值多少錢？

第八個案是華盛頓郵報信託基金，年平均投資報酬率是16.2%；第九個案是FMC公司退休基金，年平均投資報酬率是15.6%。

這兩家退休基金是我所能施展影響力的，我都引導它們朝向以價值為取向的基金管理方式。很少公司內部的退休或信託基金是以價值的觀點從事投資管理，我建議這兩家公司聘請以價值為導向的基金經理人。

由於管理方式的不同，這兩家公司內部基金的整體績效名列前百分之一。FMC將績效歸功於選擇基金經理人的心態，他們都有共通的特質，即根據價值來選股。

這九項投資記錄來自葛拉漢村，我並非以後見之明而從數千名對象中挑選出他們，我乃是根據他們的投資決策架構，而在多年前就選定了關注

他們。我瞭解他們所接受的訓練,而且知道他們的智慧、個性和脾氣。我們務必瞭解,這一群人只承擔了一般水準以下的風險,留意他們在股市疲弱期間的投資紀錄。他們的投資風格雖然大不相同,但心態上始終恪守:買進的標的是企業,而非企業的股票。他們當中有些人偶爾會買下整個企業,但是他們經常只購買企業的一小部份。不論買進整體或一部份的企業,他們所秉持的態度完全相同。在投資組合中,有些人持有幾十種的股票,有些人則集中在少數幾支股票。但是,每個人都受惠於企業市場價格與其內含價值之間的差異。

我相信市場存在著許多沒有效率的現象,這些來自萵拉漢村的投資人成功的掌握了價格與價值之間的缺口。華爾街的群眾可以影響股票價格,當最情緒化的人、最貪婪的人或最沮喪的人肆意驅動股價時,我們很難辯稱市場價格是理性的產物,事實上,市場經常是不合理的。

我想提出有關報酬與風險之間的重要關係。在某些情況下,報酬與風險之間存在著正向關係。如果有人告訴我:我有一支可以裝六發子彈的左輪手槍,已經填了一發子彈。你可以任意地撥動轉輪,然後朝自己扣一次扳機。如果你能夠逃過一劫,我就賞你100萬美元。我將會拒絕這項提議,或許我的理由是100萬美元太少了。然後,他可能建議將獎金提高為500萬美元,但必須扣兩次扳機。這便是報酬與風險之間的正向關係?

在價值投資法中,情況恰巧相反。如果你以0.6美元買進1美元的紙鈔,其風險大於以0.4美元買進1美元的紙鈔,但後者報酬的期望值卻比較高。以價值為導向的投資組合,其報酬的潛力愈高,風險反而愈低。

我可以舉一個簡單的例子:在1973年,華盛頓郵報公司的股價市值為8,000萬美元。在這一天,你可以將其資產分拆後賣給任意十位買家之一,價格總值將不會低於4億美元,甚至更高。該公司擁有郵報報社、商業週刊、數家重要的電視台。這些資產目前的價值在20億美元以上,因此當時願意支付4億美元的買家絕非瘋子,而我正是當年想大舉投入華盛頓

483

郵報的人。

　　現在，如果股價下跌，該企業的市值從8,000萬跌到4,000萬美元，其β值也上升。對於喜歡用β值衡量風險的人來說，更低的價格使它變得更有風險。這真是仙境中的愛麗絲，我永遠無法瞭解，用4,000萬美元，而非8,000萬美元購買價值4億美元的公司，其風險竟然更高？事實上，如果你買進一堆這樣的證券，而且稍微瞭解所謂的企業評價，用8,000萬美元的價格買進4億美元的資產，這筆交易基本上沒有風險。尤其是我們也可以分散投資：分別以800萬美元的價格買進十種價值4,000萬美元的資產，其風險將更低。由於你並不擁有4億美元，所以你希望能夠確實找到誠實而有能力投資操作的人，這並不困難。

　　另外，你必須有知識，而且能夠粗略的估計企業的價值。但是，你不需要精密的評價知識，這便是葛拉漢所謂的「安全邊際」。你不必試圖以8,000萬美元的價格購買價值8,300萬美元的企業。你必須讓自己保有相當的緩衝（Cushion）。架設橋樑時，工程師設計的載重為3萬磅，但你只准許1萬磅的卡車穿梭其間，這將會絕對安全！相同的原則也適用於投資領域。

　　有些具商業頭腦的人可能會懷疑我撰寫本文的動機，更多人皈依價值投資法，將會縮小價值與價格之間的差距。我只能夠如此告訴各位，自從葛拉漢出版的這本書，這個秘密已經流傳了五十年，在我奉行這項投資理論的三十五年間，我不曾目睹價值投資法蔚為風潮。人的天性中似乎存在著偏執的特色，喜歡把簡單的事弄得更複雜。最近三十年來，學術界如果有任何新的思維的話，卻完全背離了價值投資法的教訓，它很可能繼續如此，船隻將環繞地球而行，但地平之說仍會暢行無阻。在市場上，價格與價值之間還會存在著寬廣的差值，而奉行葛拉漢理論的人也會繼續繁榮不絕。我今天就講到此了，謝謝！

知識⁺Box　β 值

　　在股市中，投資的預期報酬率往往會受到風險因子的影響，而導致實現報酬的不穩定情形。這些因子主要可分成「系統風險」與「非系統風險」二類。其中，非系統風險可以利用多角化投資加以分散。因此一般來說，投資人可以只觀察對於整個市場具有威脅性的風險來作為投資判斷，例如物價指數、貨幣供給額成長等，這些因素也就是所謂的「系統風險」。

　　投資報酬率受到系統風險影響的大小，通常以一個值來表示，這個值就稱為「β 值」，它代表市場報酬變動時，投資之預期報酬率同時發生變動的幅度，亦為這一項投資必須承擔的系統風險。

　　簡而言之，β 值就是衡量你所投資的個別股票受到「系統風險」影響的程度。若 β 為 0，代表這件投資是完全不存在風險的；β 值大於 1，則代表某件投資的報酬率（風險值）波動幅度，要比市場波動幅度來得大；反之，若 β 值小於 1，就代表此項投資的報酬率（風險值）波動幅度小於市場波動的幅度。

　　另外，造成「系統風險」的主要原因，主要來自天災人禍或政治因素等不可預測的變化，例如貨幣與財經政策、政局的安定與否、突如其來的天災等等，由於幾乎所有金融性資產均會受到此類「全面性」因素的影響，因此即使透過多角化的作為，也很難分散此類風險。

2

在佛州商學院的演講

1998 年的秋天，巴菲特在佛羅里達大學的商學院發表了以下這篇演說，向人們全面闡釋了他的投資理念，解答疑惑。這次演講由葛拉漢——巴菲特教學捐款協會主辦。巴菲特身穿寫有太陽信用銀行的 T 恤，這家銀行當然是波克夏的投資對象之一。

以下是演講內容與聽眾和巴菲特的問答：

我想先講幾分鐘的客套話，然後我就主要來接受你們的提問。我想談的是你們的思想。我鼓勵你們給我出難題，暢所欲言，言無不盡。

我在這裡只想對你們講一分鐘關於走出校門後的未來。你們在這裡（佛羅里達大學）已經學習了相當豐富的知識，也學會了怎樣才能做好事情，並且你們也有足夠高的智力可以做好，還有動力、精力，你們也都不缺乏。否則，也就不會到這所學校乃至順利畢業了！

但是除了知識和精力，還有更多更重要的東西來決定你們是否會成功，我就想談談這些。在奧馬哈，有個人說，當他選擇員工時，會看三個方面的素質：誠信，智慧，精力。如果雇用一個只有智慧和精力卻缺乏誠信的人，那將會毀了雇主。對一個沒有誠信的人，你只能期望他變得愚蠢和懶惰，而不是聰明和能幹，否則對你的傷害反而會越大。

我想和你們談的最重要的一點就是誠信，因為我知道你們都具備後面兩點。在思考此問題時，我請大家和我一起玩玩這個遊戲，現在，你們在商學院都已經好幾年了，所以對自己的同學們也都該瞭解了，現在我給你們一個購買你的一個同學10%的權利，擁有他的10%，直到他生命的結束，

但是你不能選擇那些家庭富裕有著富爸爸的同學，因為每個人的成功，都必須要靠他自身的努力才有意義。給你們思考的時間是一個小時，你願意買進哪位同學一生的10％？你會給他們做所謂的智商測試，選擇一位智力最高的？各科平均成績最好的同學會被你挑中嗎？我表示懷疑。你也不一定會選擇那個精力最旺盛的，因為你本身可能就是動力十足。所以，你可能會去找尋那些質化的隱藏在體內的因素，因為你們都很擅長思考。

一個小時後，你下賭注時，答案可能就是那個你最有認同感、最具領導才能、最能實現他人利益的人。那肯定是一個誠實、大方的人，即便是他自己的創意，也願意與別人來分享。看，這樣的人多受歡迎！這些素質都是你們所欽佩的，你可以寫下來，你選擇了一個你最欽佩的人。在這裡，我給你們賣了一個關子，在買進你的同學10％時，你還要賣出10％給另外一個人。這不是很有趣嗎，你會想，我到底該賣誰呢？不過你可能不會找智商最低的，難道你會選擇一個讓人討厭的同學？他可能具備很多讓人討厭的素質與性格。你不喜歡跟他打交道，所有的人都不喜歡與他打交道。是什麼原因導致了他這樣呢？你能夠想出很多來，不誠實，貪小便宜，你可以將它們寫在紙的右欄。當你拿起這張紙進行端詳時，就會發現很有意思的一點。他能否將球扔出60公尺之外並不重要，是否可在十秒內跑完100公尺也不重要，甚至他是否是你們班上相貌最好的也無關大局。真正重要的，是寫在紙上左欄的那些好的素質。如果你願意，你就可以擁有這些。這些行動，性格，素質，品味，是我們可以做到的，並非我們每一位距理想都遙不可及！再看看右欄那些讓你討厭的素質，你一項都不想要，如果你有的話，也可以督促自己盡快地改正。

在你們這個年齡，不管什麼缺點，改起來總是比我這個年紀要容易得多。所有的行為習慣，大都是逐漸固定下來的，經過歲月累積形成的。所以人們才說，習慣的鐐銬開始輕得讓人感覺不到，但一旦察覺，就已經沉重得無法去除。我覺得這句話很對，我見過很多像我這樣年紀，或者比我

年輕十幾、二十幾歲的人，有著自我破壞性的習慣而且難以自拔，走到哪裡都討人厭。其實他們不需要這樣也能很好的生活，可是他們確實無可救藥。但是我要說的是，在你們這個年齡層，任何的習慣和行為模式，都可以塑造並具備，只要你願意，這只是一個選擇的問題。就像葛拉漢一樣，他還是十幾歲時，就設定好自己的榜樣，決定自己也要做一個被人尊敬的人。為什麼我們不能像他一樣去立志呢？我想說的是，如果你能將那些好的素質都記下來了，仔細思考，選擇優秀的東西充實自己，你自己可能就是那個你願意買入10%的人！最好的結果是，你自己本來就100%的擁有你自己了。如何才能成功呢？這就是今天我想告訴大家的。

問：對投資日本的看法？

答：我並不喜歡過度從宏觀角度看問題，日本現在十年期的貸款利率仍不到1%。五十年前，我聽從了恩師葛拉漢先生的指導，然後我就一直努力工作，勤奮不輟，怎麼樣也一定比1%賺得多吧？我不想捲入任何匯率波動的風險，所以，我會選擇以日圓為基準的日本資產進行投資，像房地產或者企業，但必須是日本國內的。我發現我唯一需要做的就是賺得比那1%多，因為這就是我的機會成本。可是直到如今，我仍然沒有在日本發現一家可以投資的企業，聽起來很不可思議，是嗎？但事實是，日本企業的資產回報率並不高。他們中間的少數企業，可以達到4到5%，或者是6%的回報，這是極少數。如果企業本身賺不了多少錢，作為它資產的投資者，也就難以獲得好回報，那麼為何還要投資呢？當然，有些人也賺了錢的，例如有一位與我同為葛拉漢先生工作的朋友。他運用了我第一次買股票的辦法，尋找那些股價遠低於流動資本的公司，夠便宜，但一定要具備基本素質的公司。我稱這種方法為雪茄煙蒂投資法，什麼意思呢，你滿地找雪茄煙蒂，它們濕透了，看上去面目可憎，但卻還能抽一口，這一口可是免費的。你將它撿起來抽了最後一口然後扔掉，繼續尋找下一支雪茄。這種辦法一點都沒風度，但是如果你希望找到免費的雪茄煙抽，這倒是個

不賴的主意。

在這個問題上，我的觀點就是，不要做低回報率的生意。時間是好企業的朋友，卻是壞企業的敵人。如果你陷在一樁並不成功的投資裡面太久，結果一定也會很難堪，哪怕你的買入價格合理得讓上帝羨慕。但是如果你碰上了一樁好買賣，就算開始時多付了些多餘的成本，可是如果你投資的時間足夠長久，回報也一定會非常可觀。遺憾的是，我目前在日本沒發現有什麼好的投資案，可能日本的文化會對此作出某種改變，例如他們的管理高層會對公司股價負更多的責任，以推高回報率，但是直到今天，我看到的仍是大量低回報率的企業，就算是在日本經濟高速發展的階段。日本有著這樣一個巨大的完善的市場，卻不能產生一些優秀的超高回報的公司，這是很令人驚訝的一件事。我想說，日本的優秀只體現在經濟總量上，而不是湧現出一些個別優秀的公司。這並不是個好現象，會給日本帶來麻煩。只要長期利率還是1%，我就會繼續觀望。到現在為止，我對跨上那片土地並無很強的欲望。

問：有傳聞說，你成為長期資金管理基金（LTCM）的救場買家？你在那裡都做了什麼？看到了什麼機會？（長期資金管理基金是一家著名的對沖基金。創立於1994年，初期盈利可觀，甚至達到年均40%以上。但1998年卻在四個月內損失了46億。）

答：這是一個複雜漫長的故事，當期《財富》雜誌講了事情的來龍去脈。四個星期前的一個週五的下午，我接到了一個關於長期資金管理基金的一個非常慎重的電話，那天正是我孫女的生日派對。第二天晚上，我就會飛去西雅圖，參加比爾·蓋茲為期十二天的私人旅程，要去阿拉斯加。所以我當時對此一點準備也沒有，但是你知道，事情似乎很嚴重。《財富》報導之前，我還接了其他人的一些電話，長期資金管理基金有些人與我很熟，很多人在所羅門兄弟公司工作過。美國聯準會的人週末到了紐約，從週五到接下來的週三，他們導演了沒有政府資金涉入而對長期資金管理基

489

金的救援行動，我很踴躍，但我那時候的身體並不太舒服，我們正在阿拉斯加的峽谷中航行，事實上我對峽谷這件事缺乏興趣，心不在焉。船長告訴我，說正朝北極熊的方向航行，我開玩笑地說最好向著可以穩定接收衛星信號的方向航行。那時候我身在船上，卻一直心繫工作。

　　週三我們給出了一個報價，那時我已經到了蒙大拿，我和紐約聯邦儲備局的負責人通了電話，他們將和一些銀行家在十點碰頭。我將自己的意向傳達了過去，關於我們做的報價，這只是一個大概的模糊的評估，不可能完善細節性的東西，因為我並不在現場。我們最終對295億美元的淨資產做了報價，在這之上，再追加30億到325億美元。波克夏公司分到了30億，AIG是7億，而高盛大約3億。我們交上了投標單，但是我們的投標時限其實很短，原因是不可能對價值過億元的證券在一段較長時間內算好固定價格。其實，我擔心這個報價會被用來作為待價而沽的籌碼，還好銀行家們把合同搞定了，所以這是一個很有意思的時期。

　　我不知道你們對LTCM基金的歷史是不是熟悉，它的歷史就像海浪翻湧，波瀾迭起，如果你把那十六個管理團隊放在一起，其中還有兩個諾貝爾經濟學獎的得主，他們放在一塊，你很難想像還有任何公司能擁有這樣高智商的團隊，就是微軟也自嘆弗如。他們擁有一個讓人難以置信的高智商組合，所有人在業界都有著豐富的實踐經驗和理論知識，要知道他們可不是一群在服裝領域賺了錢就跑到證券市場來客串的人。他們的經驗加起來，可能超過了三百五十年，甚至四百年，這十六個人一直精於他們所從事的，是箇中好手。另外，他們在金融界也有著極大的人脈關係網，例如上億的資金就來自於此。你看，他們擁有高得驚人的超級智商，從事內行的領域，有充足的資金，但是他們破產了。對我來說，這真是不可思議，百思不得其解，如果讓我來寫這本書，我的書名肯定是「為什麼聰明人淨幹蠢事？」我的合夥人說，這本書就是他的自傳，對於這種事例，真是沒有比這再完美的演示了。

　　就我個人而言，我和他們（這十六個人）沒有任何的過節，他們都是好人，想做事情的人，讓我非常尊敬。甚至我自己遇到問題時，也會請他們來幫忙。但是我要說的是，他們都為了多賺那些不屬於他們、他們也並不需要的錢，竟然動用了屬於他們、他們也需要的錢來冒險，這樣的做法非常愚蠢。這並非智商的問題，而是用對你很重要的東西去冒險，試圖贏得對你並不重要的東西，簡直不可理喻，反正我不理解，就算你成功的機率是100比1，或者是1,000比1。這就像你交給我一把槍，彈膛能裝一千發甚至一百萬發子彈，然後你說裡面只有一發子彈，你問我，要花多少錢，才能讓我對著自己扣動扳機？我的答案是，我不會去做的！無論你下的賭注有多大，就算我贏了，那些錢對我來說也不值一提。如果我輸了，後果是顯而易見的：我的小命就沒了。這樣的遊戲，我可沒有一點兒興趣。但是卻總有人犯這樣的錯，是頭腦不清楚，還是有其他原因？

　　有一本書寫得普通，但書名卻不錯：《人生只需富一次》，對於解釋這個問題，再正確不過了，不就是這個道理嗎？假設你有1億，每年可以零風險的淨賺10%，如果去做低風險但成功率高達99%的投資，會賺20%，那一年下來，你可能有11億，也可能有12億。但是這有什麼區別嗎？如果你這時死了，給你寫報導的人可能錯把你的12億寫成了11億，即使有區別，也變得沒區別了。數字增加1%，這對你和你的家庭，對任何事情，都沒有一丁點兒的不同。可是你萬一失敗，尤其是你管著他人的錢，那你損失的不僅是自己的錢，朋友的錢，還有你做人的尊嚴和顏面。所以，這十六個具備超級智商的聰明人玩這樣的一個充滿風險的遊戲，讓我不能理解，簡直是瘋狂之舉。

　　在很大程度上，他們的決定基本上都依賴於一些固定的工具去產生。他們有著所羅門兄弟公司的背景，他們或許認為金融市場的波動傷不著他們的元氣，但結果是他們錯了。歷史從不會告訴你將來某一金融事件的發生機率，到時它真的發生時只會給你一個不可更改的事實。這些人在某種

程度上總是依賴於數字統計，他們覺得股票的歷史資料就能夠揭示股票未來的風險。可是我認為，那些資料根本就不會告訴你股市未來的風險，資料也不會揭示你破產的風險！也許，他們現在是這麼想的了，可這是多麼殘酷的結果？代價何其巨大呀！我根本不想舉用他們來做此例，因為這樣的經歷換一種方式，很有可能在我們中的每個人身上發生。

在某些關鍵之處，我們總是存在著盲點，因為我們在某些地方自認懂得太多而自我感覺良好，這絕非是好事！就像哥德曼所說，破產的大多是兩類人，一竅不通者和學富五車者。這很讓人感到悲哀，特別是後者。我要說的是，我們從來不借錢，哪怕有保險作為擔保。就算我手中只有一萬美金，我也絕不會借貸。為什麼？借錢能帶來任何的不同嗎？我只憑我一己之力時亦是樂趣無窮，一萬，一百萬，或者是一千萬，對我都沒有什麼不同。當然如果我遇到了像緊急醫療這樣的事情可能會有例外。但是原則上，不管有多少錢，我都會去做同樣有趣的事情，這個不會改變。

你可以從生活的角度來看看你與我的不同，衣服是一樣的，當然，我的是太陽信用銀行給的。我們都會喝上帝之泉（可口可樂），我們也都會去麥當勞，好一點的會去冰雪皇后速食店。我們住的房子同樣冬暖夏涼，都在平面大電視上觀看足球比賽，我們生活沒有什麼不同，你我都得到了不錯的醫療，可能唯一的不同是我們旅行的方式，我擁有我的私人飛機，這讓我感覺很幸運。但是除了這點，你們想想，還有什麼是我能做而你們不能做的呢？

我從來都是如此熱愛我的工作，不管是談大生意，還是只能賺一萬塊錢的小交易。我希望你們也能如此，把工作當成興趣，作為一生的事業去愉快地經營。如果只是為了讓自己的履歷好看，就不斷地跳槽，去做可能你根本不喜歡的工作，那我認為一定是你的腦子進水了。有一個哈佛大學的畢業生，二十八歲，一直都做得不錯，我碰見了他，問他下一步有何計畫，他回答說去讀MBA，然後再去一個管理諮詢類的大公司，讓自己的

履歷看起來漂亮點。我說請等一下，你這麼年輕，已經做了這麼多事情，你的履歷比我見到的最好的履歷還要漂亮好幾倍，可現在你卻要找個你一點都不喜歡的工作，難道你不覺得這是在把你的青春先省下來，到晚年的時候再用嗎？是時候做你想做的了，不能老等在這裡。我把我的想法和立場告訴了他，你們也一樣，走出去，都應該選擇自己熱愛的工作，而不是為了讓經歷看上去更風光。當然，人的愛好總會有變化的，但是那些你熱愛的工作，每天早晨都會讓你跳著起床。

我剛走出校園的時候，恨不得馬上就為葛拉漢工作，但是我不能幫他白做，於是他就說我要的薪資太高了，他沒有用我。但我總是不停地給他寫信，同時我自己賣了三年的證券，跟他交流我的想法，最終他同意了，讓我在他那兒工作了三年。這三年對我非常重要，獲取了大量的有益經驗，因為我做的是我熱愛的工作，單純地做這一項工作，而且是我應該做的，所以我學到了很多東西，工作起來感覺樂趣無窮，你們同樣如此。將來你可能也會變，但是你只要記住一點，永遠做自己熱愛的工作，從裡面獲得想要的知識，薪水的起點反而並不重要。如果你總是認為，得到Ａ（或Ａ＋）比得到Ｂ一定更能讓你開心，那你可能就錯了。重要的是去發現生活的真諦，做你喜歡做的。假如你認為賺到一億是你一切生活的答案，是你的追求，那麼你就很可能會去借貸融資，作出目光短淺和不可理喻的事情。多年以後，你終究會為你的這些作為而感到後悔。

問：講講你喜歡的企業吧，不是具體的名字，而是什麼性質的企業會讓你喜歡？

答：我只喜歡我看得懂的生意，這個標準將90％以上的企業排除在外了。你看我有太多的東西搞不懂吧，不過幸運的是總還有一些東西能夠讓我看懂。大部分的美國大公司都是上市的，所以很多美國公司都可以在股市買到它的一部分（股權），那就讓我們從大家都懂的事情開始，例如可樂（他舉起了可口可樂的瓶子），我們都懂這個，每個人都懂，從1886

年以來，就沒什麼變化了。它很簡單，但絕不是容易的生意。我可不想要那些對於它的競爭者來說很容易的生意，我想說，那絕不是我想要的。我想要的生意，外面必須一個城牆，一條護城河，護衛著中間價值不菲的城堡。我還要一些負責任的、有能力的人來管理這座城堡（核心競爭力）。

城牆可以是多樣化的，就像汽車保險領域的 GEICO 保險公司，它的城牆就是低成本。只要你有車，就必須買汽車保險，我不敢保證會賣二十份給一個人，但是至少會有一份。消費者會選擇從哪裡購買呢，這將取決於保險公司的成本和服務，很多人都覺得各家公司的服務基本上是相同或者接近的，所以成本就將成為決定性因素。我找的就是這種低成本的公司，這就是我非常需要的城牆。成本比競爭對手越低，我就越會注意鞏固和保護這座城牆。如果你有一座漂亮的城堡，肯定會有人來對它發動攻擊，他們希望從你的手中把它搶走，所以這時就體現出來了護城河與城牆的作用。在三十年前，柯達公司的城牆和可口可樂一樣的堅固，並且難以逾越，你要給小孩照相，六個月大的照片，放到二十或者五十年後再來看，你當然不會像那些專業的攝影人士來考慮照片的品質會不會隨時間的改變而下降，你大概只會由底片公司在你心中的地位來決定向誰購買。那時的柯達就是這種品牌的保證，他會向你證明即使在五十年後，照片看起來仍然鮮活如初，對你來說這恰恰是最重要的。那時候的柯達，魅力如此強大，征服了每個人的心，當時全世界的人們，連它的那個小黃盒子都在說，柯達就是最好的，是無價之寶。可是現在，柯達失去了這種好印象，它的城牆變得脆弱了，因為富士公司縮小了與它的差距。柯達一直獨佔的奧運會贊助商的位置，現在富士的屁股也坐在了上面，在人們看來，它們變得平起平坐了。

與其相反，可口可樂的城牆與三十年前相比，卻變得更高更堅固了。可能你不會看到城牆每天的變化，但是你每次看到有關於可口可樂的工廠在海外進行擴張的新聞，它將工廠建到了那些目前並不贏利但二十年後一

定會贏利的國家，你就會知道它的城牆又加寬了。企業的城牆每天每年都在變化，或者變寬變厚，或者變窄變薄了。只有十年這樣相當長的觀察期，你才會看到不同。通常來講，我對那些經理人的要求就是，把城牆變厚些，讓它變得堅固，並且保護好它，將競爭者遠拒於牆外。對於這個目的，你可以透過服務，產品的品質，成本、價格，專利，還有獨特的地理位置來達到。這並不複雜，可卻足夠難。

我在尋找的，就是這樣的企業，這就是我想說的。這樣優秀的企業都在做些什麼生意呢？我想找到它們，就必須在最簡單的產品裡尋找，因為像微軟、蘋果或甲骨文這樣的企業十年後會發展成什麼樣，我沒辦法預料。雖然比爾‧蓋茲是我碰到的最好的企業領導人，微軟現在的情況也很好，但我還是對他們十年後的狀況難以預測，同理，我對他們的競爭對手十年後的發展形勢也無法判斷。雖然我不是口香糖公司的老闆，可我很容易就能知道十年後這一行的前景，網路發展再快，也不會改變我們嚼口香糖的習慣和方式。事實上，這一點沒什麼可以改變，那些口香糖的新口味不斷地在進入試驗期，當然有一些以失敗告終，但這就是事物發展的規律，口香糖的整體前景是不會變的。所以如果你給我十億美元，讓我在口香糖的行業衝開一個缺口，我是無法做到的。這就是我判斷一樁投資的最基本的原則，十億美元能對競爭對手造成多大打擊？就像給我一百億另創一個可樂品牌，能對全球的可口可樂造成多大損失？這是我做不到的，因為他們在這一行穩如泰山，是當之無愧的巨無霸。你還不如給我些錢，讓我去買可口可樂的股票或攻佔其他的產業領域，那我說不定還能找出辦法。所以我要找的生意就是簡單、容易理解和可長可久的企業，再加上一群誠實能幹的管理高層。如此，我基本上就能看清這個企業未來十年大的方向，大的前景。只要做不到這一點，我就不會投資。

假如我要買一支股票，那我就會假設從明天開始紐約交易所就會關門五年以上，然後我也會很樂意地持有。我尋找這樣的股票，就像我買了一

個農場，五年內我都不知道它的價格會如何變化，但只要農場的經營正常，就很讓我高興了。就像買了一棟公寓大廈，只要都能租出去，從客戶那裡獲取預計的回報，不用管房價的漲跌，我也同樣高興，難道這不是理性的投資嗎？

很多人買股票，總是根據次日早晨股價的漲跌，來決定他們的投資是否正確，我想說這簡直就是扯淡。正像葛拉漢所說，你買的是企業的一部分。葛拉漢教給了我這項最基本的最核心的策略，你買入的不是股票這張紙，而是一部分的企業與它經營的生意。企業經營得好，你的投資回報就好——如果你的買入價格不是很離譜的話。這便是投資的精髓，你要買你可以看懂的生意。你買了一座農場，是因為你懂農場的經營和管理，這事就這麼簡單。這都是葛拉漢的理念。當我很小時，就開始對股票感興趣了，十一歲時就買了第一支股票，我對圖型和K線這些技術指標的研究一度沉迷，直到十九歲，我幸運地拿起了葛拉漢的書。我看到他說，你買的不是些每天起起伏伏的股價數字，而是公司的一部分生意。我突然豁然開朗，這麼多年的迷惑全被驅散了，原來就是這麼的簡單，只需要去買自己熟悉的生意與商業模型就可以了。

在座的每個人都懂得可口可樂的生意，但我卻敢說，很少有人能看懂那些新興的網路公司。我在今年的波克夏公司的股東大會上說過，如果讓我去商學院教書，期末考試的題目是評估網路公司的價值，如果有人交給我一個具體的估價，我會馬上當場暈倒的。反正我不知道該如何估值，但人們每天都在做。如果這樣你是為了某項競技比賽，倒是可以理解，可你是在投資。投資是需要回報的，你投入一定的錢，就要保證將來能賺進更多的錢。因此你必須知道自己在做什麼，必須深入瞭解你投資的生意。當然你懂一些生意的模式，但這絕不會是全部。

問：就如你剛才所說，你已經講了事情的一半，那就是去尋找企業，試著去理解商業模式，作為一個擁有如此大量資金的投資者，你所累積的

財富足以讓你功成身退。回到購買企業的成本，你如何決定一個合適的價格來購買企業？

答：這將是一個很難作出的決定，對於我不能確信和理解的東西，我不會購買。假如我對它非常不確定，那麼它帶給我的回報通常就不會很可觀。事實就是如此，你為什麼要對那些只有很少的機率可為你帶來40%回報的企業心存僥倖呢？我們的回報並不是驚人的高，但是一般來講，我們也不會有什麼損失。

1972年，我們購買了喜斯糖果公司，喜斯公司每年平均用每磅1.95美元的價格，賣出1,600多萬磅的糖果，稅前利潤達到400萬美元。我們花費了2,500萬美元去購買它，覺得喜斯公司具備一種尚未完全開發的定價魔力，因為每磅1.95美元的糖果本可以用2.25美元的價格賣出去。每磅漲價30美分，1,600多萬磅，就會產生額外的480萬美元的淨利。所以相對於此，2,500萬美元購買價格其實非常划算。我們從來沒有聘用過相關的諮詢師，但我們知道加州的每個人都有同一想法，他們心中對喜斯糖果都有一些特殊的感情，這個牌子深受歡迎。在情人節送給女孩子喜斯糖果，她們高興地親吻它。你知道，如果要她們把糖扔開，理也不理，那我們的生意就糟糕了。讓女孩子親吻它，這就是我們要灌輸給加州人的意識，如果能達到這個目標，我們就可以漲價了。購入之後的每年12月26日，耶誕節後的第一天，我們就會漲價。這期間我們會賣掉很多糖，例如今年我們賣了3,000萬磅糖，一磅可收入2美元，總計營收6,000萬美元。十年後我們會賺更多，在這6,000萬裡，其中有5,500萬是在耶誕節的前三週與情人節當週賺到的，這的確是一樁好買賣。

請你仔細想想，這樁買賣重要的一點在於，多數人都不會買盒裝巧克力糖來讓自己消費，而是把它當作一種節日或生日的禮品進行贈送。情人節是每年裡最重要的一天，而耶誕節又是至今為止最重要的銷售季。女人買糖是為了過耶誕節，她們通常提前兩到三週來購買。男人買糖則是為了

情人節，他們在回家的路上開著快車，聽到了我們在收音機的節目裡放的廣告：「內疚，內疚」，於是男人們從高速公路紛紛衝了出來，沒有一盒巧克力在手，他們怎麼敢回家呢？你能想像得到，情人節的銷售是多麼的火紅！這天的喜斯巧克力糖的價格已經漲到了每磅11美元，當然，別的一些牌子或許每磅只要6美元。你在情人節的時候趕回家，給你的另一半遞上一磅6美元的糖，說一句：「親愛的，今年我買的是便宜貨」？這哪裡行得通呢！事實上，6美元當然賣不過11美元。

因為在某種程度上，有些東西和價格並沒有關係，或者說它並不以價格為導向，這有點像迪士尼。迪士尼在全球賣的是19.95美元的高價位家庭影像製品，那些當媽媽的對迪士尼有著一種特別的感情，恐怕在座的各位亦是如此，有些許情懷寄託在迪士尼身上。但如果我提起環球影視，二十世紀福斯公司，可能就不會讓你起什麼反應。迪士尼就不同了，這一點在全世界都是如此的，當你變老的時候，迪士尼的影像製品你可以放心地讓小孩子每天看幾個小時。你知道的，這樣的影片小孩子能看上二十幾遍，而你能在影帶店把十幾種片子都看上一遍然後決定你的孩子會喜歡哪一種嗎？可能性極小。有些牌子的影像品賣16.95美元，而迪士尼的要賣19.95元，但你知道買迪士尼的肯定不會錯，於是你馬上就會買。事情就是這樣的，當你沒有時間的時候，你不一定非要作出高品質的決定。對迪士尼來講，自然就可以順理成章地以更高的價格，來獲得更多的銷售量，賣出更多的影片。這是多好的生意，其他的牌子就不那麼幸運了，它們的日子並不好過。

我知道夢想家們一直想打造出另一種類似概念的超級品牌，來與迪士尼在全球範圍內展開競爭，以取代它在人們心中獨有的好感和地位。例如環球影視，但媽媽們絕不會在影碟影帶店只買環球的片子而放棄迪士尼，這是絕不會發生的。同樣，可口可樂在全球也是與消費者喜悅的氣氛聯繫在一起的，無論你花多少錢，想讓全球的六十億人都更喜歡RC可樂（巴

菲特的杜撰品牌），也是難以做到的。你還可以搞一些計謀，做減價的促銷活動，但最終目的都難以實現。我想這就是你要的生意，你需要的城牆。就像我在前面講到的，瞭解了這個方面，我想在價格的決策上，你們就會輕鬆很多。

問：可口可樂最近發布了對未來季度調低盈利的消息。你對可口可樂並沒有因為在美國之外的許多問題，包括亞洲危機，造成的負面影響而撒謊怎麼看？

答：我喜歡他們的誠實，未來的二十年內，可口可樂在國際上的市場成長要比在美國本土強得多。的確，在美國的人均消費量會有所增加，但在別的國家，其成長將會更快。可能有至少三個月或者是三年的艱苦時期，但對可口可樂來說，絕不會是未來的二十年都持續艱苦著。全球的人們都在努力地工作，他們會發現換取一瓶可樂的代價，在他們每天的勞動報酬的比例中，實在不是什麼大不了的事情，這是很好的一筆買賣。實際上，我每天喝五瓶。早在1936年，我第一次買了六瓶可樂，花費了25美分，那時是5美分一瓶，還有2美分的瓶子押金，實際上6.5盎司的可樂只要5美分，而現在已經換成了12盎司的罐子。如果週末你去買大瓶裝的，減少在包裝上的費用，可以花20美分多一點買12盎司。所以現在每盎司花的錢只是我那時候的兩倍多一些，對於人們不斷增強的購買力來說，可口可樂實際上已經變得越來越便宜了。

它是有著一百多年歷史的產品，現在全球的兩百多個國家裡，它的人均消費量每年都在上升。可能這是讓人難以置信的事實：可口可樂霸佔了碳酸飲料市場。有一件事，人們可能不明白，但是這卻是讓這個產品擁有數百億美元價值的簡單事實，那就是可樂沒有味覺記憶讓你加倍地喜歡它，你可以在上午九點，十一點，下午三點和五點各喝一罐，並保證你每一次喝的味道都是一樣的好。而其他的飲料就做不到這一點，像柳橙汁和其他各種果汁、牛奶還有啤酒，它們對味道有累積作用，並使味覺麻木，

重複飲用就會讓人感到厭煩。就像我們在喜斯公司的員工可以免費享用公司的糖果，他們第一天上班時，使勁地吃，可是打那以後，再吃的時候那種感覺就像要掏光他們口袋裡的錢，十分不情願，為什麼呢？原因就是巧克力同樣具備味覺累積的特性。可樂就沒有，這是多大的優勢啊！這意味著全世界的人們每天可以消費很多次可樂，而不是其他的飲料，所以它的人均消費量自然就是難以企及的。今天，可口可樂在全球範圍內的日銷售量已經超過了900億盎司，這個數目還在不斷地向上爬升，無論是以國家計還是人均計，消費量都在上升。二十年後，在美國之外的成長將遠遠超過國內，我十分看好它在國際市場的前景，儘管現在遇到了國際危機，短期之內確實有一些消極的影響，但這並不是什麼大不了的問題。

可口可樂公司在1919年上市，那時的價格是40美元左右。一年後股價跌了一半，只有19美元，看起來像是一場災難，例如瓶裝問題，糖料漲價，總是會出現一些東西來告訴你這並不是合適的買入時機。又過了幾年，發生了經濟大蕭條、二戰、冷戰和核武軍備競賽，反正總是有原因讓你不買。但是如果你在一開始就以40美元買了一股，然後你將派發的紅利再進行投資，繼續購入股票，到今天你會發現當時一股可口可樂的股票目前價值500萬美元。事實總是能夠壓倒一切的，就是說如果你選擇對了的生意模式，你就能賺到很多錢。當然，切入點的時機是很難把握的，所以我就告訴自己，也告訴你們，如果發現我擁有的是一個絕佳的生意，我絲毫不會因為某個事件的發生，或它對未來一年的影響等而產生擔憂。過去的某些時間內，政府施加了一些價格的管制政策，企業將不能隨意漲價，哪怕最好的企業也受到了影響，像我們的喜斯公司就不能在耶誕節這一天漲價。但我認為管制該發生的時候就會發生，它絕不會將一個優秀的企業變成一個平庸的企業，政府不可能永遠實施管制政策，這一點毋庸置疑。

優秀的企業可以預計到將來可能會發生的事情，但是卻不一定會準確到何時會發生。重心應該放在發生「什麼」上，而不是「何時」發生上。

如果你對發生「什麼」的判斷是正確的，那麼你對「何時」發生也就不會過於憂慮了。

問：談談你投資上的失誤吧。

答：你有多少時間？

關於失誤，有趣的一點是，對我和我的合夥人而言，在投資上最大的失誤並不是做錯了什麼，而是沒有做什麼。有很多我們知之甚深的生意，機會來臨時我們卻突然猶豫了，沒有行動，從而錯過了賺取利潤堪以十億計的大好機會。我的投資原則就是不談那些不懂的生意，只專注於那些我們懂的。比如我們錯過了從微軟身上撈大錢的機會，但這並不奇怪，因為我們根本就不懂微軟的生意，可是對於在醫療保健股票上理應賺得的幾十億，卻被我們錯過了。柯林頓政府推出了醫療保健計畫，相關的生醫公司受益頗多，這一行很好瞭解，我們本該在這上面賺個盡興。1980年代中期，我們還應該在房利美（Fannie Mae）房貸公司上面狠狠地獲利，對此我們也算得十分清楚，如果能夠介入其中，就會有數十億美元的回報，這裡面有政策的超級錯誤，而且不會被GAAP會計法則抓個正著。我們也錯過了。

都是你們看到的，還有幾年前我買下的美國航空（American Airlines），幾乎損失了全部投資的3億多資金。所以當我手裡有很多現金的時候，就非常容易犯錯誤。我的合夥人查理叫我去酒吧，別總待在辦公室，但我手裡一有錢，就總在辦公室，我想我真是夠笨的，這種事總是發生。雖然沒人逼著我出頭，但是我買下了美國航空的股票，現在我有一個專門的電話號碼，每次我又對航空公司的股票產生興趣時，我就趕緊打這個電話。我跟他們說我很笨，老是犯錯誤，他們總是勸我別買，不停地跟我聊天，不讓我掛電話，不要倉促地作任何決定。到最後我就會放棄那種購買的衝動。我們的投資在美國航空上面要打水漂了，事實也確實如此，這筆投資太糟糕了，理應一文不剩。我是因為價格的誘人而購入的，但結果卻說明

這個行業並不誘人，就像在所羅門的股票上犯的同樣的錯誤一樣，雖然股票本身的價格足夠低廉，但它所在的行業對我來說絕不應該涉足。

你可以認為這是一種犯錯的模式，常見的模式，你因為中意於有利的交易條件，於是就忽視了該公司所處的行業。以前，我犯過這種的錯誤，將來也很可能再犯。但更大的錯誤是什麼呢？是我一開始講到的猶豫，猶豫會讓你產生判斷的失誤。當我只有10,000塊的時候，投了2,000塊在修車廠，結果肉包子打狗，那筆錢的機會成本高達了60億（巴菲特的玩笑話），這真是個大錯。因為當初我如果在波克夏多投2,000塊的話，現在已經變成60億了。

如果你需要從失敗中接受教訓，我覺得你最好還是從別人的失敗中去了解與學習，越多越好。在波克夏公司，我們從不將一點時間花在緬懷過去上，我和我的合夥人已經合作了四十多年，在很多事情上，都有著不同的意見，但從來沒有發生任何爭吵。我們也從不回顧過去，那沒有任何意義。我們總是對未來充滿了希望與願景，都認為如果糾纏於「當年如果我們不那樣，而是這樣做了……」之類的假設是毫無意義的，這無法改變任何既定事實。是的，你只能活在現在，也許還可以從過去的錯誤中接受教訓，但最關鍵的還是堅持只做你懂的生意。如果犯的是本質上的錯誤，像涉足了自己理解能力範圍以外的東西，或者受了其他人意見的影響而改變了主意，以至於在一無所知的領域內作了錯誤的交易，那麼這倒是你應該要好好反省的，你應該堅持一個原則：永遠從事自身可以看得透徹的領域。

當作出決策的時候，你應該望著鏡子裡的自己，再問一遍：「我用每股55美元的價格買入100股通用汽車的股票是因為什麼呢？」你要對自己的購買行為負責，就必須要時刻理性。如果理由不充分，那就請不要購買，作出這樣的決定並不困難。如果僅是因為有人在一次酒會上向你提起了這支股票，這個理由就太不充分了。當然，你也不能因為成交量放大或者看上去還不錯的技術指標就決定進入這樁生意，你必須能拿出確實想擁有這

一家公司的原因，而這，就是我們儘量要做到並且堅持的，這也就是我從葛拉漢那裡學到的道理。

問：談談目前的經濟形勢和利率，以及將來的走向？

答：我並不關心宏觀的經濟形勢，作為投資者，你最希望做到的，或者說最主要的目標應該是搞清楚那些重要的而且可以搞懂的東西，對於那些既不重要且又難以搞懂的東西，應該努力將它忘記。你所提到的可能很重要，但實在是難以分清，不好掂量。像可口可樂，箭牌口香糖公司，或者柯達相片，他們的經營模式則是能夠搞懂的，你可以看得很透。當然，你的結論是否正確還取決於對該公司的評估重點，以及當前的股價等因素，但是我想說的是，我們從來不會以對宏觀經濟的感覺來決定是否購買任何一家公司。其實我們根本就不讀那些預估企業利潤和配息比率的文章，因為這真的無關痛癢。就像 1972 年，我們買了喜斯公司，之後不長時間，政府就實施了價格的管制措施，可這又怎麼樣呢？如果因此我們不買，那就錯過了以 2,500 萬買下一個今天稅前利潤可以達到 6,000 萬美元的大生意。

我想，因為自身並不精通的預估而錯過好的投資，這是我們不願意看到的，所以對那些涉及宏觀經濟因素的預估，我們不聽不讀。經濟學家們常在某某大會上作出對總體經濟的描述和預測，並以此為基礎展開相關的諮詢活動，在我看來，這樣做並沒什麼可值得信賴的道理。假設美聯準會主席站在我一邊，而美國財政部長站在我另一邊，哪怕他們都悄悄地來告訴我將來十二個月他們的每一步舉措，我都會無動於衷。並且，這對我購買 Executive Jets 飛機公司或通用再保公司，以及我做任何的投資決策都不會有絲毫的影響。

我在華爾街工作了兩年多的時間，在東西海岸我都有最好的朋友，能見到他們是讓人開心的。每當我去找他們的時候，總能得到一些好的想法。但是我認為最合適的能對投資進行深思熟慮的辦法，就是找一間沒有任何

人的屋子，一個人坐在那裡安靜地想。如果這都不能讓你靜心思索的話，那就沒什麼可以了，這是最好的環境。而華爾街的缺點就是，無論任何的一種市場環境，華爾街的情況都太熱絡了，在那裡你將被過度地刺激，逼著你每天好像都要做點什麼才能度過這一天。

打比方，像坎德勒家族以2,000塊錢買下了可口可樂公司，除此之外就不需要做任何的事情了。事情的關鍵是無為而治，即使在1919年也不要賣掉，可惜這一年他賣掉了可口可樂公司。所以我建議你要找尋的出路就是想一個好辦法，然後盡可能地堅持，一直到夢想變成現實。在那種每隔幾分鐘就互相叫一次價、甚至人們都跑到你的鼻子底下報價的環境裡，你想要做到堅持初衷是極為困難的。我認為華爾街自然有它的作用，但華爾街靠的是不斷的買進賣出來賺取利潤，而你靠的並不是這種波段投機行為。在華爾街那間屋子裡，人們每天互相交易所擁有的股票，直到最後有人致富，有人保本，也有人破產，只有經紀公司可以百分之百確定將從中肥了自己的腰包。如果你採取相反的辦法，選好企業買了股票後，五十年都不要動，到最後你肯定大賺特賺，而你的股票經紀人則就要破產了。這是兩種不同的思路，受益者是不同的群體，你當然要站在自己這一邊。

這種情況很像一個醫生，他經常要依靠於變更使用藥品的頻率來賺錢，不是嗎？如果一種用藥就能藥到病除，那他只能開一次藥方，做一次交易，從此就賺不到錢了。但是，如果你接受了他每天更新處方可以更健康的建議，他就會燒光你的錢，然後錢都進了他的腰包，而你不但得不到健康，情況反而會更糟。你要做的，就是要離開這些總是催促你匆忙作出決定的環境，離得越遠越好。就像我前面說的，華爾街當然有它的功效，但它不能解決根本問題。我在回奧馬哈之前，每半年就有一個長長的單子列出很多的事情去做，似乎有非常多的公司應該要去考察。我覺得這些事情不一定對得起旅行花的錢，然後我就離開了華爾街，回到奧馬哈，開始仔細地思考。那才是事情的關鍵點。

3

在喬治亞商學院的演講

2007 年 1 月，巴菲特在喬治亞大學的泰瑞（Terry）商學院對學生做了以下的演講與問答：

每個人都有能力去實現自己的夢想。關鍵在於每個人都應該要知道自己的長處。我邀請你們來玩一個遊戲。假設當這個學期結束的時候，你有一個小時的時間來挑選一個同窗，你擁有他餘生10%的價值。除了挑選最富有的那位之外，你會哪一位呢？我預測你不會挑選成績最好或者智商最高的那位。相反地，你會尋找那些最具誠實和智慧的同窗。想像一下：一位擁有300馬力的汽車駕駛，他也用了300馬力全力奔馳；而另一位擁有400馬力的汽車，卻僅僅用150馬力駕駛，你一定會選擇300馬力的駕駛。我的建議是：你應該成為最高效的人士。由於本性難移，你一定要儘早改掉你的那些壞習慣！

問：數十年前，東北部的紡織業持續走下坡，包括同業中的新貝德福德和其他公司也都是這樣。是什麼動機卻讓你把波克夏・海瑟威公司給買下來？

答：1962 年，我師從葛拉漢，學得如何評估一門生意。他總是喜歡用撿煙蒂的方法來購買企業。大部份情況下，你可以好好地吸上一口免費的煙。二戰後，波克夏賺了不少錢，然後就一直緩慢的走下坡。在 1955 到 1965 年間，波克夏的營業額從 1,200 萬暴跌到 200 萬，他們想用庫藏股的方式購買自己的股票直到工廠倒閉。1962 年，我們以一股 7.375 美元的

價格買入100萬股中的10萬股，波克夏股價因此升到了10到11美元。我知道，我不會虧錢了，因為就算公司被清算，它的流動資產也遠超過市值。

　　當時，史坦頓掌管波克夏，我去拜訪他，然後達成了共識，我將以每股11.5美元買入波克夏股份。但之後，由於我陸續知道了一些內線消息，一段時間之內是不能再買該公司之股票的。幾週後，我收到來自Old Colony Trust的一封信，他們出價11.375美元。在此後一週的剛開始，史坦頓也出價11.375美元。然後，在我可以買股後，我就開始買入更多的波克夏股票。或許有些董事會成員因此開始對史坦頓感到不滿，直到1985年，我們買下了整個波克夏。

　　微觀來看，喜斯糖果是一個低回報率的公司，但是，宏觀來看，它卻賺了很多錢，這全是歸功於喜斯的金字招牌。我們在1972年買入喜斯。自從買入後，喜斯每年都會在耶誕節後漲價，但對生意毫無影響。當我們投資的時候，我們會遇到一個問題：你必須等多久才能漲價？如果你是一家航空公司，你想盡可能地提高你的機票價格，但由於競爭的關係，一小時後，你會不得不下調價格，因為它並不是一個跟喜斯一樣好的品牌。就算我給你一億美元成立與它競爭的公司，你也無法動搖喜斯在大約三千萬加州居民心中的喜愛程度。這是只有喜斯可以做到的，喜斯這個品牌，可以提供他們承諾的品質與服務給伴隨他們成長的顧客。

　　問：巴菲特先生，你剛才已描述過波克夏・海瑟威公司是你一件偉大的傑作，它在你接管之後成為一個健全的企業體，並給股東帶來每年平均21.59%的收益；你也說過你以掌控整個公司的股份為樂，2006年7月時你將全部的波克夏股份贈與了蓋茲——美琳達基金會以及其它四個附屬的慈善基金，這項壯舉是史無前例的，它的執行手段也相當高明，目的也十分高尚。現在，如何利用波克夏每天賺得的1,500萬美元變成蓋茲—美琳達基金會的事了，對你來說，這整件事中的哪個部分對你來說是最重要的？為什麼？

答：事實上，在我心中，十五年前我就把它們送出去了，正因為這些股票不再屬於我，我才能任意揮灑。當我夫人去世時，我仔細思索了我該做些什麼？在與比爾‧蓋茲以及美琳達討論我的計畫之後不久，他們給我看了一份亞當斯密的《國富論》的抄本。在第一章，鐵匠亞當就談及「勞動力差異化」的問題，它提到市場以及國家允許他們在自己擅長的方面進行差異化（競爭）。拳王麥克‧泰森不會來經營波克夏，我也不會嘗試去贏得麥克‧泰森的金腰帶。這就是我如何看待慈善事業的。我開始找尋更加年輕、聰明、有經驗，以及肯用他們自己的錢來做慈善事業的人，我相信他們會善用這些財富，事實上，我等於把這件差事交給別人了。

在《財富》雜誌的文章中，開篇是這麼說的：生意就是一個遊戲，我愛死它了，因為我只要朝著一個特定的點出擊。泰德‧威廉斯寫了一本如何擊球的書，他說，如果要在棒球比賽中獲勝，你必須靜待最好的擊球機會。喜斯糖果至於我來說，就是一個容易的擊球機會。這不像奧運的跳水比賽，你可以跳出完美的低難度動作，但是，你的得分會低於那些做出相對高難度動作但是水花比你大的運動員。跳水比賽中，得分取決於難度。

慈善事業與投資和難度關係正好相反。慈善是處理社會中難啃的硬骨頭，我會比較容易失敗。我個人不喜歡失敗。所以，我寧可讓別人來打理慈善事業。我個人非常不喜歡從事沒有任何回饋的領域，或是預料到可能會失敗的事兒。現在，我猜我還能再活個十二年，到臨終時，我應該還能夠再增加10億美金的捐贈。我會繼續從事我喜歡的事業，我也很高興他人會繼續從事分配慈善資源的事情。

我是一個幸運兒，出生在合適的時代和國家。要是換了一個國家和時代，我或許就不會如今天這般成功了，所謂時勢造英雄，但我也會用我所賺的錢回饋這個社會。

問：你曾說過去50年來是美國證券歷史上的黃金時期，很多股票的市價都被錯誤的低估（或高估）。你認為這一段歷史是否會有重演的一天？

假設，今天你二十六歲，手握百萬巨款，你怎麼做到你過去「誇下海口」的，以小額資金達到每年50%的收益率？

答：一個機會有吸引力與否，源於對人類行為的理解。1998年，人們的表現如同害怕洞穴巨人般，殊不知命運掌握在自己手裡。機遇會因為恐懼而停滯，因為貪婪而被激發，這與智商、學歷等無關。50%的收益率是在資本很小的時候容易做到，而不是鉅額資本，所以手上的資金越多對我是更大的挑戰。

過去的五十年不是獨一無二的。它只是利用了人性，只是利用了別人貪婪與恐懼創造的機遇。如果你可以控制自己的情緒，人性將會讓你成功。

1951年，二十歲的我畢業了。那個時候，有兩個股票資訊發佈商：穆迪和標普。我是穆迪的用戶，閱讀他們的每一本手冊。最近我通過亞馬遜買了一份1951年穆迪的複印本。在第一千四百三十三頁上，有一個可能讓你賺大錢的股票。每股收益是2.9美元，股票波動範圍是2到21美元。另外一頁，又有這麼一家公司：每股收益是29.5美元，價格範圍是27到28美元，一倍多的報酬！你可以透過發現這些機會而致富，這可不是杜撰出來的。

幾年前，我又在韓國股票市場上獲得了類似的投資指南。我開始詳細的閱讀它。頗有1974年又回來了的感覺。看看這家公司——Dae Han，我不知道該如何發音。它是生產麵粉的，過去一年的淨利為18,279韓元，當前帳面淨值為每股20萬韓元，淨利為1.8萬韓元。最低成交價為每股3.5萬韓元，最高成交價為4.3萬韓元。那個時候，股價不到4萬韓元，真的有50%的利潤。不到四個小時，我找到二十家這樣的公司！

問題的關鍵在於，沒有人會告訴你這些公司！沒有一份關於這家麵粉廠的報告。當你投資這樣的公司，想不賺錢都難。當然，會有一到二家公司最後被證明是個投資陷阱，但其他的投資獲利足以抹平你的損失。並非所有的這些公司都是好的，但是，大多數都是好的，並最終會讓你賺大錢。

這不是發生在遙遠的大蕭條後的 1932 年，而是就發生在 2004 年！這些機會，未來都會擺在原地三十年！如果你是對的，幾次正確的選擇，將會讓你賺錢。

華爾街的分析師腦袋瓜都是聰明的，嗯，他們都是不錯的數學家；但是，我們更懂人性。在你的投資生涯中，你肯定會有幾次機遇，至少有一到兩次是絕對不會出錯的機會。例如 1998 年，紐約發行了三十年的債券，收益率低於二十九年的債券約 30%，LTCM 為此投入了 10% 的資金，他們本來百分之百能夠賺錢，但是，他們不能忍受一丁點兒的下跌。但我更加通曉人性。他們是 MIT 的高材生，一群真正聰明的傢伙，他們透過極高的槓桿交易幾乎讓系統崩潰。毫無疑問，這是買入的好時機，於是，我贏了！我用人性戰勝了所謂的「聰明」。

問：聊聊其他國家吧！你是否會去關注其他國家的財政，或是某些外國公司的財務狀況呢？你提到了在韓國的投資，那麼你是否關注過這個國家的情況呢？

答：我們當然在乎一間公司所處的國家！在海外投資有個缺點，幾年前我們打算從中石油以及俄羅斯的尤科斯（Yukos）石油擇一投資，在考量政治情勢之後，我們選擇了中石油，這是個明智的決定。意思是，我一向重視投資公司所處的國家以及當地的政經狀況。

中石油公司的總值為 350 億美元，僅有埃克森石油的四分之一，但它締造的效益卻有埃克森的 80%，從公司的財務年報中我看到了這一點，而它的董事長更表示會配發 45% 的利潤給股東，這比任何同類公司都要來得高！我看上了這間公司潛在的效益，要是在美國，它的總價要值 850 億美元！這絕對是間優秀、穩定的公司。我並不像了解美國文化一樣那麼了解中國文化，然而，他們在年報中說過股東將會分到 45% 的利潤，而基本上他們也真的說到做到。於是，我決定投資 4.5 億美元在上面，時至今日這些投資已有 35 億的價值。比起俄羅斯，我想我會比較喜歡在中國投資，因

為我喜歡中國的投資風氣。

　　七月的時候，尤科斯的老闆，同時也是俄羅斯首富的米海爾‧考多克斯基（Mikhail Khodorkovsky），曾與我共進早餐，並就進軍紐約這件事徵詢我的意見，他很在乎紐約證交委員會的規定是否繁瑣。考多克斯基曾因得罪普丁而入獄，四個月前才獲釋，他對政經局勢的錯誤判斷害他失去了公司。在這一點上，中石油實在是個再理想不過的選擇，光45%的紅利就是不可思議的數字，但是中國政府依然說到做到。我在美國就沒辦法這麼開心了，因為美國的法律擁有太多的灰色地帶，不像中國人一板一眼。當結算股息時，我發現總利潤竟然超過了10%，中國人果然言出必行！坦白說，我不熟悉中國的稅制法，但你能夠以很便宜的價格買下很棒的公司，而在波克夏‧海瑟威，你得花費好幾億元才能買下冰山一角。果然，要找出值得投資的公司實在是個大問題！

　　問：關於非洲，你會如何利用有限的資訊與不利的條件，找出高於一般水準的股票？你認為該如何取得最有效的資訊？

　　答：非洲擁有許多規模龐大到可以讓波克夏投資的公司，當然，不包括Debeers鑽石、英美資源集團（Anglo-American）、南非米勒釀酒公司（Sab Miller）之類的公司，再說，關於這些公司的資訊並不多。我知道，在南非，股市資訊很容易取得，但如何挑出有用的資訊就是個難題了。

　　相對之下，在韓國能夠輕易取得足夠的資訊，它們擁有Kissline線上系統，只需要花幾秒鐘，就能取得整個韓國股市的交易情報、年度甚至季度資訊。我不知道南非是不是也有這麼方便的線上系統，不過，沒關係，我不需要贏得所有的比賽，只要贏得我有參加的比賽就好了。

　　我的辦公司設有三個信箱，一個是「寄件」、一個是「收件」、以及「難以決定」。我曾經跟MIT的學生開過玩笑，說我應該要有一個「難以決定」的箱子，結果他們就真的幫我做了一個，而我也一直使用著它。一直以來，我只在看到好球時才揮棒，只要在人生中重複十次這種動作，

你就能成為有錢人。投資應該像擁有一張二十個洞的打洞卡，每一個洞都代表一次投資。我認為，要是每個人一輩子只有十次投資機會的話，他們一定會下手之前作足功課。你不需要擁有太多四倍報酬率的機會、也不需要做太多就能致富。然而大環境總是讓你認為自己必須不停地做些什麼。

問：你如何評價自己的個性？你認為造就你今日成功的是你個性中的哪一個部分？

答：智力、耐心、以及熱忱都是很重要的特質，但最重要的還是理性。在1997年8月時，人們並不理性，他們太在乎別人正在做的事，記住，千萬不要被別人影響了！標新立異的投資未必正確，但隨波逐流同樣也是！你必須理性地將自己從人群隔離，然後好好看清周圍發生了什麼——住在奧馬哈有助於我做到這件事，過去我在紐約時，每天上午就有五十個人在我耳邊嘮叨！當然，有時這很難做到，如同網路一窩蜂的熱潮，沒有人喜歡看自己的鄰居做著蠢事然後變得富有。舉例來說，就像灰姑娘，她一直想著自己還能再跳一支舞，午夜還沒有到，聽起來很容易——但是要說服自己離開舞會卻很難。股市最大的問題就是這些人並沒有一個時鐘！你不知道午夜什麼時候來到，什麼時候必須離開舞會！像我的夥伴蒙格以及奈西利在GEICO時就一向很理性。就算是智商160的人，一樣可以把很笨的事講的很棒，畢竟，人們總是在做蠢事，不論他們的智商是120，還是160。但你可以讓自己的思維變得更理性，理性是唯一可以幫助你的事。這裡有個不錯的辦法：在你買一支股票之前，把你想買它的理由寫下來，像是「我打算買下300美元的微軟股票，因為⋯⋯」總之逼自己寫下來，這可以讓你的思維變得清晰而有條理，也讓你更理性。

問：你對於指數股票型基金（Exchange-Traded Funds）有何看法？你如何評價這些東西？

答：指數股票型基金可以讓投資者以較低的成本進入市場或企業。不過，我們並未持有這些東西，也永遠不會去持有。我會向那些懶得花時間

研究市場的人推薦指數基金（Index Funds），基本上，它適合95%的投資者。因為，要是你不打算投入任何資金在股市，你也不該去期望獲利！

問：你希望如何處置非洲慈善捐款的行政開銷？

答：比爾與美琳達夫婦可以把這些事處理得比我更好！我只需要拚命賺錢，來讓他們有更多的款項可以運用。我的專長是賺錢，至於其他事，就交給更擅長這些事的人們吧！私人捐款能比政府發揮更大的功用，因為處事的智慧比起成功或失敗更能代表一個人的成就。蓋茲認為每個人的生命都是有價值的，但跟其他國家比起來，美國人顯然不需要那麼多的幫助。

問：遺產稅以及房產稅在國會一直是個爭論不休的議題，但你堅持保留這項稅收的立場始終沒有改變，可以解釋為什麼你認為國會不該修改它嗎？

答：嗯，這並非人們說的「找死人課稅」，每年有220萬的人死於美國，但只會有4000個人被課徵地產稅，聯邦政府每年徵收了300億美元的地產稅，其中有很大的比例是來自遺產稅，每年能徵得超過5,000萬的稅收。

請你們捫心自問什麼是一個社會最理想的稅制政策。我想到了一個遊戲，假如在你出生的二十四小時前，有一個魔鬼跑來找你，告訴你可以自由設計自己出生的世界，你可以訂出這個世界的一切，包括政治、經濟、以及社會等等。但有一個條件：你必須從一個有六十億張彩券的池子中抽出一張，這張彩券上寫著你在這個世界上扮演的角色，例如你出生在美國或是孟加拉，你是男生或是女生，你是黑人或白人，你是弱智者或是正常人等等。那麼，你會怎麼做？你一定會設計出一個擁有完善教養制度的世界。

首先，你會想創造出一個富裕的社會，所有人都有不錯的生產力；第二，你會希望存在正義，讓所有的生產物能均分給每個人；你會創造一個老人也能安居的世界，每個人都擁有平等的機會，創造一個市場機制，讓每一個個體都適得其所；你會希望這個世界能照顧到那些抽到壞彩券的人

們，這與宗教無關，因為我並沒有宗教信仰。在我出生的年代，抽到好籤的機率大約是50：1，最後，我出生在美國——我贏得了這場「卵巢樂透」。

你會希望那些抽到中獎彩券的人確實有努力工作，同時，你也會希望其他人擁有平等的機會——並非齊頭式的平等。另外，還要有健全的法律；你還會希望有才能的人能在他們適任的位子上，會希望那些沒有機會的人得到幫助。至於我，因為我已經把一切都打理好了，所以我的子孫就算十個世紀不工作也不致餓死，我把自己的子孫從勞動的池中撈了出來。那些有錢人的子孫就是潛在的財富收受者，許多豪門子弟盡情地使用社會的資源，只因為他們投對了娘胎。他們不必靠著糧票度日，只需要關注股票與債券。而地產稅正是為了讓這一切重新洗牌，避免讓那些豪門子弟淪為游手好閒之徒，成為具有生產力的國民。

我們都參與了卵巢樂透，這可能是影響我們一生最大的事。事實上，你們全都就讀於商學院，全都十分聰明，而且擁有光明的前途；如果要你把自己的彩券放回去，重新從一百張裡面抽一張，你會抽嗎？我不相信你會。這一百張裡面只有四到五張會出生在美國，而這四到五張之中又只有極少數能跟你們走上一樣的道路。因此，你們是這個社會的金字塔頂端1%的一群，這代表你們是世界上前1%幸運的人。當然，我的後代或許又屬於這1%中的前十分之一。

問：據說你年輕時曾買下一些土地，並租給當地的農夫耕作。為什麼你不追求這種形式的不動產投資？

答：我在十四歲時就投資過農地，但作物的買賣卻完全經手他人。我買下四十畝的地，然後就會有人去耕種這塊地，他們收成大批的黃豆，再拿這些黃豆到市場換成一筆錢，最後，他們把盈餘交給我，說：這是我今年賺得的錢。也就是說，我在整個交易過程中什麼事都沒有做，我不知道這塊地是否真的收穫了那麼多黃豆，他是否真的賣掉了那麼多黃豆，是否真的賺到了他說的那麼多錢。這就好比把自己所有的牛關在別人的畜欄

裡，等畜欄的主人將牛群帶去市場時，他會跟你說：很抱歉，你的牛早就死光了。你要怎麼知道哪些牛是你的？

當1980年儲蓄與信貸危機爆發時，這些地被以每畝2,000美元的價格賣掉了。我們可以來計算看看，每畝農地可以生產120蒲耳的玉米或45蒲耳的黃豆，這些作物價值約80美元。但你還必須支付每畝150美元的利息，這代表：你收入了80美元，支出150美元——這一點意義都沒有！那些銀行家瘋狂的到處借錢，只為了用每畝2,000美元的價格買下需支付10%利息卻只收成80美元玉米的土地。最後，一堆人在裡面栽了跟斗，FDIC（美國聯邦存款保險公司）這時才出面接收，並用每畝600元的價錢賣掉了這些地，這在當時算是不錯的價錢。當時，FDIC接收了幾百個農場，只因數不清的人在裡頭輸得傾家蕩產。

儲蓄與信貸危機讓許多人血本無歸，當年，政府賤價拍賣了價值一億美元的資產，對某些人來說，這是不錯的賺錢機會。然而，我還是不喜歡農場，因為它們是被動的物件，必須有人耕作。我兒子很喜歡種田——但我可不。

問：大家都知道你從不干涉旗下的經理人。你在識人上是否擁有特別敏銳的直覺，以及你在評估一間公司的經營情況時是否有特定的原則？

答：好問題！不過我要問的是，這些人是否在賣掉公司後，仍然堅守自己的工作崗位認真工作？他們愛的是錢，還是工作？如果是工作，那我們就達成共識了。如果是錢，那也沒關係，只不過他們會從此脫離我的考慮範圍。我不必一一挑出10分的人，只要確認跟我打交道的人是10分就夠了。我不會盯著一群人，然後一個個對他們說「你是6.5分，你是8分」，我只需要看見其中是10分的人就好。至於我在評斷一個企業經營者時是否擁有敏銳的直覺？有時候吧！人總是會將某些特質顯露於外，雖然我不敢說那是什麼。在波克夏，沒有太多的契約，因為每個人都對工作充滿著熱情，不需要我去逐一鞭策，就算到65歲也不會變。我的旗下擁有四十名

CEO，自 1965 年起，從來沒有一個離開波克夏·海瑟威。要是你告訴辛普森（Lou Simpson）他九點就必須來公司，而且只有一個小時吃午餐，那他一定立刻拍拍屁股走人了！我們不必了解每一個人，只要了解我們投資的人就好。

問：馬基維利（Machia Velli）曾說，一個人必須同時受人畏懼與敬愛，但人總是希望自己更令人畏懼些，你同意這個觀點嗎？你是否遇到不得不讓人畏懼你的情況？

答：作為經營者，我不相信恐懼。我曾經在班傑明·葛拉漢、唐·奇歐，以及我父親底下工作過，但他們從不試著讓別人害怕自己。在部分行業中可能會需要——軍隊。即使如此，要是你真的懲罰自己的弟兄，那情況就不一樣了。我不會這麼做，我不喜歡這種生活。或許特定的場合下，威嚴是必須的，例如警察職勤的時候。不過，我相信愛才是更強大的力量，也是與人相處時最有效率的方式，我可不想過那種周遭的人都怕你的生活。活在恐懼下的人也無法有好的表現，當然，在走投無路的情況下，恐懼非常有用；但在波克夏不是，愛才是激發人們更好表現的方法。順帶一提，你不妨看看馬基維利，在他過世五百年後的當下，這世上早已沒有他的信徒了，不是嗎？

巴菲特致股東信 2012

4

巴菲特每年都會在波克夏的年度報告中附上著名的《致股東信》，除了對股市作出一番精闢入裡的分析、解釋自己一年來精心挑選的投資組合以外，信中文情並茂的言辭、莞爾風趣的語句，也每每讓世人印象深刻！每一年，為了搶先一睹這封集股神一年來智慧與心力的報告書，不少投資家甚至特地買入昂貴的波克夏股票，只為了成為「股神」的股東！

2012 致股東信（發表於 2012 年 2 月 25 日）

給各位股東：

　　無論 A 股或 B 股，每股帳面價值在 2011 年都增加了 4.6%，自從現行經營階層接手後的四十七年來，公司平均每年複合成長了 19.8%。

　　查理‧蒙格——波克夏的副主席，也是我的好伙伴，跟我一樣都對公司 2011 年的進展感到滿意，以下列舉重點：

　　董事會的主要工作就是要找到對的人來經營這家企業，而且要確認接手的新領導人已準備好隨時上路。在我所待十九家的公司董事會中，波克夏是我花費最多時間與心力在接班計畫上的，這些成員都努力做交接規劃，目前已漸有成效。

　　在 2011 年初，陶德‧康姆斯（Todd Combs）加入了我們，成為投資經理。而很快的，泰德‧韋斯勒（Ted Weschler）也接著報到。這些人在投資領域都有相當傑出的能力，也對波克夏有相當的承諾。他們在 2012

年都會負責數十億的區塊領域，但當查理跟我不再經營波克夏的時候，他們會有足夠聰明的頭腦、判斷能力，以及人格特質，來管理一切。

　　董事會成員對繼任者的管理能力與人格特質也都給予讚揚（現在我們有兩個傑出的候選人了），所以如果真的有需要將重責大任移轉時，一切都將能順利接軌，而且波克夏的未來也一定依然光明。我手中大約98%的財富都是波克夏的持股，而這些資產到最後都會轉到不同的慈善事業名下，對於財富如此集中在一支股票的作法，是較有悖於傳統的，不過我覺得這樣很好，我們擁有許多分散且優質的企業，我想我們的繼任者應該會相當樂於接手。但別因此妄加臆測查理跟我的現況，我們仍然一樣健康，而且享受我們的工作。

　　去年9月16日，我們併購了路博潤（Lubrizol）這家全球性的添加劑以及特殊化學品製造商。這家公司從2004年詹姆士·漢布里克（James Hambrick）成為CEO之後，就一直有相當傑出的表現，稅前淨利從1.4億美元增加到10.85億。路博潤將有一連串在特殊化學領域的併購機會，我們已經同意了其中三項，將花費4.93億，詹姆士是有紀律的買家，也是個傑出的經營者，查理跟我都很希望看到他擴大管理範疇。

　　我們去年主要的業務都經營的不錯，事實上，我們五家最大的非保險公司——BNSF、伊斯卡（Iscar）、路博潤、馬蒙（Marmon）集團、中美能源貢獻了新高的營運利益，在2011年一共創造了90億的稅前盈餘。相較之下，在五年前，我們只有其中的中美能源一家，當年稅前利益只有3.93億。除非在2012年經濟相當疲弱，否則這五家神奇的公司應該可以持續創新高，輕易的賺到100億的利潤。

　　這些我們持有的企業，在2011年一共花費了82億在工廠、設備等投資上，遠高於之前20億的紀錄，這些投資有95%都是在美國境內，這可能會讓那些覺得我們國家缺乏投資機會的人感到驚訝。我們也很樂於在海外投資，不過我們仍期望以美國境內的投資為主，在2012年這些投資支

出依然會持續創下新高。

　　我們的保險事業持續提供他們低成本的資金，作為我們無數投資機會的銀彈。這些事業產生「預存金」——不屬於我們的錢，但我們可以拿來作為波克夏投資之用。而且如果我們未來支付的賠償保費金額小於我們可以收到的投資利益時，等於是又額外賺取了承保利益（Underwriting Profit），這表示預存金本質上比免費更便宜。雖然我們不確定何時會出現承保損失，不過我們已經連續九年是都出現承保利益，並帶來了170億的獲利；同時，在這九年當中，我們的預存金也從410億增加到新高的700億，所以保險業務對我們而言狀況一直很好。

　　最後，我們作了兩項重大的有價證券投資：（一）投資50億元在6%的美國銀行優先特別股上，附帶的選擇權讓我們可以選擇在2021年以前的任何時間點用每股7.14元買進7億普通股（此時美國銀行的股價為7.88元）。以及（二）投資109億買下IBM的6,390萬股，在加入IBM之後，我們如今已在四家具有核心競爭力的公司上有相當高的所有權：持有美國運通的13%、可口可樂的8.8%、IBM的5.5%、富國銀行的7.6%，當然，還有很多很小但也很具競爭力的企業。

　　我們視這些美妙企業的所有權為伙伴關係，而不是像有價證券一樣會因為短期的利潤就隨意進出。只是，我們持有的股份可能無法完全反應應有的利潤，因為只有在收到股利時，我們才能在財報上面反映。但隨著時間變化，這些未分配的盈餘仍然歸屬於我們，也極為重要，因為它可能用於增加未來的盈餘或股利上，或者用於有助於我們買回增加未來盈餘分配的庫藏股上。

　　依我們去年持有的股票，我們從「四大」獲得的股利約當8.62億，這些都已經計入波克夏的財報當中，但是我們應有的實際利潤則是遠遠更多的33億，沒有能被列入的24億，查理跟我則將它當成未來幾年盈餘成長的燃料。我們期盼在2012年或者更久的未來，這「四大」的盈餘還有股

利都能持續成長，從現在開始的未來十年後，應該可幫我們帶來70億的潛在利潤，以及20億的實現股利。

我的好消息已經說完了，接下來談2011年一些不利的發展狀況：

幾年前，我花了20億買進一些由Energy Future Holdings發行的債券，這是一家服務於德州的電力公司。然而這是個極大的錯誤，大致來說，這家公司的前景跟天然氣的價格密切地綁在一起，而它的價格在我們買入之後依然低迷，雖然我們每年還是可以收到約1.02億的利息，但這家公司的獲利能力終將逐漸耗盡，除非天然氣的價格能持續上漲。我們在2010年減持了10億元，然後2011年又再減持了3.9億元。

截至去年年底，我們仍持有這家公司的債券市值約8.87億元，如果天然氣的價格還是維持在這個位置，我們可能會面臨更多的損失，相反的，如果天然氣的價格能夠上揚，我們應該可以回收部分或者全部的減損。然而事情變成這樣，完全是我在購買債券時估錯了損益的可能性，在網球術語中，這是你們董事長的非受迫性失誤。

另外有三個很大且非常具有吸引力的固定收益債券投資被發行人給贖回了。瑞士再保險（Swiss Re）、高盛以及奇異共支付給我們128億贖回了原本可讓我們賺進12億稅前盈餘的債券，我們買了路博潤僅能補回部份的利益。

去年我曾說過，房市可能在未來一年左右開始復甦，結果我完全錯了，我旗下有五家企業因房市變化受到劇烈影響，最直接相關的就是克萊頓房屋這間最大的房屋製造商，在2011年大約佔全國7%的比重。

除此之外，頂點磚塊（Acme Brick）、蕭氏地毯（Shaw Industries）、約翰曼菲爾（Johns Manville）、邁鐵（MiTek）等公司都會因為建築的狀況而受到影響，總計這五家房屋相關的企業在2011年帶來了5.13億的稅前利益，跟2010年相比差不多，但是相較於2006年的18億來說還是少了許多。

房市終究還是會回復的，這點可以肯定，隨著時間的經過，房屋的數量必然會跟家庭數吻合，但是在 2008 年以前的那段期間，美國蓋的房子遠比家庭數還要多，不可避免的是我們最後留存了太多房子，再加上泡沫衝擊了整個經濟。而這又引發了其他問題；在衰退初期，家戶數會成長得很緩滿，而在 2009 年甚至還有明顯的減少。

這破壞性的供需模式現在被扭轉過來了，我們每天都在創造比房子更多的家庭數，在市場不確定的情況下，人們可能會遞延購屋，但終究買屋情結仍會戰勝，在衰退初期，可能對應的措施是暫時共處，但是與公婆住的誘因仍會逐漸降低。

以我們目前的步伐，每年大約有六十萬戶的房屋開工，遠低於新家戶數的形成，買家跟租屋的人正在逐漸消化先前遺留的過度供給（這些過程已經以不同的速度在美國各地展開）。然而，當這種治癒能力開始發生時，我們房屋相關企業可能就顯得窘迫了，相較於 2006 年的 58,769 人，目前我們旗下房地產相關的雇員只剩下 43,315 人，這對經濟來說是相當重要的部門，不只是建築業，有很多的相關產業都靠它餵養。目前這火車頭產業仍在衰退中，這是我認為該行業就業復甦落後其他產業的原因。

明智的貨幣與財政政策在減緩衰退當中扮演重要的角色，但這些工具並不會創造家戶數的成長，也不會消除市場上過剩的餘屋。幸運的是，人口跟市場機制終會回復到一個平衡，也許不用等多久，我們將能夠再每年建造超過百萬戶的房屋給更多的居民居住，一旦發生時，失業率下降的速度相信會讓專家們相當訝異。然後他們將會回想起從 1776 年就存在的真理——美國最好的日子就在前方。

 ## 企業內在價值

查理跟我在衡量我們的績效時，是透過波克夏每股內在價值的變化，

如果我們表現的比S&P500指數好，那我們就可以贏得我們的薪資，如果沒有，那不管付給我們多少都嫌太多。

我們沒有辦法明確指出內在價值，但我們有個好用且較保守的衡量方法，就是透過每股的帳面價值。這個指標對大多數的公司來說並沒有太大意義，然而帳面價值是較能粗略估計並追蹤我們企業價值的方法，因為我們的內在價值並不會跟帳面價值間有太大的差異，同樣是每年持續成長，彼此間的差異也是相當穩定且正向成長（以分母分子方式呈現）。

我們總是強調，我們的帳面價值績效在市場不佳時一定都優於S&P500指數，然後在市場強力上漲時會略微落後，考驗我們的是該如何隨著時間去調整，去年的年報中揭露了四十二年來我們的帳面價值都擊敗了S&P500指數，而我們的連勝也持續到2007至2011年（假如把五年併在一起算的話）。

去年我也放了兩個表格有助於估算我們每股內在價值的定量方式，我不會在此再重複討論，你可以在後面的頁數中找到這些資料。我們在保險與投資以外的企業營運上，每股投資增加了4%，達到98,366元，稅前盈餘則增加了18%，每股達到6,990元。

查理跟我都希望在這兩個表格看到獲利，但我們主要還是會專注在建構例行性的營運利益上。我們現在所擁有的企業都會持續增加他們的獲利，而我們也希望持續買入一些大型的企業以帶給我們更多的利潤。我們現在旗下有八家子公司被列入S&P500大企業，也就是還剩下492家，因此我的任務就很清楚了，而我還會再繼續尋找好的機會。

💲 股票回購

去年夏天，我們宣布波克夏將在帳面價值10%以內的價格回購股票，我們只有進場幾天，買回了價值6,700萬元的波克夏股票，股票回購的重

要性，我認為應該在此多加著墨一番。

查理跟我都贊成，當以下兩個條件滿足時，我們就應回購自家股票：第一是公司本身有充足的資金足以應付營運與企業流動性的需求，第二是股價低於保守估計的公司內在價值時。

我們曾經看過很多股票回購不符合我們第二項條件的例子，很多企業老闆都深信他們的股票相當便宜，這看起來似乎是有道理的，不過不能僅因為想要減少流通在外股數或者因為手上的現金過多就這麼做，如果這樣持續下去，股東其實是受害的，除非這些回購的價格低於公司內在價值。資金配置的第一法則應該是看用於併購或者買回自家股票何者比較有利（摩根大通的執行長傑米‧迪豪總是一再強調購回股票時考量的價格與價值因素，我建議你們可以讀讀他寫給股東的信）。

查理跟我百感交集，當波克夏的股票價格低於內在價值時，我們希望為繼續持有公司的股東賺錢，所以當我們發現股價低於合理價格時，此時沒有比買回公司股票更應該做的事。我們並不希望以折扣價格換取股東的錢，但我們這麼做，相較於什麼都沒做，股東應該可以獲得更多一些。當我們買回股票時，我們希望讓這些退出的股東知道，他們賣出的價格遠低於公司應有的價值。

在我們以帳面價值110%的價格限制下，股票購回將有助於提高波克夏的每股內在價值，如果我們買的越便宜，同時也買越多，對於繼續持有的股東也就越有利。如果有這個機會的話，我們會在限制的價格下持續買回波克夏的股票。但要知道，我們並沒有興趣要支撐股價，如果遇到市場相當疲弱，我們也可能會略為縮手，而如果我們手上的現金低於200億元時也是一樣。在波克夏，財務的健全毫無疑問的是首要考慮的條件。

提到關於股票購回的討論，也給我一個機會強調很多投資人對於價格變動時的非理性反應。當波克夏投資公司要買回股票時，我們會希望有兩個情況出現，第一是期待未來公司的獲利表現持續成長，第二是股票的價

格最好不要有所表現。關於第二點的一個推論就是：「按照我們的劇本」
持有我們的股票——假設這能夠有效——事實上，那對波克夏是有害的，
而非像其他名嘴所說的有幫助。

讓我們以IBM的股票為例，所有關注IBM的人都知道，CEO路易斯
・加斯納（Louis Gerstner）跟山姆・波米薩諾（Sam Palmisano）相當了
不起，他們讓IBM從二十年前的破產邊緣轉化為當今的傑出企業，他們的
經營成果真的是相當不平凡。

但他們的財務管理能力也同樣耀眼，特別是在近幾年公司財務靈活度
持續進步。事實上我認為沒有其他大公司有更好的財務管理能力，這些能
力大大的增加了IBM股東的權益。這家公司運用債務的方式相當聰明，透
過現金併購有助於增加公司價值的企業，且同時積極的以庫藏股方式買回
自家股票。

今天IBM有11.6億股流通在外，我們持有其中大約5.5%，即6,390
萬股。當然這家公司未來五年的營運能力對我們的影響就十分重要了。除
此之外，公司在未來幾年將付出500億元來買回自家股票，所以問題來了！
身為一個像是波克夏這樣的長期投資者，這段期間該為什麼事情而雀躍
呢？

大家不必想太久，我們會希望未來五年IBM的股價都很平淡。

讓我們來做個簡單的數學題，假設IBM的股價在這段期間都是約略
200元，則公司會用500億元收購約2.5億股，那表示會剩下9.1億股還流
通在外，那我們相當於持有7.7%的股份。如果相反的股價在未來五年是
在300元的價位，那麼IBM只能買回1.67億股，剩下9.9億股流通在外，
五年後我們就變成持有6.5%。

如果IBM在未來第五年賺了200億元，那我們持有的股份在悲觀的股
價情況下，就可獲得比樂觀高價的情況下要多出1億元的利潤。而我們持
有的股票也可能比高價的情況下要更多出15億的價值。

這個邏輯很簡單，如果你在未來幾年是股票的淨買方，無論是直接用你的錢還是非直接的（透過公司買回股票），你在股價上漲時會受害，而在股價昏迷時反而會受益。但情緒上來說都相當複雜，大部分的投資人，包含那些未來會持續購入股票的投資人，都會因為股價上漲而感到舒服。這些投資人就像是開車的人看到油價上漲反而感到愉悅，僅是因為油箱裡已加滿了之前的低價油！

　　查理跟我並不指望要讓大家想的跟我們一樣，因為我們看過很多人的行為，也知道那是沒有用的，但我們仍希望你們知道我們是如何計算的。我要承認，在很多年以前，我也是一樣對股價上漲感到雀躍，但是在我讀到班傑明・葛拉漢的《智慧型股票投資人》的第八章，提到投資人如何看待波動的市場時，眼中衡量的角度就變得不同，低價變成了我的好友。拿到這本書時真是我人生中最幸運的一刻。

　　最後，我們對IBM的投資成功與否，還是在於公司未來的盈餘，但是另外一個重要的輔助因子則是公司能持續買回多少股票。如果IBM持續回購讓IBM在外流通的股票接近6,390萬股，那我一定馬上放棄我那有名的小氣，讓所有波克夏的員工放個有薪假，因為波克夏屆時已完全擁有了IBM！

　　現在讓我們來看看我們投資的四項主要產業，每一項都有不同的資產負債表，以及收益特性，如果綁在一起會有礙分析，所以查理跟我都會將它們區分成四項業務來看。因為我們會持續買回波克夏的股票，所以會提供我們在這四個主要產業以及相對於帳面價值下的內在價值。

 ## 保險事業

　　讓我們先來看看保險事業，這是波克夏的核心事業，也是多年來推動成長的引擎。

　　財產保險公司是先收到保費，之後才支付索賠。極端的例子下，有些工人的意外賠償，支付可以跨越數十年。這些現在先收，之後再支付的模式給了我們很大筆可以運用的現金，我們稱為「預存金」。我們用這些預存金來投資波克夏的利益，雖然個人的保單跟索賠來來去去，但預存金的總額還算穩定成長。因此當我們的業務成長，預存金也會跟著增加。

　　未來可能不太能像過去一樣再高速成長，因為相對於我們的保費收入已經是很大筆的金額。預存金可能會緩慢的減少，但是對我們而言，並沒有什麼不尋常的資金需求。

　　如果我們的保費收入超過我們的開支以及最終的賠償損失，我們就會計入承保利益，視為我們的預存金。當發生這樣的利潤時，我們就很樂意使用這筆免費的錢，更棒的是我們被付錢來持有它。不幸的是，所有的保險公司為了這快樂的目的而競爭激烈，所以導致這個產業現在很多業者已是顯著的承保損失。

　　舉例來說，州立農業保險（State Farm）這家全國最大且管理良好的保險公司，已經在過去十一年中的八年出現了虧損。在保險業有很多方法可以賠錢，而這產業又很聰明地多創造了一個。

　　正如我們在給股東的信第一段提到的，我們已經連續九年都有承保利益，這段期間我們淨賺了170億元，我相信相當有機會在未來幾年大部分（可能非全部）還是能夠賺到錢。如果我們做到了，那麼我們的預存金將比免費的更棒，就像是有人存了706億元在我們這裡讓我們免費使用來賺取利潤。

　　那麼這麼有魅力的預存金會如何影響內在價值的計算呢？我們的預存金像是負債一樣的在資產負債表當中從帳面價值扣除，就像我們明天就要支付掉一般不能隨便亂動。但是這並不是正確看待預存金的方式，相對的應該視其為一種週轉金。

　　如果預存金是免費且持久的，它真實的價值應該低於會計報表上的負

債。

　　用來抵消這誇大債務的是保險業在帳面價值列為資產相當於155億元的「商譽」。實際上商譽代表的價格是我們營運累積預存金的能力，而商譽的成本顯然沒有符合它應有的價值。

　　如果保險業持續產生大筆的承保損失，歸屬他的商譽價值應該被視為毫無價值，無論原始成本是多少。

　　幸運的是，在波克夏則並非如此，查理跟我都相信我們保險業商譽的經濟價值——我們依合約支付以不斷獲得預存金的能力——要遠超過過去以來的市場價值。

　　這也是一個相當大的原因，我們認為波克夏的內在價值遠超過帳面價值。

　　讓我再次強調，免費的預存金並不是一般保險產業可預期的成果。我們不認為在保險業有很多像波克夏擁有高品質的預存金普遍存在著。在目前現實的情況下，其他保險業的保費收入大部分已不夠支付未來的索賠還有營運費用。因此這個產業的有形資產的平均回報率在過去幾年都低於美國其他產業，這個令人抱歉的表現還可能持續下去。波克夏之所以能在保險業有傑出的表現，是因為我們有傑出而誠信的經理人來管理這些非凡的保險事業。接著讓我來告訴你其中幾個主要的事業體。

　　由預存金的大小排序，第一個是由阿吉特·詹恩經營的波克夏·海瑟威再保集團。阿吉特承保的對象是沒有人想要再保或者資本已不足以獨立來承保的其他保險公司，他的營運結合了才能、速度、果斷，最重要的是那保險業中獨一無二的腦袋運作方式。

　　到目前為止他從來沒有讓波克夏暴露在足以影響我們的風險下，事實上，在這方面我們比其他大型的保險公司更加保守。

　　舉例來說，如果一家保險公司將經歷2,500億元的大型災難損失，這個損失是過去所見最大損失的三倍之多，波克夏可能整年度就只有些微利

潤，因為他還有來自其他地方的收益，但是其他保險公司很可能就因此轉為赤字，甚至破產。

從1985年開始，阿吉特已創造340億元的預存金以及相當的承保利潤，沒有任何同業的CEO能跟他相比，透過這些成就，他為波克夏貢獻了數十億的價值。查理想把我賣掉去換第二個阿吉特，不過可能找不到。

我們有另外一個保險業的龍頭，是由塔德‧蒙特羅斯（Tad Montross）經營的通用再保公司。

基礎來看，一個健全的保險事業需要四項規則，（一）了解所有招致損失的政策風險（二）保守的評估任何可能造成的損失跟成本（三）在考慮所有損失跟費用後提出一個可帶來利潤的保費費率（四）當適當的保費不足以涵蓋時，願意離場。

很多保險業都能通過前三項，但卻做不到第四項，他們無法離開競爭對手已經熟練的事業。大家都說因為別人都這樣做，所以我們也要去做，這種觀念對許多事業帶來問題，但沒有比保險業更多更危險的。

事實上，好的承保公司需要獨立的心態，就像有個老市民開車回家時接到老婆的來電，「艾伯特！小心啊，我剛從廣播上聽到有台車在州際公路上逆向行駛！」然後他回答「瑪波，他們根本不懂，什麼一台，明明有上百台啊！」

塔德完全體會了四個保險的誡示，並且展現在成果上。通用再保的預存金在他的領導下，比免費的更優，而我們期待，平均而言，應該會持續下去。在我們併購通用再保的最初幾年，他是令人頭痛的問題，現在則是我們的大寶藏。

最後則是GEICO，這家要讓我回想到六十一年前小時候的保險公司。GEICO由湯尼‧奈西利（Tony Nicely）營運，他從十八歲就進到公司，然後一直到2011年，整整做了五十年。

在湯尼的帶領下，GEICO有非常令人嫉妒的亮眼成績，還有幾乎難

以複製的營運模式。在湯尼擔任CEO的十八年中，我們的市場佔有率從2%變成9.3%。如果市佔率沒變，那我們的承保量可能只有33億，而非2011年的154億。這些外加的價值都來自於湯尼還有他的聯營企業，這都是波克夏的內在價值超過帳面價值的重要因素。

現在還有超過90%的汽車保險市場等著GEICO去耕耘，別跟我打賭，湯尼會一年一年的吃掉這些市場。我們的低成本讓我們有低的價格，

每天會有更多的美國人發現Gecko（一隻蜥蜴，GEICO的吉祥物）會幫他們忙，促使他們上去GEICO.Com網站獲得最有競爭力的報價。

除了三大保險事業之外，我們還有一些比較小的公司，大部分在保險事業的偏僻角落耕耘，但總合來說，他們仍持續提供了利潤以及預存金，查理跟我都相當珍惜這些公司還有他們的經理人。

去年底，我們併購了普林斯頓保險公司，它是一家在紐澤西承保醫療事故的保險公司。這個交易讓我們在印第安納的醫療保護保險公司（Medical Protective）的明星經理人提姆·肯尼西（Tim Kenesey）可以拓展營運範圍到東岸。普林斯頓帶來超過6億的預存金，這些金額都歸納成信末附的圖表。

在眾多大型保險事業當中，我覺得波克夏的保險組合還是世界上最好的。

 ## 特殊的資本密集產業

我們有兩個非常大的企業，BNSF以及中美能源，他們的共同點與我們其他企業完全不同，因此在這封信當中我們把他獨立成一個類別，在GAAP的資產負債表與損益表也是拉出來呈現。

這兩家公司的特點是龐大投資於受監管且長期存在的資產，這些投資資金部分來自於龐大的長期債務，不過並非由波克夏來擔保。我們的信用

其實用不上，因為這兩家既使在很差的經濟情況下，都有足夠的獲利能力去負擔他們的借貸利息。在經濟僅小幅成長的2011年，BNSF的獲利是其利息的9.5倍，至於中美能源則靠兩項因素來確保在各種情況下的債務需求：穩定的收益來自於獨家提供大眾必需的服務，以及，多元化的投資收入來源，可使其避免受任何單一主管機關及政策的影響。

以每噸／哩來計算的話，鐵路佔了美國城市間大約42%的運量，而BNSF則勝過其他鐵路，佔有37%總行業的運量。

一個小算數就能夠知道，BNSF大約佔了美國城市間15%的運量，鐵路的特性可以不誇張的視為經濟的循環系統，而我們持有的鐵路公司則是其中最大的動脈。

對這一切，我們負擔了一個重大的責任，我們必須，且不能失敗，要維護且改善23,000哩的軌道，13,000座橋樑、80條隧道、6,900台機車，以及78,600台貨運車。這需要我們在任何的經濟條件下，都能有足夠的財務能力以及人才以便有效且快速的解決大自然可能造成的災害，譬如去年夏天的大洪水。

為了屢行這些社會責任，BNSF定期投入比折舊費用更多的資金，2011年投入超過18億元。美國三大鐵路公司都有類似的支出，雖然很多人批評美國基礎設施投入仍然不足，但這種批評並不能適用於鐵路業，這行業有私人領域持續投入資金，讓未來能提供更多更好的服務，如果鐵路業沒有如此重大的投入，美國政府資助的公路系統將會比現在面臨更大的擁塞以及維修問題。

如果BNSF投入了那麼多金額，而沒能夠獲得適當的獲利回報，那將是非常愚蠢。但我對它所帶來的長期價值很有信心。就像很久以前，班傑明.富蘭克林說過：「保住你的店，你的店未來就會保住你。」轉化為我們受監管的企業，則應該改成這麼說：「照顧好你的客戶，而你的客戶代表（監管機構）就會照顧你。」好事就會有好報。

在中美能源，我們參與了類似「社會契約」的運作，並不斷增加投資額度，以滿足廣大客戶群持續擴增的需求。如果我們營運的可靠且有效率，我知道我們這些投資會獲得合理的回報。

波克夏持有89.8%的中美能源並提供250萬美國人電力供應，在愛荷華、猶他跟懷俄明州是最大的電力供應商，也是另外六州主要的供應商。我們的管道傳輸全國8%的天然氣，很多人每天依賴我們，而我們也沒有讓他們失望。

當中美能源在2002年收購北方天然氣管線（Northern Natural Gas Pipeline）時，該公司在四十三家天然氣供應商的評比表現當中排行最後一名，但是在我們接手並以專業領導後，最近一次的評比，則竄升到第二名，第一名是我們投資控股的另外一家天然氣供應公司柯恩河（Kern River）。

在電力業務上，中美能源也有難以匹敵的紀錄，在最近一次的滿意度調查中，我們在六十家同業中排行第二名，這跟當初中美能源多年前併購這些業務時的情況可是完全的不同。

到2012年底為止，中美能源將會擁有3,316兆瓦的風力發電系統，遠遠超過其他國內的電力公司。我們承諾將投入60億元，之所以可以投入這麼多，是因為中美能源保有了大部份的盈餘，不像其他電力公司把大部分賺的錢都支付出去。此外在去年底，我們還有兩個太陽能投資案，一個是在加州100%的獨資項目，一個是在亞利桑那州49%的合資項目，這花費了30億元，之後也會有越來越多的風力發電或太陽能投資案接著而來。

現在你就知道我對BNSF的麥特・羅斯（Matt Rose）以及中美能源的格雷格・阿貝爾（Greg Abel）為社會做出的貢獻感到驕傲。我也對他們幫波克夏股東所做的感到驕傲且感謝。

在波克夏資產負債表的商譽合計，BNSF跟中美能源大約價值200億元，但查理跟我都相信現在的內在價值遠超過這些帳面價值。

製造、服務與零售業

　　波克夏在這部份涵蓋了各種層面，所以可以先參考一下整個公司的資產負債表與損益表。

　　這個類別的公司銷售產品的範圍從棒棒糖到噴射機，有些產業受惠於好的經濟狀況，可以從淨有形資產中使用非槓桿的操作營運便能賺得25到100%的稅前利潤。其他的產品可能利潤有12到20%，但也有少部分公司表現得不佳，這是我資金配置錯誤的結果。這些錯誤可能在我買下公司時對於競爭優勢或者未來產業狀況的誤判，我每次併購時試著去想未來十年或二十年後的情況，但有時後我的眼界還是不夠遠。這點查理就厲害多了，他往往在我錯誤的決策上投了反對票。

　　波克夏的新股東可能會對我們繼續持有這些錯誤的公司感到不解，畢竟這些公司的獲利不會對應波克夏的價值評估，這些問題公司，會比其他贏家需要更多的時間去管理。任何管理顧問或者華爾街專家可能會看了這些落後公司，然後說：「甩了他們吧。」

　　這情況不會發生，這二十九年來，我們定期說明了波克夏的經營原則，其中一條便是我們沒有意願出售表現比較不好的企業（這些通常是因為產業特性而非管理問題）。我們的作法是來自於達爾文，也許很多人不同意，但我能理解。但我們持續對賣給我們企業的人承諾，我們會繼續維持營運且無論外面的風雨。

　　這些承諾的成本並沒有很高，而且也會被那些想找個地方永久善待他們所珍惜的企業或找波克夏共同經營的公司賣家所帶來的商譽給抵銷。這些賣出企業的業主知道，我們能給的是其他人無法承諾的，而這些承諾還是會持續數十年。

　　請明白，查理跟我都不是被虐待狂，也不是過度樂觀，在我們設定的一條規則中，如果企業是長期帶來現金快速流失，或是勞工紛爭持續不斷，

我們將採取快速且果斷的行動,這樣的情況在過去四十七年的歷史當中只發生過兩次,而目前我們持有的企業並沒有需要這樣做的。

從這些產業的盈餘來看,美國經濟從2009年中旬持續穩健復甦中,這些數據包含了我們旗下54家公司。不過其中之一的馬蒙控股,這家公司旗下就有140間子公司且區分成十一大類別。

當你看波克夏時,你就等於是看著橫跨美國各產業的企業,所以讓我們再挖深一點,來了解更多,看這幾年發生了什麼事情。

四個跟房屋相關的公司(排除了克萊頓,我們把他歸類在金融類別)在2009年稅前賺了2.27億元,2010年賺了3.62億元,2011年賺了3.59億元。如果把這些盈餘排除在合併報表之外,會發現我們眾多非房屋相關的事業2009年賺了18.31億元,2010年賺39.12億元,2011年賺46.78億元,其中2011年有2.91億元是靠併購路博潤賺來的。透過2011年的43.81億元可以看出美國已逐漸從2008年的金融恐慌中復原,雖然跟房屋相關的企業還在掛急診,但是其他的企業已經走出醫院而且正走在康復之路上。

幾乎所有我們的專業經理人都交出了漂亮的成績單,在這之中有些經營房屋相關的企業,就還在跟強風對抗。以下是一些例子:

維克‧曼西奈利(Vic Mancinelli)又在我們旗下的農業設備商CTB創下了好的紀錄,我們在2002年用1.39億元買下CTB,至今CTB已貢獻了1.8億元給波克夏,去年稅前賺了1.24億元,其中1.09億元是現金。維克在去年快速的作了很多併購,包含去年底簽下幾件不錯的案子。

TTI,我們的電子零件經銷商,去年增加了營業額到21億元,相較2010年成長了12.4%。利潤同樣創下紀錄,相較2007年我們買下他們時成長了127%。在2011年在該領域表現甚至比許多同行的大型上市公司還要好,不意外的,保羅‧安德魯(Paul Andrews)跟他的伙伴今年給了他

們痛擊。查理跟我很高興保羅在2012年談了一些新的併購案，我們希望後續還能有更多。

Iscar，我們持有80%股份的切割工具公司，持續令我們驚訝，它的營收成長還有整體表現在該產業是獨樹一格，Iscar的經理人艾坦・韋斯默（Eitan Wertheimer）、雅各・哈帕茲（Jacob Harpaz）還有丹尼・哥德曼（Danny Goldman）都是傑出的戰略家以及經營者。當經濟在2008年11月破底的時後，他們還趁機買下了日本最具領先地位的切割工具製造商東芝（Tungaloy）。

東芝在去年日本海嘯襲擊時受到顯著的傷害，不過你可能不會知道現在的狀況，他們還是繼續在2011年創下銷售的新高，我在11月份參觀他們在岩城町的工廠，被其管理團隊以及員工的執著跟熱情給鼓舞。他們是相當棒的團隊，值得你欽佩與學習。

麥克林物流（Mclane）是我們相當大的一家經銷公司，由葛萊迪・羅希爾（Grady Rosier）負責經營，增加了新的重要客戶後在2011年稅前盈餘創下了3.7億元的新紀錄。自從2003年以15億元買下後，這家公司已經貢獻了24億元的稅前盈餘，還有大約2.3億元的後進先出的帳上盈餘，主要是因為他銷售的產品（糖果、香煙等）的價格上漲。葛萊迪的物流運作首屈一指，你可以從麥克林上看到閃亮的表現，尤其是在我們新的葡萄酒跟烈酒的銷售業務上。

喬丹・漢塞爾（Jordan Hansell）在四月份接手NetJets，然後在2011年貢獻稅前盈餘2.27億。這是個特別且令人印象深刻的成績，因為在這幾年新飛機的銷售成長相當緩慢。但我們的NetJets卻有著比季節性循環更佳的成長，但是長久會如何依然沒辦法相當肯定。

在幾年之前，NetJets是最令我頭痛的一家公司，他的成本遠高於收益，然後現金持續失血，如果沒有波克夏的支持，可能會破產。這個問題

跟隨了我們很久，而喬丹·漢塞爾在穩健的控制與良好的營運下，提供了穩健的利潤。NetJets現在正計畫透過一流的合作夥伴進入中國市場，這樣的作為可以加深我們的護城河。沒有其他的營運商有像NetJets這樣的遠程經營規模跟廣度，以後可能也不會有。NetJets堅定的專注在安全與服務已在市場上有了成效。

能夠看著馬蒙在法蘭克·塔克（Frank Ptak）的帶領下持續進步是件愉悅的事情，為了持續內部成長，法蘭克經常有些併購案，這些累積下來都大大增強了馬蒙的獲利能力（過去幾個月他做了三個併購，花了2.7億元）。合資企業對馬蒙來說將會是另外一個機會。

在年中的時後，馬蒙跟Kundalia家族在印度的起重機事業已經提供了可觀的利潤，這是馬蒙第二次跟印度的家族進行合資，之前一個則是幾年前成功的電信電纜合夥案。

十一個由馬蒙經營的主要事業群中，有十個在去年帶來了豐富利潤，你可以對未來幾年馬蒙帶來更高利潤有信心。

「消費者購買商品，企業賣品牌」長期以來一直是企業成功的公式，他已經為可口可樂從1886年以及箭牌從1891年以來賺得巨大且持續的利潤。在較小的規模上，我們自四十年以前從喜斯糖果上也用這種方法賺到巨額利潤。

去年喜斯糖果創了稅前盈餘新高8,300萬元，從我們買下後起算已經帶來16.5億元的利潤。相較之下，我們用2,500萬元買的帳面價值就微不足道了，自2006年起靠著布萊德·金斯勒（Brad Kinstler）接手成為CEO之後，就把公司帶往另外一個新的境界。

我們持有80%的內布拉斯加傢俱店，在2011年營利也創了新高，是我們在1983年併構時的十倍之多。

不過這也不是什麼大新聞，最重要的是內布拉斯加傢俱店在達拉斯的

北部買下了一大片 433 英畝的土地，我們將用來建造全國最大容量的傢具店。目前這個最大的名號，是由我們另外兩家在於奧馬哈跟堪薩斯城的店面所擁有，這兩家店在 2011 年都創下了四億元的銷售新高量。在德州的店面完成之前，這可能需要花上一點兒時間，不過我很期待在開幕時來剪綵。（波克夏專業經理人負責努力工作，我負責在旁邊敲邊鼓。）

我們的新店面，將以別人無法比擬的低價格提供無與倫比多樣化的商品，客戶無論遠近都將會大量湧入。這種吸引力以及廣泛的土地自行持有的方式，應該能讓我們吸引各大商場加入我們。（如果有規模大的零售商在讀這篇文章，請跟我聯絡）

我們跟布朗金（Blumkin）家族合作經營內布拉斯加傢俱店的經驗真的令人愉悅，這個事業是布朗金太太在 1937 年用五百美元以及一個夢想建構起來的。她在八十九歲的時候把這個最愛賣給了我們，然後還繼續工作到一百零三歲。（布朗金太太在退休一年後過世，這個故事我會不斷告訴波克夏想要退休的經理人）

布朗金太太的兒子——路易，現在已經九十二歲了，從二次大戰回來後就幫忙母親建構事業，現在他跟夫人弗蘭都已經是我五十五年的老友了。接著談到了路易的小孩——榮恩跟艾弗，他們把事業繼續帶往高峰，首先是開設了堪薩斯的大店面，現在則準備前往德州開一間全國最大的店。

我跟這些孩子們有相當快樂的共處時間，我也把他們視為我的好友，布朗金真是個了不起的家族。千萬別讓這些傑出的基因浪費了，我這幾天很開心，因為一些第四代的布朗金家族已經加入內布拉斯加傢俱店了。

整體來說，在這個類別當中，波克夏的內在價值也是遠超過帳面價值。但對於很多小公司，也許不全是如此，我買錯了一些小公司，比我該負責的比例還多，查理很早就告訴我，「如果一點也不值得去做的東西，就不值得把他做好。」這句話我應該牢記在心。在大部分的情況下，我們買下

的大型公司表現都良好，有一部分則是表現的特別好，在整個類別當中，我們依然是贏家。

　　有很多股東都迫不及待地希望我能夠說一些有關會計學的奧秘，所以我這邊準備了一個GAAP準則的廢話，希望他們會喜歡。

　　一般會計常識會告訴你，我們這麼多家各樣的子公司計在我們波克夏的帳上應該是以購入的成本加上買來後這段期間賺來的未分配利潤（除非經濟狀況相當差，這樣就要記載減損了），在波克夏實際上也是如此——除了馬蒙這樣特殊的案例。

　　我們在2008年購買了這家公司64%的股權，然後在我們帳上計入成本48億元。這到目前為止表現都還好，然後在2011年初，依據我們跟普利茲卡（Pritzker）家族的合約，我們又花了15億元買下馬蒙另外16%的股權，根據所謂的會計原則要反應馬蒙的增值。在這樣的情況下，我們就要在2010年底去追溯註銷我們買價的6.14億元，很明顯的，這個註銷並沒有連結什麼實質經濟意義，馬蒙內在價值已遠遠超過這些註銷的帳面價值。

 ## 金融與金融商品

　　這個類別是我們最小的類別，包含了兩個租賃公司——XTRA（拖車）以及CORT（傢俱），還有克萊頓房屋這家領導地位的房屋製造與融資公司。除了這幾家100%持股的公司外，我們在這個類別也納入了我們持有50%的Berkadia Commercial Mortgage。

　　經歷過2008年的經濟衰退後，再來看這三家公司經營上透露的訊息是相當有意義的。

　　兩家租賃公司反映的是「非房市」相關的經濟狀況，合併稅前盈餘

在 2009 年是 1300 萬，2010 年是 5300 萬，2011 年是 1.55 億，這都反映我們非住宅相關的經濟正穩定的復甦中。相對的，克萊頓的房屋製造業則是在名副其實的蕭條中，至今尚未康復。全國新建房屋的銷售在 2009 年是 49,789 戶，2010 年是 50,046 戶，2011 年是 51,606 戶（在房市蓬勃的 2005 年則是 146,744 戶）。

儘管時機不佳，克萊頓還是持續獲利經營，很大的原因是在這樣艱困的環境下，他們的抵押組合表現得仍然非常好。因為我們是最大的新建房屋貸款商，也正常的借貸給一般中低收入戶家庭，你們可能會覺得我們在房貸與次貸危機中會受到嚴重的損失。但是依循我們老式的貸款政策與固定收入戶保持明智的關係，提供有彈性的頭期款與月付款，克萊頓就能夠把損失控制在可接受的範圍內。既使許多向我們借款的客戶其資產已經是負數的時候也仍然與我們共同努力，協商出一種雙方都可以接受的方式。

如大家所知道的，美國在住家所有權以及抵押貸款的政策上走錯方向，而我們對這個錯誤在經濟上付出了相當的代價。我們所有的人都參與了這場破壞後的建設，包含了政府、貸款者、借款者、媒體、信評機構以及其他你能說出來的相關法人與個人。這個愚蠢的中心就是普遍認為房屋的價值會持續上漲，中間有任何下跌都不重要。所有房屋交易者所做的及其所反映的價格都接受了這個假設前提。各地的房屋擁有者都覺得自己變有錢了，而又急著想要靠著房屋的增值來再融資變錢出來。這大量的現金助長了整個經濟體的消費熱潮，如果這能持續的話，應該都會很美好（有個被忽視的重要事實是，很多人因為被拍賣而失去房子，但同時實現了獲利，因為早期再融資拿出來的錢都超過了房屋的買入成本，因此在這樣的情況下，被逐出的屋主是贏家，受害者則是那些放貸的人）。

2007 年泡沫破滅，就如所有泡沫終將面臨的結果，我們現在已經是開始去治癒它的第四年了，這是個長而痛苦的過程，但終究會成功。如今

家戶數的形成已經超越新屋開工數了，所以明年房地產業會逐漸轉好。

　　克萊頓的獲利應該會在全國房屋庫存銷耗掉後大幅成長，如同我所看到的，我相信這類別的三家公司的內在價值跟帳面價值並沒有太大的差異，所以此類別投資之「護城河」的水量尚不夠。

 ## 股票投資

　　我們在2011年作了些小幅調整，其中有三個較大且重要的調整：我們增持了IBM、美國銀行的股票並在富國銀行增加10億元的投資。

　　銀行業又重新站起來了，其中富國銀行表現非常好，獲利強勁、資產穩健，資本也創了新高。而美國銀行則是先前的經營團隊犯了些錯誤，但布萊恩‧莫尼漢（Brian Moynihan）很傑出的把這些錯誤彌補回來，當然有些程序可能要花上個幾年時間。同時他也正在培植一些大且有吸引力的業務，能夠讓他們在這些問題被遺忘後的多年仍屹立不搖。因此我們能購買7億股美國銀行股票的選擇權在到期之前都會具有相當的價值。

　　正如1988年對於可口可樂以及2006年對於鐵路業的投資案例，我還是太晚參與IBM的盛會，我已經讀這家公司年報五十年了，但直到去年3月某個週六我才想通，猶如盧梭所說的，「重要的不是你看到的，而是你看見了什麼。」

　　去年我們的陶德‧康姆斯建立了17.5億元的投資組合，而泰德‧韋斯勒後來也建立了差不多的投資組合。他們都可依績效拿到約定的獎金。當我們每季公布的投資組合中多了些比較小的持股，這些可能都是他們買的，而不是我買的（媒體常常誇大了這一點：說巴菲特又進軍了什麼企業之類的）。

　　補充一點，這兩位新加入的伙伴，對於下任CEO從事併購時都會有

幫助。他們都有聰明的商業頭腦能掌握經濟趨勢，有助於拓展未來更廣的業務。他們能了解什麼東西是可預期的，而什麼又是不可知的，這都有助於他們思考未來正確的投資標的。

我們在衍生性商品部位沒有太多新事情，大部分在過去給股東的信中我們都有提到了。其中只有一個比較重要的產業變化需要讓大家知道：雖然我們以往的合約部位只需要很低的擔保品需求，但是在新部位上這個規則已經改變，因此我們將不會建立任何大的衍生性金融商品新部位。我們會避開會立即需要提供擔保品的合約，這些因為突發事件如全球性的經濟恐慌或者大規模恐怖攻擊事件的可能性而需要提供高額擔保的規定，不符合我們保持流動性以及無用置於財務低風險的目標。

我們保險形式的衍生性金融商品合約譬如像高收益債指數違約就要支付賠償等多種部位都快要到期。兩個最有可能讓我們承受損失的合約也已經到期，其他的也差不多快到了。在2011年我們賠了兩筆高達8600萬的承保損失，讓我們累計共付了26億元出去。這讓我們很確定我們的保險投資組合有承保損失的風險，因為我們保費才收了34億元，不過未來的損失相對會小很多。補充一點，這類型的保險組合過去五年平均可以提供我們20億的預存金。我們在這種巨大信用壓力下獲致的成功，突顯保費跟風險控管要互相平衡與對稱的重要性。

考量我們持有超過十五年的42億元預存金部位以及我們2.22億元已經實現獲利的合約部位，查理跟我相信我們權益賣權部位將能帶來明顯的獲利。到年底波克夏帳面價值還有85億元反映這些還在的合約。如果這些合約都到期了，那時候我們應支付的就是62億元，剩下的就是我們可以賺到的獲利了。

投資人的基本選擇與我們的建議

投資通常被描述為現在把錢投入，然後期望未來能夠回收更多。在波克夏，我們則採用更嚴謹的方式，把投資定義為移轉現在的購買力，然後期望未來能夠獲得更多的購買力（稅後的名目獲利），更簡單的說，投資就是放棄現在的消費，然後未來能購買得更多。

透過我們的定義，就會有以下幾個重要的推論：投資的風險並不是用β值來衡量，而是用可能性——一種合理的可能性——即投資者在他仔細考慮過的持有時間可能喪失購買力的可能性。資產價格一般都會波動，但只要持有的這段期間能夠帶來適度的購買力增加，那就不算是風險。而我們接下來會看到的，有些價格不會波動的資產反而會帶來風險。

投資的可能性是非常多樣的，以下有三種主要的類別，了解彼此之間的特性是很重要，所以讓我們來實地了解一下。

投資商品有很多是以既定的貨幣來計價，包含了貨幣市場的基金、債券、抵押貸款、銀行存單、以及其他的工具。大部分這些以貨幣計價為基礎的投資商品都會被視為「安全的」，事實上，這些資產其實是最危險的資產，他們的β值（波動程度）接近零，但是風險卻是相當大。

過去幾世紀以來，這些工具在很多國家就算能持續收到利息跟本金，仍還是摧毀了投資人們的購買力。這是個愚蠢的結果，但是還是會一再的發生。政府會決定最終的貨幣實際價值，但系統性的力量會誘使政策帶往通膨，這些政策時常會失控。

像美國這樣一直強烈期望能有穩定貨幣的國家，但貨幣價值從1967年我接管波克夏以來驚人地已下滑了86%。那時1美元的價值不低於現在的7美元，因此對於一家免稅的機構來說，需要持有每年利息4.3%的債券持有整個期間，才能夠維持購買力。如果有任何經理人對於這些利息所得

的任何一部分覺得是實質收入的話，那應該是在說笑。

對於像你跟我這樣需要繳稅的投資人，情況可能就更差了，在相同的四十七年期間，我們要用5.7%的國庫券不斷的滾入才可以打平，這聽起來似乎令人滿意，但個人投資人的平均稅負是25%，那這5.7%就完全不能產生任何實質收益了。這些看的到的稅負，可能就先吃掉宣告利率的1.4%，剩下的4.3%還可能被看不到的通膨稅給吃掉。值得注意的是這看不見的通膨稅，比投資人看的到的且覺得還能夠負擔的所得稅還高出三倍。在鈔票上可能會印著「我們相信上帝」，但是動手去讓政府印鈔票的可都是人。

高利率可以讓這些貨幣基礎的投資商品在面臨高通膨時彌補購買力，這在1980早期表現得不錯。但目前的利率水準則沒有辦法彌補投資人提高或維持購買力的風險，現在債券上面應該加貼一個警示標籤才對。

在現在雙率（利率與膨脹率）的條件下，我不喜歡像債券等以貨幣為基礎的投資工具，即便如此，波克夏仍持有大量的部位，但大多是短期類別，對波克夏而言維持充足的流動性佔有很重要的地位，這不能被忽視，因為有流動性的需求，我們主要是持有國庫券，當作我們在經濟情況混亂時持有的流動性準備，一般水準下大約是200億元，最低也不會少於100億。

除了因應流動性需求，以及主管機關的要求之外，我們會持有這類型貨幣基礎的投資工具主要是因為他們也提供了不尋常的獲利機會——譬如信用評等一時錯置導致垃圾債券價格的震盪，甚至鹹魚翻身，或是利率高到了一個程度有機會實現在利率下跌時帶來高信評債的大量資本利得。這些盛況我們以前都有機會經歷過，未來也有可能再來一次，但現在我們的看法有了一百八十度的轉變。有個華爾街投資家在很久以前做的諷刺評論似乎很貼切：「債券被視為提供了沒有風險的利潤，但現在的價格像是提

供了沒有利潤的風險。」

　　第二種主要類別的投資商品不會產出任何實質東西出來，買家會購買是基於期待其他可能不知道這種商品並不會產出任何東西的人，未來會支付更高的價格，就像是十七世紀時這些買家看待鬱金香一樣。

　　這類型的投資商品需要很大的買家群，輪到接手的人也是期望這個買家群會持續的擴大。持有者並不對這類型商品能生產什麼感興趣，這個商品永遠就只有自己本身，而是基於相信其他人未來會對這商品越來越渴望。

　　這類別主要的資產就是黃金，讓那些對紙鈔感到恐慌的人高度熱愛（雖然對紙鈔認為其有它面額上的價值的確是該害怕）。但是黃金有兩個明顯的缺點：它沒有太多實質上的用途，也不會生出其他東西來。事實上黃金有工業用與裝飾的功能，但這兩個用處仍有限，且沒有辦法產生新的東西。同時，你如果擁有一盎司黃金到永久，那麼你永遠就只會持有一盎司。

　　購買黃金者的動機，是因為他們深信恐慌排隊等著購買的人未來還會更多，在過去這十年，這樣的信念被證明是正確的。除此之外，價格本身的上漲，更增加了購買者的熱情，吸引著那些認為投資理論被證實的投資者。當這些湊熱鬧的投資者紛紛加入，更會自我實現這個論點好一陣子。

　　過去十五年來網路股以及房地產都顯示結合本質上明智的理論以及廣泛宣傳的價格會帶來非正常的超額泡沫。在這些泡沫當中，大群懷疑的人都會屈服在市場的「證明」之下，然後這群買家會持續明顯的擴張，好讓這場遊行能夠繼續，但是泡沫吹的太大終究會爆掉，接著古老的諺語會再度證實「始於智者，終於愚者」。

　　如今世界上黃金的存量約17萬公噸，如果把所有的黃金都融在一起，大概會是個68×68×68英尺的正立方體。在我寫這段的時候每盎司約

1,750美元，整體價值約9.6兆，我們把它稱為方塊A。

然後讓我們建立另外一個等量的方塊B，為了這個，我們買下全美國的農田（四億英畝，每年可帶來兩千億的收成），加上16個埃克森美孚（全世界賺最多錢的石油公司，每年可賺得400億元），在買完這些之後，我們還剩下一兆放在身邊花用（在買了這麼多之後對這些剩下的錢也沒什麼感覺了）。你能想像投資人會喜歡方塊A勝過於方塊B？

除了這個現存黃金的驚人價值外，現在的價格讓黃金每年新生產值達1,600億。買家，無論是珠寶商、還是工業使用者、受驚嚇的人們、投機者等，不斷吸收這些供應量以維持現在或更高的價格。

從現在開始算的一個世紀後，四億英畝的農田可以種出驚人數量的玉米、小麥、棉花等有價值的收成，不管貨幣的狀況是怎樣。埃克森美孚會持續貢獻出數兆的分紅還有好幾兆的資產（別忘了你買了十六個埃克森美孚）。但是17萬噸的黃金，大小依然沒變，也不會產出任何東西，你可以愛撫這個立方體，只是他不會有任何回應。

無可否認的，如果人們一整個世紀都在恐慌害怕，他們可能還是會選擇擁抱黃金。但我確信方塊A以現在的價格一整個世紀後，會遠不如方塊B。

前兩種類別的標的在人們恐慌到最高點時才受惠。對於美國等經濟崩塌等危機害怕的人會去追求貨幣基礎的資產，而對貨幣崩壞害怕的人則會去追求不會增值的資產——例如黃金。我們在該佈局而非握有現金的2008年時候聽到「現金才是王道」，同樣的，我們在所有記憶中固定收益資產最吸引人的1980年代初期會聽到「現金是垃圾」。在這種情況下，投資人都需要從眾的支持，付出昂貴的代價來尋求慰藉。

至於我們的偏好，你也知道這最後會提到的，就是第三種類別：投資於有生產力的資產，無論是企業、農場或是房地產。理想的情況下，這些

資產有能力在通貨緊縮的情況下，以最低的新資金投入，持續提供產出以維持購買力。農場、房地產及很多像可口可樂、IBM 或是我們擁有的喜斯糖果都能符合雙管測試。另外有些企業，譬如我們的監管事業，可能會在通貨膨脹時需要過多的投入而失敗，為了要賺更多，業主也需要投入更多。即便如此，這些投資仍優於那些沒有任何產值的資產（例如黃金）或者貨幣基礎的資產——例如債券。

無論從何時開始起算的整個世紀，貨幣基礎不外乎是黃金或其他金屬、貝殼、鯊魚牙齒還是一張紙（像現在這樣），人們都會願意用他們每天勞動力的幾分鐘，來換取可口可樂或是喜斯花生脆。未來美國還是會運送更多的貨物，消費更多的食物，也會需要更多的生活空間，人們永遠會用自己所生產的來交換別人所生產的。

我國的企業將持續有效的提供國民想要的商品與服務。就猶如這些商業「乳牛」可以活上整個世紀，而且提供大量的「牛奶」，他們的價值並不是決定於交易的媒介，而是在於牛奶的產能。這銷售牛奶的過程，就會幫主人帶來複利，就如同在二十世紀道瓊工業指數從 66 點增加到 11,497 點一樣（還沒加上股利）。波克夏的目標就是增加持有一流的企業，我們的第一目標是要整個擁有他們，但我們也可能是持有相當大市值公司一部分的股票。我相信在很長一段期間後，這個類別的投資將會是三個類別當中最能勝出的，更重要的是，到目前為止也是最安全的。

5　巴菲特致股東信 2022

2022 致股東信（發表於 2022 年 2 月 26 日）

致波克夏‧海瑟威公司全體股東：

　　查理蒙格和我，作為長期合作夥伴，我們的工作是管理你的部分儲蓄。你的信任讓我們倍感榮幸。

　　作為管理人，我們有責任向你匯報相關信息，如果我們是缺席股東，而你是管理人時，我們也會想了解這些情況。我們喜歡通過股東信函和年度股東大會與你直接溝通。

　　我們的方針是平等地對待全體股東，因而，我們不與分析師或大型機構單獨交流。此外，只要有可能，我們會在週六早上發布重要的溝通信息，以便股東和媒體在下週一市場開盤前有充足的時間消化吸收這些信息。

　　公司會定期向美國證券交易委員會（SEC）提交年度 10-K 報告，在報告中會列出波克夏公司的大量事實和數據，這些內容，我們也會在 K-1 到 K-119 系列文件中反覆提到。部分股東認為這些細節引人入勝，而其他人，可能對在波克夏中發生的新奇和有趣的事更感興趣。

　　唉，2021 年也沒有太多新鮮事。不過，在為你的股票增加內在價值方面，我們確實小有所獲。57 年來，這一直是我的首要職責，也將一直延續。

你所擁有的

　　波克夏業務範圍廣泛，一些是完全控股，一些是部分控股。部分控股的主要是美國大型公司的可流通普通股。此外，我們還持有少數非美國公司的股票，參營幾個合資企業及參與其他合作活動。

　　無論我們採用何種所有權形式，我們的目標都是對具有持久經濟優勢和一流CEO的企業進行有意義的投資。請特別注意，我們持有股票是基於我們對其長期業務表現的預期，而不是視其為短時市場波動可以利用的工具。這一點很關鍵：查理和我不是在挑選好股票，而是在挑選好的生意。

　　我犯過很多錯誤。因此，我們範圍廣泛的業務包括一些具有真正非凡意義的經濟特性的企業、許多具有良好經濟特徵的企業，以及少數的邊緣化企業。我們投資普通股的一個優勢是，有時很容易以優惠的價格買到優秀的企業。這種甕中捉鱉的經歷在談判中是非常罕見的，從未大量發生過。另外，當我們在有價普通股市場中犯錯時，糾錯也容易得多。

 驚喜，驚喜

　　關於公司的如下幾件事情，即使是經驗豐富的投資者也會感到驚訝：

　　★ 許多人認為波克夏是一個龐大且有些奇怪的金融資產集合體。事實上，波克夏擁有和運營的美國「基礎設施」資產——在我們的資產負債表上歸類為財產、廠房和設備——比其他任何美國公司擁有和運營的都要多。這種優勢從來都不是我們的目標，然而，事實的確如此。

　　截至年底，這些國內基礎設施資產在波克夏的資產負債表上的價值為1580億美元。這一數字在去年有所增加，未來還將繼續增加。波克夏還會不斷發展壯大。

★ 公司每年都要繳納大量的聯邦所得稅。例如，2021 年，我們支付了 33 億美元，而美國財政部報告的企業所得稅收入總額為 4020 億美元。此外，波克夏還要支付大量的州稅和海外稅。「我們在辦公室做出了貢獻」，波克夏股東們的這個說法是不容置疑的。

波克夏的歷史，生動地說明了美國政府和美國企業之間，無形且往往不被承認的金融合作關係。我們的故事始於 1955 年初，當時波克夏精紡和海瑟威製造同意合併他們的業務。在申請股東批准的請求中，這兩家歷史悠久的新英格蘭紡織公司表達了對合併的高度期望。

例如，海瑟威的招攬會向股東保證，「資源和管理的結合將造就紡織業最強大、最高效的組織之一」。這種樂觀的觀點得到了公司顧問雷曼兄弟的支持（沒錯，就是那個雷曼兄弟）。

我敢肯定，對福爾里弗（波克夏）和新貝德福德（海瑟威）來說，當聯盟完成時，這是一個令人愉快的日子。然而，當樂隊停止演奏、銀行家們回家後，股東們卻遭受了一場災難。

在合併後的 9 年裡，波克夏的股東們眼睜睜地看著公司的淨資產從 5140 萬美元跌至 2210 萬美元。這種下降在一定程度上是由股票回購、不明智的分紅和工廠關閉造成的。但數千名員工 9 年的努力卻換來了經營虧損。波克夏的困境並不罕見：新英格蘭的紡織業已經悄無聲息地進入了漫長而不可逆轉的死亡之旅。

在合併後的 9 年裡，美國財政部也因波克夏的問題而蒙受了損失。在此期間，這家公司總共只向政府繳納了 337,359 美元的所得稅——可憐啊，每天才 100 美元。

1965 年初，事情有了轉機。波克夏任命了新管理層，重新配置了可用的現金，並將幾乎所有的收益投入到各種良好的業務中，其中大部分業務多年來一直運轉良好。將收益再投資與複利的力量相結合，產生了神奇

的效果，股東們發財了。

應該指出的是，波克夏的股東們並不是這次調整的唯一受益者。他們「沉默的合作夥伴」，即美國財政部，隨後從該公司收取了數百億美元的所得稅。還記得每天100美元嗎？現在，波克夏每天向財政部支付約900萬美元。

公平地說，我們的股東應該承認——實際上應該大肆宣揚這樣一個事實：由於公司是在美國運營，才極大地培養和促進了波克夏的繁榮。如果沒有波克夏，我們的國家在1965年以後的幾年裡依然會表現得非常出色。然而，如果沒有美國，波克夏永遠不會成為今天的樣子。當你看到國旗時，請說聲謝謝。

★從1967年以860萬美元收購National Indemnity開始，波克夏已經成為保險「浮存金」的世界領導者——這些我們持有並可以投資的資金，但不屬於我們。包括一筆相對較小的人壽保險收入在內，波克夏的總浮存金，已從我們進入保險業務時的1900萬美元增長到1470億美元。

到目前為止，這些浮存金的成本可以忽略不計。雖然我們經歷過好幾年保險損失和運營費用超過保費的情況，但總體而言，我們從這些浮存金中獲得了55年的適度利潤。

同樣重要的是，浮存金非常具有黏性。我們保險業務的資金每天都在進進出出，但它們的總金額不會急劇下降。因此，在使用浮存金進行投資時，我們可以從長遠考慮。

如果你還不熟悉浮存金的概念，我建議你參考A-5頁的長篇解釋。令我驚訝的是，我們的浮存金去年增加了90億美元，這種價值的累積對波克夏的股東來說很重要，但並沒有反映在我們的公認會計準則（GAAP）的收益和淨值報告中。

我們在保險業創造的巨大價值，很大程度上歸功於波克夏於1986年

聘請Ajit Jain時的好運氣。我們第一次見面是在一個星期六的早上,我開門見山地問Ajit他的保險經歷是什麼,他回答說:「沒有。」

我說「人無完人」,然後就雇了他。那天是我的幸運日:Ajit實際上是我能做出的最完美的選擇。更棒的是,35年後的今天,他依然如此。

關於保險的最後一個想法是:我認為,波克夏的浮存金很可能——但遠非確定——能夠在不造成長期承保損失的情況下得以維持。但是,我可以肯定,在某些年裡,我們將經歷這種損失,也許涉及非常大的數額。

波克夏在應對災難性事件方面的能力,是其他保險公司無法比擬的——在查理和我離開後,這一優先地位將長期保持下去。

我們的四巨頭

通過波克夏,我們的股東擁有數十家企業。而其中一些公司又擁有自己的一系列子公司。例如,Marmon有超過100個單獨業務,從租賃鐵路車廂到製造醫療設備。

★ 儘管如此,我們「四大」業務公司的運營在波克夏的價值中佔據了很大比重。名列前茅的是我們的保險公司集團。波克夏實際上擁有該集團100%的股份,我們之前描述過該集團龐大的浮存金。我們為支持這些保險公司的承諾而投入的巨額資金,進一步擴大了這些保險公司的投資資產。

保險業務是為波克夏量身定做的。產品永遠不會過時,營收通常會隨著經濟成長和通貨膨脹而增加。此外,誠信和資本將永遠是重要的。我們公司能夠而且一定會經營得很好。

當然,其他一些保險公司也擁有出色的商業模式和前景,然而,要複製波克夏的經營模式幾乎是不可能的。

★ 蘋果，按年底市值計算，在我們的投資組合中排第二，是我們另一種類型的持倉。目前，我們的持股比例僅為5.55%，高於一年前的5.39%。這個增幅聽起來微不足道，但要知道，蘋果2021年利潤的0.1%就相當於1億美元。我們並沒有花費波克夏的資金進行增持，是蘋果的回購起了作用。

有一點值得一提，那就是蘋果只有股息被計入波克夏的財報中。去年，蘋果支付了我們7.85億美元的股息。然而，按照我們在蘋果公司的「持股份額」，利潤達到了驚人的56億美元。該公司保留了大部分資金用於回購股票，我們對此表示讚賞。提姆·庫克，蘋果公司傑出的CEO，把蘋果產品的用戶視為自己的最愛，這無可厚非，但他其他的支持者也同樣從庫克的管理風格中受益。

★ 北伯靈頓和聖塔菲鐵路公司（BNSF Railway Company），是我們的第三大持倉，仍然保有美國商業的頭號動脈地位，它是這個國家和波克夏不可或缺的資產。如果將BNSF公司運輸產品的方式改為卡車運輸，美國的碳排放量將飆升。

BNSF 2021年的利潤達到了創紀錄的60億美元。這裡需要指出的是，我們談論的是我們所喜歡的傳統收益算法：扣除利息、稅收、折舊、攤銷和所有形式計提後的利潤。（我們的這種算法也發出了一個警告：隨著股市上漲，對收益的欺騙性「調整」——禮貌的說法——已經變得更加頻繁，也更加不切實際。恕我直言，牛市孕育了財務造假……）

BNSF的火車去年行駛了1.43億英里，運送了5.35億噸貨物。這兩項成就都遠遠超過了其他任何一家美國鐵路公司。你可以為你的鐵路公司感到驕傲。

★ 我們的第四大持倉波克夏·海瑟威能源公司（BHE），在2021年賺了創紀錄的40億美元。這比2000年的利潤1.22億美元成長了30多倍，

那一年波克夏第一次購買了BHE的股票。現在，波克夏持有該公司91.1%的股份。

BHE的社會成就與其財務業績一樣引人注目。該公司在2000年還沒有風能，也沒有太陽能發電。當時，它只是被認為是美國龐大的電力事業行業中一個相對較新的、較小的參與者。隨後，在David Sokol和Greg Abel的領導下，BHE已經成為公用事業巨頭（請不要抱怨），並成為美國大部分地區風能、太陽能和輸電領域的領軍企業。

Greg關於這些成就的報告出現在A-3和A-4頁。你會發現那裡的介紹絕對不是時下流行的「漂綠」故事。早在2007年開始，BHE每年都會詳細介紹其在可再生能源和輸電方面的計劃和業績。

想進一步了解這些信息，請訪問BHE的官網Brkenergy.Com。官網上，你會看到該公司長期以來一直在實施應對氣候變化的舉措，這些舉措消耗了其所有的收入。但未來有更多的機會，BHE擁有大型電力項目所需的管理能力、經驗、資本和興趣，可以滿足國家對大型電力項目的需求。

💵 投資

現在來談談我們投資參股的公司，這個列表再次提到了蘋果。下面表格列出了我們持倉市值最大的15支股票，其中有幾支是波克夏的兩位長期投資經理陶德·康姆斯（Todd Combs）和泰德·韋斯勒（Ted Weschler）挑選出來的。到2021年底，這對明星投資經理對340億美元的投資擁有完全的權力，其中許多投資未能列出。此外，陶德和泰德管理的資金中，有很大一部分存放在波克夏旗下企業的各種養老金計劃中，這些計劃的資產也不在此表中。

Shares	Company	Percentage of Company Owned	Cost*	Market
			(in millions)	
151,610,700	American Express Company	19.9	1,287	24,804
907,559,761	Apple Inc.	5.6	31,089	161,155
1,032,852,006	Bank of America Corp.	12.8	14,631	45,952
66,835,615	The Bank of New York Mellon Corp.	8.3	2,918	3,882
225,000,000	BYD Co. Ltd.**	7.7	232	7,693
3,828,941	Charter Communications, Inc.	2.2	643	2,496
38,245,036	Chevron Corporation	2.0	3,420	4,488
400,000,000	The Coca-Cola Company	9.2	1,299	23,684
52,975,000	General Motors Company	3.6	1,616	3,106
89,241,000	ITOCHU Corporation	5.6	2,099	2,728
81,714,800	Mitsubishi Corporation	5.5	2,102	2,593
93,776,200	Mitsui & Co., Ltd.	5.7	1,621	2,219
24,669,778	Moody's Corporation	13.3	248	9,636
143,456,055	U.S. Bancorp	9.7	5,384	8,058
158,824,575	Verizon Communications Inc.	3.8	9,387	8,253
	Others***		26,629	39,972
	Total Equity Investments Carried at Market		$ 104,605	$ 350,719

＊ 這是我們的實際買入價格，也是我們的稅基

＊＊ 由BHE持有，因此，波克夏股東只有該持倉91.1%的權益

＊＊＊ 其中包括對西方石油公司的100億美元投資，包括優先股和購買普通股的認股權證，這一組合目前估值為107億美元

除了註腳中提到的西方石油公司和各種普通股，波克夏還持有卡夫亨氏26.6%的權益（按「股權」計算，而非市值，價值為131億美元），以及領航公司（Pilot Corp.）38.6%的權益。領航公司是旅遊行業的龍頭企業，去年的營收為450億美元。

自2017年購買Pilot股份以來，這部分持股一直採用「股權」會計處理。2023年初，波克夏將購買Pilot的額外權益，能將所有權提高到80%，也能讓我們在財務報表中充分整合Pilot的收益、資產和負債。

 美國國債

波克夏的資產負債表包括1440億美元的現金和現金等價物（不包括持有的BNSF和BHE）。其中，1200億美元是美國國債，全部在一年之內到期。這使波克夏為1%的公共國債提供了約一半的資金。

查理和我承諾過，波克夏（除BNSF和BHE以外的子公司）將永遠持有超過300億美元的現金和等價物。我們希望公司在財務上堅不可摧，永遠不要倚靠陌生人（甚至是朋友）的善意。我們倆都喜歡睡個好覺，我們希望我們的債權人、保險索賠人和你也能安心睡大覺。

但是，需要1440億美元之多？

我向你們保證，保留這筆巨款並不是瘋狂愛國主義的某種體現。查理和我也沒有失去對企業所有權的強烈偏好。事實上，我第一次表現出我的熱情是在80年前，即1942年3月11日，當時我購買了三股城市服務優先股，它們的成本是114.75美元，花掉了我的所有積蓄。（道瓊斯工業平均指數當天收於99點，這一事實應該讓你尖叫：永遠不要做空美國。）

在經歷過最初的虧損後，我總是至少把80%的淨資產放在股票上。那時我最喜愛的狀態是100%投入，現在依然如此。目前波克夏在股權投資上保持80%左右的持倉，是因為我未能找到更多符合我們長期持有標準的公司。

以前，查理和我總會時不時經歷現金十分充裕的情況。這種情況一般讓人不太開心，當然也不會持續太久。而且，幸運的是，在2020年和2021年期間，我們有一個稍微有吸引力的替代方案來配置資本。請繼續往後讀。

股票回購

我們可以通過三種方式提高股東的投資價值。

首先，我們首先想到的始終是：通過內部增長或收購來提高波克夏控股業務的長期盈利能力。如今，內部機會帶來的回報遠遠高於收購。然而，與波克夏的資源相比，這些機會並不多。

其次，是購買許多公開交易的優質或優秀企業的部分非控股股權。有時，這種可能性又大又極具吸引力。然而如今，我們幾乎沒有發現什麼能讓我們興奮的東西。

這在很大程度上歸於老生常談的真理：長期利率低會推高所有生產性投資的價格，無論是股票、公寓、農場，還是油井等。其他因素也會影響估值，但利率始終很重要。

我們創造價值的最後一條途徑便是回購波克夏的股票。通過這個簡單的舉動，我們增加了你在波克夏擁有的許多控股和非控股企業中的份額。當價格／價值等式正確時，這條途徑是我們增加財富最簡單、最確定的方式。（除了為長期股東增加價值外，回購還有其他的好處：回購股票對賣方和社會都有適當好處。）

週期性地，當其他途徑變得沒有吸引力時，回購對波克夏的股東來說是十分有意義的。因此，在過去兩年中，我們回購了截至2019年在外流通股的9%，總成本為517億美元。這筆支出使我們的長期股東擁有波克夏所有業務的10%左右，無論這些業務是全資擁有的（如 BNSF 和 GEICO）還是部分擁有的（如可口可樂和穆迪）。

我想強調的是，為了使波克夏的回購有意義，我們的股票必須具備合適的價值。我們不想為其他公司的股票支付過高的價格，如果我們在回購波克夏的股票時支付過高的價格，那也是價值損失。自去年年底以來，截

至 2022 年 2 月 23 日，我們已經花了 12 億美元回購了額外的股票。我們的胃口仍然很大，但始終取決於價格。

需要指出的是，由於公司的股票大部分被一流投資者持有，波克夏的回購機會相對有限。如果我們的股票被短期投機者大量持有，價格波動和交易量都將大幅增加，這將為我們提供更大的機會，通過回購來創造價值。儘管如此，查理和我更喜歡波克夏現在的股東，儘管他們令人欽佩的」買入並持有」的態度，限制了長期股東從機會主義回購中獲利的程度。

最後，波克夏特有的一個容易被忽視的價值計算：正如我們所討論的，正確類型的保險「浮存金」對我們來說具有巨大的價值。碰巧，回購會自動增加每股「浮存金」的數量。這一數字在過去兩年中增長了 25%，從每股「A」類股 79387 美元增加到 99497 美元，於我們而言意義重大。如前所述，這在一定程度上歸功於回購。

 ## 一個傑出的人和一項了不起的事業

去年，保羅·安德魯斯去世了，他是 TTI（波克夏位於沃思堡的子公司）的創始人兼首席執行官。在他的一生中——無論是他的個人事業還是他的個人追求中——保羅身上都展示了查理和我欽佩的所有品質。他的故事應當流傳。

1971 年，當災難發生時，保羅正在通用動力公司擔任採購代理。在失去一份巨額的國防合同後，該公司解雇了數千名員工，其中包括保羅。

他的第一個孩子即將出生，保羅決定賭一把，他用自己的 500 美元儲蓄金創立了 Tex-Tronics 公司（後更名為 TTI）。公司定位為分銷小型電子元件，第一年的銷售額總計為 11.2 萬美元。如今，TTI 銷售超過 100 萬種不同的產品，年銷售額達 77 億美元。

時光回到2006年：時年63歲的保羅發現自己對家人、工作和同事都很滿意。但他有一個揮之不去的擔憂，由於最近目睹了一個朋友的早逝，以及隨之而來的對其家庭和企業的災難性後果。保羅在2006年問自己，如果他意外死亡，那些倚靠他的人該怎麼辦？

　　將近一年時間裡，保羅一直在選擇中掙扎。把公司賣給競爭對手嗎？從嚴格的經濟學角度來看，這種選擇是最有意義的。畢竟，競爭對手可以預見到有利可圖的「協同效應」——當收購方削減TTI的重複部門時，成本就降低了。

　　但是，這樣的買家肯定還會保留其首席財務官、法律顧問、人力資源部門。但TTI的其他同事將面臨集體裁員。是啊！如果需要一個新的配送中心，收購方的家鄉肯定會比沃思堡更受青睞。

　　不管經濟利益如何，保羅很快得出結論，賣給競爭對手並不合適。接下來，他考慮找到一個金融買家，他們曾被貼上槓桿收購公司的標籤——也的確如此。然而，保羅知道，這樣的買家會專注於「退出策略」。誰知道那會是什麼？經過深思熟慮，保羅發現自己並不想將自己35年的苦心經營交給一個中間商。

　　當保羅見到我時，他解釋了為什麼他把兩個備選買家排除在外。然後，他用更委婉的措辭總結了自己的困境：「經過一年的思考，我想把公司賣給波克夏，因為你是唯一剩下的符合標準的人。」

　　所以我提出了報價，保羅說：「可以」。一次會談，一頓午餐，一筆交易就這樣達成了。

　　說我們從此過上了幸福的生活，那是輕描淡寫。當波克夏收購TTI時，該公司有2387名員工。現在這個數字是8043，其中很大一部分成長發生在沃思堡及其周邊地區。公司的盈利成長了673%。

　　每年，我都會打電話給保羅，告訴他的薪水應該大幅增加。每年，他

都會告訴我：「華倫，我們可以明年再談這個事情，我現在太忙了。」

當格雷格・阿貝爾（Greg Abel）和我參加保羅的追悼會時，我們遇到了他的孩子、孫子、公司的長期同事（包括TTI的第一位員工）和約翰・羅奇（John Roach），他是波克夏在2000年收購的沃思堡公司（Fort Worth Company）的前首席執行官。約翰把他的朋友保羅帶到了奧馬哈，本能地知道我們是絕配。

追悼會上，格雷格和我聽說了保羅默默支持的許多人和組織。他的慷慨是非凡的——總是致力於改善他人的生活，尤其是沃思堡的人。

各方面來看，保羅都是個傑出的人。

運氣——偶爾是非凡的運氣——在波克夏發揮了作用。如果保羅和我沒有共同的朋友約翰・羅奇（John Roach），TTI就不會成為波克夏的一部分。但好運僅僅是個開始，TTI很快將引領波克夏走向其最重要的收購。

每年秋天，波克夏的董事們都會聚集在一起，參加我們幾位高管的演講。我們有時會根據最近收購的地點來選擇地方，通過這種方式，董事可以與新子公司的首席執行官會面，並更多地了解被收購方的活動。

2009年秋天，我們選擇了沃思堡，以便於參訪TTI。當時，我們持股第三的BNSF，總部也在沃思堡。儘管有這麼多的股份，我卻從來沒有去過這家鐵路公司的總部。

我的助理黛布・博薩內克（Deb Bosanek）將董事會的開幕晚宴安排在10月22日。與此同時，我安排當天早些時候到達，與BNSF首席執行官馬特・羅斯（Matt Rose）會面，我一直欽佩他的成就。日期定下來後，我並不知道我們的聚會將與BNSF在22日晚些時候發布第三季度盈利報告同時舉行。

市場對這家鐵路公司的業績反應不佳。「大衰退」在那年第三季度全面爆發，BNSF的盈利情況反映了這種衰退。經濟前景也很黯淡，華爾街

對鐵路或其他行業也不友好。

第二天，我與馬特再次會面，並建議波克夏將為鐵路公司，提供一個比作為上市公司所能期望的更好的長期歸宿。我還告訴他波克夏願意支付的最高價格。

馬特將這一提議轉達給了他的董事和顧問。經過忙碌的11天後，波克夏和BNSF共同宣布了一項交易。在這裡，我冒昧地做個罕見的預測：一個世紀後，BNSF將成為波克夏和我們國家的關鍵資產。

如果不是保羅・安德魯斯（Paul Andrews）認為波克夏是TTI的合適歸宿，就不會有對BNSF的收購。

 # 致謝

70年前，我教了第一堂投資課。從那以後，我幾乎每年都很享受與各個年齡段的學生一起工作，最終在2018年「退休」。

一路走來，我最難對付的聽眾是我五年級的孫子所在的班級。11歲的孩子們在座位上扭來扭去，茫然地看著我，直到我提到可口可樂及其著名的秘密配方。瞬間，每個人都舉起手來，我明白了對孩子們來說，「秘密」是能激發他們的好奇心的。

教學，和寫作一樣，幫助我發展和理清了自己的思路。查理稱這種現象為猩猩效應：如果你和一隻猩猩坐在一起，仔細地向牠解釋你的一個寶貴想法，你可能會留下一隻迷惑不解的靈長類動物，但你自己的思維會更清晰。

和大學生交談則要有效得多。我敦促他們（1）在專業領域找工作，（2）如果他們不需要錢的話，和他們渴望的人一起工作。我承認，經濟現實可能會干擾這種尋找。即便如此，我敦促學生們永遠不要放棄追求，

因為當他們找到那種工作時，他們就不再是在「工作」了。

查理和我自己，在經歷了一些早期的挫折後，走上了這條解放之路。我們都是在我祖父的雜貨店裡做兼職，查理1940年開始，我1942年開始。我們每個人都被分配了無聊的任務，報酬也很少，這絕對不是我們想要的。後來，查理開始從事法律工作，而我則嘗試著賣證券。我們對工作的滿意度仍然不高。

最後，在波克夏，我們找到了自己喜歡做的事情。除了極少數例外，我們現在已經與我們喜歡和信任的人「工作」了幾十年。與保羅・安德魯斯（Paul Andrews）或我去年提到的波克夏大家族這樣的經理人共事，是一種生活樂趣。在我們的總部，我們僱傭正派和有才華的人——沒有笨蛋。每年的平均流動率大概是一個人。

然而，我想強調另一件事，它使我們的工作變得有趣和有滿足感——為你工作。對查理和我來說，沒有什麼比獲得長期個人股東的信任更有價值了。幾十年來，他們加入我們，期望我們成為他們資金的可靠託管人。

顯然，我們不能選擇我們的股東，如果我們的經營形式是合夥制的話，我們可以這樣做。任何人今天都可以購買波克夏的股票，並打算很快再出售這些股票。可以肯定的是，我們確實有這種類型的股東，正如我們也有大量指數基金持有波克夏・海瑟威股份一樣，因為他們被要求這麼做。

波克夏的股東是一個龐大的個人和家庭團隊，他們選擇加入我們，而且抱著「至死不渝」的信念。通常，他們十分信任我們，將他們儲蓄的很大一部分託付給我們管理——有些人可能會說是過多的儲蓄。

有時，這些股東會承認，波克夏可能遠非他們本可以做出的最佳選擇。但他們會補充說，在他們最滿意的投資對象中，波克夏的排名靠前。一般而言，那些對自己的投資感到滿意的人，將比那些被千變萬化的頭條新聞、傳言和承諾所影響的人，獲得更好的回報。

長線股東既是查理和我一直尋求的「合夥人」，也是我們在波克夏做決策時一直考慮的「合夥人」。我們想對他們說：「為你們『工作』感覺很好，我們感謝你們的信任。」

 ## 年度股東大會

　　日期定好啦！波克夏將於4月29日（星期五）至5月1日（星期日）在奧馬哈舉行年度股東大會。大會的詳細信息在A-1和A-2頁上列出。奧馬哈急切地等待著你的到來，我也一樣。

　　我要用一個廣告來結束這封信。「堂弟」吉米‧巴菲特（Jimmy Buffett）設計了一艘浮式「派對」遊艇，目前由波克夏子公司 Forest River 生產。這款遊艇將於4月29日在波克夏股東大會上推出。而且，僅限兩天，股東可以以10%的折扣購買吉米的傑作。你們的董事長會買一艘供家人使用，加入我吧。

　　　　　　　　　　　　　　2022年2月26日　華倫‧巴菲特　董事長

6　巴菲特致股東信 2023

2023 致股東信（發表於 2023 年 2 月 25 日）

致波克夏・海瑟威公司股東：

　　我和我的長期搭檔查理・蒙格，我們的工作就是管理大量股東的儲蓄，能獲得大家長久以來的信任，且這種信任往往能貫穿一生中的大部分時間，我感到非常榮幸。當我在寫這封信的時候，腦海中浮現的是那些專注的股東們。

　　一般來說，人們的普遍觀念是，年輕時進行儲蓄，希望以此維持退休後的生活水準。去世後，遺留的所有資產通常會留給家人，也可能是朋友或慈善機構。

　　但我們的觀點有所不同，我們認為，波克夏的股東基本上是「儲蓄一次，儲蓄一世」的類型。儘管這些人生活優渥，但他們最終會將大部分資產捐獻給慈善機構。反過來，慈善機構又會用來改善許多與原始捐助者無關的人的生活，從而重新分配資金。有時，產生的結果是驚人的。

　　一個人如何對待金錢，暴露了他是個怎樣的人。查理和我很高興地看到，波克夏產生的大量資金流向公眾需求，以及我們的股東很少關注波克夏資產和帝國建設。

　　誰會不喜歡為我們這樣的股東工作呢？

 **我們所做的**

查理和我將股東在波克夏的儲蓄分配成兩種相關的所有權形式。首先，投資於我們的全資控股企業，通常購買公司100%的股權。波克夏在這些子公司進行資本配置，並挑選負責日常運營決策的首席執行官。當管理大型企業時，信任和規則都是缺一不可的。

波克夏對前者的強調達到了不同尋常——以至於有人會說是極端的程度。失望是不可避免的，我們可以理解商業錯誤，但我們對個人不當行為的容忍度為零。

在我們的第二類所有權中，我們購買公開交易的股票，通過購買這些股票，我們被動地擁有部分業務。持有這些投資時，我們在管理方面沒有發言權。

我們在這兩種所有權形式中的目標，都是對具有長期良好經濟特徵和值得信賴的管理者的企業進行有意義的投資。請特別注意，我們持有股票是基於我們對企業長期經營業績的預期，而不是將其視為熟練買賣的工具。這一點很關鍵：查理和我不是選股高手，我們是選擇商業模式的人。

這些年來，我犯了很多錯誤。因此，我們廣泛的業務集合目前包括少數真正具有非凡經濟效益的企業，許多企業具有非常好的經濟特徵，以及一群龐大的邊緣企業。

在這一過程中，我投資的其他企業已經消亡，它們的產品被公眾拋棄。資本主義具有兩面性：一方面制度造就了越來越多的失敗者，但同時也帶來了大量改進的商品和服務。熊彼特稱這種現象為「創造性破壞」（Creative Destruction）。

我們的公開交易部門的一個優勢是，偶爾可以很容易地以極好的價格買到非常優秀的企業。重要的是要明白，股票會不時地以愚蠢的價格交易，可能是高也可能是低。「有效市場」只存在於教科書中。事實上，有市場

的股票和債券令人困惑，它們的行為通常只有在回顧時才能理解。

被控股企業是另一種類型，有時它們的價格比合理價格高得離譜，但幾乎永遠不會以低價出售。除非受到脅迫，否則控股企業的所有者不會考慮以恐慌性估值出售。

在這一點上，我的成績單是合適的：在波克夏58年的管理中，我的大部分資本配置決策都不過馬馬虎虎。此外，在某些情況下，我沒走好的棋也靠著很大的運氣得以挽救。（還記得我們在美國航空和所羅門公司險些發生的災難中逃生的故事嗎？我當然記得。）

我們令人滿意的結果是十幾個真正睿智決定的產物——大約每五年一個——以及一個有時被遺忘的優勢，它有利於像波克夏這樣的長期投資者。讓我們來窺探一下幕後的情況。

秘密武器

1994年8月——是的，1994年——波克夏完成了為期7年的收購，購買了我們現在擁有的4億股可口可樂股票，總成本為13億美元——這對波克夏來說是一筆非常大的數目。

1994年我們從可口可樂公司收到的現金股利為7500萬美元，到2022年，股利增加到7.04億美元。這樣的增長每年都在發生，就像生日一樣確定。我和查理所要做的就是兌現可口可樂的季度股利支票。我們預計這筆金額很可能會增加。

美國運通的情況大致相同。波克夏對美國運通的收購基本在1995年完成，巧合的是，也花費了13億美元。從這項投資中獲得的年度股利已從4100萬美元增長到3.02億美元。這筆金額似乎也很有可能增加。

這些股利收益雖然令人高興，但遠非壯觀。但它們推動了股價的重要上漲。今年（2022年）底，我們對可口可樂的投資價值為250億美元，而

美國運通的投資價值為220億美元。現在這兩檔股票約占波克夏淨資產的5%，與很久以前的權重相當。

　　假設我在上世紀90年代犯了一個類似規模的投資錯誤，這筆投資在2022年仍然價值13億美元（比如30年期高等級債券）。這筆令人失望的投資現在只占波克夏淨資產的微不足道的0.3%，但仍將為我們帶來大約8000萬美元的年收入。

　　給投資者的教訓：野草會在鮮花盛開的時候枯萎，這同樣意義重大（The Weeds Wither Away In Significance As The Flowers Bloom.）。隨著時間的推移，只需少數勝利就能創造奇蹟。而且，是的，早點開始也有幫助，還能幫助你活到90多歲。

過去一年的簡報

　　波克夏在2022年表現不錯。公司調整後的營業利潤（Operating Earnings）——我們使用公認會計原則（「GAAP」），不包括持有股票的資本利得——創下了308億美元的歷史新高。查理和我專注於這個實際數字，並建議你也這樣做。不過，如果沒有我們的調整，GAAP資料在每個報告日都會劇烈波動。請注意它在2022年的波動，這並不罕見：

| | Earnings in \$ billions | |
2022 Quarter	"Operating Earnings"	GAAP Earnings We are Required to Report
1	7.0	5.5
2	9.3	(43.8)
3	7.8	(2.7)
4	6.7	18.2

　　按季度甚至按年度查看GAAP利潤具有100%的誤導性。可以肯定的是，在過去幾十年裡，資本利得對波克夏來說非常重要，我們預計在未來幾十年裡，資本利得將顯著增加。但是，媒體經常無意識地報導它們每個

季度的波動，這完全誤導了投資者。

波克夏去年的第二個積極進展是我們收購了由喬·布蘭登（Joe Brandon）擔任董事長的財產意外保險公司 Alleghany Corporation。我過去曾與喬共事，他對波克夏和保險都很瞭解。Alleghany 為我們帶來了特殊的價值，因為波克夏無與倫比的財務實力使其保險子公司能夠採用幾乎所有競爭對手都無法遵循的、有價值且持久的投資策略。

在 Alleghany 的幫助下，我們的保險浮存金在 2022 年從 1470 億美元增加到 1640 億美元。通過嚴格的承銷，隨著時間的推移，這些款項有相當大的機會實現零成本。自 1967 年收購第一家財產意外險公司以來，通過收購、運營和創新，波克夏的浮存金增長了 8000 倍。雖然在我們的財務報表中沒有得到確認，但這筆浮存金對波克夏來說是一筆非凡的資產。新股東可以通過閱讀 A-2 檔，看到我們每年更新的浮存金解釋來瞭解其價值。

（保險浮存金：保戶向保險公司交納的保費，這筆保費不是公司的資產，而是債務。當保戶出險時，就要支付給保戶進行理賠。對波克夏來說，浮存金投資時重要的融資來源。）

2022 年，由於波克夏·海瑟威與我們重倉的蘋果、美國運通公司都進行了股票回購，波克夏的每股內在價值略微增長。在波克夏·海瑟威，通過對公司已發行股份的 1.2% 進行回購，我們直接提高了您在我們獨特的持倉組合中的權益。蘋果和美國運通的回購也增加了波克夏的持股比例，而我們沒有增加任何成本。

這裡的計算並不複雜：當股本數量減少時，您持有的眾多企業中的股權占比就會增加。如果回購價格低於公司內在價值，那麼每一分錢回購對股東都有益處。當然，若公司以過高價格回購股票，繼續持有的股東會遭受損失。在這種時候，收益只會流向拋售股票的投資者，以及那些熱情推薦愚蠢購買行為但卻收費高昂的投資銀行家。

值得強調的是，如果回購價格低於公司內在價值，那麼公司所有股東將全方面受益。如果您願意，可以思考下面的例子：一家當地汽車經銷商有三個完全知情的股東，其中一個負責企業管理。進一步想像一下，其中一位消極的股東，希望將他的權益賣回給公司，而且價格對另外兩位繼續持有的股東有吸引力。

交易完成後，是否對任何人的利益造成了傷害？經理是否比持續消極的股東更受青睞？公眾是否受到了傷害？

當有人告訴你，所有的回購行為都對股東或國家有害，或者對CEO特別有利時，那麼你要麼是在聽一個經濟文盲說話，要麼是在聽一個能言善辯的煽動家說話（這兩個角色並不相互排斥）。

波克夏2022年的所有運營細節幾乎被概述在K-33到K-66頁上。蒙格和我，以及許多波克夏·海瑟威股東，都喜歡仔細研究這部分列出的諸多事實和資料。不過，這幾頁也不是必讀的。波克夏有很多百萬富翁，沒錯，還有一些億萬富豪，他們從來沒有研究過我們的財務資料。

他們只是知道，蒙格和我──以及我們的家人和親密的朋友──繼續在波克夏有大量投資，他們相信我們會像對待自己的錢一樣對待他們的錢。

這也是我們可以做出的承諾。

最後，一個重要的警告：財務報表中的「運營利潤」是我們非常關注的，但這些數字很容易被經理人操縱，只要他們想要這樣做。通常，首席執行官、董事和他們的顧問們也認為，這種篡改行為是久經世故的。記者和分析師也把這一行為當做家常便飯。畢竟，打破「預期」也是管理上的一次勝利。

不過，這種行為真的很噁心。操縱數字不需要天賦，只需要強烈的欺騙欲望。一位首席執行官曾對我說：「大膽而富有想像力的會計（Bold Imaginative Accounting）已經成為資本主義的恥辱之一。」

58年，以及其它幾組數字

1965年，波克夏還只是一匹「只懂一種戲法的小馬」（業務組成簡單），擁有一家歷史悠久、但註定要倒閉的新英格蘭紡織企業。隨著這項業務走向死亡，波克夏需要立即有一個新的開始。回過頭來看，我當時遲遲沒有意識到問題的嚴重性。

但隨後，我們就迎來了一次好運：1967年，國民保險（National Indemity）成立，我們將資源轉向保險和其他非紡織業務。

就這樣，我們開啟了通往2023年的旅程，這是一條崎嶇坎坷的道路，包括我們所有者不斷的儲蓄（即通過他們的留存收益）、複利的力量、避免重大錯誤，以及最重要——搭上「美國順風」（American Tailwind）。沒有波克夏·海瑟威，美國也會過得不錯。反之則不然。

現在，波克夏擁有「無與倫比的龐大和多元化業務」的主要所有權。讓我們先看看每天在納斯達克、紐約證券交易所和相關交易場所交易的大約5000家上市公司。在這一群體中，有標準普爾500指數的成員。「標準普爾500指數」是一個由大型知名美國公司組成的精英集合。

總體而言，這500家上市公司在2021年賺了1.8萬億美元。目前我還沒有2022年的最終資料。因此，使用2021年的資料，這500家公司中只有128家（包括波克夏）賺了30億美元或更多。事實上，還有23家公司虧損。

截至2022年底，波克夏是其中八家巨頭的最大股東：美國運通、美國銀行、雪佛龍、可口可樂、惠普股份、穆迪、西方石油和派拉蒙全球。

除去8家標的外，波克夏還持有伯靈頓北聖太菲鐵路運輸公司（簡稱北伯靈頓，BNSF）100%的股份和波克夏·海瑟威能源公司（BHE）92%的股份，每個公司的收益都超過了上述30億美元的標準（北伯靈頓為59億美元，波克夏·海瑟威能源為43億美元）。

如果這兩家公司公開上市，它們將被收錄進那500強公司中。總體而言，我們的控股和非控股的10家巨頭，使波克夏公司比任何其他美國公司都更廣泛地與本國的經濟未來保持一致。

此外，波克夏的保險業務雖然通過許多單獨管理的子公司進行，但其價值與北伯靈頓或波克夏・海瑟威能源相當。

至於未來，波克夏將始終持有大量現金和美國國債，以及其他各種更加廣泛業務。我們還將避免任何會在關鍵時刻導致現金流緊缺的魯莽行為，哪怕是在金融恐慌和前所未有的保險損失的時刻。

我們的首席執行官將永遠是首席風險官——儘管他（她）本不必承擔這項責任。此外，我們未來的CEO將有相當一部分的淨資產收益是用自己的錢購買波克夏股票而獲得的。是的，我們的股東將通過持續的獲得收益來保證儲蓄和繁榮。

波克夏，不會有終點線。

 ## 波克夏・海瑟威繳納的「驚人」聯邦稅

在截至2021年的十年間，美國財政部的稅收為32.3萬億美元，而支出卻達到43.9萬億美元，出現了嚴重的財政赤字。

眾多經濟學家、政治家及名人均對財政失衡的現狀發表了自己的看法，但查理和我卻自認對此知之甚少，但我們堅信如此龐大的財政赤字的糟糕的程度或許遠超市場所想。

我們負責管理波克夏・海瑟威的運營和財務，希望公司能長期維持比較高的收益，並在金融風險加劇及全球經濟出現衰退時依舊保持活力。

為了能避免持續高企的通脹問題，波克夏・海瑟威對沖了部分風險，來給投資者們提供一定保護，但這層保護遠非完美，美國財政如此龐大且根深蒂固的赤字會帶來嚴重後果。

根據資料來看，美國財政部的稅收包括個人所得稅（48%）、社會保障和相關收入（34.5%）、企業所得稅支付（8.5%）和各種較小的徵收項目獲得了32萬億美元的收人。波克夏公司在這十年間通過貢獻了320億美元的所得稅，幾乎為財政部所有收入的千分之一。

這也意味著，美國僅需1000個波克夏實力相當的納稅企業，那麼其他企業和全國1.31億個家庭都不需要向聯邦政府支付任何稅收。

幾百萬、幾十化、幾萬億——我們都知道這些詞，但往往無法理解所涉及的龐大金額，讓我們給這些數字加上直觀的尺寸。

如果你把100萬美元兌換成新印製的100美元鈔票，你會有一疊達到你胸口高度的鈔票。

如果是10億美元——這時美元現金可以堆疊至3/4英里（約1207米）的天空。

最後想像320億美元，這也是波克夏在2012至2021年所繳納的所有聯邦所得稅，現在，這堆錢達到了超21英里以上（約3.3萬米）的高度，大約是商業飛機通常巡航高度的三倍。

因此，每次涉及到聯邦稅時，波克夏可以毫不含糊地表示「我們給了」。

對於波克夏而言，我們希望且期待著在未來十年可以為美國繳納更多稅款，做出更大的貢獻。美國的經濟活力賦能了波克夏取得的所有成功。

我已經做了80年的投資，超過美國建國時長的三分之一。儘管我們總是喜歡自我批評和懷疑，但我還沒在任何時候看到長期做空美國是有意義的。

最好的搭檔——查理·蒙格

查理·蒙格和我的想法很相似，但我往往需要一頁紙來解釋的內容，

他卻可以用一句話總結，且邏輯清晰，直抒胸臆。

　　以下是他的一些想法，很多都是從最近的播客中截取的：

★ 世界上有很多愚蠢的賭徒，他們還不如有耐心的投資者。

★ 當你還未看清世界的本來面目，便只能通過扭曲的鏡頭來判斷。

★ 我想知道的是我將在哪裡死去，那我永遠不會去那裡。還有一個相關的想法：儘早寫下你想要的訃告——然後據此行事。

★ 如果你不關心自己是否理性，你就不會在這方面下功夫。那麼你就會一直不理性，得到最差的結果。

★ 耐心是可以學習的，擁有長時間的注意力且可以長時間集中於一件事的能力是巨大的優勢。

★ 你可以從死去的人身上學到很多東西，閱讀你所崇拜和厭惡的死者的文章。

★ 如果你能遊到一艘適航的船，就不要在下沉的船上跳走。

★ 一個偉大的公司會在你不在之後繼續工作；一個平庸的公司則不會。

★ 華倫和我不關注市場的泡沫，我們一直尋找長期投資機會，並堅持長期持有。

★ 本‧格雷厄姆（Ben Graham）曾說：「從短期看，市場是一台投票機，但從長遠來看，它是一台秤重機。」如果你不斷地製造更有價值的東西，那麼一些聰明的人就會注意到它並開始購買，仔細權衡長期價值會比試圖猜測短期熱點更能創造出卓越的業績。

★ 投資是沒有100%的把握，因此，使用槓桿是危險的。一串美妙的數字乘以零，永遠等於零。不要指望一夜暴富。

★ 然而，你不需要擁有很多東西就能致富。

★ 如果你想成為一個偉大的投資者，你必須不斷學習。當世界發生變化時，你必須改變。

★ 十年來，華倫和我一直痛恨鐵路股，但世界發生了變化，美國終於擁有

了四條對美國經濟至關重要的大型鐵路。我們遲遲沒有意識到這一變化，但遲到總比不到好。

最後，我要補充查理的兩句話，這句話是他幾十年來做決定的關鍵：「華倫，多考慮一下吧。你很聰明，但我是對的。」

我和查理通話時，總能學到很多，且他讓我思考時，他也讓我笑。

我會在查理的名單上添加一條我自己的規則：找一個非常聰明的高級合作夥伴——最好比你年長一點，並認真地聽取他的意見。

 奧馬哈的一次家庭聚會

查理和我真是有點不知羞恥。去年，在我們三年來的第一次股東會上，我們一如既往地以繁忙的商業活動迎接大家。

開市鈴一響，我們就直奔你們的錢包。很快，我們的喜斯糖果鋪賣掉了11噸富含營養的花生糖和巧克力。在我們P.T.巴納姆（注：一位著名的大騙子）式的演講裡，我們保證過吃它會長壽。畢竟，除了喜斯糖果，還有什麼可以解釋查理和我能活到99歲和92歲呢？

我知道你們迫不及待地想聽去年聚會的細節。

我們從週五中午一直營業到下午5點，喜斯糖果鋪記錄了2690筆交易。週六午7點到下午4點半，喜斯糖果鋪又記錄了3931筆交易，這9個半小時裡有6個半小時是我們的電影放映和問答時間。

算一算：喜斯糖果鋪在黃金時段每分鐘能賣掉10批糖果（兩天內累計銷售額達40萬美元），101年以來，消費的模式沒有發生本質變化。在福特T型車時代賣喜斯糖的方法，今天一樣管用。

查理、我和整個波克夏公司期待著在5月5日至6日在奧馬哈和你們見面。我們會玩得很開心，你也會。

2023年2月25日　華倫・E・巴菲特 董事長

7

波克夏子公司一覽

波克夏‧海瑟威公司完全擁有或控制多數有表決權股份的公司。

公司	部門	持股比例	收購日期	收購價格
波克夏‧海瑟威地產公司 （Berkshire Hathaway Home Services Properties）	房地產			
頂尖磚塊 （Acme Brick）	材料和結構	100%	2000/08/01	~6億美元（2017年為43.9265億美元）
Altalink	電傳動	92%	2014/12/01	32.4億加元
班橋珠寶商 （Ben Bridge Jeweler）	奢侈品	100%	2000/07/18	
班傑明‧穆爾公司 （Benjamin Moore & Co.）	材料和結構	100%	2001/01/01	10 億美元
Berkadia	按揭融資	50%	2009/12/31	
波克夏‧海瑟威保險 （Berkshire Hathaway Assurance）	債券保險	100%	2007/12/01	
波克夏‧海瑟威汽車公司 （Berkshire Hathaway Automotive）	汽車銷售	90%	2015/05/09	
波克夏‧海瑟威能源公司 （Berkshire Hathaway Energy）	公用事業	92%	1999/03/26	
美國船險（Boatus）	保險		2007/07/27	
博爾許珠寶店（Borsheim's）	奢侈品	100%	1989/01/01	
布魯克斯鞋業（Brooks）	服飾	100%	2006/08/02	

柏林頓北方聖塔菲鐵路公司 （BNSF Railway Company）	鐵路和物流	100%	2010/02/12	
美國商業資訊（Business Wire）	媒體	100%	2006/03/01	
Cavalier Homes	材料和結構	100%	2008/01/01	
中央聯邦保險 (Central States Indemnity)	保險與金融	100%	1992/10/20	
Charter Brokerage	後勤	100%	2014/12/12	
克萊頓房屋 (Clayton Homes)	材料和結構	100%	2007/05/10	
魏斯可金融服務 (Cort Business Services)	金融	100%	2000/01/14	4.67億美元(2017年 為34.1894億美元)
CTB公司 (CTB Inc.)	資本貨物	100%	2002/01/01	
冰雪皇后 (Dairy Queen)	食品和飲料	99%	1997/10/21	5.85億美元
金頂電池 (Duracell)	家庭用品	100%	2016/02/29	18億美元
Ebby Halliday Companies	房地產	100%	2018/06/04	
費希海默兄弟公司 (Fechheimer Brothers Company)	衣服	100%	1986/01/01	
航空安全國際公司 (Flightsafety International)	商業服務	100%	1997/01/01	
森林之河 (Forest River)	材料和結構	100%	2005/08/31	
鮮果布衣 (Fruit of The Loom)	衣服	100%	2002/04/30	8.35億美元
加藍 (Garan)	衣服	100%	2002/09/04	
蓋可 (GEICO)	保險與金融	100%	1996/08/26	23億美元
通用再保險公司 (General Re)	保險與金融	100%	1995/12/21	220億美元
海茲伯格鑽石 (Helzberg Diamonds)	奢侈品	100%	1995/01/01	
HH布朗鞋業集團 (H.H. Brown Shoe Group)	衣服	100%	1991/07/01	

Imc 國際金屬加工公司 (International Metalworking Companies Imc)	材料和結構	100%	2006/05/08	
約翰・曼菲爾 (Johns Manville)	材料和結構	100%	2001/02/27	18億美元
喬丹家具 (Jordan's Furniture)	家具相關	100%	1999/10/11	
賈斯汀・布蘭茲 (Justin Brands)	衣服	100%	2000/08/01	5.7 億美元
堪薩斯金融擔保公司 (Kansas Bankers Surety Company)	保險與金融	100%	1998/04/10	
柯恩河管道 (Kern River Pipeline)	管道	92%	2006/03/21	9.6億美元
樂森卓爾 (Larson-Juhl)	家具相關	100%	2001/12/17	
路易斯摩托 (Louis Motor)	摩托車	100%	2015/02/20	
路博潤 (Lubrizol)	化學品	100%	2011/09/16	97億美元
馬蒙集團 (Marmon Group)	多元化控股公司	99%	2008/01/01	45億美元
麥克林公司 (Mclane Company)	後勤	100%	2003/05/23	14.5億美元
醫療防護 (Medical Protective)	責任保險	100%	2005/06/30	
邁鐵鋼架公司 (MiTek)	材料和結構	90%	2001/06/12	
國家保險公司 (National Indemnity Company)	保險與金融	100%	1967/03/01	680萬美元(經通膨調整後為4978萬美元)
內布拉斯加家具商城 (Nebraska Furniture Mart)	家具相關	80%	1983/01/01	6000萬美元
奈特杰航空 (NetJets)	商業服務	100%	1998/01/01	
奈特杰歐洲航空 (NetJets Europe)	商業服務	100%	1998/01/01	
北方天然氣 (Northern Natural Gas)	管道	92%	2002/08/01	9.28億美元
內華達能源 (Nv Energy)	電力和天然氣分配	92%	2013/12/19	56億美元

奧馬哈世界先驅報 (Omaha World-Herald)	媒體	100%	2011/12/01	1.5億美元
東方貿易公司 (Oriental Trading Company)	玩具派對 工藝	100%	2012/01/01	
太平洋公司 (Pacificorp)	配電	92%	2005/01/01	94億美元
放縱大廚 (Pampered Chef)	食品和飲料	100%	2002/09/23	
Pilot Flying J	加油站	38.6%	2017/10/03	
精密鑄件公司 (Precision Castparts Corp.)	航天與國防	100%	2016/01/29	370億美元
精密鋼鐵公司 (Precision Steel Warehouse, Inc.)	材料和結構	100%	1979/01/01	
Rc 韋利家居 (Rc Willey Home Furnishings)	家具相關		1995/01/01	
利奇林珠寶集團 (Richline Group)	奢侈品	100%	2007/05/01	
Russell Brands	運動器材 製造商	100%	2006/01/01	6 億美元
史考特・菲特澤公司 (Scott Fetzer Company)	其他	100%	1985/01/01	2.3 億美元
喜斯糖果 (See's Candies)	食品和飲料	100%	1972/01/03	2500 萬美元
Se Homes	材料和結構	100%	2007/01/01	
蕭氏工業 (Shaw Industries)	材料和結構		2002/01/21	
星辰家具 (Star Furniture)	家具相關	100%	1997/07/14	
TTI 公司 (TTI, Inc.)	電子元件分銷	100%	2007/03/30	
美國責任保險集團 (United States Liability Insurance Group)	保險與金融	100%	2000/08/08	
韋斯科金融 (Wesco Financial)	保險與金融	100%	1978/01/01	
WPLG 電視 (WPLG-TV)	媒體	100%	2014/07/01	
XTRA 租賃 (XTRA Lease)	商用半掛車 租賃	100%	2001/09/20	

8

波夏克持有股票一覽

代號	英文全名	中文名	持有股數	持股權重	持有市值（百萬）	流通佔比
Aapl	Apple Inc	蘋果公司	895,136,175	38.9	116,305.04	5.66%
Bac	Bank Of America Corp	美國銀行	1,010,100,606	11.19	33,454.53	12.63%
Cvx	Chevron Corp	雪佛龍	162,975,771	9.78	29,252.52	8.43%
Ko	Coca-Cola Co/The	可口可樂	400,000,000	8.51	25,444	9.25%
Axp	American Express Co	美國運通	151,610,700	7.49	22,400.48	20.37%
Khc	Kraft Heinz Co/The	卡夫亨氏公司	325,634,818	4.43	13,256.59	26.58%
Oxy	Occidental Petroleum Corp	西方石油	194,351,650	4.09	12,242.21	21.38%
Mco	Moody'sCorp	穆迪	24,669,778	2.3	6,873.49	13.47%
Atvi	Activision Blizzard Inc	動視暴雪公司	52,717,075	1.35	4,035.49	6.74%
Hpq	Hp Inc	惠普	104,476,035	0.94	2,807.27	10.64%
Dva	Davita Inc	德維特公司	36,095,570	0.9	2,695.26	40.06%
Vrsn	Verisign Inc	維聖公司	12,815,613	0.88	2,632.84	12.17%
C	Citigroup Inc	花旗集團	55,155,797	0.83	2,494.7	2.85%
Kr	Kroger Co	克羅格	50,000,000	0.75	2,229	6.98%
V	Visa Inc-Class A Shares	Visa	8,297,460	0.58	1,723.88	0.39%

Lsxmk	Liberty Media Cor-Siriusxm C	自由傳媒公司自由天狼星 Xm	43,208,291	0.57	1,690.74	13.24%
Gm	General Motors Co	通用汽車公司	50,000,000	0.56	1,682	3.59%
Para	Para	Para	93,637,189	0.53	1,580.6	14.42%
Ma	Mastercard Inc - A	萬事達卡	3,986,648	0.46	1,386.28	0.42%
Aon	Aon Plc	怡安保險經紀人公開有限公司	4,396,000	0.44	1,319.42	2.14%
Chtr	Charter Communications Inc-A	特許通訊公司	3,828,941	0.43	1,298.39	2.51%
Bk	Bank Of New York Mellon Corp	紐約梅隆銀行	25,069,867	0.38	1,141.18	3.1%
Mck	Mckesson Corp	麥卡遜	2,855,514	0.36	1,071.16	2.09%
Ce	Celanese Corp	塞拉尼斯公司	9,710,183	0.33	992.77	8.96%
Amzn	Amazon.Com Inc	亞馬遜公司	10,666,000	0.3	895.94	0.1%
Snow	Snowflake Inc	Snowflake Inc	6,125,376	0.29	879.24	1.9%
Lsxma	Liberty Media Cor-Siriusxm A	自由傳媒公司自由天狼星 Xm	20,207,680	0.27	794.36	6.19%
Gl	Globe Life Inc	Globe Life 公司	6,353,727	0.26	765.94	6.53%
Tmus	T-Mobile Us Inc	T-Mobile Us Inc	5,242,000	0.25	733.88	0.42%
Ally	Ally Financial Inc	Ally 金融公司	29,800,000	0.24	728.61	9.96%
Rh	Rh	Rh	2,360,000	0.21	630.57	10.23%
Tsm	Taiwan Semiconductor -Sp Adr	台積電	8,292,724	0.21	617.73	0.16%
Mkl	Markel Corp	Markel 公司	467,611	0.21	616.07	3.48%
Fwonk	Liberty Media Corp-Liberty-C	自由傳媒公司自由一級方程式賽車	7,722,451	0.15	461.65	3.3%

Nu	Nu	Nu	107,118,784	0.15	435.97	2.29%
Lpx	Louisiana-Pacific Corp	路易斯安那太平洋	7,044,909	0.14	417.06	9.83%
Fnd	Floor & Decor Holdings Inc-A	Floor & Decor 控股公司	4,780,000	0.11	332.83	4.5%
Usb	Us Bancorp	美國合眾銀行	6,670,835	0.1	290.92	0.44%
Stne	Stoneco Ltd	Stoneco 公司	10,695,448	0.03	100.97	3.42%
Mmc	Marsh & Mclennan Cos	馬什麥克倫南	404,911	0.02	67	0.08%
Jnj	Johnson & Johnson	嬌生公司	327,100	0.02	57.78	0.01%
Pg	Procter & Gamble Co/The	寶潔公司	315,400	0.02	47.8	0.01%
Mdlz	Mondelez International Inc-A	億滋國際	578,000	0.01	38.52	0.04%
Lila	Liberty Latin America Ltd	Liberty Global Plc Lilac	2,630,792	0.01	19.81	1.21%
Voo	Vanguard Index Fds	標普500指數ETF	43,000	0.01	15.11	0.01%
Spy	Spdr S&P500 Etf Tr	標準普爾500指數ETF	39,400	0.01	15.07	0%
Jef	Jefferies Financial Group In	傑富瑞金融集團公司	433,558	0	13.95	0.19%
Ups	United Parcel Service-Cl B	聯合包裹服務公司	59,400	0	10.33	0.01%
Lilak	Liberty Latin America Ltd	Liberty Global Plc Lilac	1,284,020	0	9.76	0.59%
Vts	VTS	VTS	51,027			

9 巴菲特經典語錄

 股神的投資智慧

- 「我們歡迎股市下跌，因為它能使我們以新的、令人感到恐慌的便宜價格撿到更多的好股票。」

- 「選擇股票的本質就是選擇公司。」

- 「投資的秘訣在於：在別人貪婪時恐懼，在別人恐懼時貪婪。」

- 「如果你保持著清醒的頭腦，就可以從中找到最佳的投資機會。」

- 「投資者期望那些股市預測專家來告訴自己，在未來的幾個月內如何買賣股票才能賺大錢。但那是不可能實現的夢想，如果真的能賺大錢的話，他們根本不會告訴你，自己老早就賺翻了。」

- 「投機是最危險的行為。如果你問我成功在什麼地方，那麼我會回答你：我從不讓個人感情影響我對市場的判斷。」

- 「人們總是像灰姑娘一樣，明明知道午夜來臨時，馬車和侍者就會變成南瓜和老鼠，但是他們仍然不願意錯過這場舞會。錯誤在於，他們在那裡待得太久了。現在，人們應該學得一些古老教訓了：第一，華爾街販賣的東西是龍蛇混雜、良莠不齊的；第二，當你想投機時，記住，通常最容易大賺的時候，也會是最危險的時候。」

- 「市場是你的僕人，而不是你的嚮導。」

- 「如果市場是有規律的，那麼我只會成為一個在大街上手拎著馬口鐵罐的流浪漢。」

- 「投資的精髓在於：不管你是看公司還是買股票，都要看企業的本質；看這個公司在將來五年、十年內的發展；看你對公司的業務瞭解多少；看負責人或經理人是否是你喜歡並且信任的。在此基礎上，如果股價合適，你就可以持有。」

- 「購買價格遠低於價值的企業，並且永遠持有它們。」

- 「人們習慣把每天短線進出股市的投機客稱為投資人，就像大家把不斷發生一夜情的愛情騙子當成浪漫情人一樣。」

- 「如果你相信自己是對的，就一定要堅持。那些很輕易就被短期行情打倒的人，最好遠離股票。」

- 「人一生中只要能做對幾件事情就成了，如果投資者能夠做到真正熟悉這個行業後，再進行集中的投資，那麼一定會獲得巨額的利潤。」

- 「股價跌入低谷並非是決定投資購買該股的最好理由，我們要關注的是那些遭到市場誤解的業績優秀的公司股票。」

- 「股票給你的唯一價值，是這家公司未來的利潤成長，而不是股價本身。公司的潛力從根本上決定著股價的成長，除此之外，我找不到任何一個讓我投資的理由。」

- 「擁有一家名牌報刊，就好比擁有了一座收費的橋樑，任何過客都必須留下買路錢。」

- 「投資者應該將所有的雞蛋都放在同一個籃子裡，然後小心去看好它。」

- 「只有在潮水退去的時候，你才能知道誰是沒有穿褲子的人。」

- 「投資者要留意中國股市的急升，市場目前過熱。人們應該考慮用什麼價錢去購買，而不應該興奮過度，因為每個國家的股市都會有一天要走到

極端，就像美國的高科技熱潮。當很多人對股市趨之若鶩，報章頭版只刊載股市消息的時候，就是應該冷靜的時候了。」

◉ 「沒什麼比參加一場牛市更令人振奮，在牛市中公司股東得到的回報變得與公司本身緩慢成長的業績完全脫節，看上去那是暴利。然而不幸的是，股票價格絕對不可能無限期地超出公司本身的價值。實際上由於股票持有者頻繁地買進賣出以及他們承擔的投資管理成本，在很長一段時期內他們總體的投資回報必定低於他們所擁有的上市公司的業績。如果美國公司總體上實現約12%的年淨資產收益，那麼投資者最終的收益必定低得多。牛市能使數學定律暗淡無光，但卻不能廢除它們。」

◉ 「大牛市不可能一直持續，過高的股價最終必然回歸於每個公司的價值。」

◉ 「若你不打算持有一支股票達十年以上，那麼你連十分鐘也不要擁有。」

◉ 「股票不應該是我們人生的全部，因此，帶著賭徒心態走進交易大廳的行為是極為危險的。」

◉ 「最聰明的投資方式，就是把自己當成持股公司的老闆。」

◉ 「股票的本質是它背後代表的企業，要使投資獲得成功，將自己提升為企業家是十分必要的，要將每一筆投資都看做是把整個的公司買下來，需要你付出心血。」

◉ 如果你不瞭解這個產業，那麼就不要買太多的股票。

◉ 「如果有一千支股票，但其中的九百九十九支我都不了解，那我將只選那支我瞭解的。

◉ 「我們的重點在於希望找到那些在未來的十年甚至二十年後，企業的經營情況仍是可以預測的良好，然後大部位持有。」

◉ 「股票從短期看是投票機，而從長期看則是秤重機。」

◉ 重要的是選擇一支好股票，只要事情沒有變得很糟，那麼原封不動地保

持原始投資至少五年以上，如此股價的短期波動就不會對你造成任何影響。」

- 短期股市的預測是毒藥，應該把它擺在最安全的地方，遠離兒童和那些在股市中的行為像小孩般幼稚的成年人們。」

- 「我們已經一段時日沒找到值得重金投資的股票了，還要等多久呢？我們要極有耐心地等！我們不會為了投資而投資，別人付我錢不是因為我有積極性，而是因為我能作出正確的決策。」

- 「市場就像上帝，會幫助那些努力的人。但與上帝不同的是，市場也絕不會寬恕那些不清楚自己在幹什麼的人。」

- 「對投資者來說，我們要看到的投資前景比買進時的價格更為重要，沒有前景的公司哪怕股價再低，產品再好，也無異於畫布上的美景。」

- 「如果用繼續經營的辦法確定公司持續存在的價值，就必須知道公司的現金流和折現率，而這兩個數值在不斷變化，難以確定。如果你不能確信這家公司到底會產生多大的現金流，就不要再去進行評估。」

- 「如果你問我願意持有一支好的股票多長時間，我的回答是永遠。」

- 「以一般的價格買入一家非同一般的好公司，要遠遠勝過用非同一般的好價格買下一家一般的公司。」

- 「在可預見的長期內，市場終究會給你一個真實的答案，那些偏離價值的股票市場價格，最後會向它的內在價值回歸。」

- 「一般普羅大眾手中的股票有多少才算合適呢？我建議控制在五支以內，以便於長期跟蹤與了解。如果你有四十個妻子，你不會對其中任何一個有清楚而深入的了解。」

- 「你一生要幹的事業，無非是尋找一個風險極小甚至不存在風險的機會，把所有的本金都投進去，然後跟著它一輩子賺大錢。」

- 「如果將來的價值加上可以預期的紅利，無法實現15%的年複合收益率，那麼我建議將它放棄。」

- 「我的第一條投資原則是，永遠不要虧損，第二條是，牢記第一條！」

- 「安全邊際是投資中最為重要的概念。」

- 「一個人離華爾街越遠，似乎對其所謂股票市場的預測與選擇買賣時機的主張也就越發懷疑。但對於真正的投資者來說，華爾街並不值得真正信任。」

- 「對未來股票預測的唯一價值是使財富的統計數字好看一些，僅此而已。」

- 「那些可以擺脫市場情緒的感染和左右的人，才是理性的投資者，他們具備成功的條件。」

- 「絕不能因為一支股票漲了就買入它，或者是看到它跌了就賣出。恰恰相反的是，我們應該保持清醒的頭腦，在一支好股票持續下跌時買進，而在它持續上漲時賣出……對我來說，我會在人們都逃出股市的時候進入，而在人們都湧進股市時退出。」

- 「精確記錄自己的投資表現會帶來一個最大的好處，那就是你可以完全體會到由錯誤帶來的痛苦，可是如果你拿到的是一支正確的好股票，為何又會對短期的投資收益一個勁地斤斤計較呢？」

- 「在犯下新的錯誤之前，我覺得對以前的那些錯誤好好反省，這是一個非常不錯的主意。所以，讓我們稍微花些時間回顧一下過去二十年中我所犯下的錯誤吧！

- 「時間是優秀企業的朋友，卻是平庸企業的敵人。」

- 「現在，我終於可以無情地對待自己投資組合中的爛股票了。根據自身的經驗，我深知它們對投資組合的巨大危害。」

- 「在投資過程中，不要關心你已經知道了多少，最重要的是，你要真實地

知道自己還不知道什麼。」

- 「股市預測的唯一價值，看來就是讓分析師們從中獲利。」

- 「技術分析有多麼流行，它就有多麼的錯誤。」

- 「不做企業本質與價值的研究就投資，跟不看牌就玩紙牌遊戲一樣危險。」

- 「投資藝術其實就是對時機把握的藝術，選擇了錯誤的時機，註定是失敗的投資，而抓住好的時機，就等於成功了一半。」

- 「就算你有足夠的內部消息和百萬美元，你也可能在一年內就破產。」

- 「任何時候，任何東西，在巨幅上漲的時候，人們就會被表象所迷惑……價格越高，就越要加倍小心，不能掉以輕心，要更謹慎。」「每年我都讀成千上萬份財報，我不知道我到底讀了多少。像中石油，我讀了2002年4月的年度財報，後來又讀了2003年的年度財報，比較後我決定投資五億美元給中石油。「我不會因為外部宏觀的影響而改變投資策略，總會有好的年份和不好的年份，那又怎麼樣呢，假如我找一家很好的企業，就算美聯準會的主席對我說經濟即將要衰退了，我還是要買，因為對我來說影響不大。」

- 「如果我們選對了市場和趨勢，要做的只是長線持有，耐心等待。另一方面，我們不需要巨大的智慧，因為這對於選擇市場和趨勢來說，作用並不大。」

- 「在買進時，我一定會尋找有良知的負責人或一流經理人員的好公司，我只與我喜歡、信任並且欽佩的人做生意……我不希望與缺乏值得敬佩品質的企業負責人合作，無論他們的業務前景多麼動人，我從未與一個壞人做成過一筆好買賣。」

- 「我認為最合適的能對投資進行深思熟慮的辦法，就是找一間沒有任何人的屋子，坐在那裡安靜地想。如果這都不能讓你靜心思索的話，那就沒什麼可以了，這已是最好的環境了。而華爾街的缺點就是，無論任何的

一種市場環境,華爾街的情況都太吵雜也太極端了,在那裡你將被過度地刺激,逼著你每天好像都要做點什麼才能度過這一天。」

- 「我想要的生意,外面必須有一個城牆,一條護城河,護衛著中間價值不菲的城堡。我還要一些負責任的、有能力的人來管理這座城堡。」

- 「我的失誤不是做了什麼,而是沒有做什麼。」

股神的幽默

- 「有生之年我都會繼續經營波克夏,之後我可能會透過靈媒來工作。」

- 「退休計畫?等我死了五年到十年之後再說吧!」

- 「我離開人世的那一天,波克夏的股價將會微幅上升四分之一到半個百分點。如果我死那天公司股價大漲,我會非常傷心的。」

- 一位投資者問巴菲特:如果你被一輛卡車撞了,會對波克夏公司產生什麼樣的影響?巴菲特回應道:「我會為那輛卡車感到難過。」

- 又有一次,巴菲特被問到同一個問題,這次他回答:「只要那台車不是在我們旗下公司保的險就行。」

- 有人問巴菲特死後,投資的公司會有什麼影響,他回答:「可口可樂短時間內的銷售量可能會爆增,因為我打算在陪葬的飛機裡塞滿可口可樂。」

- 「任何一個年輕人,不會玩橋牌,就是犯了一個大錯。」

- 「如果關在同一間牢房的其他三個犯人都會打橋牌,那就算坐牢我也心甘情願。」

- 巴菲特喜歡在香草冰淇淋上倒上很多巧克力醬,然後再撒上麥芽奶粉。

他說道：「這樣的食物有多少卡路里並不重要。假設你每天要消耗2,800卡的基本熱量。我們可以大致算出，你必須每年吃下至少100萬卡的食物，才能避免餓死。這代表假如我可以再活25年，我就必須吃掉至少2,500萬卡的食物。既然我得吃下這麼多，為什麼不能享用眼前這麼一點卡路里的美食呢？」

- 「很久以前蒙格立下了自己最大的願望：『我唯一想知道的是我將會死在什麼地方，一旦知道後我就會永遠不去那個地方。』蒙格這番話是受到了偉大的德國數學家雅各比（Jacobi）的智慧啟發，雅各比將『逆向逆向總是逆向』作為解決難題的方法。在波克夏公司，我們運用了蒙格的這個思想。」

- 「我的下一個目標是成為美國活得最久的人。」

- 有記者問巴菲特希望後人如何追念他，巴菲特回答：「這個嘛，我希望牧師說：『我的天！他真老！』」

- 面對全世界對他的高度關注，他幽默的回應道：「我曾刻意地注意自己的一舉一動，不過，實在是不怎麼樣。」

- 當波克夏股票在紐約證券交易所掛牌上市時，巴菲特半開玩笑地對經紀商說：「假如你從今天起，在兩年內能成交一筆波克夏的股票，你就算是成功了。」

- 「我們的集團總部佔地僅1500平方英尺，總共只有十二人，剛好可以組一支籃球隊。」

- 「若歷史資料是致富之鑰的話，那麼富比士四百大富豪將會有一大堆圖書館員。」

- 「喜斯糖果會讓吉列公司旗下的歐樂B牙刷銷路更好。」

- 巴菲特在併購冰雪皇后乳品公司時說道：「我們把錢擺在吃得到的地方。」

- 「除非有足夠的補償,否則查理和我即使連最小的風險都不肯冒。活到現在,我們所冒過最大的風險是吃下過期一天的乳酪。」

- 巴菲特年輕時曾花了一百五十美金參加卡內基課程,他說:「這不是為了讓我在演講時膝蓋不會發抖,而是為了學會如何在膝蓋發抖時,還能繼續演講。」

- 「如果你給我一千億美金要我成立新的飲料公司來擊潰可口可樂,即使我可能會很心痛,但我還是會將錢原封不動的退還。」一位哥倫比亞大學的學生問巴菲特為什麼投資美國航空,他說:「沒錯,我的心理醫生也問我同樣的問題。」

- 「香煙是一個相當理想的行業,製造成本只要一分錢,但售價卻高達一塊錢,消費者會上癮,而且忠誠度非常的高。」

- 有人質疑巴菲特的投資策略只是靠運氣罷了,他講了一個有關「機率」的故事回答他們:「現在有一群豬,共有128,000隻,分別來自世界各地的農場。牠們舉行丟銅板比賽,丟出正面的晉級,反面的淘汰。經過九回合後,只剩下250隻豬晉級,有人認為那250隻豬只是運氣好而已。」他接著說,「可是如果你發現晉級的250隻豬有200隻全來自同樣的農場,那你就必須問:那個農場餵豬的飼料有什麼特別之處?」

- 對於完全市場效率學說,巴菲特完全不能認同,他反而感謝那些相信這種鬼話的投資人,讓他能夠佔盡便宜,他說:「我們實在欠提出這種理論的學者太多了,就好比當我們在參加橋牌、西洋棋或是選股等鬥智的競賽中,對手卻被教練告知思考是白費力氣的一件事。」

- 被問到對他的好友比爾‧蓋茲的看法時,巴菲特回道:「我無法評論他的技術能力,但我認為他的商業頭腦非凡,若讓比爾‧蓋茲去賣熱狗,他一樣可以成為熱狗王。」

- 「比爾‧蓋茲是我的好朋友,他或許是世上最聰明的人,至於那玩意兒(電腦),其實我根本不知道它是做什麼用的。」

- 「你不該選擇投資一些連笨蛋都會經營的企業，因為總有一天這些企業會落入笨蛋的手中。」

- 「我想我不會投資黃金，因為我看不出將這種金屬從南非的地底挖出，再把它放到福克斯堡的金庫中有何意義。」

- 「我的朋友在看到我一次重大投資失誤後，問我說：『雖然你很富有，但為什麼會這麼笨呢？』」

- 「若有人跟你談諸如 β 值等市場效率理論的東西時，趕快閃人！」

- 「網路與科技為整個社會帶來的利與弊，就好像葡萄乾跟狗屎一樣，不過兩者混在一起後，還是一坨狗屎。」

- 對於微軟公司捲入的壟斷案風波，巴菲特曾評論道：「我實在不曉得微軟到底犯了什麼罪，若微軟真的有罪，那波克夏旗下的企業應該學學如何去犯這種罪。」

- 「垃圾債券總有一天會變成名符其實的垃圾。」巴菲特反對股票分割配股，他甚至半開玩笑地在朋友的生日賀卡上寫到「祝你活到波克夏分割股票時」。

股神的人生哲學

- 「吸引我從事證券投資工作的原因之一是，你能夠自由自在過自己想過的生活。你不用天天為了成功而打扮。」巴菲特非常喜歡錢，但他更喜歡的是不斷戰勝市場的快樂：「並非是因為我只想賺到錢，而是因為我覺得賺到錢並且看到錢生出更多的錢是一件很有趣的事情。」

- 「評估一個人時，你必須看準其三項特質：正直、智力與活力，若缺乏第一項，後面兩項可能會把你害慘。」

◎ 「信譽可能需要花一輩子的時間才能建立，但只要五分鐘便足以摧毀之。」

◎ 「我有一個內部的記分牌。如果我做了什麼事，別人不喜歡，但我自己很喜歡，我會感到高興。如果我做的事，別人紛紛誇獎，但我自己並不滿意，我不會感到高興。」

◎ 巴菲特年輕時對金錢相當計較，但後來受到妻子蘇珊的影響，他開始轉變：「金錢在某種程度上有時會讓你的處境更好一些。但金錢既不能改變別人對你的愛，也不能改變你自己的健康。」2003 年，他的妻子重病手術後兩個星期，巴菲特在喬治亞州理工學院演講時說道：「等你們到了我這個年紀，就會明白，衡量你的人生是否成功的真正標準，是看看你希望愛你的人中到底有多少人真的愛你。」

◎ 我認識一些非常有錢的富人，有人為紀念他們舉辦盛大的宴會，有人在醫院大樓的外牆上刻上他們的大名，但是在這個世界上，其實沒有什麼人真正愛他們。如果你活到我這把年紀，卻沒有人發自內心地說你好，不管你銀行帳戶裡的錢再多，你這輩子都活得太失敗了。

◎ 「愛這個東西，最麻煩的是你有錢也買不到。你可以用錢買到性，買到宴會，買到媒體對你的讚美和宣傳。但是得到愛的唯一方式是讓你自己值得被愛。擁有很多錢是很令人討厭的事。你總以為自己可以隨時拿出一大把金錢：『我要買幾百萬元的愛。』但事情根本不是這樣的，你付出的愛越多，你得到的愛越多。」

◎ 「所謂成功，就是得到你想要的人的愛。」巴菲特在為學生演講時，經常說一個故事：「十六歲時，我只關心兩件事——女孩和車子。和女孩子交往不是我的強項，於是我把心思都放在車子上。十六歲那年，一天晚上，上帝出現在我面前，對我說：『不管你想要什麼樣的車，我都會給你。明天一大早，這輛車就會綁上紅緞帶送到你家裡。』聽了祂的話，我謹慎地問：『這麼好的事，有什麼條件嗎？』上帝回答：『只有一個。就是你這一輩子只能得到這一輛車，你必須使用一輩子。』」

- 要是真的發生這種事，我會像照顧嬰兒一樣細心照顧這輛車，因為這是我這輩子唯一的一輛車，我得用上一輩子。對待你的身心，應該和對待這輛車一模一樣。你只有唯一的一顆心，只有唯一的一個身體，你得用上一輩子。如果你好好對待自己的身心，很容易會用上很多年。

- 「我會把操作指南仔仔細細研究五六遍，我絕對會老老實實把這輛車停在車庫裡，決不會隨便把它停在外面風吹日曬。哪怕稍微碰了一點點小坑，或者稍微有一條細細的刮痕，我都會馬上去修補好，因為我擔心會進一步生銹腐蝕。我會像照顧嬰兒一樣細心照顧這輛車，因為這是我這輩子唯一的一輛車，我得用上一輩子。」

- 「對待你的身心，應該和對待這輛車一模一樣。你只有唯一的一顆心，只有唯一的一個身體，你得用上一輩子。如果你好好對待自己的身心，很容易會用上很多年。但是如果你不好好照料自己的身心，過了四十歲之後，你的身心就會成為破銅爛鐵千瘡百孔，就像一輛開了四十年卻沒有好好保養的老爺車一樣。」

- 面對如何分配遺產的問題，巴菲特曾說過：「想過超級富翁的生活，別指望你老爸。」

- 「取消遺產稅，就像是從 2000 年的奧運金牌得主的小孩中挑出 2020 年奧運的參賽人選一樣。」

旁人眼中的股神

- 查爾斯‧皮爾森（大學室友）：「巴菲特在新學期開始之後，利用一個月時間便讀完了所有的教科書，從此就沒有再讀過第二遍。儘管如此，在學期末的考試中，他每科都能得到最高的分數『Ａ』！」

- 查理‧蒙格：「巴菲特的頭腦是個超級理性的機制，你簡直就像能親眼看到他的大腦運作一樣。」

- 查理・蒙格：「這麼多年來我閱人無數，巴菲特可以說是所有人中改變最少的一個。」

- 麥克・戈德堡（前波克夏副總裁）：「他實在聰明得不得了！反應快的驚人，跟在他身邊的人都有很大的精神壓力，想要努力趕上他思考的速度，在總部工作的人必須要有很強的自尊心才得以存活。」

- 威廉・奧康納（奧馬哈共同基金副總裁）：「巴菲特總是說他不需要打字機，一點都不需要！我擔任IBM推銷員達三十年之久，向他推銷了很長時間，很久之後他才勉強答應，但他並沒有購買昂貴的總裁型打字機，而是選擇了標準型打字機，每家公司的職員辦公室都會放上十台八台的那種機型，但巴菲特的公司只買了一台！」

- 凱薩琳・葛蘭姆：「有一次他請人轉告我，要我快把跟他借的一本葛拉漢的書還給他，因為書是從奧馬哈的市立圖書館借來的，逾期會被罰款。」

- 凱薩琳・葛蘭姆：「假如在這個世界上還有真正純潔的人，那一定是巴菲特。」

- 比爾・蓋茲曾被問到「除了微軟以外，你最欣賞的CEO是誰？」他回答：「巴菲特。這傢伙擅於思考，我喜歡會思考的人，他們絕不落於傳統智慧的俗套。」

- 比爾・蓋茲：「我在撰寫《擁抱未來》這本書時，就是把巴菲特這種不懂高科技的人當作假想的讀者。」

- 比爾・蓋茲：「巴菲特是我的好朋友，一直以來我都想教他如何使用電腦，我甚至跟他說，只要他願意，我可以飛到他那裡去教他基本的入門，但他說不！直到有一天，他發現可以透過電腦連線與世界各地的橋牌愛好者一起打牌，情況才略有改觀。」

巴菲特投資生涯年表

年　代	事　紀	年齡
1929 年 10 月 24 日	「黑色星期四」，華爾街股市大崩盤，全球進入經濟大蕭條時期。	—
1930 年 8 月 30 日	華倫・巴菲特誕生於內布拉斯加州的奧馬哈市。	0
1934 年	班傑明・葛拉漢與大衛・陶德合著了《證券分析》，首度提出「價值投資」的理論。	4
1936 年	巴菲特進入奧馬哈的羅斯・希爾小學就讀；開始從祖父經營的雜貨店買來可口可樂兜售。	6
1939 年	巴菲特到高爾夫球場當球僮，將撿來的小白球轉賣，每個月有 3 美元的進帳。	9
1940 年	巴菲特開始在父親的辦公室中自學股市相關的知識。	10
1942 年	葛拉漢以《證券分析》為基礎，發表《智慧型股票投資人》一書，提出「市場先生」的思維。	12
1942 年 4 月	巴菲特人生第一次買股，以零用錢購買了三股股價 38 美元的「城市服務」公司股票。	12
1942 年底	老巴菲特當選眾議院議員，一家由奧馬哈遷至華盛頓特區。	12
1943 年	巴菲特自小學畢業，進入華盛頓的愛麗絲・迪爾中學就讀。開始派送《華盛頓郵報》。	13
1945 年	巴菲特進入華盛頓的伍德羅・威爾遜高中就讀。以 25 元買下二手彈珠台，與同學唐・丹利開始做彈珠台生意。以 1,200 美元買下一座未開發的農場。	15
1947 年	自高中畢業，進入賓州大學華頓商學院就讀。	17
1949 年	自賓州大學不辭而別，後回到奧馬哈就讀內布拉斯加州大學。	19

1950年	巴菲特自內布拉斯加州大學畢業。 申請哈佛大學商學院被拒，轉而進入班傑明‧葛拉漢任教的哥倫比亞大學商學院。	20
1951年1月	巴菲特首度拜訪GEICO總公司。	21
1951年6月	巴菲特以優異的成績自哥大商學院畢業。之後在父親的證券交易所擔任投資業務員。	21
1952年4月	巴菲特與蘇珊‧湯普森結婚。	22
1953年7月	巴菲特的長女蘇珊‧巴菲特出生。	23
1954年	巴菲特進入葛拉漢紐曼公司工作。	24
1954年12月	巴菲特的長子霍華德‧巴菲特出生。	24
1956年	葛拉漢決定退休，並解散葛拉漢紐曼公司。	26
1956年5月	巴菲特與幾名親友一同成立「合夥人聯盟」，資金僅有105,000美元。	26
1957年	合夥人聯盟的資金達到30萬美元，年末更達到50萬美元。	27
1958年5月	巴菲特小兒子彼得‧巴菲特出生。	28
1959年夏	巴菲特結識了同住在奧馬哈的查理‧蒙格。	29
1961年	巴菲特將十個合夥人聯盟合併成一個。	31
1962年	查理‧蒙格自行設立投資基金。	32
1962年	在奧馬哈成立合夥人聯盟的辦公室，資本額達到720萬美元，其中有100萬屬於巴菲特個人。	32
1962年	巴菲特首度買入波克夏‧海瑟威公司股票。	32
1963年	累積持有波克夏50%的股份，成為最大股東。	33
1964年	合夥人聯盟資本達到2,200萬美元，巴菲特個人財富達到400萬美元。 巴菲特以握有資金的40%買下美國運通5%的股票。	34
1964年4月	父親霍華德‧巴菲特去世。	34
1965年	買入了迪士尼股份的5%，但在隨後的兩年內全部拋售。 買下整間波克夏‧海瑟威公司。	35

1966年	合夥人聯盟的總資產達到4,400萬美元。 買入多元零售公司80%的股份。 與華特・迪士尼見面後，買下了5%的迪士尼股票。 以兩倍的價格賣出美國運通的股票。	36
1966年7月	巴菲特以500萬美元買下霍赫希爾德・科恩百貨。	36
1966年12月	華特・迪士尼過世，巴菲特在不久後將迪士尼股票全部出清。	36
1967年	掌管的資金達到6,500萬美元。 首度跨足保險業，以860萬美元買下「國家賠償公司」與「國家火災與海事保險公司」。	37
1968年	合夥人聯盟取得史上最好的成績——年獲利59%，同年而道瓊指數僅成長7.9%。巴菲特掌管的資金上升至1.05億美元，其中巴菲特擁有2,500萬美元。	38
1969年	決定解散合夥人聯盟，逐步清算手上的股票，隨後股市就面臨了股災。買下《太陽報》。	39
1969年6月	跨足銀行業，買下伊利諾國民銀行。	39
1969年12月	將霍赫希爾德・科恩百貨以原價出售。	39
1970年	在股市高檔時正式解散了合夥人聯盟。 正式擔任波克夏・海瑟威公司的董事長。	40
1972年	波克夏透過旗下藍籌印花股份，收購了喜斯糖果。	42
1973年	透過藍籌印花公司併購魏斯可金融公司。 開始對《華盛頓郵報》投資。	43
1974年	巴菲特進入《華盛頓郵報》董事會。	44
1977年	巴菲特與夫人蘇珊分居，蘇珊搬到了舊金山。 透過藍籌印花股份，買下《水牛城新聞報》。	47
1978年	波克夏吸收巴菲特擁有的56%多元零售公司股份。 查理・蒙格成為波克夏公司副董事長。	48
1980年	因美聯準會法規要求，出售伊利諾國民銀行。	50
1981年	賣出《太陽報》。	51
1983年	波克夏完全收購藍籌印花公司。 買下內布拉斯加傢俱商場。	53

1985年	巴菲特宣稱要將可口可樂公司出產的櫻桃可樂作為波克夏的「公開飲料」。 買入美國廣播公司的股票。 巴菲特出清旗下的紡織廠股票。	55
1986年	巴菲特辭去《華盛頓郵報》董事職務。 大都市公司併購美國廣播公司,波克夏趁機大量買入大都市18%的股票。 大量投資費區海默兄弟製衣公司。 買下史考特・菲澤集團。	56
1987年	賣出多元零售公司。	57
1987年7月	巴菲特開始買入吉列公司的股票。	57
1987年9月	巴菲特購入收羅門兄弟股票。	57
1987年10月19日	全球爆發股災,股市在道瓊工業指數帶頭暴跌下全面下洩,引發恐慌,史稱「黑色星期一」。	57
1988年	波克夏股票在紐約證交所上市。 巴菲特開始大量收購可口可樂股票。 大舉買進房地美公司股票,股價在兩年內跌了六成。	58
1989年2月	買下博爾許珠寶公司。	59
1989年8月	買入美國航空的優先股,是巴菲特少有的失敗投資。	59
1990年	巴菲特購買富國銀行股票。	60
1991年6月	買入H.H.布朗鞋業公司。	61
1991年7月	巴菲特與微軟創辦人比爾・蓋茲首次會面。	61
1991年8月	巴菲特進入所羅門董事會,開始介入所羅門的不正當國債交易事件之調查。 斥資3億美元買入美國運通的優先股。	61
1992年7月	巴菲特以每股74美元買入通用動力股票,到年底股價上升到113美元。	62
1993年9月	買下德克斯特鞋業公司。	63
1994年	波克夏正式由紡織廠轉型成大型投資金融集團。 買下海茲柏格鑽石商店。	64

1995年	迪士尼收購美國廣播公司，巴菲特成為迪士尼主要股東之一。巴菲特回到《華盛頓郵報》董事會。巴菲特開始購入麥當勞股票。	65
1995年5月	買下RC韋利傢俱公司。	65
1995年7月	巴菲特展開長達17日的首次中國之行。	65
1996年8月	巴菲特併購GEICO保險公司。	66
1996年夏	巴菲特的母親萊拉逝世。	66
1996年	以發行新股的方式併購航空安全國際公司。	66
1997年9月	波克夏將持有所羅門公司股份轉讓給旅行家集團。	67
1997年10月	出於對冰淇淋的熱愛，巴菲特併購了冰雪皇后公司。	67
1997年	買下星星傢俱公司。	67
1998年3月	巴菲特將麥當勞股票拋售。	68
1998年12月	波克夏併購通用再保公司。	68
1998年	波克夏併購飛機租賃公司NetJets。	68
1999年3月	波克夏併購中美能源公司。	69
1999年	巴菲特拋出全部迪士尼股票。	70
2000年	投資穆迪公司，成為最大股東。	80
2000年7月	買下賈斯汀・布蘭茲鞋業。	80
2000年底	買下班傑明・穆爾塗料公司。買下約翰曼菲爾建材公司。	80
2001年7月17日	華盛頓郵報總裁凱薩琳・葛蘭姆病逝於太陽谷。	71
2002年4月	波克夏併購鮮果布衣公司。	72
2002年	趁著九一一造成的股市低潮，買下拉森・朱赫、加藍成衣公司，北方天然氣、威廉斯天然氣、放縱大廚、CTB等公司。	72
2003年5月	巴菲特大量買入中石油23億股份。波克夏併購克萊頓房屋公司。	73
2003年8月	阿諾・史瓦辛格邀請巴菲特擔任參選加州州長的首席財經顧問。	73

2004年7月	巴菲特夫人蘇珊・湯普森病逝。	74
2005年	巴菲特大量買進沃爾瑪公司股票。	75
2006年2月	巴菲特退出可口可樂公司董事會。	76
2006年3月	波克夏斥資2.7億買入奇異公司780萬股。 旗下GEICO公司以3.3億美元買進特易購1%股份。	76
2006年5月	波克夏併購以色列的伊斯卡刀具公司,是首家被巴菲特買下的海外公司。	76
2006年6月	巴菲特宣布將約一千萬股的波克夏股票捐給比爾・美琳達基金會,成為美國史上最大筆的捐款。	76
2006年底	巴菲特投資全球第三大鋼鐵廠韓國浦項鋼鐵。 開投資生技業龍頭嬌生公司。	76
2007年3月	買進法國賽諾菲安萬特藥廠股份。	77
2007年4月	波克夏首度公開投資鐵路股的消息,買進柏林頓北方聖塔菲、聯合太平洋、諾福克南部公司股票。	77
2007年7月	巴菲特出清中石油股份。	77
2007年11月	巴菲特第二次中國行。	77
2008年2月	巴菲特買入歐洲大藥廠葛蘭素史克股份。	78
2008年3月	新一期的富比士全球富豪排榜公布,巴菲特個人資產達620億美元,首度超過比爾・蓋茲成為世界首富。	78
2008年9月	巴菲特宣布斥資2.25億美元買進比亞迪汽車10%股份。	78
2009年8月	巴菲特再婚,與艾絲翠・門克斯在奧馬哈結婚。	79
2009年11月	巴菲特宣布將併購柏林頓北方聖塔菲鐵路公司。	79
2010年1月	波克夏買進德國慕尼黑再保險5%股份。	80
2010年2月	波克夏正式併購柏林頓北方聖塔菲鐵路公司。	80
2010年9月	巴菲特第三次中國行。	80
2011年1月	巴菲特接班人之一的陶德・康姆斯加入波克夏。	81
2011年3月	巴菲特助手大衛・索科爾因涉嫌內線交易,自波克夏請辭。	81

2011 年 5 月	巴菲特離開《華盛頓郵報》董事會，並宣布不再重新參與董事。	81
2011 年 9 月	波克夏旗下中美能源公司併購路博潤公司。 美國總統歐巴馬提出對富人增稅的構想，命名為「巴菲特條款」。	81
2011 年 11 月	波克夏買下《奧馬哈世界先驅報》。	81
2012 年 1 月	巴菲特接班人之一的泰德・韋斯勒正式加入波克夏。	82
2012 年初	巴菲特買入擁有 48 家中小型地區報社的李氏報業公司股票。	82
2012 年 4 月	巴菲特宣布自己罹患第一期前列腺癌。	82
2012 年 5 月	巴菲特出席在奧馬哈的 2012 年波克夏股東大會。	82
2012 年 6 月	巴菲特慈善午餐拍賣創下 346 萬美元的天價紀錄。	82
2012 年中	巴菲特在第二季出清旗下所有英特爾公司股份。	82
2012 年 7 月	買入《布萊恩・柯利奇站鷹報》與《韋科先驅論壇報》。	82
2012 年 8 月 30 日	巴菲特慶祝 82 歲生日，再度捐出總值 30 億美元的股票給子女的慈善基金會。	82
2012 年 9 月 17 日	巴菲特完成為期兩個月的放射線治療。	82
2012 年 9 月 19 日	富比士最新財富排行榜公布，巴菲特擁有 460 億資產，為美國第二，僅次於微軟創始人比爾・蓋茲。	82
2013 年 2 月	巴菲特發表例行性年度報告，將全球投資人引頸企盼的《致股東信》公諸於世。	83
2013 年 2 月 14 日	聯同巴西投資公司 3G Capital 斥資 280 億美元買入美國老牌番茄醬及嬰幼兒食品商亨氏集團(H.J.Heinz)。	83
2014 年 10 月	收購全美第五大汽車經銷公司 Van Tuyl 集團，正式跨足汽車銷售市場。	84
2015 年 3 月 2 日	富比士發佈 2015 全球富豪榜。其中，排名前三的分別為比爾・蓋茨、卡洛斯・斯利姆、華倫・巴菲特，財富數分別為 792 億美元、771 億美元與 727 億美元。	85
2015 年 3 月 25 日	波克夏旗下亨氏集團與卡夫集團正式合併，新公司名為卡夫亨氏 (The Kraft Heinz Company)	85

2015 年 7 月中旬至 8 月底	巴菲特所掌管的波克夏・海瑟威公司在投資股市方面已經至少帳面虧損了 112 億美元。相當於波克夏・海瑟威市值縮水了 10.3%。	85
2015 年	全球最富有十對夫妻中排名第三,第三位:華倫・巴菲特和阿斯特麗德・蒙克斯夫婦(Warren Buffett and Astrid Menks)淨資產總和:650 億美元。	85
2015 年 5 月	第一次入手蘋果股票	85
2015 年 9 月	《富比士》發佈美國富豪 400 強榜單顯示,憑藉 620 億美元財富排名美國富豪第二名,這也是華倫・巴菲特自 2001 年以來的一貫排名。	85
2015 年 10 月	美國財經雜誌《彭博市場》公佈了第五屆全球金融 50 大最具影響力人物,巴菲特排名第五。	85
2016 年	收購金頂電池。	86
2016 年 9 月 22 日	彭博全球 50 大最具影響力人物排行榜,巴菲特排第 9 名。	86
2016 年 10 月	《富比士》雜誌發佈年度「美國 400 富豪榜」,巴菲特排第 3 名。	86
2016 年 12 月 14 日	榮獲「2016 年最具影響力 CEO」榮譽。	86
2017 年 3 月 7 日	胡潤研究院發布《2017 胡潤全球富豪榜》(Hurun Global Rich List 2017)。上榜富豪的財富計算截止日期為 2017 年 1 月 15 日,巴菲特資產僅低於微軟總裁比爾・蓋茲成為世界第二首富。	87
2017 年 3 月 21 日	在《富比士 2016 全球富豪榜》中,巴菲特排第 2 名。	87
2017 年 7 月 17 日	《富比士富豪榜》發佈,巴菲特以淨資產 734 億美元排名第四。	87
2018 年 2 月 28 日	《2018 胡潤全球富豪榜》發佈,巴菲特保持第二名,財富增長 31%,成為越過 1000 億美元大關的第二人。	87
2018 年 3 月 6 日	富比士 2018 富豪榜發佈,擁有 840 億美元的華倫・巴菲特跌至第三名。	87
2018 年 5 月	富比士十大最具影響力 CEO 排名第四。	87
2018 年 7 月 7 日	祖克柏超過巴菲特,成為全球第三大富豪。	87
2019 年 3 月 5 日	富比士發佈第 33 期年度全球億萬富豪榜,巴菲特(Warren Buffett)身家淨值降至 825 億美元,排名第 3 名。	88

2019 年 10 月	富比士美國 400 富豪榜以 808 億美元的資產排名第 3 名。	89
2020 年 1 月 2 日	富比士發佈 2019 年最大慈善捐贈，巴菲特以價值 36 億美元的股票捐贈排名第 2。	90
2020 年 4 月 7 日	巴菲特以淨資產 675 億美元位列《2020 富比士全球億萬富豪榜》第 4 位。	90
2020 年 8 月	買入日本五大商社：三菱商事、三井物產、住友商事、伊藤忠商事、丸 90 紅。	90
2020 年	斥資 41 億美元購入雪佛龍股票、86 億美元購入威瑞森股票。	90
2021 年	巴菲特的波克夏公司旗下的太平洋電力公司與比爾·蓋茲的泰拉能源，宣布在美國興建先進鈉反應爐發電廠。	91
2021 年 4 月	巴菲特以 960 億美元財富位列《2021 富比士全球富豪榜》第 6 名。	91
2021 年 10 月	巴菲特以 1,020 億美元財富位列富比士《2021 年度美國富豪榜》第 8 名。	91
2022 年 1 月	巴菲特位列 2022 年美國頂級捐贈者首位。	92
2022 年	巴菲特以 1,180 億美元財富位列《2022 富比士全球富豪榜》第 5 名。	92
2022 年 4 月	波克夏分別以 34.88 美元到 36.43 美元之間的買入價格，分四次買入惠普的普通股，4 天總計增持約 1100 萬股，耗資約 3.2 億美元。	92
2022 年 5 月	波克夏·海瑟威公司股東以接近 9 比 1 的比例投票支持巴菲特繼續擔任董事長和首席執行官。	92
2022 年 7~9 月	買入台積電股票，但於 10~12 月期間賣出 86%。	92
2023 年 3 月	增持西方石油（Occidental Petroleum）股份 580 萬股左右，投入金額大約 3.6 億美元，波克夏總計持有西方石油 2.002 億股，掌握約 21.6 的股權，持股價值約 122 億美元。	93
2023 年 1~3 月	出清台積電。	93
2023 年 4 月	出訪日本，加持日本五大商社股票。	93

史上最強 寫書&出版實務班

全國最強 **4** 階培訓班，
見證人人出書的奇蹟。

素人崛起，從出書開始！
讓您借書揚名，建立個人品牌，
晉升專業人士，
帶來源源不絕的財富。

　　由出版界傳奇締造者、超級暢銷書作家王晴天及多位知名出版社社長聯合主持，親自傳授您寫書、出書、打造暢銷書佈局人生的不敗秘辛！教您如何企劃一本書、如何撰寫一本書、如何出版一本書、如何行銷一本書。

- 理論知識
- 實戰教學
- 個別指導諮詢
- 保證出書

- P 企劃
- P 出版
- W 寫作
- M 行銷

當名片式微，
出書取代名片才是王道！！

《改變人生的首要方法
～出一本書》 ▶▶▶

新絲路視頻5
改變人生的
10個方法
5-1寫一本書

指引人生大道的明燈！
真理指引の知識服務

真永是真

「真永是真」人生

大道，條條是經典，字字是真

理！王晴天大師率魔法講盟知識服務團隊

精選 999 個真理，打造「真永是真」人生大道叢

書，每一個真理均搭配書籍、視頻、課程等，並融入

了數千本書的知識點、古今中外成功人士的智慧經驗，全體系應用，360 度

全方位學習，讓你化盲點為轉機，為迷航人生提供真確的指引明燈！

- 跨時代 ☑
- 跨領域 ☑
- 融匯古今 ☑
- 中西互證 ☑

①	1 馬太效應	2 莫菲定律	3 紅皇后效應		
②	4 鯰魚效應	5 達克效應	6 木桶原理		
③	7 長板理論	8 彼得原理	9 帕金森定律		
④	10 沉沒成本	11 沉默效應	12 安慰劑效應		
⑤	13 內捲漩渦	14 量子糾纏	15 NFT與NFR		
⑥	16 外溢效果	17 槓鈴原則	18 元宇宙		
⑦	19 零和遊戲	20 區塊鏈	21 第一性原理		
⑧	22 二八定律	23 Web4.0	24 催眠式銷售		
⑨	25 蝴蝶效應	26 破窗理論	27 登門檻效應		
⑩	28 羊群效應	29 長尾理論	30 AI & ChatGPT		
⑪	31 天地人網	32 創業SOP	33 路徑依賴法則		……共 999 則

333本書
課程演講
影音視頻
999個真理
Mook專書

真永是真 真讀書會 生日趴＆大咖聚

真讀書會來了！解你的知識焦慮症！

　　在王晴天大師的引導下，上千本書的知識點全都融入到每一場演講裡，讓您不僅能「獲取知識」，更「引發思考」，進而「做出改變」；如果您想體驗有別於導讀會形式的讀書會，歡迎來參加「真永是真‧真讀書會」，真智慧也！

2023 場次
11/4（六）
13:00~21:00

2024 場次
11/2（六）
13:00~21:00

立即報名

📍 地點：新店台北矽谷國際會議中心
（新北市新店區北新路三段 223 號捷運大坪林站）

★ 超越《四庫全書》的「真永是真」人生大道叢書 ★

	中華文化瑰寶 清《四庫全書》	當代華文至寶 真永是真人生大道	絕世歷史珍寶 明《永樂大典》
總字數	8 億 勝	6 千萬字	3.7 億
冊數	36,304 冊 勝	333 冊	11,095 冊
延伸學習	無	視頻＆演講課程 勝	無
電子書	有	有 勝	無
NFT＆NFR	無	有 勝	無
實用性	有些已過時	符合現代應用 勝	已失散
叢書完整與可及性	收藏在故宮	完整且隨時可購閱 勝	大部分失散
可讀性	艱澀的文言文	現代白話文，易讀易懂 勝	深奧古文
國際版權	無	有 勝	無
歷史價值	1782 年成書	2023 年出版 勝 最晚成書，以現代的視角、觀點撰寫，最符合趨勢應用，後出轉精！	1407 年完成 勝 成書時間最早，珍貴的古董典籍。

> 「真永是真」人生大道叢書，將是史上最偉大的知識服務智慧型工程！堪比《四庫全書》、《永樂大典》，收錄的是古今通用的道理，具實用性跨界整合的智慧，絕對值得典藏！

更多課程請洽（02）8245-8318 或上 silkbook○com　www.silkbook.com 查詢

史上最強！
國際級講師育成計畫

知名度 UP！ 影響力 UP！
營業額 UP！

為什麼你一直找不到登台機會？
為什麼你的演說沒人想聽？
為什麼你的銷講無人買單？

本課程為您揭開成為紅牌講師的終極之秘！
透過完整的講師訓練系統培養，
把您當成世界級講師來培訓，讓您完全脫胎換骨
成為一名超級演說家，實現人生之逆襲！

- **公眾演說**｜讓你的影響力與收入翻倍！
- **國際級講師培訓**｜以課導客，靠一張嘴講出百萬業績
- **PK初、複賽**｜超級演說家高手對決
- **兩岸百強 PK 決選**｜成為兩岸華人百強講師
- **保證有舞台**｜智慧型立体商學苑～週二講堂、
  亞洲、世界八大舞台、兩岸各地有償演說

晉級 A 咖中的 A 咖！

開課日期及詳細課程資訊，請掃描 QR Code
或撥打客服專線 **02-8245-8318**，
新‧絲‧路‧網‧路‧書‧店
亦可上 silkbook○com www.silkbook.com 查詢

不上台永遠是聽眾，只有上台
才能出眾！立即報名——

新絲路視頻1-17
歷史真相系列
北伐&中原大戰
王晴天 主講

新絲路視頻
說書系列 2-25
王晴天 主講

文化傳承與文明之光3-2
鳩摩羅什、玄奘大師
與禪宗經典《金剛經》
王晴天 主講

新絲路視頻4
寰宇時空史地 4-3
今日烏克蘭，
明日台灣？
王晴天 主講

新絲路視頻5
改變人生的
10個方法
5-5 打造自動賺錢機器
建構被動收入系統

新絲路視頻6
真永是真 6-4
鯰魚效應
王晴天 博士 主講

新絲路視頻7
魔法傳媒VB 7-3
亞太百強品牌之星
HOW TO打造
自動賺錢機器
魔法講師／重量級 王晴天 博士

學習領航家——
📹 新絲路視頻

讓你一饗知識盛宴，偷學大師真本事！

活在資訊爆炸的 21 世紀，
你要如何分辨看到的是資訊還是垃圾謠言？
成功者又是如何在有限時間內，
從龐雜的資訊中獲取最有用的知識？

巨量的訊息帶來新的難題，📹 新絲路視頻 讓你睜大雙眼，從另一個角度理解世界，看清所有事情真相，培養視野、養成觀點！

師法大師的思維，長知識、不費力！

📹 新絲路視頻重磅邀請台灣最有學識的出版之神——王晴天博士主講，有料會寫又能說的王博士憑著扎實學識，被朋友喻為台版「羅輯思維」，他不僅是天資聰穎的開創者，同時也是勤學不倦，孜孜矻矻的實踐家，再忙碌，每天必撥時間學習進修。

❶ 歷史真相系列　　　　❺ 改變人生的 10 個方法
❷ 說書系列　　　　　　❻ 真永是真真讀書會
❸ 文化傳承與文明之光　❼ 魔法 VB & 區塊鏈‧元宇宙
❹ 寰宇時空史地　　　　　　打造自動賺錢機器

一同與王博士探討古今中外歷史、文化及財經商業等議題，有別於傳統主流的思考觀點，不只長知識，更讓你的知識升級，不再人云亦云。

📹 新絲路視頻於 YouTube 及台灣視頻網站、各大部落格及土豆、騰訊、網路電台……等皆有發布，邀請你一同成為知識的渴求者，跟著📹 新絲路視頻偷學大師的成功真經，開闊新視野、拓展新思路、汲取新知識。

☑ 你想成為暢銷書作家嗎？

☑ 你想站上千人舞台演講，建構江湖地位嗎？

☑ 你想斜槓學習，多賺10倍收入嗎？

☑ 你想低風險、甚至零風險創業，賺取長期被動收入嗎？

☑ 你知道有哪一套書的成就居然超越了《四庫全書》與《永樂大典》嗎？

更不可思議的是…………

智慧型立体學習出版＆培訓集團
～培養權威領導者的搖籃～

★AI智慧商機說明會★

實體活動 ▶ 每週週二＆週四下午14:00~15:30

活動地點 ▶ 中和魔法教室（新北市中和區中山路二段366巷10號3樓）

• 課程洽詢專線 ☎ 02-82458318　　• 微資創業諮詢 ☎ 02-22487896#368

更多資訊，請上 *新·絲·路·網·路·書·店* silkbook ○ com 新絲路網路書店查詢

2023世界華人八大明師高峰會

新趨勢｜新商機｜新布局｜新人生

八大盛會廣邀夢幻及魔法級導師傾囊相授，
各領域權威傳授**實戰・實效・實用**的創業 BM，
助您打造自動賺機器，一舉掌握低風險成功創業之鑰！

**免費入坐一般席，
邀請您一同躍進BI勝利組！**

🕘 時間：2023年**10/21、10/22**
　　　　9：00 ～ 17：00

📍 地點：**新店台北矽谷**
（新北市新店區北新路三
段 223 號大坪林站）

報名請掃碼

加價**1,000**元入座VIP席
享 **尊爵級數萬元贈品**

贈 VIP 桌椅座席，結識大咖人脈
贈 價值 3 萬元的創業、創富寶典
《HOW TO打造自動賺錢機器》
贈 11/11、11/12、11/25、11/26
BU 四日班：
無敵談判+轉介紹絕學

立即訂位，保留VIP 席位！

國家圖書館出版品預行編目資料

1000億美元帝國的秘密/王晴天 著. -- 初版. -- 新
北市：創見文化出版，采舍國際有限公司發行，
2023.07 面；公分--

ISBN 978-986-271-968-8（平裝）

1.CST: 巴菲特(Buffett, Warren) 2.CST: 傳記
3.CST: 投資 4.CST: 成功法

563.5 112005226

1000億美元帝國的秘密

 創見文化 · 智慧的銳眼

作者／王晴天

出版者／智慧型立体學習 · 創見文化

總顧問／王寶玲

總編輯／歐綾纖

主編／蔡靜怡

文字編輯／蔡巧媛　　　　　　　　　　美術設計／Maya

封面圖片／達志影像提供授權

台灣出版中心／新北市中和區中山路 2 段 366 巷 10 號 10 樓

電話／（02）2248-7896　　　　　　　傳真／（02）2248-7758

ISBN ／ 978-986-271-968-8

出版日期／ 2023 年 7 月

本書採減碳印製流程，碳足跡追蹤，並使用優質中性紙（Acid & Alkali Free）通過綠色碳中和印刷認證，最符環保要求。

全球華文市場總代理／采舍國際有限公司　　　新絲路網路書店 www.silkbook.com

地址／新北市中和區中山路 2 段 366 巷 10 號 3 樓

電話／（02）8245-8786　　　　　　　傳真／（02）8245-8718